De-Industrialisierung der Schweiz?

Christian Rutzer · Rolf Weder

De-Industrialisierung der Schweiz?

Fakten, Gründe und Strategien
im internationalen Vergleich

Christian Rutzer
Wirtschaftswissenschaftliche Fakultät
Universität Basel
Basel, Schweiz

Rolf Weder
Wirtschaftswissenschaftliche Fakultät
Universität Basel
Basel, Schweiz

ISBN 978-3-658-34376-7   ISBN 978-3-658-34377-4   (eBook)
https://doi.org/10.1007/978-3-658-34377-4

Die Deutsche Nationalbibliothek verzeichnet diese Publikation in der Deutschen Nationalbibliografie; detaillierte bibliografische Daten sind im Internet über http://dnb.d-nb.de abrufbar.

Planung/Lektorat: Carina Reibold
Springer Gabler ist ein Imprint der eingetragenen Gesellschaft Springer Fachmedien Wiesbaden GmbH und ist ein Teil von Springer Nature.
Die Anschrift der Gesellschaft ist: Abraham-Lincoln-Str. 46, 65189 Wiesbaden, Germany

Inhaltsverzeichnis

Vorwort

Die leidigen Erfahrungen mit der Corona-Pandemie, welche auch die Schweiz seit März 2020 auf allen Ebenen beherrscht, zeigen, wie schwierig es ist, unterschiedliche Interessen und stark divergierende Weltanschauungen auf einen gemeinsamen Nenner zu bringen. Der Bundesrat war und ist nicht zu beneiden, einen konsistenten Weg durch diese sich immer wieder neu aufbäumenden Wellen der Infektionen sowie der Entrüstungen von „Links und Rechts", von „Wirtschaft und Gesellschaft", von „Alt und Jung" und anderen Gruppierungen zu finden. Wie auch immer er sich entscheidet, Kritik ist ihm sicher. Obwohl es in diesem Buch nicht – einige werden nun sagen „zum Glück" – um Corona geht, werden wir einige Erfahrungen daraus mitberücksichtigen. Zum Beispiel die Erfahrungen mit dem Home-Office oder dem Abhalten von virtuellen Sitzungen und Lehrräumen, welche uns die Chancen (und wohl auch gewisse Grenzen) der Digitalisierung in einzelnen Arbeitsbereichen gut vor Augen führten.

Etwas beunruhigt sind wir in Bezug auf die beobachtbare Divergenz, welche in einer Gesellschaft entstehen kann, wenn gut etablierte Gewohnheiten plötzlich in Frage gestellt werden oder nicht mehr möglich sind. Während der Corona-Zeit sind es die Lockdowns, die uns zeigen, welche grossen Einschnitte das Wegfallen oder zumindest die Einschränkungen von weiten Teilen der Beschäftigung in einer Volkswirtschaft für die Betroffenen haben und welche finanziellen Folgen daraus auf allen Ebenen (Staat, Privatsektor, Verbände) entstehen können. Dazu kommen die Langzweitwirkungen des fehlenden Austausches vor Ort zwischen Freunden und Freundinnen (zuhause, in Restaurants, in Clubs, in Konzerten, im Theater oder im Museum), zwischen Forscherinnen und Forschern an Universitäten, Forschungsinstitutionen und Labors von Firmen, zwischen Politikern und Politikerinnen sowie zwischen Verantwortungsträgern in Unternehmen im In- und Ausland.

Die Erfahrung im letzten Jahr zeigt, dass die Folgen aus diesen Veränderungen gross sind und im Moment kaum abschätzbar. Und zwar die Folgen auf die Finanzsituation, auf die Produktivität, auf die Innovationsdynamik, auf das Wohlbefinden der Individuen und generell auf die zukünftige Entwicklung der Gesellschaft. Was die Corona-Pandemie aber auch aufzeigt: es können grosse Gräben in der Gesellschaft darüber entstehen, wie die Probleme überhaupt analysiert und schliesslich gelöst werden sollen. Man stelle sich vor, dass alternativ zu Corona die Entwicklung neuer Technologien (z.B. die Digitalisierung) sich beschleunigt und zusammen mit der Globalisierung bzw. der internationalen Arbeitsteilung dazu führt, dass die Wirtschaftsstruktur eines Landes wie der Schweiz ziemlich „durchgeschüttelt" wird. Mit anderen Worten, Beschäftigungen in angestammten Tätigkeitsbereichen der Industrie oder in bestimmten Regionen werden plötzlich nicht mehr nachgefragt, während Arbeitskräfte mit ganz anderen Fähigkeiten in expandierenden Bereichen der Wirtschaft benötigt und, weil sie im Inland knapp sind, aus dem Ausland geholt werden. Welche Reaktionen in Gesellschaft, Wirtschaft und Politik wären in diesem Fall zu erwarten? Wird das Problem in geordneten Bahnen gelöst werden können? Oder wird es zu chaotischen Situationen kommen? Was ist zu tun, damit letzteres nicht passiert? Sie vermuten es – wir sind damit bereits mitten im Thema dieses Buches.

Warum schreibt man aber überhaupt Bücher? Viele Autoren würden sagen, und dazu gehören auch wir, weil wir ein Thema gerne besser verstehen wollen. Das Schreiben beinhaltet eine wunderbare Gelegenheit, einen Untersuchungsgegenstand zu beleuchten. Auf dem Weg dorthin lernt man vieles dazu. Dies wäre aber ein sehr eigennütziges Verständnis des Schreibens bzw. der Existenz eines Buches. Und man würde sich fragen, weshalb das Buch überhaupt gelesen werden muss. Das Schreiben erfüllt praktisch schon die Anforderungen. Der Weg ist das Ziel, könnte man sagen.

Einen Schritt weiter in Richtung einer Antwort auf diese Frage kommt man, wenn man sich fragt, warum wir genau dieses Thema – „De-Industrialisierung der Schweiz?" – ausgesucht haben. Die Antwort ist, dass sich viele die Frage stellen (und dazu gehören wir auch), ob die „industrielle Produktion in der Schweiz" eine Zukunft haben kann, wenn man daran denkt, wie stark sich diese alleine in den letzten zwei Jahrzehnten gewandelt hat und welche Produkte heute in der Schweiz nicht mehr hergestellt werden. Derzeit hört man vieles aus den USA, wo vom Niedergang der Industrie („Decline of Manufacturing") gesprochen wird. Dabei geht es nicht nur um die Stahl- und Automobilindustrie, sondern auch um die Textilindustrie, Möbelindustrie und Teile der

Maschinenindustrie. Dass gerade in den USA der Bereich der Informations- und Kommunikationsindustrien stark geboomt hat und auch die Unterhaltungsindustrie international sehr erfolgreich ist, nicht zu vergessen auch die Finanzindustrie, geht dabei oft unter. Die Frage stellt sich aber, ob so etwas in der Schweiz mit ihren zum Teil berühmten Firmen in der Maschinen-, Messinstrumente-, Uhren-, Schokoladen- und Fahrzeugbau-Industrie, mit denen sich die Schweiz international einen Namen gemacht hat, auch möglich ist – oder vielleicht sogar bereits im Gange ist.

Das waren sicherlich wichtige Motivationen, dieses Buch zu schreiben. Eine weitere liegt darin, dass wir aufgrund unserer Erfahrungen und der von uns in Forschung und Lehre betreuten Gebiete an der Universität Basel ein grosses Bedürfnis haben, über das Thema zu schreiben. Viele Überlegungen basieren auf unserer Forschung und den Diskussionen mit den Studierenden. Was haben wir herausgefunden? Wir möchten hier nicht zu viel verraten. Immerhin so viel sei gesagt: eine richtige De-Industrialisierung wie in den USA stellen wir für die Schweiz in unserer Analyse nicht fest. Allerdings ist die Digitalisierung eine grosse Herausforderung für die Schweiz. Entsprechend zeigen wir auf, wozu man in der Unternehmensstrategie und in der Wirtschaftspolitik der Schweiz Sorge tragen sollte. Dabei verwenden wir für die Analyse auch Daten, welche für den Vergleich der Schweiz mit dem Ausland bisher noch nie ausgewertet wurden, und berücksichtigen für unsere Interpretationen und Schlussfolgerungen auch neuere Theorien und Überlegungen insbesondere auf dem Gebiet des internationalen Handels.

Ein Buch wird selten verfasst ohne zusätzliche Unterstützung, welche die Autoren erhalten haben. Wir danken der Handelskammer beider Basel (HKBB) für die finanzielle Unterstützung dieses Vorhabens. Diese hat uns ermöglicht, einen Teil der Arbeiten, welche von Christian Rutzer durchgeführt wurden, zu finanzieren. Wir danken der Universität Basel, ohne die dieses Buch nicht hätte erscheinen können, da Arbeiten von Rolf Weder über die vollamtliche Professur an der Universität Basel und gewisse Vorarbeiten über Hilfsassistentengelder erfolgten. Schliesslich danken wir Riccardo Bentele für die kritische Durchsicht des Manuskripts mit vielen wertvollen Hinweisen und die Unterstützung bei der Fertigstellung des Layouts und der Produktionsplanung. Dank gebührt auch Dr. Franz Saladin, ehemaliger Direktor der HKBB, für die Initiierung des Projektes auf der Basis eines Gesprächs zur Entwicklung der sektoriellen Beschäftigung in der Schweiz sowie Martin Dätwyler und Andreas Meier (HKBB) für interessante Diskussionen. Carina Reibold danken wir für die effiziente Begleitung durch den Verlag Springer Gabler. Natürlich sind wir alleine für den Inhalt verantwortlich.

Wir wünschen viel Vergnügen beim Lesen des Buches und freuen uns jetzt schon auf eine – so hoffen wir – lebhafte Diskussion unserer Analyse und wirtschaftspolitischen wie auch unternehmensstrategischen Schlussfolgerungen.

Basel, im Mai 2021

Christian Rutzer und Rolf Weder

1 Einleitung

Wir werden immer wieder durch mediale Hinweise auf Produktionsverlagerungen, Restrukturierungen und Entlassungen von Firmen im verarbeitenden Sektor der Schweiz aufgeschreckt. Das sich so entwickelnde Bild einer Schweizer Wirtschaft, die gegen den eisigen Wind des globalen Wettbewerbs ankämpfen muss und vor grossen Herausforderungen steht, wird durch die täglichen Beobachtungen, die man als Konsument macht, noch akzentuiert. Vieles, was man im Alltag kauft, trägt das Label „Made in China", „Made in Vietnam" oder „Made in Romania". Einzig Dienstleistungen (z.B. Reparaturen durch Handwerker oder feine Essen in Restaurants) scheinen noch von hier zu kommen – und Nahrungsmittel, insbesondere frische Früchte, Eier und das Gemüse, kauft man noch aus der Region – oder kann dies zumindest tun. Aber auch hier gibt es viele unter uns, die nach Möglichkeiten suchen, sich im Ausland zu versorgen. Denn die Preise sind dort (fast) überall tiefer. Und vergleicht man dann die Löhne, kann man sich schon fragen, ob wir hier am Schluss überhaupt noch etwas produzieren können – für die lokale Nachfrage, geschweige denn für den Export in andere Länder. Wie kann das gut gehen? Wie wird das weiter gehen, wenn so grosse Länder wie China immer mehr den Weltmarkt mit ihren Produkten „überschwemmen" – Produkte, die weit mehr umfassen als die von China traditionell exportierten Spielzeuge?

Dem nicht genug, sieht sich die Schweizer Wirtschaft seit geraumer Zeit auch noch mit einem sehr starken Franken bzw. schwachen Euro konfrontiert, was für die internationale Wettbewerbsfähigkeit vieler Schweizer Unternehmen ebenso eine riesige Herausforderung darstellt. Dies bedeutet beispielsweise, dass die Schweizer Firmen gegenüber ihren Konkurrenten in Deutschland, welche qualitativ ebenfalls hochstehende Produkte anbieten, einen substanziellen Nachteil haben. Zwar hat der starke Franken den Vorteil, dass viele Schweizerinnen und Schweizer mit ihrem Einkommen im Ausland sehr viel kaufen können und dort billig Ferien verbringen können (sofern der Corona-Virus hier keinen Strich durch die Rechnung macht). Die Kehrseite dieser Medaille ist, dass die Schweizer Tourismusindustrie und die zahlreichen Hersteller von Produkten leer ausgehen. Sie müssen am Standort Schweiz hohe Löhne bezahlen, die von ihren Mitarbeitern und Mitarbeiterinnen zu einem

© Der/die Autor(en), exklusiv lizenziert durch
Springer Fachmedien Wiesbaden GmbH, ein Teil von Springer Nature 2021
C. Rutzer und R. Weder, *De-Industrialisierung der Schweiz?*,
https://doi.org/10.1007/978-3-658-34377-4_1

erheblichen Teil im Ausland ausgegeben werden. Die Schweizerische Nationalbank (SNB) tut ihr Mögliches, um den Schweizer Franken nicht noch mehr
ansteigen zu lassen. Aber grundsätzlich liegt das Problem im Ausland, insbesondere in der Europäischen Union (EU): die Probleme mit dem Euro und
die hohe Staatsverschuldung der Mitgliedsländer setzen den Euro unter einen
permanenten Druck nach unten. Und das dürfte aufgrund der aktuellen Entwicklungen noch eine Weile so bleiben.

Dazu kommt nun noch die „Digitalisierung" sämtlicher Lebensbereiche. Alle sprechen davon und viele sehen die grossen Chancen, welche aus dieser technologischen Entwicklung entstehen. Und wenn man dies anders sieht und vor
allem die Gefahren betont, nützt es auch wenig. Denn verhindern kann man
diese Technologie ohnehin nicht. Es wird viel geschrieben über bahnbrechende
technologische Entwicklungen wie „Artificial Intelligence", „Blockchain" oder
„the Internet of Things". Man kann sich fragen, was diese Entwicklungen für
unser tägliches Leben bedeuten werden – als Konsumenten, als Arbeitnehmer
oder einfach als Mitglieder der Gesellschaft. Mindestens so wichtig ist es aber,
sich zu fragen, welche Auswirkungen dies auf unsere Unternehmen hat. Auf
ihre Fähigkeit, am Standort Schweiz weiterhin lukrative Produkte und Dienstleistungen herzustellen. Werden die Firmen die sogenannten „Disruptionen",
welche aus diesen neuen Technologien entstehen, bewältigen können? Oder
besteht die Gefahr, dass sie zu einem grossen Teil im Extremfall von der Bild-
fläche weggewischt werden, verschwinden, nicht mehr da sind? Oder anders
gefragt, was braucht es, damit dies nicht passiert?

Was bedeutet die Digitalisierung für die Beschäftigten in der Schweiz?
Dass Firmen sich anpassen und überleben, ist das eine. Dass Arbeitnehme-
rinnen und Arbeitnehmer am Standort Schweiz weiter beschäftigt werden,
ist das andere. Die Erfahrungen mit dem ersten Lockdown im Frühjahr 2020
während der Corona-Pandemie haben uns gezeigt, dass Berufe oder einzelne Aktivitäten unterschiedlich gut von zuhause aus ausgeübt werden können.
Beschäftigte in Berufen mit relativ engem Kundenkontakt hatten Mühe, ihre Arbeit während der Corona-Pandemie fortzusetzen oder mussten sie ganz
aufgeben (z.B. Mitglieder von Symphonieorchestern, Opernsängerinnen oder
Kellner in Restaurants). Andere, wie zum Beispiel Hochschullehrer, Mana-

gerinnen, Organisatoren oder Programmiererinnen, konnten ihre Arbeit auf der Basis der verfügbaren neuen Technologie relativ gut (z.B. über Zoom) erledigen. Aufgrund dieser Beobachtung und einer eigenen Analyse der unterschiedlichen Affinität von Berufen zum Home-Office publizierten wir beide in der *Neuen Zürcher Zeitung* einen Artikel mit dem Titel „Die Gewinner von heute könnten die Verlierer von morgen sein" mit der Erklärung im Untertitel: „Wer im Home-Office arbeitet, ist leichter durch günstigere Ausländer ersetzbar als Berufsleute, die den direkten Kundenkontakt brauchen."[1] Das Gegenargument ist natürlich, dass ein „Outsourcing" von Aufgaben Vertrauen und eine Rechtssicherheit (man denke an Haftungsfragen) voraussetzt, welche im nationalen Kontext einfacher zu realisieren sind. Wir werden auf dieses Thema zurückkommen.[2]

Wir setzen uns, wie man sieht, in diesem Buch mit relativ grossen Fragen auseinander. Wir stellen uns die Frage, ob in der Schweiz in der Tat bereits heute eine De-Industrialisierung beobachtbar ist, inwiefern diese durch die Digitalisierung drohen könnte, wie schlimm dies wäre und was auf Firmenebene und auf staatlicher Ebene getan werden könnte, damit der hohe Wohlstand und die hohe Lebensqualität in der Schweiz bewahrt werden können. Dabei werden wir nicht darum herumkommen, uns nicht nur mit zahlreichen Bereichen der inländischen Wirtschaftspolitik zu beschäftigen – mit Aspekten der Sozial- und Bildungspolitik, der Steuerpolitik sowie der Innovationspolitik, welche durch eine zunehmende kantonale und eidgenössische Innovationsförderung gekennzeichnet ist. Vielmehr wird es auch wichtig sein, die Aussenpolitik zu betrachten. Weil die Schweiz eine kleine, offene Volkswirtschaft mitten im durch die EU geprägten Europa ist, sind insbesondere Aspekte der EU-Politik der Schweiz und, in einem grösseren Rahmen, das Engagement der Schweiz auf globaler Ebene in den Bereichen des internationalen Handels (Welthandelsorganisation, WTO), der Umwelt (Abkommen von Paris), des internationalen Kapitalverkehrs (OECD) sowie der Migration und des Flüchtlingswesens wichtig.

Letztlich befassen wir uns hier mit dem Strukturwandel, welchem sich die Schweiz, wie auch andere Länder, immer wieder gegenüber steht. Die Frage ist dabei, ob es sich in den letzten zwei Jahrzehnten um einen ganz normalen

Strukturwandel handelt, oder ob dieser vielmehr fundamental neu und anders ist und zu einer Entwicklung führt, welche vieles auf den Kopf stellen könnte – mit allfälligen, ungeahnten negativen Konsequenzen für Wohlstand, Beschäftigung und Einkommensverteilung in einer Volkswirtschaft wie der Schweiz. Um das abzuschätzen, vertrauen wir nicht nur auf unsere Intuition als Ökonomen, als die wir uns mit Globalisierung, Innovation und regionaler Integration schon relativ lange beschäftigen. Vielmehr wollen wir hierzu auch zum Teil neue Daten aufarbeiten, welche auf der Basis von (zum Teil) aktuellen Theorien analysiert werden sollen.

Mit diesem Buch geben wir anhand konzeptioneller Überlegungen und fundierter empirischer Fakten Antworten. Darauf aufbauend leiten wir wirtschaftspolitische und unternehmensstrategische Implikationen für den Industriestandort Schweiz ab. Zum Thema De-Industrialisierung wurde bereits einiges gesagt und geschrieben. Das Staatssekretariat für Wirtschaft (SECO) veröffentlichte vor einigen Jahren mehrere Arbeiten, die sich mit der Analyse des Industriestandorts Schweiz beschäftigen.[3] In unseren Ausführungen gehen wir vertiefter auf den internationalen Handel ein, der insbesondere für eine kleine, offene Volkswirtschaft wie die Schweiz von grosser Bedeutung ist, und betonen im Gegensatz zu den Arbeiten des SECO Themen wie Digitalisierung und internationale Wertschöpfungsketten. Interessant ist auch die Publikation von EBERLI ET AL. (2015) mit einer Analyse der Ursachen für die heterogene Entwicklung der Produktivität verschiedener Schweizer Branchen. Obwohl hier auch zwischen Branchen des Industrie- und Dienstleistungssektors unterschieden wird, findet keine Einbettung der Ergebnisse in die Frage nach einer De-Industrialisierung statt. Informativ ist auch eine an der Universität St. Gallen verfasste Studie von JAEGER/TRÜTSCH (2017), welche den Industriestandort Schweiz aus Sicht der Schweizer Maschinenindustrie und ergänzt durch eine Unternehmensbefragung analysiert. Nicht thematisiert werden auch hier die aktuellen Herausforderungen der Digitalisierung und der internationalen Wertschöpfungsketten, die für uns zentral sind. So gehen wir vor:

Im ersten Teil des Buches gehen wir die Thematik aus einer traditionellen Perspektive an. Wir zeigen auf, inwiefern in der Schweiz absolut und relativ zu anderen Ländern eine De-Industrialisierung beobachtbar ist. In der Folge versuchen wir, diese beobachtete Entwicklung aufgrund etablierter Theorien zu erklären und zu eruieren, ob sich die Schweiz hier von anderen Ländern unterscheidet. Anschliessend verdichten wird die Überlegungen und stellen uns die Frage, ob aufgrund der vergangenen weltwirtschaftlichen Erfahrungen der Wohlstand in verschiedenen Ländern von der Grösse des Industriesektors abhängt. Ein Fazit zur Frage, ob Wohlstand ohne Industriesektor überhaupt möglich ist, schliesst den ersten Teil des Buches ab.

Im zweiten Teil erweitern wir die Betrachtung der De-Industrialisierung, indem wir die zunehmende Bedeutung der Aufspaltung von Wertschöpfungsketten in einzelne Fragmente sowie deren internationale Anordnung berücksichtigen. Dabei legen wir zuerst die in der Literatur diskutierten Gründe für die internationale Aufteilung von Wertschöpfungsketten dar. Basierend auf konzeptionellen Überlegungen analysieren wir unter Verwendung eines neuen Datensatzes, welche Auswirkungen die verstärkte internationale Aufteilung von Wertschöpfungsketten hat. In einem nächsten Schritt widmen wir uns aktuellen Herausforderungen der Digitalisierung aus Sicht des Industriesektors. Unsere Analyse ist dabei komplementär zu einigen Arbeiten, welche in letzter Zeit erschienen sind.[4] Im Unterschied zu diesen Arbeiten befassen wir uns mit der Digitalisierung speziell aus Sicht des Industriesektors bzw. vor dem Hintergrund der Frage einer möglichen De-Industrialisierung. Dabei gehen wir zuerst darauf ein, was unter den aktuellen technologischen Entwicklungen im Bereich der Digitalisierung zu verstehen ist, wie diese Entwicklungen in bisherigen ökonomischen Konzepten erfasst werden können und welche systematischen Veränderungen zu erwarten sind. Anschliessend fragen wir uns, ob der Schweizer Industriesektor auf die Herausforderungen vorbereitet ist.

Im dritten Teil des Buches führen wir die Erkenntnisse aus den Teilen I und II schliesslich zusammen und analysieren diese aus der Perspektive des unternehmensstrategischen und wirtschaftspolitischen Handlungsbedarfs. Wir zeigen, dass die „Ownership" zentraler Bereiche einer Wertschöpfungskette eines Unternehmens wichtig bleibt, während die einzelnen Fragmente dieser Kette durchaus an verschiedenen Standorten und von anderen Unternehmen durchgeführt werden können. Dies stellt aber grosse Herausforderungen an kleinere und mittlere Unternehmen (KMU), insbesondere auch aufgrund aktueller technologischer Entwicklungen, allen voran in Bereichen des „Internet of Things" (IoT). Wirtschaftspolitisch besteht die Herausforderung darin, ein gutes und innovatives Umfeld für „Headquarter"-Funktionen von Unternehmen in der Schweiz zu schaffen und gleichzeitig den internationalen Austausch zwischen der Schweiz und dem Ausland wirtschaftlich und gesellschaftlich optimal zu gestalten.

Vor 30 Jahren erschien ein Buch, bei dem der eine von uns Mitautor war. Das Magazin *Bilanz* schrieb damals, dass wir der Schweiz „eine radikale Fitnesskur" verordnen und „nach 700 Jahren endlich Marktwirtschaft" fordern würden.[5] Es ging um die neue Publikation „Internationale Wettbewerbsvorteile: Ein strategisches Konzept für die Schweiz".[6] Aufgrund unserer Analyse betonten wir die Bedeutung eines dynamischen Innovationsumfeldes am Standort Schweiz. Entsprechend schlugen wir insbesondere vor, dass (1) die schweizerische Wettbewerbspolitik verschärft, (2) das öffentliche Beschaffungswesen wettbewerblicher gestaltet, (3) gewisse Güter- und Dienstleistungsmärkte geöffnet, (4) die Verzerrung der Immigrationspolitik in Richtung der Einwanderung von tiefqualifizierten Arbeitskräften beseitigt und (5) die Umweltpolitik durch vermehrte preisliche Anreize (z.B. eine Kohlendioxid-Steuer) ausgestaltet werden sollte.

Ein grosser Teil dieser Reformvorschläge wurde in der Zwischenzeit umgesetzt. Das ist rückblickend sehr erfreulich. Die schweizerische Wirtschaftspolitik ist also reformfähig und passt sich neuen Herausforderungen an. Die Frage ist, ob heute aufgrund der fundamentalen technologischen Veränderungen (Schlagwort „Digitalisierung" charakterisiert) sowie der zunehmenden Globalisierung der Produktionsprozesse (mit dem Stichwort „internationale Wertschöpfungsketten" erfasst) nicht neue Herausforderungen auf die schweizerische Wirtschaftspolitik sowie auf die Unternehmen, insbesondere auf die KMU, zukommen. Und auch, ob diese nicht frühzeitig erkannt werden müssen, um die Weichen richtig zu stellen. Unsere Antwort dazu ist ein klares „Ja". Wir werden zeigen, weshalb diese Herausforderungen gross sind und was getan werden könnte, um im Zeitalter der Digitalisierung den Standort Schweiz auch in Zukunft attraktiv für wertschöpfungsstarke Tätigkeiten zu halten.

Anmerkungen

1. Siehe einen NZZ-Artikel von RUTZER/WEDER (24.4.2020) sowie den interaktiven Beitrag von RUTZER/NIGGLI (2020).

2. Überlegungen dazu vor dem Hintergrund der Handelstheorie findet man in WEDER (2020).

3. Siehe SECO (2014). Dort werden generelle Entwicklungen des Schweizer Industriesektors im internationalen Vergleich dargelegt und interessante wirtschaftspolitische Implikationen diskutiert.

4. Ein Beispiel ist die Arbeit für die Fondation 2048, welche der Frage nach der Innovationsfähigkeit der Schweiz vor dem Hintergrund der zunehmenden Digitalisierung nachgeht. Ein anderes Beispiel ist ZENHÄUSERN/VATERLAUS (2017), wo mögliche Auswirkungen der Digitalisierung auf den Schweizer Arbeitsmarkt eruiert werden. In beiden Arbeiten wird dabei eine gesamtschweizerische Perspektive eingenommen.

5. Siehe FISCHER (1991).

6. Das Buch wurde von „Starprofessor" (*Bilanz*) Michael E. Porter (Harvard Business School) im Rahmen seines weltweiten Forschungsprojektes „Competitive Advantage of Nations" in Zusammenarbeit mit Silvio Borner (Universität Basel), Michael Enright und Rolf Weder verfasst. Siehe BORNER ET AL. (1991).

2 Industrialisierung und De-Industrialisierung?

In diesem Kapitel befassen wir uns mit der Industrialisierung der Schweiz im historischen Kontext und fragen uns dann, ob und allenfalls inwiefern wir in der Schweiz eine De-Industrialisierung erleben oder bereits erlebt haben. Wir beginnen mit einer Übersicht zur Entwicklung des sogenannten Primär-, Sekundär- und Tertiärsektors. Wir definieren diese Sektoren und betrachten deren langfristige Entwicklung seit der Industrialisierung. Wir konzentrieren uns dabei auf den Anteil der Wertschöpfung am BIP sowie auf den Anteil der Beschäftigung an der Gesamtbeschäftigung. Im zweiten Abschnitt vergegenwärtigen wir uns die Phase der Industrialisierung der Schweiz. Wir weisen auf Pioniere von Schweizer Industrieunternehmen – die grossen Namen der Schweizer Wirtschaftsgeschichte – sowie auf bis heute international bekannte Schweizer Produkte hin. Im dritten Abschnitt folgt eine Betrachtung des Dienstleistungssektors, der sich – wie man nicht übersehen darf – ebenfalls bereits während der Industrialisierung dynamisch entwickelt hat. Der vierte Abschnitt zeigt dann die neueste Entwicklung der drei Sektoren in den letzten Jahrzehnten auf. Abschnitt 5 schliesst die Überlegungen ab und versucht eine erste Antwort auf die Frage der „De-Industrialisierung".

Die langfristige Entwicklung der drei Sektoren

Wir starten mit einer historischen Beschreibung der Entwicklung der Schweizer Wirtschaftsstruktur aufgeteilt nach Primär-, Sekundär- und Tertiärsektor. Abbildung 1 zeigt hierzu die Entwicklung der Schweizer Beschäftigung. Demnach erhöhte sich der Anteil im Sekundärsektor, der die industrielle Produktion, das Baugewerbe sowie die Abfall-, Energie- und Wasserwirtschaft beinhaltet, zwischen 1800 von ungefähr 26% auf etwa 50% in den 60er Jahren des 20. Jahrhunderts.[1]

Im gleichen Zeitraum erhöhte sich der Anteil der Beschäftigten im Tertiärsektor, der sich aus allen Dienstleistungen wie beispielsweise der Gastronomie, der Finanzdienstleistungen, der Versicherungswirtschaft oder auch dem Gross- und Einzelhandel zusammensetzt, von ungefähr 8% auf rund 40%. Diese strukturellen Veränderungen gingen einher mit einem starken Rückgang

© Der/die Autor(en), exklusiv lizenziert durch
Springer Fachmedien Wiesbaden GmbH, ein Teil von Springer Nature 2021
C. Rutzer und R. Weder, *De-Industrialisierung der Schweiz?*
https://doi.org/10.1007/978-3-658-34377-4_2

Abbildung 1: Anteil der Beschäftigten im Primär-, Sekundär- und Tertiärsektor der Schweiz

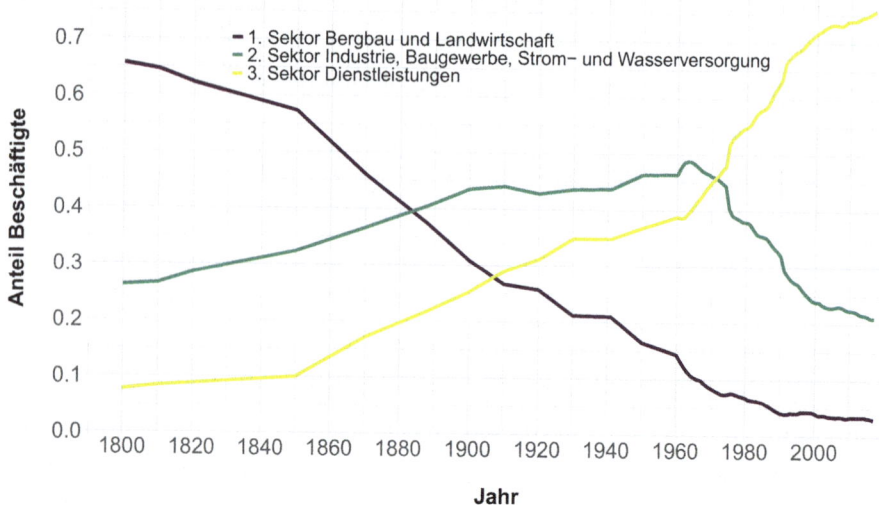

Quelle und Hinweise: Eigene Berechnungen anhand von Daten der historischen Statistik der Schweiz (1800 - 1960) und der Erwerbsstatistik der Schweiz (1960 - heute). Daten bis 1888 basieren auf Schätzungen und stehen nur für wenige Beobachtungszeitpunkte zur Verfügung, Daten bis 1960 enthalten nur Vollzeitstellen und stehen für 10-Jahresintervalle zur Verfügung. Daten ab 1960 enthalten auch Teilzeitstellen und stehen jährlich zur Verfügung. Die Abbildungen zeigen keine Vollzeitäquivalente, da diese für so lange Zeitreihen nicht vorliegen.

des Beschäftigungsanteils im Primärsektor, der die wirtschaftlichen Tätigkeiten der Land- und Forstwirtschaft sowie das Gewinnen von Rohstoffen beinhaltet. Dort sank bis 1960 der Anteil der Beschäftigten drastisch von rund 66% auf ungefähr 10% und marginalisierte sich auf aktuell etwa 3%. Dieses Schicksal ereilte dann in der zweiten Hälfte des 20. Jahrhunderts auch den 2. Sektor. Der Anteil der Beschäftigten fiel kontinuierlich auf knapp über 21%. Demgegenüber nahm der Anteil der Beschäftigten im Dienstleistungssektor weiterhin kontinuierlich zu, auf gut 76%.

Die gleiche Entwicklung ist für die Wertschöpfung erkennbar, d.h. für den durch die Unternehmen geschaffenen Mehrwert (siehe Abbildung 2). Die Wertschöpfung errechnet sich dabei als Differenz zwischen dem Produktionswert oder Umsatz einer Firma, einer Industrie oder eines ganzen Sektors und den Vorleistungen, welche von anderen Firmen, Industrien oder ganzen Sek-

Abbildung 2: Anteil der nominalen Wertschöpfung des Primär-, Sekundär- und Tertiärsektors der Schweiz

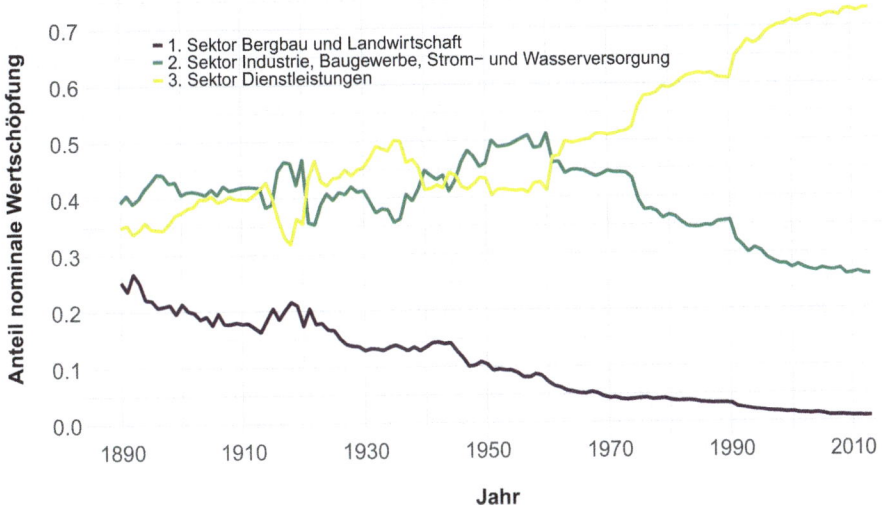

Quelle und Hinweise: Eigene Berechnungen anhand Daten der historischen Statistik der Schweiz.

toren bezogen werden. Für diese Betrachtung stehen uns nur Daten ab 1890 zur Verfügung haben.

Der Anteil des Primärsektors an der volkswirtschaftlichen Wertschöpfung bzw. dem Bruttoinlandsprodukt belief sich zu Beginn des 20. Jahrhunderts noch auf etwa 21%, sank dann aber kontinuierlich und liegt aktuell unter 1%. Demgegenüber betrug der Anteil der Wertschöpfung des Sekundärsektors um 1900 knapp 41%, stieg dann bis zur Mitte des 20. Jahrhunderts an, erreichte dort mit knapp über 50% den höchsten Anteil und fiel kontinuierlich auf einen aktuellen Anteil von etwa 25%. Der Anteil des Tertiärsektors stieg hingegen kontinuierlich von einem Anteil von 38% zur vorletzten Jahrhundertwende auf nun über 73%.

Die Industrialisierung der Schweiz und ihre Pioniere

Die Schweiz erlebte im 19. Jahrhundert ein im westeuropäischen Vergleich starkes industrielles Wachstum. Während das Durchschnittseinkommen der

Schweiz (gemessen durch das Bruttoinlandprodukt pro Kopf) um 1820 noch im westeuropäischen Mittelfeld lag, gehörte die Schweiz bereits um 1900 zu einem der reichsten Länder der Welt, direkt hinter den USA und England liegend.[2] Diese Entwicklung sowie diejenige in den folgenden Jahren wurde durch zahlreiche Pioniere und die Entstehung verschiedener Firmen im zweiten Sektor ermöglicht. Aus heutiger Sicht ist die Dynamik, welche damals am Standort Schweiz entstanden ist, äusserst beeindruckend.

Auffallend ist, dass zahlreiche bis heute bekannte Firmen der Schweiz und mit der Zeit ganze Branchen in der zweiten Hälfte des 19. Jahrhunderts oder kurz nachher gegründet bzw. begründet wurden. Eng mit der Entstehung dieser Firmen verknüpft sind Persönlichkeiten, deren Namen bis heute bekannt und zum Teil auch in den Namen der heutigen Unternehmen und Konzerne verewigt sind. Hier einige Beispiele.[3]

In der Textilfarbindustrie, welche die Grundlagen für die Entwicklung der heute für die Schweiz extrem bedeutenden Chemisch-Pharmazeutischen Industrie legte, waren es Alexander Clavel (1859), Jean Gerber-Keller und Johann Rudolf Geigy (1864) sowie Alfred Kern und Edouard Sandoz (1886). In der Pharmaindustrie klingt der Name Fritz Hoffmann-La Roche (1896). In der Textilindustrie sind es Namen wie Johann Kaspar Zellweger (1804) oder Christian Näf (1803). In der Maschinenindustrie sind es Pioniere wie Johann Jakob Rieter (1795), Johann Konrad Fischer (1804), Hans Caspar Escher (1805), Johann Jakob Sulzer (1834), Caspar Honegger mit der Maschinenfabrik Rüti (1842), Adolph Saurer (1853), Adolph Bühler (1860), Charles Brown und Walter Boveri (1891). Dazu kommen im Elektrobereich Gustav Adolf Hasler (1865) – heute Ascom –, Peter Emil Huber (1876) – heute Oerlikon – sowie Carl Sprecher und Heinrich Schuh (1900).

Früh entwickelte sich auch die schweizerische Schokoladenindustrie mit den heute noch bekannten (Firmen-)Namen wie Francois-Louis Cailler (1819), Philipp Suchard (1825), Charles-Amédée Kohler (1830), David Sprüngli (1836), Aquilino Maestrani (1852), Jean Tobler (1867), Daniel Peter (1875), Rodolphe Lindt (1879) sowie Robert und Max Frey (1887). In der Nahrungsmittelindustrie sind es Namen wie Henri Nestlé (1866) oder Julius Maggi (1872). Nicht zu vergessen ist natürlich die Uhrenindustrie mit Namen wie Rolex, Audemars

Piguet, Blancpaint, IWC, Patek Philippe, Piaget, Jaeger-DeCoultre, Baume & Mercier sowie Omega, Longines, Rado, Tissot, Certina, Swatch oder Ebel, die zum grossen Teil ihren Ursprung im 19. oder gar 18. Jahrhundert haben. Dazu kommen Unternehmer wie Carl Franz Bally (1851) oder Christian Gerber (1836) und sein Sohn Walter Gerber (1913).

Es ist extrem, wie die genannten und noch viele weitere Persönlichkeiten dazu beitrugen, mit ihren neuen Ideen, Erfindungen und ihrem Unternehmergeist den Industriesektor der Schweiz zu etablieren und die verschiedenen von ihren Unternehmen geschaffenen Produkte – natürlich auch aufgrund des kleinen Heimmarktes – in die ganze Welt zu exportieren. Namen wie Bally, Maggi, Rolex, Lindt, Toblerone, Ovomaltine, Gerber GALA, Nescafé, Hanro, Zimmerli, Calida, La Prairie, Lindor, Hero, Ricola, Voltaren, Victorinox, Kern, Nespresso und viele mehr sind weit bekannt. Aber auch die Sulzer Schiffsmotoren, die Textilmaschinen von Saurer, Rieter, Sulzer und Rüti hatten sich international einen Namen gemacht. Ebenso die Turbinen von Brown Boveri und viele andere Endprodukte, Zwischenprodukte und Investitionsgüter aus der Schweiz.

Auch im 20. Jahrhundert wurden ganze Branchen innerhalb des Industriesektors neu etabliert oder durch die Gründung wichtiger Firmen gestärkt: zum Beispiel die Hörapparateindustrie durch Phonak (1965) und andere, die Klimatechnikindustrie durch Expansion und Neugründungen von Firmen wie Sauter, Landis+Gyr und Staefa Control, die Feuerbekämpfungsbranche durch die Firma Cerberus – gegründet von den zwei jungen ETH-Absolventen und Physikern Jäger und Meili (1941) –, die Messgeräte- und Elektronikindustrie durch das erfolgreiche Familienunternehmen Endress+Hauser (1953), die Papierverarbeitungsmaschinenindustrie durch die Firmen Bobst (1934) und Ferag (1957). Und so könnte man noch sehr vieles erzählen – zum Beispiel von der Firma Straumann (1954) im Bereich Zahnimplantate oder Hocoma (1999) für robotergestützte Bewegungstherapie.

Zahlreiche Firmen fusionierten später mit anderen, um Grössenvorteile zu realisieren. Zum Beispiel Ciba mit Geigy und später Ciba-Geigy mit Sandoz zur Novartis, oder BBC mit der schwedischen ASEA zu ABB. Einige Firmen gingen auch Konkurs oder wurden durch andere übernommen. Viele neue

Abbildung 3: Entwicklung der Beschäftigungsstruktur des 2. Sektors in der Schweiz (1888-1990)

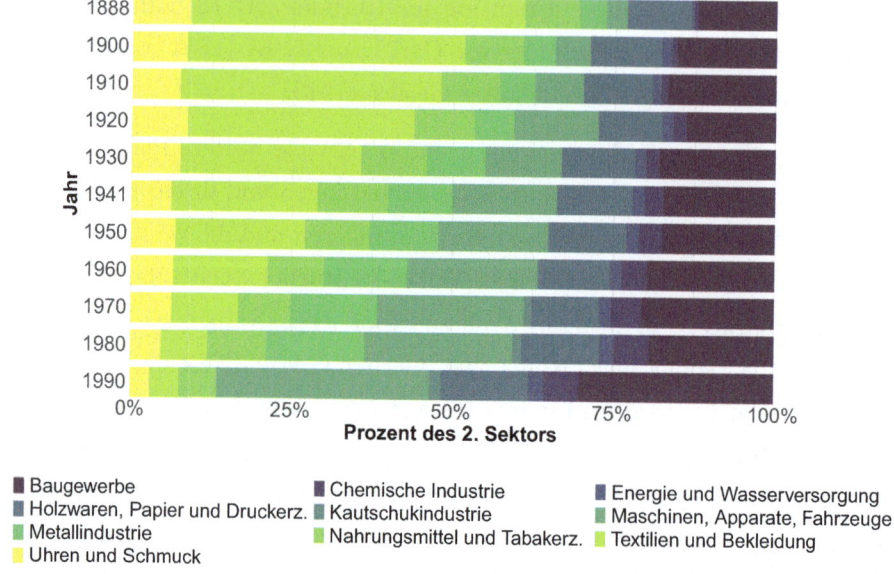

Quelle und Hinweise: Eigene Berechnungen anhand Daten der historischen Statistik der Schweiz.

Firmen wurden geschaffen und expandierten. Abbildung 3 zeigt, wie sich der Industriesektor als Ganzes von 1888 bis 1990 veränderte.

Ganz extrem ist die Entwicklung der Textil- und Bekleidungsindustrie, welche am Anfang der Entwicklung vor über 100 Jahren sehr dominant war am Standort Schweiz. Aufgrund der internationalen Spezialisierung und der Integration von Entwicklungs- und Schwellenländern in die Weltwirtschaft schrumpfte sie jedoch auf wenige international tätige Firmen wie z.B. die Forster Rohner AG in St. Gallen. Der Strukturwandel innerhalb des zweiten Sektors war, insbesondere für diese Branche, eine Herausforderung. Da der Staat die Branche nicht mit Importbeschränkungen schützte, kam es nicht zu einem aufgestauten Strukturwandel mit abrupten Veränderungen bei der Aufgabe des Importschutzes (wie dies z.B. in den USA anfangs des 21. Jahrhunderts mit dem Ablauf des Multifaserabkommens der Fall war). Die Arbeitskräfte wurden kontinuierlich durch andere Branchen aufgenommen. So ist aus Abbildung 3 ersichtlich, dass insbesondere der Bereich „Maschinen,

Apparate und Fahrzeugbau" stark expandierte. Stark gestiegen ist auch der Anteil der Chemie sowie des Baugewerbes.

Die Entwicklung des internationalen Dienstleistungssektors der Schweiz

Was passierte in der zuvor beschriebenen Phase der Industrialisierung der Schweiz mit den Dienstleistungen? Wie aus den obigen Abbildungen ersichtlich ist, expandierte der Dienstleistungssektor parallel zum Industriesektor zulasten der Beschäftigung in der Landwirtschaft und im Bergbau. Auch im Dienstleistungssektor entstanden während der Industrialisierung zahlreiche Firmen, welche die Grundlagen für die heute international wettbewerbsfähigen Branchen der Schweiz im tertiären Sektor schufen.[4]

Dazu gehören einmal die zahlreichen im 18. und 19. Jahrhundert gegründeten Privatbanken – z.B. Wegelin & Co. (1741), Lombard Odier Darier Hentsch (1796), Pictet (1805), Mirabaud (1819) und Bordier (1844) – und die später entstandenen Universalbanken wie die Crédit Mobiliar (1853), die Schweizerische Kreditanstalt (1856), der Basler Bankverein (1872) oder die Bank in Winterthur (1862), die später mit anderen zur Schweizerischen Bankgesellschaft (1912) fusionierten. Ihre Bedeutung lag (bis zur Gründung der Schweizerischen Nationalbank im Jahr 1907) in der Herausgabe eigener Noten und dann vor allem in der Finanzierung von Investitionen im expandierenden Industriesektor, in der Schweiz und (meistens später) auch im Ausland.[5] Dazu kamen Versicherungen, wie die Schweizerische Mobiliar Versicherungsgesellschaft (1826), die Schweizerische Lebensversicherungs- und Rentenanstalt (1857), Helvetia (1858), die Basler Versicherungs-Gesellschaft gegen Feuerschaden (1863) oder die Schweizerische Rückversicherungs-Gesellschaft (1863) und viele andere. Wie bereits in einzelnen Namen ausgedrückt, wurden diese Versicherungen wegen Grossbränden, immer mehr auch zur Abdeckung der Risiken im Transport, im Bahnverkehr und in der Produktion geschaffen.[6]

Sehr wichtig war auch die Entstehung der Welthandelsbranche mit bekannten Namen wie Volkart (1851), Siber Hegner (1865), André SA (1877), Diethelm (1887), Desco von Schulthess (1889) und UHAG (1927). Damit eng verbunden sind die internationalen Speditionsfirmen mit Verankerung in der

Schweiz: Danzas (1815 in St. Louis gegründet und 1871 nach Basel verlagert), Kühne und Nagel (1890 in Bremen gegründet mit heutiger Konzernzentrale in der Schweiz) sowie Panalpina (1954 in Basel gegründet auf der Basis der bis ins 19. Jahrhundert zurückreichenden Basler Rheinschifffahrts-Gesellschaft). Beide Branchen entstanden durch den zunehmenden internationalen Handel zwischen der Schweiz und der Welt, stiegen immer mehr auch in den Handel zwischen Drittländern ein und gehören heute zum Teil zu den grossen Spielern im internationalen Transport- und Handelsgeschäft.

Zu erwähnen ist auch die Entstehung der Tourismusindustrie im 19. Jahrhundert mit den berühmt gewordenen Winterkurorten wie St. Moritz, Davos oder Gstaad. Auch das Reisebüro Kuoni, welches bis heute in- und ausländische Touristen in ihren Ferienwünschen berät, wurde 1906 von Alfred Kuoni gegründet und expandierte stark. Die Schweiz hat sich international auch einen Namen gemacht mit der Fluggesellschaft Swissair, welche nach dem unerwarteten Konkurs 2002 unter dem Namen SWISS in die Lufthansa Gruppe integriert wurde und dort weiterhin versucht, mit hoher Schweizer Qualität und „Swissness" in der Luft sich gegenüber der Konkurrenz abzusetzen. Aber auch andere Dienstleistungen im Bereich Architektur, Brückenbau und Kunst wurden von Schweizern entwickelt und im Ausland realisiert. Dazu gehören grosse Namen wie Othmar Ammann, Christian Menn, Robert Maillard, Le Corbusier, Mario Botta, Jacques Herzog, Pierre de Meuron, Peter Zumthor und einige andere. Dazu kommen Unternehmensberatungsbüros, internationale Anwaltsbüros sowie einige Universitäten und Forschungsanstalten, welche ihre Dienstleistungen international anbieten, indem sie attraktiv für ausländische Studierende und Forschende sind (z.B. die ETH in Zürich oder das Biozentrum der Universität Basel).

Die Beschäftigungsstruktur im 3. Sektor hat sich über die Zeit von 1888 bis 1990 verändert. Abbildung 4 zeigt, dass der Bereich „Hauswirtschaft" über die 100 Jahre stark abgenommen hat, was unter anderem mit der Emanzipation der Frau zusammenhängt und auch damit zu tun haben dürfte, dass in diesem Bereich Arbeit stark durch Kapital (z.B. Küchengeräte) ersetzt wurde und dass einige Aktivitäten in andere Dienstleistungsgruppen aufgenommen wurden.[7] Zugenommen hat hingegen der Anteil der Beschäftigung bei Ban-

Abbildung 4: Entwicklung der Beschäftigungsstruktur des 3. Sektors in der Schweiz (1888-1990)

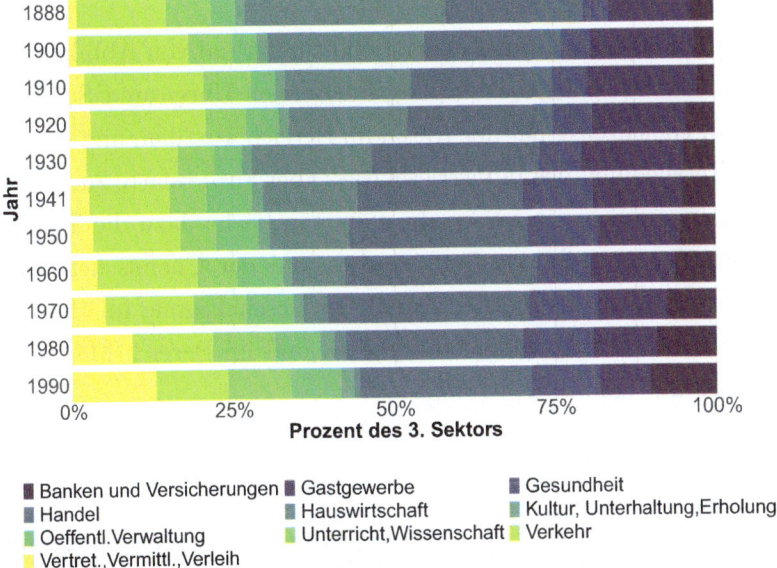

Quelle und Hinweise: Eigene Berechnungen anhand Daten der historischen Statistik der Schweiz.

ken und Versicherungen, im Bereich Gesundheit und etwas im Bereich Handel (inkl. Vertretung, Vermittlung und Verleih). Leicht zugenommen hat auch der Anteil der Beschäftigung in der öffentlichen Verwaltung und in Unterricht und Wissenschaft. Stark abgenommen hat in diesen 100 Jahren der Anteil der Beschäftigung im Gastgewerbe innerhalb des Dienstleistungsbereichs– wobei der Anteil an der gesamten Beschäftigung in der Schweiz im Gastgewerbe sich über diesen Zeitraum sogar verdoppelt hat (siehe Tabelle A2).

Die Entwicklung seit den 1960er Jahren

Die vorherigen Abbildungen 1 sowie 2 zeigen, dass ab den 1960er Jahren der Anteil des sekundären Sektors an der gesamtwirtschaftlichen Beschäftigung und Wertschöpfung der Schweiz nicht mehr zunimmt, sondern sinkt. Gleichzeitig verzeichnet der tertiäre Sektor eine weitere – in der Beschäftigung starke – Zunahme in diesen Anteilen. Man könnte die 1960er Jahre als eine Art Zäsur in der historischen sektoriellen Entwicklung der Schweiz betrachten. Betrachten wir nun die aktuellen Veränderungen innerhalb der beiden Sektoren in den letzten 20 Jahren.

Innerhalb des Industriesektors fällt aufgrund von Abbildung 5 der zunehmende Anteil der Beschäftigung im Bereich Uhren und Schmuck auf (1995-2016). Gleichzeitig hat der Anteil im Bereich Textilien und Bekleidung relativ zur Entwicklung des Industriesektors, aber auch relativ zur Gesamtbeschäftigung in der Schweiz weiter abgenommen (siehe dazu die Tabelle A3 im Anhang). Die Anteile des Baugewerbes und der Chemischen Industrie haben zugenommen, während der Anteil der Beschäftigung im Bereich Holzwaren, Papier und Druckerzeugnisse abnahm und im Bereich Maschinen, Apparate und Fahrzeugbau leicht sank.

Abbildung 5: Entwicklung der Beschäftigungsstruktur des 2. Sektors in der Schweiz (1995-2016)

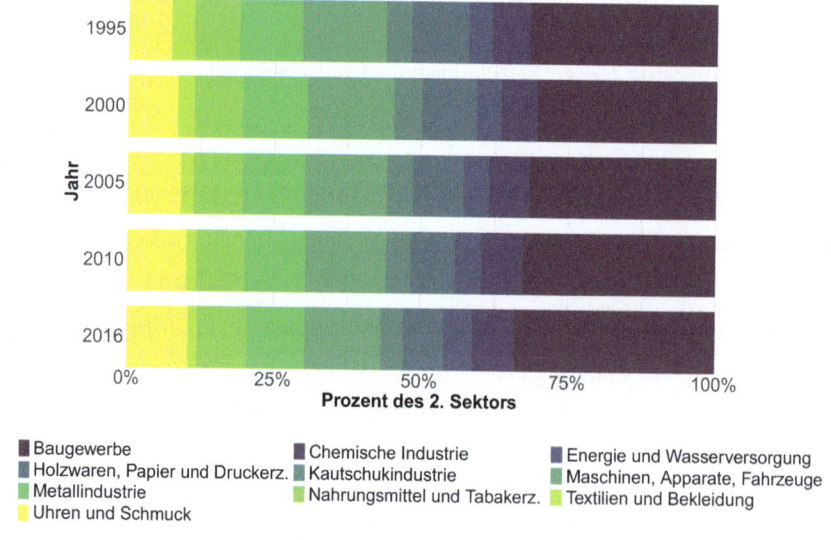

Quelle und Hinweise: Eigene Berechnungen anhand Daten der historischen Statistik der Schweiz.

Innerhalb des Dienstleistungssektors nahmen, wie Abbildung 6 zeigt, die Beschäftigungsanteile insbesondere in folgenden Branchen zu: (1) Informationstechnologie und -dienstleistungen, (2) Gesundheits- und Sozialwesen sowie (3) Erbringung von freiberuflichen, wissenschaftlichen, technischen und wirtschaftlichen Dienstleistungen. Sinkende Anteile sind in den Bereichen (1) Gastgewerbe und Beherbergung sowie Gastronomie, (2) Handel, Instandhaltung und Reparatur von Kraftfahrzeugen sowie leicht (3) bei Verkehr und Lagerei zu verzeichnen. Diese in Abbildung 6 beobachtbaren Veränderungen gelten auch relativ zur gesamten Beschäftigung in der Schweiz (siehe Tabelle A3).

Abbildung 6: Entwicklung der Beschäftigungsstruktur des 3. Sektors in der Schweiz (1995-2016)

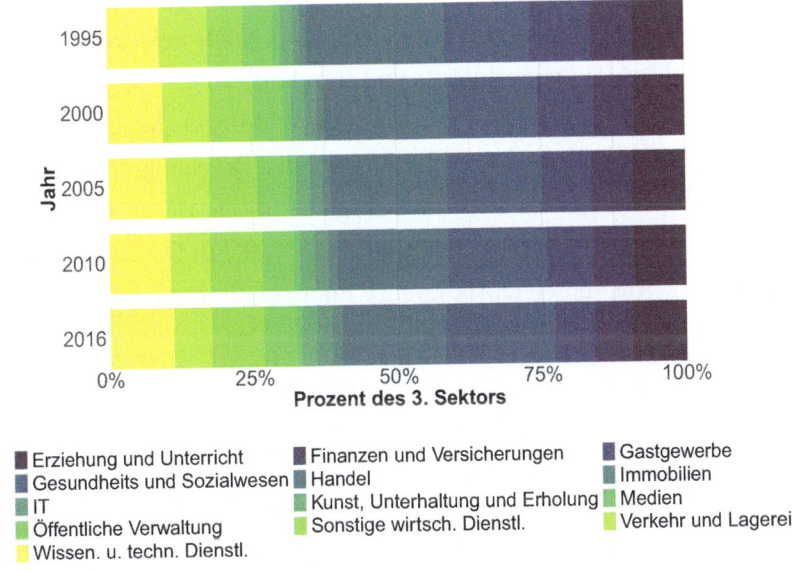

Quelle und Hinweise: Eigene Berechnungen anhand Daten der historischen Statistik der Schweiz.

Fazit

Die Entwicklung der Schweiz im 19. Jahrhundert zu einem der reichsten Länder bereits um 1900 und die Fortsetzung dieser Erfolgsgeschichte ist auf eine hohe Dynamik im sekundären wie auch im tertiären Sektor zurückzuführen. Durch technische und wirtschaftliche Pionierarbeit und einen breit gestreuten Unternehmergeist aus dem In- und Ausland entstanden ganz viele der heute noch international tätigen Firmen und Konzerne in den verschiedenen Branchen dieser zwei Sektoren. Es ist beeindruckend, was in dieser Zeitperiode technologisch und unternehmerisch geleistet wurde. Und auch später kamen laufend neue Pioniere, Unternehmen und Branchen in beiden Sektoren dazu. Obwohl in der obigen Beschreibung vor allem von Männern als Pioniere des wirtschaftlichen Fortschritts gesprochen wird, ist es wohl auch der Zeit geschuldet, dass nur Männer diese Firmen gegründet haben. Frauen waren aber im Hintergrund oft entscheidend – so zum Beispiel die Ehefrau von Henri Nestlé bei der anfänglichen Ausrichtung der Firma.

Während die Beschäftigungsanteile in beiden Sektoren zulasten des primären Sektors (Landwirtschaft und Bergbau) über rund 100 Jahre der Schweizer Geschichte komplementär zunahmen, führten die 1960er Jahre zu einer Zäsur in dieser Entwicklung. Der Anteil der Beschäfigung wie auch der Wertschöpfung sank seit den 1960er Jahren im Industriesektor mehr oder weniger kontinuierlich bis heute, während diese Anteile im Dienstleistungssektor weiter anstiegen. Aus dieser Optik könnte man von einer „De-Industrialisierung der Schweiz" seit den 1960er Jahren sprechen.

Innerhalb des sekundären Sektors stellt man in den letzten 25 Jahren unter anderem einen Rückgang im Bereich der Textilindustrie sowie in leichter Form auch im Bereich der Maschinenindustrie fest, während im tertiären Sektor die Bereiche Informationsdienstleistungen, Gesundheitswesen und freiberufliche, wissenschaftlich-technische und wirtschaftliche Dienstleistungen zugenommen haben.

Wir werden in den nächsten Kapiteln nun genauer untersuchen, inwiefern die hier beobachtete „De-Industrialisierung" in relativen Werten auch absolut gilt; mit anderen Worten, ist auch ein absoluter Rückgang der Beschäftigung und der Wertschöpfung im Industriesektor der Schweiz sichtbar? Des weiteren stellt sich die Frage, ob die hier beobachtete Entwicklung ein Phänomen darstellt, welches auch in anderen Industrieländern – mehr oder weniger stark – ausgeprägt ist. Schliesslich geht es darum, diese Entwicklung zu verstehen.

Die in der Schweiz ab den 1960er Jahren beobachtbare „relative Beschäftigungsschere" stellt eine Bewegung dar, welche ins Auge springt und wofür es keine offensichtliche Erklärung gibt. Wer hätte Ende der 1950er Jahre wohl prognostiziert, dass bald eine Divergenz in der Entwicklung von sekundärem und tertiärem Sektor geschehen würde – gegeben, dass beide Anteile bisher zugenommen hatten? Man hätte sich damals durchaus vorstellen können, dass die Anteile der beiden Sektoren konstant bleiben würden. Und schliesslich stellt sich die Frage, ob die beobachtbare Entwicklung ein Problem für die Schweiz ist oder zu einem gesellschaftlichen und wirtschaftlichen Problem werden könnte.

Diese Fragen und Betrachtungen wollen wir nun im Teil I, d.h. in den nächsten drei Kapiteln, etwas genauer unter die Luppe nehmen. In Teil II werden wir uns die grundsätzliche Frage stellen, ob die statistische bzw. konzeptionelle Trennung zwischen den zwei oder gar drei Sektoren aufgrund der heutigen technologischen und wirtschaftlichen Entwicklung überhaupt sinnvoll ist und welche Alternativen es gibt. Teil III widmet sich schliesslich den unternehmensstrategischen und wirtschaftspolitischen Schlussfolgerungen im Hinblick auf eine weitere erfolgreiche wirtschaftliche und gesellschaftliche Entwicklung der Schweiz.

Anmerkungen

1. Jeder der drei Sektoren setzt sich wiederum aus verschiedenen Branchen zusammen, die im Falle der Schweiz im Rahmen der Allgemeine Systematik der Wirtschaftszweige (NOGA) klassifiziert sind. Die NOGA stimmt auf 2-Steller Ebene mit internationalen Standards überein. Eine genau Auflistung einzelner Branchen und deren Zuordnung zu einem der drei Sektoren findet sich in Tabelle A1 des Anhangs.

2. Siehe Abschnitt „When Did it Start?" und dort speziell Tabelle 9.2 in WEDER DI MAURO/WEDER (2012).

3. Die folgenden Ausführungen basieren auf BORNER ET AL. (1991), CAPUS (2019), BREIDING (2013), ENRIGHT/WEDER (1995) und SCHWEIZER GESCHICHTE (2021).

4. Siehe insbesondere BORNER ET AL. (1991), ENRIGHT/WEDER (1995) und BREIDING (2013).

5. Interessant ist in diesem Zusammenhang, dass Johann Jacob Leu die Bank „Leu et Compagnie" bereits 1755 in Zürich gründete auf der Basis des Prinzips, dass Einlagen ausschliesslich im Ausland angelegt werden; siehe CAPUS (2019), S. 105.

6. Auch im Banken- und Versicherungsbereich gibt es natürlich bekannte Persönlichkeiten wie Alfred Escher (Gründer der Schweizerischen Kreditanstalt), Alfred Schaefer, Robert Holzach und Bruno Saager (Schweizerische Bankgesellschaft) und Martin Ebner, Walter Frehner, Rainer Gut, Lukas Mühlemann, Marcel Ospel, Kurt Schiltknecht, Peter Wuffli und viele mehr.

7. Nach Wikipedia umfasste dieser Bereich im 19. Jahrhundert: „Kochen, Einkochen, Einschlachten, Wurstmachen, Pökeln, Milchwesen, Viehhaltung, Kindererziehung, Umgang mit Dienstboten, Buchführung, Reinigung von Räumen, Geräten und Wäsche, Anfertigen und Behandeln des Bettwerks einschließlich der Matratzen, das Konservieren der Garderobe, das Nähen, Flicken und Stopfen der Kleidung, Spülen des Geschirrs und Bestecks, Heizen, Reparaturen von Geräten und in Räumen, Vorbereitung von Umzügen, Einkauf, Färben von Textilien und Kleidung, Tapezieren, Anstrich und Politur von Möbeln, Ungezieferbekämpfung." (nach Henriette Davidis).

TEIL I: ERKLÄRUNG DER INDUSTRIELLEN ENTWICKLUNG

In diesem Teil des Buches betrachten wir die sektorielle Entwicklung der Schweiz in den letzten Jahrzehnten aus einer traditionellen Perspektive. Das heisst, wir gehen von der in den Statistiken etablierten Unterscheidung zwischen Industrie- und Dienstleistungssektor aus und vergleichen die Entwicklung der Schweiz mit derjenigen von anderen Industrieländern. In Kapitel 3 erklären wir die *relative* Schrumpfung des Industriesektors aufgrund von Nachfrage- und Produktivitätseffekten, in Kapitel 4 aufgrund von internationalen Spezialisierungseffekten. In Kapitel 5 stellen wir uns schliesslich die Frage, ob der Wohlstand aufgrund dieser Entwicklung bedroht ist.

3 Nachfrage- und Produktivitätseffekte

Betrachtet man die langfristige Entwicklung der Schweiz seit der Industrialisierung im 19. Jahrhundert, so stellt man fest, dass sowohl der Anteil der Beschäftigung wie auch der Anteil der Wertschöpfung im sekundären Sektor („Industriesektor") bis in die 1960er Jahre laufend angestiegen ist. Dies geschah parallel zur relativen Expansion des tertiären Sektors („Dienstleistungssektor"). Ab Mitte der 1960er Jahre erfolgte dann ein kontinuierlicher Rückgang des Anteils des sekundären Sektors von etwa 50% auf heutige 25% (Wertschöpfung) bzw. 20% (Beschäftigung), während der tertiäre Sektor weiter zunahm auf über 70%.

Wir zeigen in diesem Kapitel, dass diese Entwicklung kein Schweizer Phänomen darstellt, sondern in ähnlicher Form alle Industrieländer betrifft. Auf dieser Grundlage suchen wir nach ersten Erklärungen für die Entwicklung. Zuerst beschreiben wir die Entwicklung der Schweiz im internationalen Vergleich. Anschliessend widmen wir uns möglichen Erklärungen für diese Beobachtung und zeigen, dass eine stärkere Zunahme der Produktivität im Industriesektor sowie eine stärkere Zunahme der Nachfrage nach Dienstleistungen dafür verantwortlich sein können, wobei die Verknüpfung der beiden Effekte speziell interessant ist. Wir konfrontieren diese Überlegungen mit empirischer Evidenz und schliessen das Kapitel mit einem Fazit ab.

Die Schweiz im internationalen Vergleich

Um den Vergleich der Schweiz mit anderen Ländern herzustellen, fokussieren wir uns auf eine etwas enger gefasste Definition des Industriesektors – den „Industriesektor im eigentlichen Sinne".[1] Zudem blenden wir den Primärsektor in den nachfolgenden Analysen aus, da dieser in Industrieländern in Bezug auf die Wertschöpfungs- und Beschäftigungsanteile nur noch eine geringfügige Bedeutung aufweist und deshalb für unseren internationalen Vergleich vernachlässigt werden kann.

Abbildung 7 zeigt die Entwicklung der Beschäftigungsanteile im Industriesektor seit 1990 für die Schweiz (dicke Linie in orange) und weitere ausgewählte Länder auf (linke Abbildung). In der rechten Abbildung sind die Beschäfti-

© Der/die Autor(en), exklusiv lizenziert durch
Springer Fachmedien Wiesbaden GmbH, ein Teil von Springer Nature 2021
C. Rutzer und R. Weder, *De-Industrialisierung der Schweiz?*
https://doi.org/10.1007/978-3-658-34377-4_3

gungsanteile im Dienstleistungssektor über denselben Zeitraum aufgeführt. Die Beobachtungen implizieren, dass auch in anderen Industrieländern der Anteil der Beschäftigten des Industriesektors abgenommen hat, bei gleichzeitiger Zunahme des Anteils der Beschäftigten im Dienstleistungssektor. Unterschiede bestehen zwischen den Ländern im Ausmass dieser Veränderungen sowie im absoluten Niveau der relativen Bedeutung der beiden Sektoren. So hat der Industriesektor in Ländern wie Deutschland, Italien und Japan beschäftigungsmässig die *relativ* grösste Bedeutung, während umgekehrt in Grossbritannien, USA und Frankreich der Dienstleistungssektor, wiederum *relativ* gesehen, eine hohe Bedeutung hat. Die Schweiz liegt überall im Mittelfeld. Sie ist also gewissermassen weniger stark spezialisiert in Bezug auf die beiden Sektoren.

Abbildung 7: Anteil der Beschäftigten im Industrie- und im Dienstleistungssektor

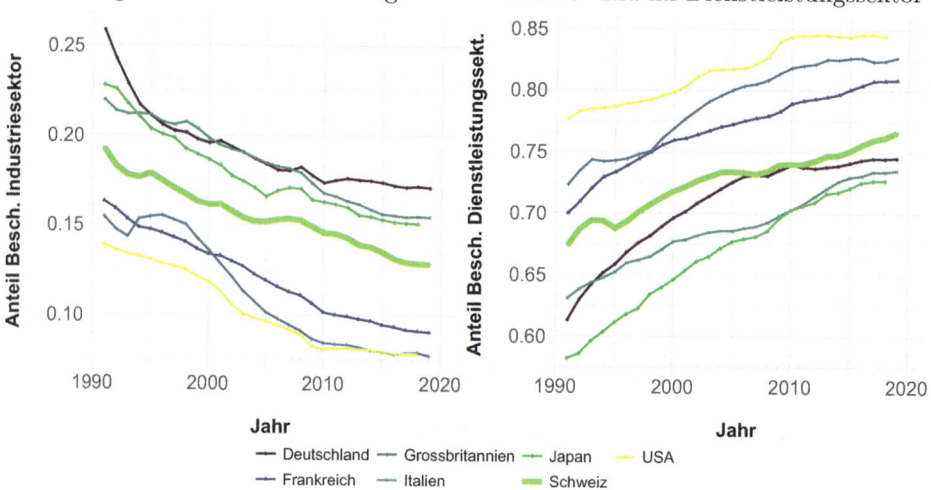

Quelle: Eigene Berechnungen anhand Daten der AMECO Datenbank. Die Daten beinhalten Teil- wie Vollzeitbeschäftigte. Der Industriesektor umfasst dabei die NOGA-Branchen 10-33.

Dementsprechend ist es kaum überraschend, dass auch der Wertschöpfungsanteil des Industriesektors an der jeweiligen gesamten Wertschöpfung gemessen in aktuellen Preisen im Zeitverlauf gesunken ist (Abbildung 8). Im internationalen Vergleich bewegt sich die Schweiz dabei auch hier im Mittelfeld. Ein besonders starker Rückgang fand in Frankreich, Grossbritannien, den

USA und auch in Italien statt. Gleichzeitig nahm in allen gezeigten Industrieländern der Anteil der Wertschöpfung, die auf den Dienstleistungssektor entfällt, zu. Eine gewisse Stabilisierung der Verschiebung der Wertschöpfung vom Industrie- zum Dienstleistungssektor ist allerdings in letzter Zeit (in den letzten 10-20 Jahren) sichtbar – wobei diese je nach Land zeitlich etwas anders ausfällt.

Abbildung 8: Anteil der nominalen Wertschöpfung des Industriesektors und des Dienstleistungssektors

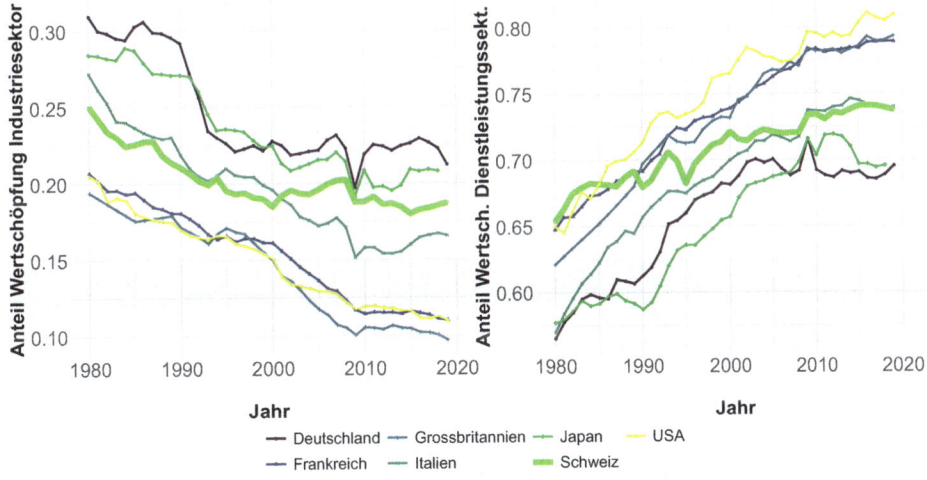

Quelle: Eigene Berechnungen anhand Daten der AMECO Datenbank. Der Industriesektor umfasst dabei die NOGA-Branchen 10-33.

Basierend auf diesen Beobachtungen ist es naheliegend, wie in Kapitel 2 für die Schweiz erläutert, von einer „De-Industrialisierung" zu sprechen, die nicht nur in den letzten Jahren, sondern über Jahrzehnte in der Schweiz wie auch in anderen Industrieländern stattgefunden hat. Aber ist dem wirklich so?[2] Und wenn ja, wie kam es dazu? Um diese Fragen beantworten zu können, verwenden wir im folgenden die in der wirtschaftswissenschaftlichen Literatur diskutierten Erklärungen der *relativen* Abnahme des Industriesektors in der gesamtwirtschaftlichen Produktion.[3] In diesem Kapitel konzentrieren wir uns auf sogenannte Nachfrage- und Produktivitätseffekte. Im nächsten Kapitel liegt der Fokus dann auf der internationalen Verflechtung von Volkswirtschaften, d.h. auf der internationalen Spezialisierung im Güter- und Dienstleistungshandel.

Relative Zunahme der Produktivität im Industriesektor

Betrachten wir die Möglichkeit eines unterschiedlichen Produktivitätswachstums im Industrie- und Dienstleistungssektor. Man kann nämlich davon ausgehen, dass der Industriesektor gegenüber dem Dienstleistungssektor aufgrund spezifischer Eigenschaften eine höhere Produktivitätswachstumsrate aufweist.[4] Beispielsweise können Industriegüter besser standardisiert und international gehandelt werden. Zudem ist deren Produktion besser automatisierbar. Diese Aspekte führen dazu, dass die Durchschnittskosten mit zunehmender Produktionsmenge sinken. Es bestehen also zunehmende Skalenerträge. Diese Möglichkeit schafft wiederum Anreize, vermehrt in neue Produktionsprozesse und Forschung und Entwicklung (F&E) zu investieren, was die Produktivität zusätzlich erhöht.

Produktivität

Die Produktivität misst den Output, welcher mit einer *gegebenen Menge* von Inputfaktoren hergestellt werden kann. Je grösser der Output, desto höher ist in diesem Fall die Produktivität der Inputfaktoren. Dabei kann die Menge, aber auch die Qualität des Outputs zunehmen. Auch steigt die Produktivität, wenn zur Herstellung einer bestimmten Menge an Gütern oder Dienstleistungen ein geringer Einsatz von Produktionsfaktoren notwendig ist. Manchmal betrachtet man nur die Arbeitsproduktivität (definiert als Output pro eingesetzte Arbeit). Diese kann steigen, wenn mehr Kapital eingesetzt wird. Die Totale Faktorproduktivität misst den Output pro insgesamt eingesetzter Inputfaktoren. Die Produktivität steigt typischerweise durch eine Optimierung des Einsatzes der Produktionsfaktoren, durch technologischen Fortschritt oder auch durch eine Ausnutzung von zunehmenden Skalenerträgen (d.h. durch eine Verdoppelung des Outputs, ohne dass sämtliche Inputmengen verdoppelt werden müssen).

Gleichzeitig dürfte die Möglichkeit, Industriegüter (besser) international handeln zu können, zu stärkerem Wettbewerb führen, was wiederum zu höherem Innovationsdruck und zu einer stärkeren Aussortierung von unproduktiven Unternehmen führt.[5] Der internationale Handel ermöglicht zudem, dass Länder sich auf komparative Vorteile spezialisieren, also nur diejenigen Güter herstellen, die sie relativ betrachtet am effizientesten herstellen können. Im Gegensatz dazu müssen viele Dienstleistungen meist vor Ort „produziert" werden, da diese (zumindest bisher) nur eingeschränkt international gehandelt werden können. Die Möglichkeit, komparative Vorteile im Industriesektor zu nützen, dürfte wiederum mit höheren Produktivitätswachstumsraten im Industriesektor einhergehen (zumindest in den Firmen, die nicht aussortiert werden).

Ein Beispiel für eine nicht-handelbare Dienstleistung wäre die medizinische Versorgung durch Ärzte, wohingegen die hierfür notwendigen Medikamente international handelbare Produkte des Industriesektors darstellen. Im Zeitverlauf dürfte es zu einer Divergenz der Produktivität zwischen Ärzten und der Produktion von Medikamenten kommen, da beispielsweise neue Produktionsmethoden entwickelt werden und die Produktion von Generika in Länder ausgelagert werden kann, die darin einen komparativen Vorteil aufweisen. Die Produktivität in der Herstellung von Medikamenten nimmt so zu.

Aufgrund dieser Unterschiede weist der Industriesektor an sich tendenziell ein höheres Produktivitätswachstum auf als der Dienstleistungssektor. Um die Auswirkungen auf die Wertschöpfung zu illustrieren, gehen wir als Gedankenexperiment vereinfachend davon aus, dass es nur im Industriesektor zu Produktivitätswachstum kommt. Eine Erhöhung der Produktivität führt zu einer Ausweitung des Angebots an Industriegütern. Dies dürfte den Preis von Industriegütern verringern, was den Firmen erlaubt, ihr höheres Angebot abzusetzen.[6] Ob die Wertschöpfung im Industriesektor aufgrund der durch die Produktivitätssteigerung induzierten Erhöhung des Angebotes steigt, hängt davon ab, wie stark die Preise sinken – das heisst, wie stark die Preise gesenkt werden müssen, damit die Konsumenten und Konsumentinnen das zunehmende Angebot von Gütern nachfragen. Die Preisreduktion senkt die Wertschöpfung, die Erhöhung der Absatzmenge steigert sie.

Reagiert die Nachfrage nach Gütern preiselastisch, müssen die Preise nicht stark reduziert werden, um das gestiegene Angebot absetzen zu können. Die Wertschöpfung dürfte steigen, weil die nachgefragte Menge um mehr zunimmt als der Preis sinkt. Ist die Nachfrage aber preisinelastisch, dann sinken die Preise durch die Angebotserhöhung stark, was die Wertschöpfung im Industriesektor reduziert. Wie die Wertschöpfung durch eine Produktivitätssteigerung im Industriesektor beeinflusst wird, hängt also von der Preiselastizität der Nachfrage nach Industriegütern ab. Eine damit verwandte Frage ist, wie hoch die relative Preiselastizität (oder die Kreuzpreiselastizität) der Nachfrage nach Industriegütern ist: wie stark verändert sich die Nachfrage nach Industriegütern, wenn der Preis von Dienstleistungen sich verändert? Hier geht es also um die Substitution zwischen Industriegütern und Dienstleistungen in Abhängigkeit der Entwicklung der relativen Preise – um die sogenannte Substitutionselastizität (siehe Box zur Elastizität).

Elastizität

Die Elastizität ist ein ökonomisches Mass, das die relative Änderung einer Variable aufgrund einer relativen Änderung einer anderen Variablen angibt. Die Preiselastizität eines Gutes zeigt so auf, um wieviel Prozent die Nachfrage nach diesem Gut steigt, wenn der Preis des Gutes um ein Prozent abnimmt. Diese Betrachtung eines Gutes kann nun durch eine Betrachtung von zwei „Gütern" (z.B. Industrieprodukte versus Dienstleistungen) erweitert werden. In diesem Fall sprechen wir von der Entwicklung von relativen Preisen und relativen Nachfragemengen. Demnach gibt die Substitutionselastizität zwischen Industriegüter und Dienstleistungen an, um wieviel Prozent sich der Konsum von Industriegütern zu Dienstleistungen verändert, falls sich der relative Preis von Industriegütern zu Dienstleistungen um ein Prozent verändert. Je tiefer die Substitutionselastizität, desto weniger gut sind Industriegüter und Dienstleistungen miteinander substituierbar. Mit anderen Worten, eine Reduktion des relativen Preises von Industriegütern führt bei einer tiefen Substitutionselastizität zu einer geringen Erhöhung des Konsums von Industriegütern mit entsprechend geringer Reduktion der Nachfrage nach Dienstleistungen.

Auf aggregierter Sektorebene ist genau diese Substitutionselastizität entscheidend dafür, welche Auswirkungen eine Produktivitätserhöhung im Industriesektor auf die *relative* Entwicklung der beiden Sektoren hat. Sie gibt an, inwiefern Konsumenten bereit sind, auf Dienstleistungen zu verzichten, um mehr Industriegüter konsumieren zu können – oder anders gesagt, wie stark Konsumenten ihre Nachfrage auf Industriegüter verlagern, wenn der Preis von Industriegütern relativ zum Preis der Dienstleistungen abnimmt. Durchschnittlich dürfte die Substitutionselastizität zwischen Industriegütern und Dienstleistungen eher gering sein, weil die beiden sehr unterschiedliche Bedürfnisse befriedigen: Sinkt der relative Preis von Industriegütern bzw. steigt der relative Preis von Dienstleistungen, dürfte dies keine starke Verschiebung des Konsums von Dienstleistungen hin zu Industriegütern zur Folge haben.

Was bedeutet dies nun für die Auswirkung der (relativen) Produktivitätssteigerung im Industriesektor? Die Antwort ist, dass das aus der Produktivitätssteigerung folgende zunehmende relative Angebot von Industriegütern zu einer Abnahme des relativen Preises zwischen Industriegütern und Dienstleistungen führt. Als Folge des ungleichen Produktivitätsfortschritts dürfte die Wertschöpfung des Industriesektors relativ zu derjenigen im Dienstleistungssektor sinken.[7]

Relative Zunahme der Nachfrage nach Dienstleistungen

Des Weiteren führen Produktivitätsfortschritte im Industriesektor zu höheren Löhnen, weil der Faktor Arbeit mehr Output generiert. Damit steigt generell das Einkommen pro Kopf in einer Volkswirtschaft. Mit steigendem Wohlstand dürfte sich aber auch die Nachfrage nach Gütern und Dienstleistungen verändern.[8] Generell ist nun zu erwarten, dass die aggregierte Nachfrage nach Industriegütern mit steigendem Einkommen zuerst stark zunimmt.[9] Wirtschaftliche Entwicklung benötigt zum einen eine Vielzahl an Investitionen in Kapitalgüter (z.B. Maschinen), und zum anderen werden mit steigendem Einkommen auch mehr langlebige Gebrauchsgüter wie Autos, Fernseher, Möbel und so weiter nachgefragt.

Nachdem ein ausreichender Grundstock an Kapitalgütern vorhanden ist und die meisten Bewohner eines Landes langlebige Gebrauchsgüter besitzen, was meist ab einem gewissen Entwicklungsgrad einer Volkswirtschaft der Fall ist, dürfte die Nachfrage nach Industriegütern weniger stark zunehmen. Allerdings würde man vermuten, dass mit steigendem Einkommen die Nachfrage nach Qualität zunimmt. Mit anderen Worten, die Nachfrager sind bereit, mehr Geld für das gleiche Gut mit höherer Qualität auszugeben. Dies könnte dann den wertmässigen Umsatz von Industriegütern weiter erhöhen, weil die Preise steigen. Aus diesen Überlegungen geht hervor, dass die Nachfrage nach Industriegütern mit steigendem Einkommen stark zunimmt. Die Zunahme dürfte ab einem gewissen Entwicklungsgrad einer Volkswirtschaft jedoch abflachen.

Genau umgekehrt verhält es sich mit der Nachfrage nach Dienstleistungen. Mit steigendem Einkommen nimmt diese zuerst moderat zu. Ab einem gewissen Entwicklungsgrad einer Volkswirtschaft dürfte sich die Nachfrage nach Dienstleistungen aber stärker erhöhen. Dies hat damit zu tun, dass bei relativ hohem Einkommen die Leute vermehrt Annehmlichkeiten wie gutes Essen in Restaurants, teure Ferien, Versicherungen oder Bankdienstleistungen nachfragen. Beides zusammen führt dazu, dass mit steigendem Einkommen die relative Nachfrage nach Dienstleistungen zunimmt bzw. diejenige nach Industriegütern abnimmt. Entsprechend beeinflusst dies die relative Wertschöpfung des Industrie- und Dienstleistungssektors. Berücksichtigt man nur die Nachfrage, so dürften diese Entwicklungen dazu führen, dass ab einem gewissen Einkommensniveau einer Volkswirtschaft die Wertschöpfung des Industriesektors *relativ* zum Dienstleistungssektor abnimmt.[10]

Verknüpfung von Produktivitäts- und Nachfrageeffekten

Im Folgenden fügen wir die Produktivitäts- und Nachfrageeffekte zusammen und analysieren den Gesamteffekt. Basierend auf den vorherigen Darlegungen dürfte sich zum einen das relative Angebot von Industriegütern aufgrund unterschiedlicher Produktivitätsentwicklungen erhöhen und sich zum anderen die relative Nachfrage aufgrund eines steigenden Einkommens in die eine oder andere Richtung verändern. Beide Entwicklungen zusammen sind in Abbildung 9 schematisch dargelegt. Dabei zeigen die horizontale Achse die relative Menge der Industrieproduktion zur bereitgestellten Menge an Dienstleistungen und die vertikale Achse den relativen Preisindex der Industriegüter zu

Dienstleistungen auf. Die nach rechts ansteigende Gerade stellt die relative Angebotsfunktion und die fallende Gerade die relative Nachfragefunktion für Industriegüter relativ zu Dienstleistungen dar. Das Marktgleichgewicht ist in der Ausgangssituation durch den Schnittpunkt der relativen Nachfrage- und Angebotsfunktion gekennzeichnet. Der Schnittpunkt zeigt wiederum den relativen Output und den relativen Preis der beiden Sektoren im Marktgleichgewicht an.

Da sich die relative Wertschöpfung aus relativem Preis multipliziert mit der relativen Menge zusammensetzt (wir abstrahieren hier von etwaigen Vorleistungen aus anderen Sektoren bzw. dem Ausland), ist es a priori unklar, ob die relative Wertschöpfung des Industriesektors aufgrund des ungleichen Produktivitätswachstums und der Veränderung der relativen Nachfrage zu- oder abnimmt. Beides ist grundsätzlich möglich und hängt, wie oben erläutert, von der Substitutionselastizität – oder anders ausgedrückt – der relativen Preiselastizität von Industriegütern und Dienstleistungen ab. Der Unterschied zwischen der linken und der rechten Darstellung in Abbildung 9 besteht nun genau darin, dass in der linken Graphik (a) eine geringe Substitutionselastizität zwischen den beiden Sektoren und in der rechten Graphik (b) eine hohe Substitutionselastizität angenommen wird.

Vergleicht man nun die Auswirkung der Produktivitätssteigerung im Industriesektor und damit die Erhöhung des relativen Angebotes von Industriegütern, so ist aus Abbildung 9 ersichtlich, dass der relative Preis in der linken Graphik stärker sinkt und dass in diesem Szenario die relative Wertschöpfung des Industriesektors abnimmt. Mit anderen Worten, der relative Preis von Dienstleistungen nimmt zu, der Anteil des Dienstleistungssektors an der gesamtwirtschaftlichen Wertschöpfung nimmt zu und der Wertschöpfungsanteil des Industriesektors nimmt ab. Die Veränderung der Wertschöpfung entspricht also genau der Entwicklung, welche wir in der eingangs zu diesem Kapitel erwähnten Abbildung 8 für verschiedene Länder beobachten. Man beachte, dass die in beiden Graphiken gezeigte Reduktion der relativen Nachfrage nach Industriegütern (d.h. die Linksverschiebung der Nachfrage um dieselbe Distanz) diesen divergierenden Effekt noch verstärkt.

In dieser Betrachtung haben wir die relative Veränderung der nomina-

Abbildung 9: Auswirkung von Nachfrage- und Produktivitätseffekt auf nominale Wertschöpfung

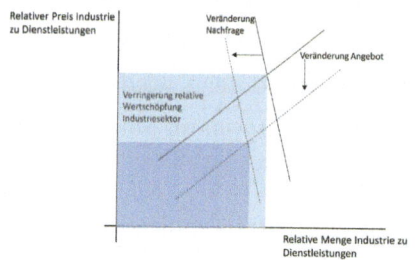

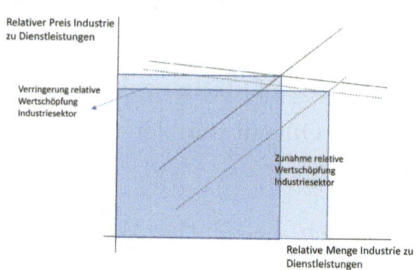

(a) Geringe Substituierbarkeit zwischen Industriegütern und Dienstleistungen

(b) Hohe Substituierbarkeit zwischen Industriegütern und Dienstleistungen

Quelle: Eigene Darstellung.

len Wertschöpfung ins Zentrum gestellt, welche die Veränderung sowohl der Outputmengen wie auch der Preise widerspiegelt. Man kann sich nun aber fragen, wie sich die (relative) reale Wertschöpfung verändert hat – d.h. die Wertschöpfung zu konstanten Preisen. Die reale Wertschöpfung erlaubt es zu analysieren, wie sich der physische Output entwickelt. In Abbildung 9 ist diese relative Veränderung direkt auf der Y-Achse ablesbar. Man sieht dort, dass der Output des Industriesektors zum Dienstleistungssektor in der linken Graphik nur geringfügig gesunken ist (Abnahme des relativen Outputs auf der Y-Achse). Der Anteil des Industriesektors an der nominalen Wertschöpfung ist aufgrund der Reduktion des relativen Preises für Industriegüter in der linken Graphik also stark gesunken, während der relative Output (bzw. der Anteil der realen Wertschöpfung) des Industriesektors nur wenig abgenommen hat. Bei einer nur schwachen Reduktion der Nachfrage nach Industriegütern (d.h. die Verschiebung der Nachfragekurve nach links ist gering) oder bei einer sich nicht verändernden relativen Nachfrage, könnte der Anteil der realen Wertschöpfung im Industriesektor konstant bleiben oder sogar leicht zunehmen.

Schliesslich stellt sich die Frage, welche Auswirkungen die relative Produktivitätssteigerung auf die relative Beschäftigung im Industriesektor hat. Hierbei ist es wichtig zu bemerken, dass die Nachfrage nach Arbeit eine sogenannte „abgeleitete Nachfrage" darstellt, welche vom Output bzw. der Wertschöpfung der Unternehmen auf den Absatzmärkten abhängt. Um die Veränderungen der relativen Arbeitsnachfrage zwischen Industrie- und Dienstleistungssektor zu analysieren, kann man einmal die Veränderungen des relativen Outputs im Industrie- und Dienstleistungssektor betrachten, welche aus den beiden besprochenen Effekten – dem Produktivitäts- und dem Nachfrageeffekt – resultiert. Sinkt der relative Output im Industriesektor (wie in der linken Graphik von Abbildung 9 dargestellt), dürfte der Anteil der Beschäftigten im Industriesektor abnehmen. Aufgrund der angenommenen Produktivitätssteigerung im Industriesektor ist es zudem möglich, dass der Beschäftigungsanteil im Industriesektor auch dann sinkt, wenn der relative Output zum Beispiel konstant bleibt. Auf der Basis der linken Graphik würden wir also erwarten, dass nicht nur der Anteil der nominalen Wertschöpfung, sondern auch der Anteil der Beschäftigung im Industriesektor sinkt, was ebenfalls konsistent mit der Beobachtung am Anfang dieses Kapitels (Abbildung 7) ist.

Wichtig ist bei diesen Überlegungen, dass wir die relative Entwicklung des Industrie- und Dienstleistungssektors ins Zentrum der Betrachtung stellen. Betrachtet man die *absolute* Entwicklung von Beschäftigung und Wertschöpfung im Industriesektor, so ist es durchaus möglich, dass hier beide Grössen zunehmen. Aufgrund der Produktivitätssteigerung im Industriesektor (und wohl – in geringerem Ausmass – auch im Dienstleistungssektor) erhöht sich sowohl das Angebot von Industriegütern wie auch die Nachfrage nach Industriegütern absolut. Die Preise der Industriegüter dürften insgesamt (trotzdem) etwas unter Druck kommen. Der Output von Industriegütern steigt absolut, was die Arbeitsnachfrage in diesem Sektor erhöhen kann, aber aufgrund der Produktivitätssteigerung nicht erhöhen muss. Die nominale Wertschöpfung im Industriesektor dürfte aber durchaus zunehmen aufgrund der Erhöhung des Outputs und trotz fallender Preise, wenn die Preiselastizität der Nachfrage nach Industriegütern – absolut gesehen – nicht allzu tief ist.[11]

Fassen wir die konzeptionellen Überlegungen zusammen, so dürften drei Faktoren eine wichtige Rolle bei der Frage nach einer „relativen De-Industrialisierung" spielen: (1) Wie stark ist der relative Produktivitätsfortschritt, (2) wie stark verändert sich die relative Nachfrage, wenn das Einkommen beispielsweise aufgrund von Produktivitätsfortschritt sich erhöht, und (3) wie elastisch reagiert die relative Nachfrage auf Preisveränderungen. Diese Erkenntnisse werden wir nun verwenden, um der Frage nach einer De-Industrialisierung anhand verschiedener empirischer Beobachtungen nachzugehen. Dabei werden wir nun auch die Entwicklung des Industriesektors in absoluten Grössen (Beschäftigung, Wertschöpfung) betrachten.

Empirische Evidenz

Wir legen nun – unter Einbezug der vorherigen konzeptionellen Überlegungen zu Produktivitäts- und Nachfrageeffekten – einige empirische Beobachtungen dar, mit denen die am Anfang dieses Kapitels gezeigten strukturellen Verschiebungen zwischen Industrie- und Dienstleistungssektor erklärt werden können.

Abbildung 10: Relative Entwicklung der Arbeitsproduktivität des Industriesektors

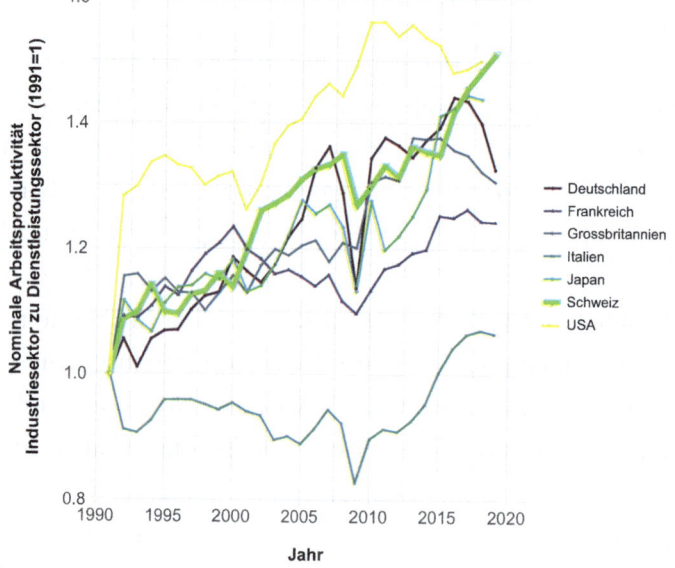

Quelle und Hinweise: Eigene Berechnungen anhand Daten der AMECO Datenbank.

Abbildung 10 bestätigt, dass die Arbeitsproduktivität im Industriesektor viel stärker zunimmt als im Dienstleistungssektor, wobei die Schweiz im internationalen Vergleich überdurchschnittlich abschneidet (und Italien stark unterdurchschnittlich). Auf der Basis unserer konzeptionellen Überlegungen bedeutet dies, dass sich das relative Angebot von Industriegütern dadurch

36

erhöht haben dürfte. Diese Verschiebung der relativen Angebotskurve müsste aufgrund unserer obigen Ausführungen zu einer Abnahme der relativen Preise von Industriegütern bzw. zu einer Zunahme des Produzenten-Preises von Dienstleistungen relativ zu Industriegütern geführt haben. Und genau dies ist der Fall, wie Abbildung 11 zeigt. Dabei entwickelte sich der relative Preis sehr unterschiedlich zwischen verschiedenen Ländern. Wir kommen darauf in Kapitel 4 zurück. Dass in Italien der relative Preis der Industriegüter im Vergleich zum Durchschnitt der beobachteten Länder weniger stark sinkt, ist aufgrund der weniger ausgeprägten relativen Produktivitätssteigerung im Industriesektor konsistent mit dem oben vorgestellten Konzept.

Abbildung 11: Preis der Dienstleistungen relativ zu den Industriegütern

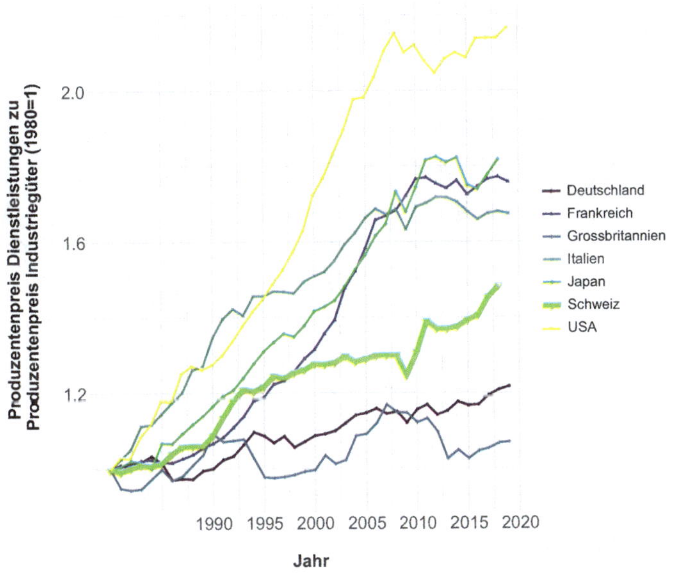

Quelle: Eigene Berechnungen anhand Daten der AMECO Datenbank.

Beide Beobachtungen – die Entwicklung der relativen Produktivität und des relativen Preises im Industriesektor – dürften somit zentrale Erklärungsfaktoren für die in diesem Kapitel eingangs gezeigte Verringerung des Anteils der nominalen Industriewertschöpfung und der relativen Beschäftigung sein. Diese Entwicklung ist konsistent mit dem hier vorgestellten Konzept und den Annahmen, welche insbesondere der linken Graphik (a) in Abbildung 9 zugrunde liegen. Das Konzept impliziert auch (wie oben erläutert), dass die relative Outputmenge (empirisch gemessen durch die reale Wertschöpfung) im Industriesektor weit weniger sinken dürfte – oder gar konstant bleiben oder leicht zunehmen könnte. Was zeigen die Daten?

Wird die Entwicklung der realen Wertschöpfung betrachtet (Abbildung 12), so bleibt der Industrieanteil an der gesamten Schweizer Wertschöpfung in den letzten Jahrzehnten in etwa konstant. Demnach ist *nicht die Schweizer Industrieproduktion relativ zu Dienstleistungen gesunken* sondern nur der *relative Preis für Schweizer Industriegüter*. Ein wichtiger Grund dürfte dabei, wie erwähnt, die ungleiche Produktivitätsentwicklung zwischen Industrie- und Dienstleistungssektor sein.

Abbildung 12: Relative Entwicklung der realen Wertschöpfung

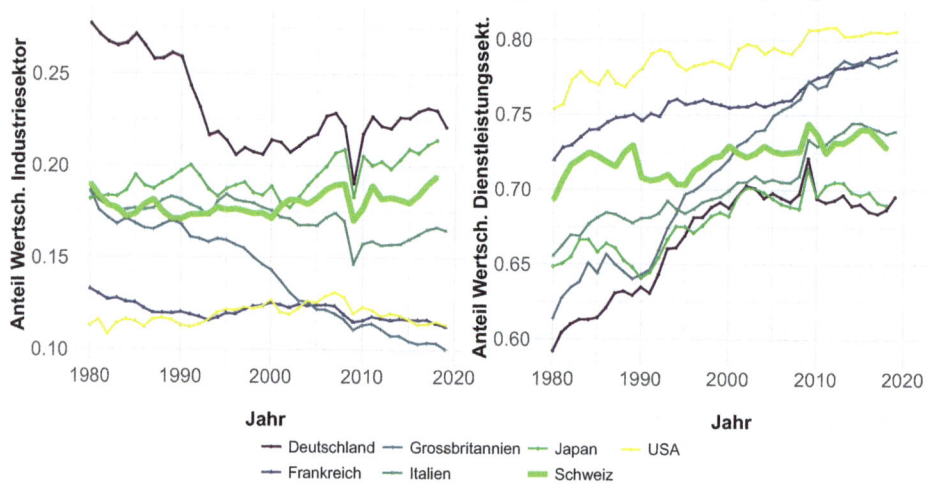

Quelle: Eigene Berechnungen anhand Daten der AMECO Datenbank.

Dieses Resultat gilt jedoch nicht für alle gezeigten Industrieländer. Insbesondere in Grossbritannien (über den gesamten Betrachtungszeitraum) und in Deutschland (bis Mitte der 1990er) kam es zu einem starken Einbruch der relativen realen Wertschöpfung des Industriesektors. Dabei spielt im Falle Deutschlands die Wiedervereinigung eine wichtige Rolle, da die Daten vor 1990 nur Westdeutschland beinhalten. So dürfte der Anteil des Industriesektors im Osten Deutschlands geringer und der Industriesektor als solches unproduktiver gewesen sein als im Westen Deutschlands. Auch weist der Schweizer Wertschöpfungsanteil des Industriesektors nach der Finanz- und Wirtschaftskrise 2008/2009 stärkere Einbrüche auf. Dies dürfte hauptsächlich auf den starken Anstieg des Schweizer Frankens gegenüber den meisten Währungen – und der Tatsache, dass davon Dienstleistungen im Durchschnitt weniger stark betroffen sein dürften – zurückzuführen sein. Betrachtet man zusätzlich noch die Entwicklung des Anteils der Wertschöpfung, die auf den Dienstleistungssektor entfällt (rechtes Schaubild der Abbildung 12), so ist deutlich erkennbar, dass sich der Schweizer Industriesektor im Vergleich zu anderen hochentwickelten Ländern besser entwickelt hat als der Dienstleistungssektor.

Diese Beobachtungen führen zu einem wichtigen Ergebnis: Sieht man von aktuellen Auswirkungen des starken Schweizer Frankens einmal ab und betrachtet die Wertschöpfung zu konstanten Preisen – also gewissermassen den „mengenmässigen Output" –, so ist in den letzten 35 Jahren eine De-Industrialisierung eigentlich nur für Grossbritannien und ansatzweise für Frankreich zu beobachten, nicht aber für die Schweiz.

Wir wenden uns abschliessend nun noch der absoluten Entwicklung von nominaler und realer Wertschöpfung sowie der Beschäftigung im Industriesektor zu. Unser Konzept lässt, wie oben erläutert, verschiedene Entwicklungen zu. Je nach Ausmass der Produktivitätserhöhung im Industriesektor (Rechtsverschiebung der Angebotskurve von Industriegütern), der Auswirkung dieser Produktivitätssteigerung auf das Einkommen und die Nachfrage (Rechtsverschiebung der Nachfragekurve nach Industriegütern) sowie der absoluten Preiselastizität der Nachfrage nach der in einen Land konkret produzierten Industriegüter, dürften die Auswirkungen auf Wertschöpfung und Beschäftigung im Industriesektor eines Landes unterschiedlich verlaufen. Aufgrund der obigen Überlegungen würden wir aber erwarten, dass die Wertschöpfung (nominal und real) über die Zeit absolut zunimmt, während bei der Beschäftigung aufgrund der divergierenden Effekte (Stichwort Produktivitätssteigerung) eine Prognose schwierig ist.

Abbildung 13 bestätigt, dass für verschiedene Industrieländer die *absolute* Wertschöpfung des Industriesektors und des Dienstleistungssektors im Zeitverlauf stark zunimmt. Die eingangs zu diesem Kapitel in Abbildung 8 gezeigte Abnahme der relativen Industriewertschöpfung ist also auf eine stärkere Zunahme der Wertschöpfung im Dienstleistungssektor und nicht auf einen Rückgang der Wertschöpfung im Industriesektor aus den erwähnten Gründen zurückzuführen.

Abbildung 13: Entwicklung der nominalen Wertschöpfung des Industriesektors und des Dienstleistungssektors

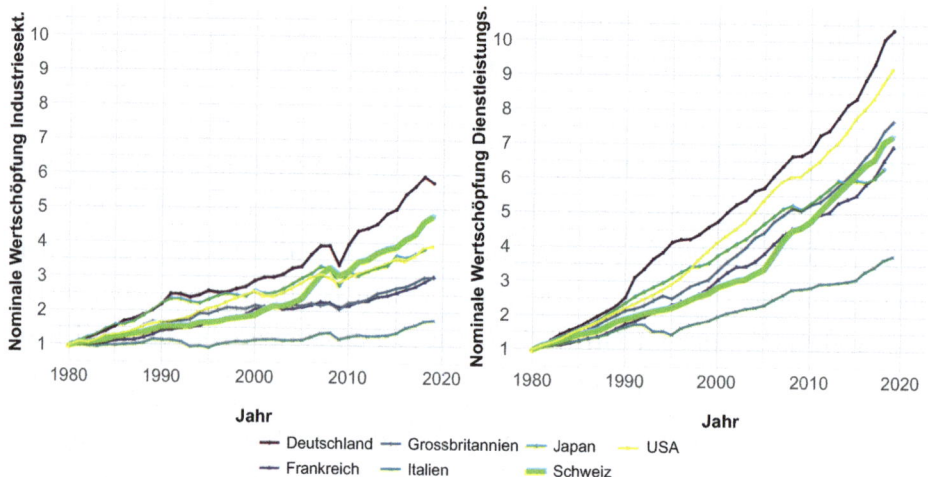

Quelle und Hinweise: Eigene Berechnungen anhand Daten der AMECO Datenbank.

Wie sieht dies für die absolute Entwicklung der realen Wertschöpfung(bzw. der Outputmenge) aus? Aufgrund unserer konzeptionellen Überlegungen würden wir erwarten, dass auch die reale Wertschöpfung im Industriesektor absolut zunimmt – und zwar im Vergleich zum Dienstleistungssektor um mehr als dies für die nominale Wertschöpfung der Fall ist (der Grund für diese Erwartung liegt in der zu beobachtenden relativen Preisreduktion für Industriegüter). Genau dies wird durch Abbildung 14 bestätigt.

Interessant ist nun die Frage nach den Auswirkungen auf die Beschäftigung. Betrachtet man die Entwicklung der *absoluten Beschäftigung*, so zeigt das linke Schaubild der Abbildung 15, dass sich die Schweizer Beschäftigung im Industriesektor seit etwa dem Jahr 2000 stabilisiert hat, falls man von konjunkturellen Ausschlägen einmal absieht. Gleichzeitig nahm die absolute

Abbildung 14: Entwicklung der realen Wertschöpfung des Industriesektors und des Dienstleistungssektors

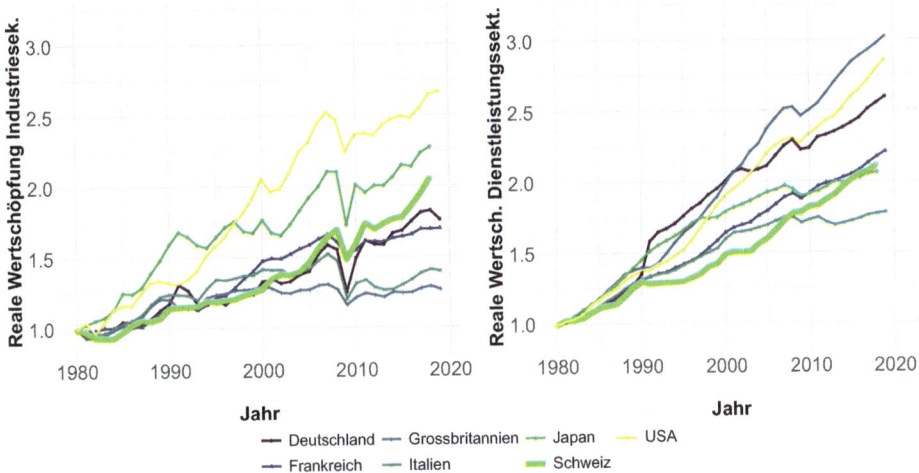

Beschäftigung in anderen Industrieländern ab. Wir wollen hier noch nicht zu viel verraten. Aber ein wesentlicher Grund für diese Schweizer Besonderheit dürfte der internationale Handel sein. Zudem nimmt die absolute Beschäftigung im Dienstleistungssektor während des betrachteten Zeitraums stark zu (rechtes Schaubild von Abbildung 15). So stieg diese beispielsweise in der Schweiz seit dem Jahr 1991 um über 35 Prozent an, was auch in etwa den Entwicklungen in anderen Industrieländern entspricht. Als Folge der Zunahme der Beschäftigung im Dienstleistungssektor kam es zu einem Rückgang der *relativen Beschäftigung* des Industriesektors, wie eingangs dieses Kapitels in Abbildung 7 gezeigt.

All diese Beobachtungen passen also zu den oben entwickelten Zusammenhängen. Es stellt sich abschliessend die Frage, wie die Dynamik von relativen Produktivitätsveränderungen und den, über die Einkommenserhöhungen, implizierten Nachfrageeffekten in den verschiedenen Ländern aussieht bzw. aussehen könnte. Unsere Überlegungen implizieren, dass mit steigendem Einkommen die Nachfrage nach Industriegütern anfangs (d.h., bei relativ tiefem Einkommen) stark zunimmt und somit den Produktivitätseffekt überdeckt. Als Folge dürfte sich der Anteil der Beschäftigten im Industriesektor

Abbildung 15: Absolute Entwicklung der Beschäftigung im Industrie- und im Dienstleistungssektor

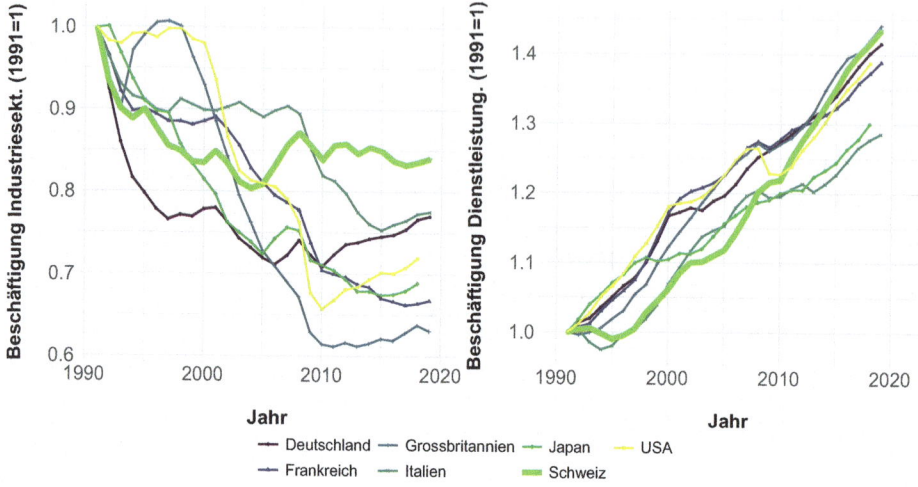

Quelle: Eigene Berechnungen basierend auf Daten der AMECO Datenbank.

anfangs erhöhen. Ab einem gewissen Einkommen ist dann allerdings zu erwarten, dass die Nachfrage nach Industriegütern weniger stark zunimmt als diejenige für Dienstleistungen. Ist nun der Produktivitätsfortschritt im Industriesektor weiterhin grösser als im Dienstleistungssektor, so dürfte aufgrund des Rückgangs der *relativen Nachfrage* nach Industriegütern der Anteil der Beschäftigten im Industriesektor ab einem gewissen Einkommen abnehmen. Genau in diesem abnehmenden Bereich dürften sich derzeit die Schweiz und andere hochentwickelte Volkswirtschaften befinden. Soweit die Theorie.

Genau dies scheint sich empirisch zu bestätigen. Abbildung 16 zeigt unter Einbezug verschiedener Industrie- und Schwellenländer einen solchen sogenannten u-förmigen Zusammenhang sehr schön auf. Jeder Punkt in der Abbildung repräsentiert ein Land in einem bestimmten Jahr in Bezug auf den Beschäftigungsanteil im Industriesektor und das reale Bruttoinlandprodukt (BIP) pro Kopf.[12] Die Tatsache, dass ab einem gewissen Einkommen der Anteil der Beschäftigten im Industriesektor zurückgeht, zeigt dabei eine Entwicklung auf, wie sie bereits früher zwischen dem Agrarsektor und dem Industriesektor stattgefunden hat.[13] Dabei ist die mit Produktivitätsfortschritt einhergehende Möglichkeit, Ressourcen anderweitig einsetzen zu können, prinzipiell wünschenswert, auch wenn dies mit grossen Herausforderungen für die Betroffenen einhergeht.[14]

Abbildung 16: Anteil der Beschäftigung in der Industrie weist ein umgekehrt u-förmiges Muster auf

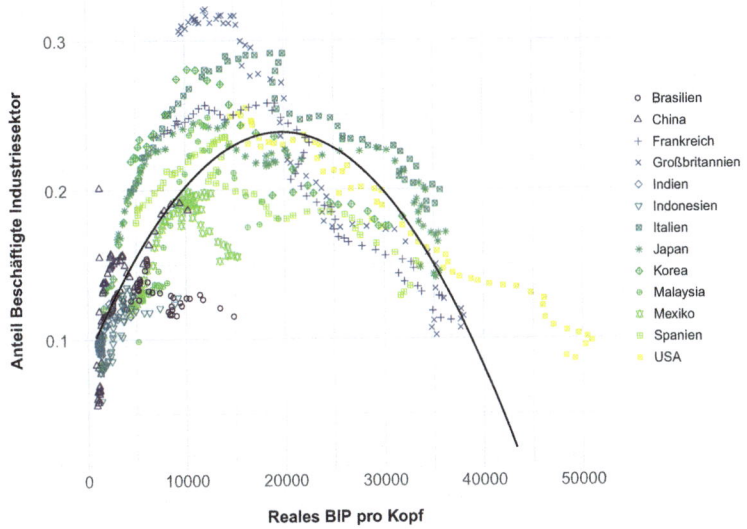

Hinweise: Daten zur Beschäftigung stammen von der Groningen Growth and Development Datenbank (GGDD); Daten zum realen BIP pro Kopf stammen von der Penn-World Tabelle. Je nach Land stehen Daten frühestens ab 1950 zur Verfügung. Die Schweiz wird in der GGDD nicht erfasst. Regressionsschätzung mit Länder- und Zeitfixedeffekte ergibt $y - 4.5^{-6}x - 1.76^{-10}x^2$ (4.8***; −9.1***), wobei die auf dem 1% Level signifikanten t-Werte basierend auf HAC-Standardfehler in Klammer ausgewiesen sind.

Fazit

Eine „De-Industrialisierung" der Schweiz seit Mitte der 1960er Jahre und, wie wir das hier nun im Detail angeschaut haben, seit 1990 kann man nur dann feststellen, wenn man die Anteile der Beschäftigten im Industriesektor an der Gesamtbeschäftigung sowie der nominalen Wertschöpfung des Industriesektors an der gesamten Wertschöpfung des Landes betrachtet. Diese Anteile sinken aber nicht nur in der Schweiz, sondern typischerweise in Industrieländern (und Schwellenländern) mit fortgeschrittener Entwicklung. Die Gründe liegen in der starken Produktivitätssteigerung sowie in der damit zusammenhängenden Reduktion der Preise für Industriegüter *relativ* zum Dienstleistungssektor. Dies konnten wir in diesem Kapital sowohl konzeptionell wie auch empirisch aufzeigen. Obwohl wir diese Zusammenhänge empirisch nur seit 1990 (relative Produktivität) bzw. 1980 (relative Preise) nachweisen konnten, würden wir erwarten, dass die in Kapitel 2 erwähnte Zäsur Mitte der 1960er Jahre auf diese Entwicklung zurückgeht: auf eine kontinuierliche Erhöhung der relativen Produktivität im Industriesektor und eine anhaltende Reduktion des relativen Preises für Industriegüter.

Interessant ist, dass der Anteil der realen Wertschöpfung bzw. der Outputmenge des Industriesektors in der Schweiz, im Gegensatz zu vielen anderen Industrieländern, seit 1980 nicht abgenommen hat. Zudem ist die absolute Beschäftigung im Industriesektor der Schweiz seit der Jahrtausendwende nicht gesunken, sondern hat sogar etwas zugenommen. Auch hier unterscheidet sich die Schweiz von anderen Industrieländern, in denen die Beschäftigung im zweiten Sektor in diesem Zeitraum zum Teil sehr stark gefallen ist. Ein Beispiel sind die USA, wo der Verlust des Industriesektors („Loss of the Manufacturing Sector") im Wahlkampf 2016 ein grosses Thema wurde und letztlich zum Sieg von Donald Trump als Präsident der USA beitrug.

Diese Beobachtungen implizieren, dass sich Industrieländer teilweise bezüglich des Ausmasses des strukturellen Wandels weg vom Industriesektor hin zum Dienstleistungssektor sehr unterscheiden. Während die Beobachtung der schwindenden Anteile des Industriesektors an der gesamtwirtschaftlichen Beschäftigung und nominalen Wertschöpfung ein typisches Phänomen in fortgeschrittenen Industrieländern ist, bestehen bezüglich der Entwicklung der realen Wertschöpfung (Anteil und absolute Werte) und der absoluten Beschäftigung erhebliche Unterschiede.

Ein wichtiger Grund dürfte dabei der internationale Handel sein, den wir bisher nicht explizit einbezogen haben. Dies wollen wir nun im nächsten Kapitel tun. Wir gehen dort also einen Schritt weiter, um die Entwicklung der Schweiz seit 2000 in Bezug auf die absolute Entwicklung des Industriesektors (Beschäftigung, reale Wertschöpfung) im Vergleich zu anderen Ländern noch besser zu verstehen.

Anmerkungen

1. Aufgrund der Verfügbarkeit von internationalen Daten nehmen wir diese Einschränkung vor und betrachten immer auch die maximalen Zeitperioden, für welche die Daten in Bezug auf die verglichenen Länder inklusive der Schweiz vollständig sind. Diese breit verwendete Definition des Industriesektors enthält die NOGA-Branchen 10-33 und umfasst den weitaus grössten Teil des Sekundärsektors. Nicht enthalten sind die Bereiche „Energieversorgung" (NOGA-Klasse 35), „Wasserversorgung und Abfallwirtschaft" (36-39) sowie das Baugewerbe (41-43). Siehe dazu auch Tabelle A1 im Anhang.

2. Oder hat einfach der Dienstleistungssektor zugenommen, was den Industriesektor automatisch *relativ* weniger bedeutend macht? Wir werden auf die absolute Entwicklung von Beschäftigung und Wertschöpfung im Industriesektor noch zu sprechen kommen.

3. Die Arbeiten von LAWRENCE/EDWARDS (2013) und ROWTHORN/RAMASWAMY (1997) diskutieren wesentliche Gründe der De-Industrialisierung hochentwickelter Volkswirtschaften. Ein weiterer Aspekt stellt die (künstliche) Aufteilung in Industrie- und Dienstleistungssektor durch offizielle Statistiken dar. Diese klassische Aufteilung dürfte sich im Laufe der Zeit mehr und mehr aufgeweicht haben. Lagert beispielsweise ein Industrieunternehmen seine Logistik oder sein Rechnungswesen aus, so werden diese fortan als Bestandteil der Wertschöpfung des Dienstleistungssektors erfasst. Solche Entwicklungen können somit zu einer rein statistischen De-Industrialisierung führen, ohne dass sich dadurch etwas an der Industrieproduktion verändert hätte. Diese Erfassungsproblematik dürfte in Zukunft durch eine verstärkte Kombination von Industriegütern und Dienstleistungen – im Englischen Servitization genannt – sowie neue Formen der Arbeit wie beispielsweise „Freelancing" weiter zunehmen. Hierauf gehen wir in Teil II des Buches ein.

4. Siehe hierzu beispielsweise COAD/VEZZANI (2017) oder BAUMOL (1967).

5. Eine Zusammenfassung der wissenschaftlichen Literatur zu internationalem Handel und die Auswirkungen auf Innovationen bei Firmen findet sich beispielsweise in MELITZ/REDDING (2014).

6. Wir gehen hier davon aus, dass sich die Nachfrage nach Industriegütern nicht aus anderen Gründen gleichzeitig erhöht. Mit anderen Worten, wir neh-

men an, dass sich die Nachfragekurve nach Industriegütern nicht nach rechts verschiebt.

7. Sie beispielsweise RODRIK (2016).

8. Andere Faktoren tragen auch zu einem höheren Einkommen bei, wie Akkumulation von Kapital und somit ein vermehrter Einsatz von Maschinen.

9. Siehe hierzu LAWRENCE/EDWARDS (2013).

10. Hier gilt es anzumerken, dass neben der heimischen Nachfrage auch die Nachfrage in internationalen Märkten von Bedeutung ist. Da Dienstleistungen (bisher) weniger gut international handelbar sind als Industriegüter, könnte es sein, dass aufgrund einer Zunahme der ausländischen Nachfrage die Gesamtnachfrage nach Industriegütern in einer hochentwickelten Volkswirtschaft dennoch stärker zunimmt als die von Dienstleistungen.

11. Diese Beschreibung in Worten kann man leicht durch eine Graphik mit Angebot und Nachfrage für Industriegüter präzisieren. Man beachte, dass eine tiefe Substitutionselastizität zwischen Industriegütern und Dienstleistungen nicht im Widerspruch mit der Annahme steht, dass für die Industriegüter alleine die „absolute" Preiselastizität der Nachfrage hoch ist – sie muss einfach absolut weniger hoch sein als die Preiselastizität der Nachfrage nach Dienstleistungen.

12. Die Arbeiten von RODRIK (2016) oder LAWRENCE/EDWARDS (2013) zeigen, dass ein solcher umgekehrter u-förmiger Zusammenhang zwischen Beschäftigung im Industriesektor und dem pro Kopf Einkommen ein empirisch sehr robustes Resultat darstellt.

13. Eine vertiefte Analyse der langfristigen Entwicklung der Aufteilung der Beschäftigung auf die drei Sektoren eine Volkswirtschaft findet sich beispielsweise in ROWTHORN/RAMASWAMY (1997).

14. Abbildung A1 im Anhang zeigt für einige Entwicklungs- bzw. Schwellenländer die Entwicklung der Beschäftigungsanteile im Industriesektor seit 1970 auf. Die Beobachtungen sind wiederum konsistent mit unseren Überlegungen. Die Beschäftigungsanteile verändern sich dort weniger stark. In China ist nach dem Beitritt zur WTO in 2001 allerdings ein starker Anstieg zu verzeichnen, während in Südafrika, Mexiko und in den Philippinen äquivalent zu fortgeschrittenen Industrieländern ein Sinken beobachtet werden kann.

4 Effekte durch internationale Spezialisierung

Der internationale Handel von Gütern und Dienstleistungen ist ein weiterer Faktor zur Erklärung von Industrialisierung und De-Industrialisierung. Wir sehen zwei wichtige Kanäle. Zum einen ermöglicht der internationale Handel, dass die Produktion einzelner Produktionsschritte eines Produktes an weltweit verteilten Orten stattfinden kann. Durch solche internationalen Wertschöpfungsketten können inländische Unternehmen Teile ihrer Produktion ins Ausland verlagern. Dabei kann es zu einer De-Industrialisierung kommen: Es werden einzelne Fragmente oder Schritte im Produktionsprozess ins Ausland verlagert, was die industrielle Produktion im Inland verringert. Diesen Aspekt werden wir im zweiten Teil des Buches vertiefen. Dabei ist es wichtig zu bemerken, dass die „Optimierung" der internationalen Wertschöpfungsketten die industrielle Produktion im Inland auch stärken kann, weil die verbleibenden Aktivitäten im Inland ausgedehnt werden. Man spezialisiert sich quasi auf die eigenen Stärken und produziert so mehr von den entsprechenden Produkten.

Zum anderen führt der internationale Handel dazu, dass inländische Unternehmen auf den Güter- und Dienstleistungsmärkten mit ausländischen Unternehmen konkurrieren. Kommt es nun zu einer verstärkten Integration der Märkte verschiedener Länder, so führt dies zu einer Veränderung des Marktumfeldes für Unternehmen. Diese Veränderungen können zu einer De-Industrialisierung führen, falls inländische Unternehmen des Industriesektors relativ zu den Firmen im Dienstleistungssektor weniger wettbewerbsfähig sind als ihre ausländischen Konkurrenten. Dabei geht es, wie wir in Kapitel 3 gesehen haben, nicht nur um die relative Produktivitätsentwicklung, sondern auch um die relativen Preise, welche Firmen in den beiden Sektoren verlangen können. Um dies besser zu verstehen, werden wir quasi „tiefer" in den Industriesektor eintauchen und die Spezialisierung der Schweiz in diesem Sektor im internationalen Vergleich genauer analysieren. Wir werden sehen, dass die Spezialisierung der Schweiz auf qualitativ hochstehende Industriegüter (und dabei insbesondere auf die sogenannten „High-Tech" Branchen) die absolute Beschäftigung im Industriesektor in den letzten 20 Jahren stabilisierte.

Wir stellen zuerst die Entwicklung der Schweiz im Industriesektor mit

Springer Fachmedien Wiesbaden GmbH, ein Teil von Springer Nature 2021
C. Rutzer und R. Weder, *De-Industrialisierung der Schweiz?*,
https://doi.org/10.1007/978-3-658-34377-4_4

Blick auf die Internationalisierung in den letzten Jahren etwas genauer dar. Anschliessend erfolgen konzeptionelle Überlegungen, welche uns erlauben, die Auswirkungen der internationalen Spezialisierung innerhalb des Industriesektors besser zu verstehen. Schliesslich vertiefen wir die eingangs aufgeführten Beobachtungen vor dem Hintergrund der Theorie durch weitere empirische Analysen und ziehen ein Fazit zur Frage, wie die internationale Spezialisierung der Schweiz die industrielle Entwicklung beinflusst hat.

Der industrielle Exporterfolg der Schweiz seit 2000

Die Zahlungsbilanz eines Landes enthält interessante Informationen über die Struktur und die Entwicklung der internationalen wirtschaftlichen Verflechtung eines Landes. Im Falle der Schweiz fällt der zunehmende Handelsbilanzüberschuss für Güter (offiziell „Waren" genannt) seit der Jahrtausendwende auf.[1] Während die Schweiz in den 1980er und zum Teil in den 1990er Jahren typischerweise mehr Güter importierte als sie exportierte, begann sich diese Situation ab etwa dem Jahre 2000 umzukehren. 2019 betrug der Handelsbilanzüberschuss für Güter nicht weniger als 75 Mrd. Schweizer Franken!

Exportboom für Güter

Abbildung 17 zeigt die Entwicklung der Handelsbilanz für Industriegüter – zwecks internationaler Vergleichbarkeit—in US-Dollar. Wie deutlich zu erkennen, nahmen die Schweizer Exporte trendmässig stärker zu als die Schweizer Importe. Bezieht man die G7-Staaten (Deutschland, Frankreich, Grossbritannien, Italien, Japan, Kanada und die USA) mit ein, so weisen nur Japan und Deutschland ebenfalls einen solchen Trend auf. Auffallend ist die laufende Erhöhung des Handelsbilanzdefizits für die USA, wo zwar die Exporte stark, aber weniger stark zunahmen als die Importe. Die amerikanische Entwicklung führt seit Jahren zu Diskussionen in den USA. Die Administration unter der Regierung Trump suchte die Ursache vor allem bei der vermeintlichen Exportförderung und Importbeschränkung von China und einigen anderen Ländern (z.B. Deutschland).

Dabei muss man aufpassen, dass man die Erklärung für Handelsbilanzüber-

Abbildung 17: Exporte und Importe von Industriegütern für G7-Länder und Schweiz

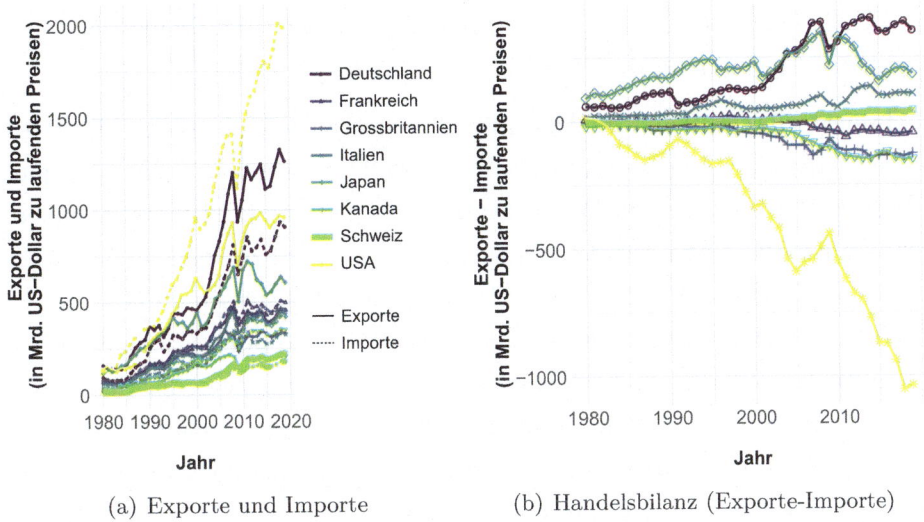

(a) Exporte und Importe   (b) Handelsbilanz (Exporte-Importe)

Quelle: Daten der Weltbank.

schüsse und -defizite nicht am falschen Ort sucht. Geht, wie im Fall USA, die Zunahme des Handelsbilanzdefizits für Güter mit einer Zunahme des Leistungsbilanzdefizits einher – also mit der Summe der Saldi des Güterhandels, des Dienstleistungshandels und der Faktoreinkommen (Einkommen aus internationalen Investitionen und von Grenzgängern) –, dann hat dies vor allem mit dem internationalen Kapitalfluss zu tun.

Eine parallele Zunahme von Leistungsbilanz- und Handelsbilanzdefizit erfolgte in den USA zwischen 1995 und 2006. Über den betrachteten Zeitraum haben die USA zunehmend ausländisches Kapitel angezogen, welches zur Finanzierung von amerikanischen Investitionen und auch Staatsausgaben (man denke an den Kauf von amerikanischen Staatsanleihen durch ausländische Institutionen inklusive der Zentralbanken) verwendet wurde. Der Nettokapitalzufluss in die USA führte notwendigerweise zu einem Leistungsbilanzdefizit und dürfte so hauptverantwortlich für das zunehmende Handelsbilanzdefizit in den USA sein. Dadurch fragten die USA auch vermehrt ausländische Industriegüter nach, die durch Kapitalzuflüsse aus dem Ausland und nicht durch einen gleichzeitigen Anstieg US-amerikanischer Industrieexporte finanziert wurden. Ben Bernanke, der Präsident der amerikanischen Zentralbank (Federal Reserve Board) von 2006 bis 2014, hat denn auch das Handelsbilanzdefizit in den USA einmal als Folge einer globalen Ersparnisschwemme („global savings glut") bezeichnet.[2]

In der Schweiz ist dies anders. Zwar hat sich hier der Leistungsbilanzsaldo seit Mitte der 1990er Jahre ebenfalls erhöht (etwa verdoppelt) – wobei die Schweiz traditionell nicht ein Defizit, sondern ein Leistungsbilanzüberschuss aufweist –, was mit den Nettokapitalexporten bzw. den im Vergleich zu den inländischen Investitionen relativ hohen Ersparnissen zu tun hat. In den 1980er und 1990er Jahren stiegen hierzulande die internationalen Kapitaleinkommen sowie auch die Dienstleistungsexporte, während der Handelsbilanzsaldo für Güter um Null schwankte. Im Unterschied zu den USA erfolgte in der Schweiz die starke Änderung des Handelsbilanzsaldos in einer Zeitperiode (2000 bis 2020), in der der Leistungsbilanzüberschuss – bei einigen jährlichen Schwankungen – sich *kaum* veränderte.

Bei konstantem Leistungsbilanzsaldo musste also seit der Jahrtausendwende *etwas anderes zurückgehen*, damit dies möglich war. Betrachtet man die Entwicklung der Leistungsbilanz der Schweiz, stellt man fest, dass vor allem der Überschuss der Dienstleistungshandelsbilanz sowie das Einkommen aus dem im Ausland investierten Kapital zurückgegangen ist. Mit anderen Worten, die Zunahme der Handelsbilanz der Schweiz kann wohl nicht – wie in den USA – auf eine Veränderung des internationalen Kapitalaustausches der Schweiz zurückgeführt werden, sondern muss etwas mit der Produktion und dem Konsum von Schweizer Industriegütern (relativ zu den Dienstleistungen) zu tun haben.

Dass sich der Überschuss der Schweizer Handelsbilanz für Güter überdurchschnittlich entwickelt hat, zeigt sich insbesondere in Abbildung 18 auf der Basis der relativen Entwicklung zum Basisjahr 1980 (Index = 1). Wir vergleichen die Schweiz dort mit den G7-Mitgliedern Deutschland und Japan, welche in dieser Zeitperiode (siehe Abbildung 17) ebenfalls eine relativ grosse Zunahme des Handelsbilanzüberschusses für Industriegüter verzeichnen. Dabei bestätigt Abbildung 18, dass es erst seit Anfang des neuen Jahrtausends zu einer starken Erhöhung des Handelsbilanzüberschusses der Schweiz kommt.

Im linken Schaubild (a) ist die Entwicklung in US-Dollar dargestellt, im rechten Schaubild (b) in der jeweiligen Lokalwährung. Die starke Zunahme kann also nur teilweise durch die trendmässige Aufwertung des Schweizer Frankens erklärt werden, welche den Exportwert in US-Dollar erhöht (stärkere Zunahme im linken Schaubild). Diese Beobachtung deutet darauf hin, dass es zu einer relativen Erhöhung der Nachfrage nach Schweizer Industriegütern und/oder zu einer verbesserten internationalen Wettbewerbsfähigkeit des schweizerischen Industriesektors bzw. einzelner Branchen in diesem Sektor gekommen ist.

Abbildung 18: Entwicklung der Schweizer Handelsbilanz für Industriegüter

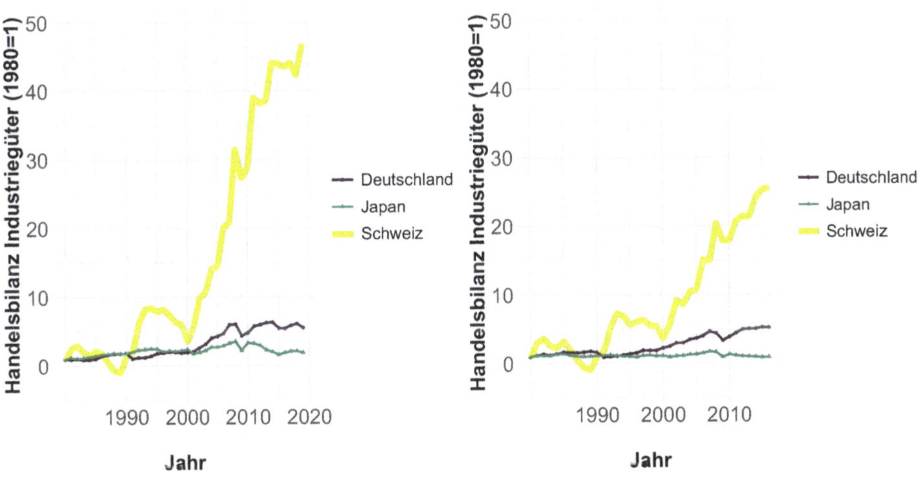

(a) In US-Dollar   (b) In heimischer Währung

Quelle und Hinweise: Eigene Berechnungen basierend auf Daten der Weltbank (Handel) und Daten der UNCTAD-STAT (Wechselkurse).

Diese Entwicklung dürfte mitverantwortlich dafür sein, dass die *absolute* Beschäftigung des Industriesektors seit 2000 nicht zurückgegangen ist, wie wir dies im letzten Kapitel in Abbildung 15 gesehen haben. Der Exportboom im Schweizer Industriesektor hat also zur Stabilisierung der dortigen Beschäftigung beigetragen. Oder anders gesagt, der zunehmende Exportüberschuss dürfte den Absatz von Schweizer Industriegütern so erhöht haben, dass die im letzten Kapitel thematisierte Erhöhung der Arbeitsproduktivität und ihre negative Auswirkung auf die Beschäftigung ausgeglichen wurde. Dass der internationale Handel sich positiv auf die Beschäftigung mancher Industrieländer ausgewirkt hat, bestätigen beispielsweise auch empirische Arbeiten zum deutschen Industriesektor.[3] Dieses positive Bild gilt jedoch nicht für alle Industrieländer (und Industriebranchen). In den USA ist, wie oben erwähnt, der internationale Handel mitverantwortlich für den Abbau von Arbeitsplätzen im Industriesektor. Eine Rolle hat dabei die zunehmende Importkonkurrenz aus China gespielt, wobei die zunehmenden Dienstleistungsexporte der USA bei dieser Betrachtung fehlen.[4]

Zunehmende Bedeutung von „High-Tech"

Für die starke Zunahme des Schweizer Handelsbilanzüberschusses für Güter sind hauptsächlich Chemie, Pharma, Körperpflegemittel und Medizintechnik verantwortlich. Abbildung 19 zeigt dazu die Entwicklung der neun wichtigsten Schweizer Exportbranchen des Industriesektors, jetzt aber in Relation zu den Exporten verschiedener Ländergruppen. Als Vergleichsgruppen verwenden wir die sieben führenden Industrieländer (G7) sowie die neun wichtigsten Schwellenländer (BRICS- und MIST Staaten).[5] Dabei bedeutet eine ansteigende (fallende) Kurve, dass sich der Schweizer Marktanteil weltweit gegenüber der jeweiligen Vergleichsgruppe an Ländern erhöht (verringert) hat. Damit gibt die Darstellung einen Hinweis darauf, ob sich die Wettbewerbsfähigkeit der Schweiz in der jeweiligen Gütergruppe gegenüber der jeweiligen Ländergruppe verbessert (bzw. verschlechtert) hat.

Im Vergleich zu wichtigen Schwellenländern konnte nur die Schweizer Uhrenindustrie Marktanteile gewinnen, wobei auch dort die Entwicklung seit 2011 rückläufig ist. Eine solche Zunahme der relativen Wettbewerbsfähigkeit von Schwellenländern ist kaum verwunderlich, da es ausgehend von einem tiefen Produktivitätsniveau einfacher ist, aufzuholen. Beispielsweise können technologisch zurückliegende Länder auf bereits vorhandene weltweite Technologien zurückgreifen.[6] Auch ermöglichen Kapitalakkumulation und Innovationen im jeweiligen Land ein schnelleres Aufholen, solange das Land zurück liegt (sogenannter Basiseffekt, wonach, ausgehend von einem tieferen Niveau, eine gleiche absolute Veränderung zu einer grösseren relativen Veränderung führt). Dementsprechend konvergieren in den letzten Jahrzehnten die Pro-

Abbildung 19: Relative Veränderung der Exporte in der für die Schweiz wichtigsten neun Exportbranchen (nach Exportwert im Jahr 2017)

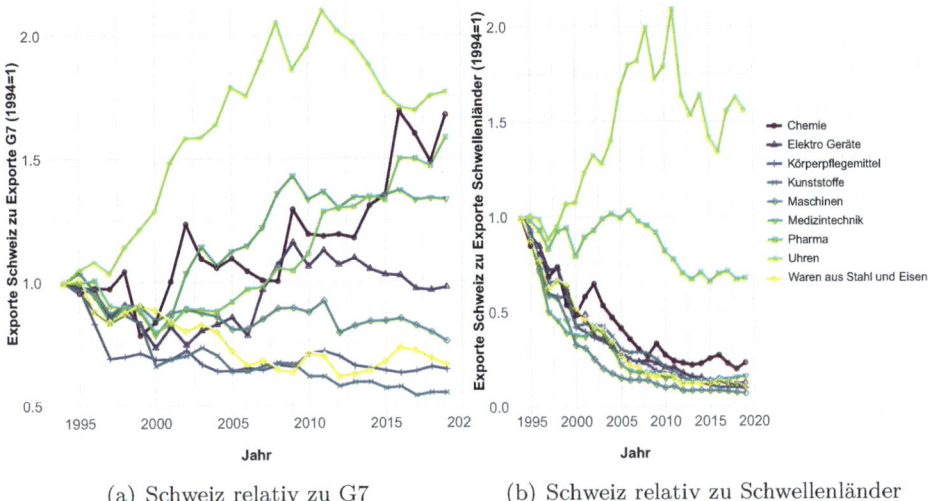

(a) Schweiz relativ zu G7   (b) Schweiz relativ zu Schwellenländer

Quelle und Hinweise: Eigene Berechnungen anhand von UN-Comtrade-Daten gemäss folgender Formel: $\frac{x_{i,t}^{ch}}{x_{i,t=1994}^{ch}} \Big/ \frac{x_{i,t}^{*}}{x_{i,t=1994}^{*}}$, *wobei $x_{i,t}$ die weltweiten Exporte der Exportbranche i zum Zeitpunkt t angibt und ch für die Schweiz steht und * jeweils für die genannte Ländergruppe. Die einzelnen Graphen zeigen die Veränderung des Schweizer Marktanteils relativ zu der jeweiligen Ländergruppe.*

duktivitäten des Industriesektors vieler Länder.[7]

Aus diesen Beobachtungen lässt sich nicht unbedingt schlussfolgern, dass die Schweizer Industrieexporte durch die aufstrebenden Schwellenländer negativ beeinträchtigt worden sind. Sie zeigen nur, dass der Marktanteil der Schwellenländer im internationalen Handel massiv angestiegen ist. Da durch die Integration der Schwellenländer aber auch neue Exportmärkte hinzugekommen sind, könnte es sein, dass Schweizer Industrieexporte – und damit der Schweizer Industriesektor als Ganzes – von dieser Entwicklung sogar profitiert haben. Um hierzu eine Aussage treffen zu können, fehlt das sogenannte „Counterfactual", also der Vergleich, was gewesen wäre, falls die Schwellenländer keine solche rasante wirtschaftliche Entwicklung hingelegt hätten, aber alle anderen Veränderungen wie beispielsweise der technologische Fortschritt und die sinkenden Handelskosten stattgefunden hätten.

Aus diesen Gründen ist ein Vergleich der Schweiz mit anderen Industrieländern interessanter, da diese etwa ein gleiches Entwicklungsniveau aufweisen und ebenfalls von globalen Entwicklungen, wie beispielsweise dem starken wirtschaftlichen Wachstum verschiedener Schwellenländer, betroffen sind. Wie das linke Schaubild der Abbildung 19 zeigt, entwickelten sich die Schweizer Exporte der Uhrenindustrie, der Pharma, der Chemie und der Medizintechnik besser als die jeweiligen Exporte der G7-Länder. Interessant ist, dass diese Schweizer Branchen, deren Exporte boomen, etwas gemeinsam haben: sie können dem Bereich der High-Tech Industriegüter zugeordnet werden. Deshalb teilen wir als nächstes die Exporte in High-Tech, Mid-Tech und Low-Tech Industriegüter ein und vergleichen die Entwicklung der Schweiz mit anderen Ländern.[8] Zu den „High-Tech" Industriegütern zählen beispielsweise Computerchips, Flugzeuge, pharmazeutische Produkte, Medizintechnik und Uhren. Mid-Tech Industriegüter umfassen unter anderem Autos und verschiedene Haushaltsgeräte wie Spülmaschinen oder Staubsauger. Zu den „Low-Tech" Industriegütern gehören zum Beispiel Werkzeuge, verschiedene Holzwaren, Möbel oder Kleidung (siehe dazu auch Tabelle A1 im Anhang).

Abbildung 20 zeigt die Entwicklung der Schweizer Exporte aufgeteilt anhand der drei Kategorien im Vergleich zu den beiden zuvor verwendeten Ländergruppen. Es ist klar ersichtlich, dass sich von den drei Gütergruppen die Schweizer High-Tech Industriegüterexporte insgesamt am besten entwickelt haben (linkes Schaubild).[9] Wie die rechte Abbildung zeigt, konnten die Schwellenländer in allen drei Gruppen gegenüber der Schweiz stark an Bedeutung gewinnen. Im Vergleich zu den G7-Staaten haben sich Exporte von Mid-Tech und Low-Tech Industriegüter in etwa gleich entwickelt. Interessant ist jedoch die starke Zunahme des Schweizer Marktanteils bei High-Tech Industriegüterexporten.

Diese Entwicklung wird nochmals deutlicher, wenn wir den Anteil der Exporte der High-Tech Industriegüter an den gesamten Industriegüterexporten der Schweiz mit anderen wichtigen Industrieländern vergleichen. Wie Abbildung 21 zeigt, nahm der High-Tech Anteil bei den Schweizer Exporten in den letzten 25 Jahren stetig zu. Dagegen ist eine solche Entwicklung für andere Industrieländer kaum erkennbar. Dabei dürfte sicherlich der Anstieg der

Abbildung 20: Relative Veränderung der Exporte der Schweiz nach Güterart.

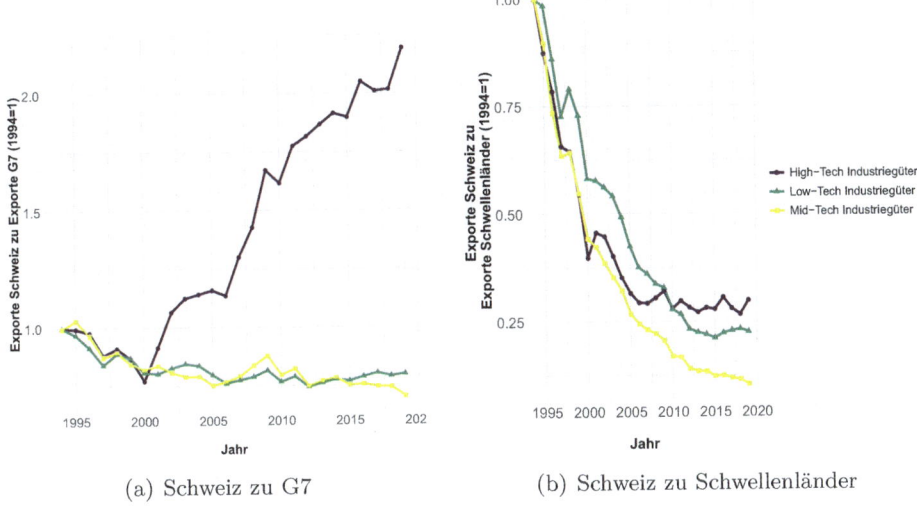

(a) Schweiz zu G7   (b) Schweiz zu Schwellenländer

Quelle und Hinweise: Eigene Berechnungen anhand von UN-Comtrade-Daten und Klassifikation von BASU/DAS *(2011) gemäss folgender Formel:* $\frac{x_{i,t}^{ch}}{x_{i,t=1994}^{ch}} / \frac{x_{i,t}^{*}}{x_{i,t=1994}^{*}}$ *, wobei* $x_{i,t}$ *die weltweiten Exporte der Exportbranche i zum Zeitpunkt t angibt und ch für die Schweiz steht und * jeweils für die genannte Ländergruppe. Die einzelnen Graphen zeigen die Veränderung des Schweizer Marktanteils relativ zu der jeweiligen Ländergruppe.*

Pharmaexporte wichtig gewesen sein. Aber auch wenn man die Pharmaexporte nicht berücksichtigt, weist die Schweiz trotzdem einen sehr hohen Anteil an High-Tech Exporten auf (rechtes Schaubild der Abbildung 21). Einzig die trendmässige Entwicklung divergiert dann im Vergleich zu anderen Industrieländern weniger stark.

Diese Beobachtungen zeigen, dass sich die Schweizer Exportstruktur mehr und mehr in Richtung High-Tech Industriegüter entwickelt und damit eine Sonderstellung gegenüber anderen wichtigen Industrieländern einnimmt. Entsprechend stieg auch die Beschäftigung in den High-Tech Branchen, während sie in den anderen Branchen des Industriesektors unter Druck kam. Als Folge davon hat sich die Beschäftigung in diesen Wirtschaftsbereichen verringert, wie in Abbildung 22 auch zu sehen ist.

Entsprechend hat sich auch die Zusammensetzung der Beschäftigung im

Abbildung 21: Anteil der High-Tech Industrieexporte

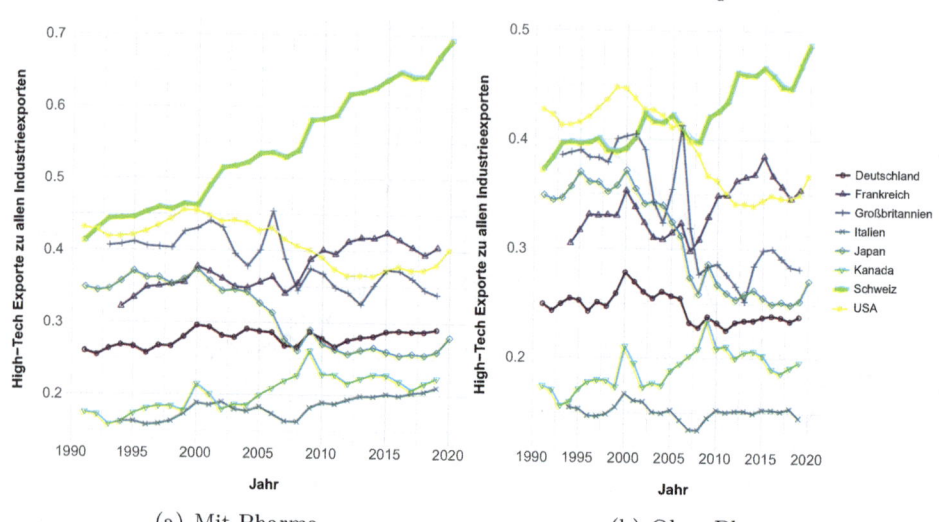

(a) Mit Pharma   (b) Ohne Pharma

Quelle und Hinweise: Eigene Berechnungen anhand von UN-Comtrade-Daten und Klassifikation von BASU/DAS (2011). Industrieexporte beinhalten alle HS-Kategorien ab HS-28. Goldexporte (HS-7108) werden aufgrund der hohen Volatilität nicht berücksichtigt.

Schweizer Industriesektor verändert. So stieg der Anteil der Beschäftigten in der Pharmabranche am gesamten Industriesektor von 3% im Jahr 1997 auf 7% im Jahr 2016. Gleichzeitig nahm der Anteil der Beschäftigten zum Beispiel in der Textilbranche weiter ab, und zwar von 5% auf 2%. Die Entwicklungen dieser beiden Branchen zeigen beispielhaft den Strukturwandel innerhalb des Schweizer Industriesektors weg von Low-Tech hin zu High-Tech. Die eingangs in Abbildung 15 gezeigte Stabilisierung der Beschäftigung im Schweizer Industriesektor seit 2000 ist somit auf eine Zunahme der Beschäftigung im Bereich der High-Tech Industrie zurückzuführen.

Steigende Reallöhne in High-Tech Branchen

Es erstaunt kaum, dass vom Exportboom in den High-Tech Branchen des Schweizer Industriesektors auch die Arbeitnehmer profitierten. Diesen Zusammenhang werden wir im konzeptionellen Teil noch vertiefen und sehen, dass die Preisentwicklung der produzierten Güter mitentscheidend dafür ist,

Abbildung 22: Beschäftigung in der Schweizer High-Tech Industrie nimmt zu

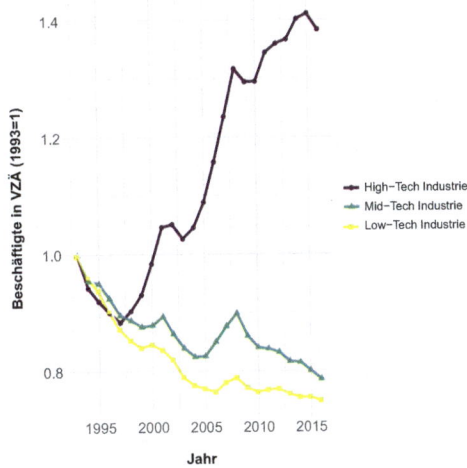

Quelle und Hinweise: Eigene Berechnungen anhand von Daten zur Beschäftigungsstatistik des Bundesamts für Statistik (BFS). Einteilung in Technologieintensität erfolgt anhand der Klassifikation von Eurostat (siehe Tabelle A1 im Anhang).

wie stark die Lohnentwicklung durch den Boom positiv beeinflusst wird.[10] Abbildung 23 zeigt die durchschnittliche Reallohnentwicklung verschiedener Wirtschaftsbereiche der Schweiz auf. Der Reallohn stieg wie erwartet in wertschöpfungsintensiven Wirtschaftsbereichen (High-Tech Industrie, Finanz- und Versicherungsdienste und IT- und Kommunikationsdienste) stark an. Interessant ist aber, dass die Reallöhne überall zugenommen haben, auch in den Low- und Mid-Tech Branchen.

Arbeitnehmer auch in diesen Branchen profitierten also durch den Exportboom im High-Tech Bereich. Der Grund liegt darin, dass die Low- und Mid-Tech Branchen auf dem inländischen Arbeitsmarkt in einem Konkurrenzverhältnis zu den High-Tech Branchen stehen. Steigen die Löhne im High-Tech Bereich aufgrund der zunehmenden Nachfrage nach diesen Gütern und der vermehrten Spezialisierung der Volkswirtschaft in Richtung dieses Bereichs, kommen auch Unternehmen in den Low- und Mid-Tech Bereichen unter Druck und müssen die Löhne zumindest für die relativ mobilen Arbeitskräfte erhöhen, damit sie diese nicht verlieren. Entsprechend werden einige Firmen im Low- und Mid-Tech Bereich die Beschäftigung reduzieren oder ganz auf-

Abbildung 23: Entwicklung der Schweizer Reallöhne verschiedener Wirtschaftsbereiche

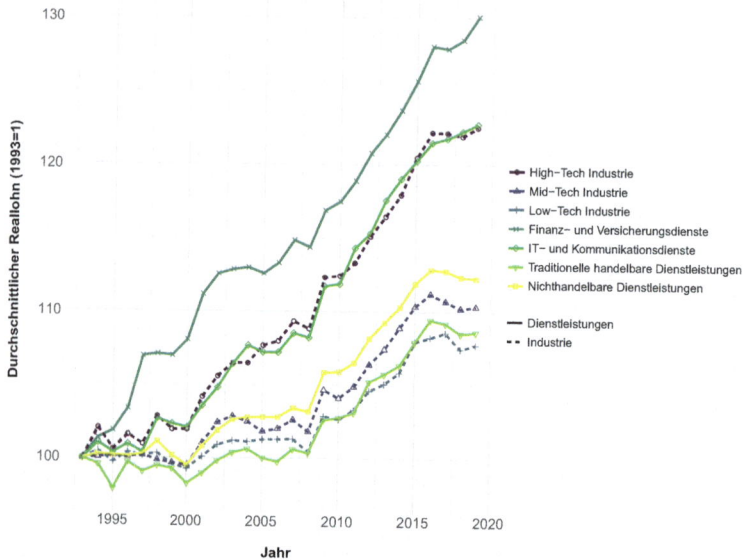

Quelle und Hinweise: Eigene Berechnung basierend auf Daten des Bundesamt für Statistik (BFS). Die Werte bilden das arithmetische Mittel der Median-Reallöhne auf 2-Steller-NOGA Branchenebene ab. Werte vor 2011 basieren auf der NOGA 2002 Klassifikation und ab 2011 auf der NOGA 2008 Klassifikation und sind deswegen nur approximativ vergleichbar. Die Einteilung in Technologieintensität erfolgt anhand der Klassifikation von Eurostat (siehe Tabelle A1 des Anhangs). Zudem entspricht die hier vorgenommene Einteilung in verschiedene Technologiegruppen nicht exakt der zuvor vorgenommenen Einteilung von Handelsdaten. Denn Daten zu Löhnen basieren auf der NOGA-Klassifikation, was wirtschaftlichen Tätigkeiten entspricht, wohingegen Handelsdaten nach Art der Güter in HS-Klassifikationen eingeteilt sind.

geben müssen. Der Strukturwandel führt so dazu, dass die Produktivität und damit das Realeinkommen in einer Volkswirtschaft durch die internationale Spezialisierung tendenziell steigt. Dies wollen wir im folgenden vertiefen.

Konzeptionelle Überlegungen zur internationalen Spezialisierung

Unternehmen eines Landes unterscheiden sich innerhalb einer Branche, aber auch zwischen verschiedenen Branchen, systematisch bezüglich verschiedener Charakateristika: zum Beispiel in der Grösse, in der Kapitalintensität, im

Humankapital, in der Technologie oder in der Produktivität.[11] Zudem unterscheiden sich Länder in ihrer Faktorausstattung (z.B. Anzahl der Hochqualifizierten, Verfügbarkeit von Kapital) und den Rahmenbedingungen (z.B. Infrastruktur und Institutionen). Die Kombination dieser Aspekte führt dazu, dass sich die Produktivität einer Branche von Land zu Land unterscheidet. Diese Betrachtung geht zurück auf David Ricardo, der vor über 200 Jahren die Grundlagen der internationalen Handelstheorie entwickelte.[12] Er erkannte, dass die Spezialisierung von Ländern nach Gütern bzw. Industrien bei „endogenen Löhnen" – d.h. Lohnsätzen, die innerhalb der Länder durch Angebot und Nachfrage nach Arbeit bestimmt werden – durch *relative*, und nicht absolute, Produktivitätsunterschiede bestimmt werden. So wurde die Theorie der „komparativen Vorteile" geboren, die wichtig ist, um die Spezialisierungsstruktur der Länder zu verstehen.

Spezialisierung nach den komparativen Vorteilen

Wir diskutieren hier den für uns interessanten Fall von mehreren – ja, sogar sehr vielen Branchen. Wir nehmen an, dass es zwei Länder gibt – das Inland und das Ausland (das wir bei Verwendung von Variablen mit einem Stern (*) kennzeichnen). Für unsere Analyse kann man sich unter dem Inland die Schweiz vorstellen und unter dem Ausland den Rest der Welt. Ebenfalls gehen wir davon aus, dass die verschiedenen Branchen sich durch die Arbeitsproduktivität unterscheiden. Wir ordnen diese Branchen nach der relativen Arbeitsproduktivität, angefangen mit der Branche, welche im Inland relativ zum Ausland die höchste Produktivität hat, gefolgt von der Branche mit der zweithöchsten relativen Arbeitsproduktivität und so weiter.

Das Modell geht also davon aus, dass sämtliche Unterschiede zwischen den beiden Ländern (Institutionen, Ausbildung, Technologie, Kapitaleinsatz etc.) sich letztlich in der Produktivität des Faktors Arbeit, welcher zwischen den Branchen vollständig mobil, aber international immobil ist, niederschlägt. Wir nehmen an, dass überall ein starker Wettbewerb herrscht, was dazu führt, dass die Güterpreise den Produktionskosten entsprechen. Im Gleichgewicht erzielen Firmen keine ökonomischen Renten.[13] Die Arbeitskräfte erhalten einen Lohn, der ihrem Wert in der Produktion entspricht – das heisst dem sogenannten Wertgrenzprodukt. Institutionen wie z.B. Gewerkschaft werden hier vernachlässigt. Käme es dadurch zu Löhnen über dem Wertgrenzprodukt, so gäbe es Arbeitslosigkeit.

.[14]

Abbildung 24 zeigt nun die Spezialisierung und die Veränderung der Spezialisierung durch eine zunehmende Globalisierung bzw. Integration von Märkten auf.[15] Wir ordnen die einzelnen Branchen anhand ihrer relativen Produktivität (welche auf der Y-Achse abgetragen sind) zwischen dem Inland und dem Ausland in absteigender Reihenfolge.[16] Es erfolgt also eine Einordnung der Branchen nach den sogenannten *komparativen Vorteilen*. Die relativen Produktivitäten sind auf der nach rechts unten fallenden gestrichelten Linie in Abbildung 24 dargestellt. Jeder Punkt auf dieser Linie repräsentiert eine Branche im Industriesektor. Das Inland hat demnach einen komparativen Vorteil in Branchen, die in Abbildung 24 eher links, das Ausland hingegen in Branchen, die eher rechts angeordnet sind.

Um nun eine Aussage machen zu können, auf welche Branchen ein Land sich spezialisiert, sind neben Unterschieden in der Produktivität auch die Lohnunterschiede zwischen den beiden Ländern von Bedeutung. Denn nur wenn die relative Produktivität einer Branche im Inland höher ist als der im Inland gültige relative Lohn, kann ein im Inland hergestelltes Gut zu tieferen Kosten als im Ausland produziert und damit zu einem günstigeren Preis verkauft werden. Das Lohnniveau in einem Land wird dabei, wie erwähnt, „endogen" durch die Arbeitsnachfrage und das Arbeitsangebot bestimmt. Nehmen wir an, der relative Lohnsatz habe sich in Abbildung 24 im Gleichgewicht auf das Niveau der eingezeichneten horizontalen Gerade „Lohnsatz Inland relativ zum Ausland" eingespielt. Genau genommen entspricht dies dem Lohnsatz oder Lohnniveau im Inland, dividiert durch den Lohnsatz oder das Lohnniveau im Ausland.[17] Es lässt sich leicht erkennen, dass in diesem Fall das Inland in den Branchen links vom Schnittpunkt A tiefere Produktionskosten als das Ausland hat und diese Produkte exportiert, während entsprechend in den Branchen rechts von diesem Punkt das Ausland tiefere Produktionskosten hat und diese Güter exportiert.

Bei dieser Betrachtungsweise werden jedoch Handelskosten nicht berücksichtigt. Bezieht man Handelskosten mit ein, so werden diejenigen Güter, bei denen die relative Produktivität und der relative Lohnsatz nur wenig auseinander liegen, nicht gehandelt. Die Produktionskostenunterschiede aufgrund der unterschiedlichen Produktivitäten sind zu gering, um die Handelskosten, welche beim Export eines Gutes entstehen, über den Preis zu finanzieren. In der Abbildung sind die relativen Produktivitäten nach Berücksichtigung der Handelskosten durch die zwei äusseren Kurven abgebildet. Entsprechend sieht die Handels- und Produktionsstruktur bei der Existenz von internationalen Handels- bzw. Transaktionskosten (Zölle, Transportkosten, Vertragskosten, Anpassung der Produkte an andere Standards) anders aus: Für Branchen die zwischen diesen beiden Kurven liegen (zwischen B und C) findet kein internationaler Handel statt. Diese nicht gehandelten Güter werden von beiden Ländern für den lokalen Gebrauch hergestellt. Das Inland exportiert diejenigen Güter, die links von B liegen und die relativ höchste Produktivität aufweisen, während das Ausland die Güter rechts von C exportiert, wo es die höchsten relativen Produktivitäten bzw. die stärksten komparativen Vorteile hat.

Was verändert sich nun, wenn die Handelskosten zwischen zwei Ländern sinken? Die beiden Kurven der relativen Produktivitäten (inklusive Handelskosten) verschieben sich infolge der Reduktion der Handelskosten in Richtung Mitte. Dadurch werden Unternehmen, welche im Inland vorher in den Branchen zwischen B und A Produkte für den lokalen Markt herstellten, im Ausland konkurrenzfähig und verdrängen dortige Unternehmen der gleichen Branche. Andererseits kommen die Unternehmen im Inland, welche in den Branchen zwischen A und C vorher für den lokalen Markt Güter produzieren konnten, unter Druck durch ausländische Unternehmen, durch welche sie verdrängt werden. Während also vor der Reduktion der internationalen Handelskosten oder, allgemein gesagt, vor der internationalen Öffnung und Integration von Märkten, Unternehmen in den Branchen 0 bis C wettbewerbsfähig waren, sind es bei vollständiger Integration nur noch die Unternehmen in den Branchen 0 bis A. Branchen mit den tiefsten relativen Arbeitsproduktivitäten kommen, wie erwartet, durch die Integration von Märkten unter Druck. Dies gilt analag für die Unternehmen im Ausland.

Abbildung 24: Zunehmende Integration führt zu Spezialisierung anhand des komparativen Vorteils

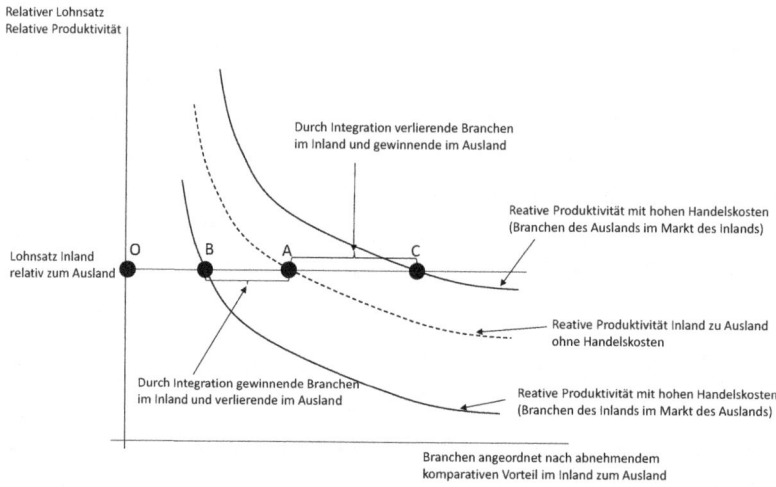

Quelle und Hinweise: Eigene Darstellung in Anlehnung an DORNBUSCH ET AL. *(1977).*

Es kommt also zu einer zunehmenden Spezialisierung von Ländern anhand der komparativen Vorteile nach Branchen. Aus diesen Überlegungen folgt, dass Länder in Branchen, in denen sie relativ am produktivsten sind, mehr exportieren. Der Anteil der Exporte eines Landes, der auf eine Branche entfällt, in der es den grössten komparativen Vorteil hat, dürfte entsprechend zunehmen. Diese theoretischen Grundlagen, in der Literatur auch „Revealed Comparative Advantage" (RCA) genannt, bieten eine einfache Möglichkeit, anhand von Handelsströmen einzuschätzen, in welchen Wirtschaftsbereichen eine Volkswirtschaft komparative Vorteil haben dürfte.[18] Wir werden das RCA Mass verwenden, um festzustellen, in welchen Branchen die Schweiz und andere Länder einen (starken) komparativen Vorteil haben.

Durch diese Spezialisierung in Richtung der komparativen Vorteile steigt die durchschnittliche Produktivität in einem Land, was wiederum dazu führt, dass die Löhne zunehmen. Dadurch kommen Branchen mit relativ tiefer Produktivität unter Druck, weil sie im Wettbewerb mit den produktiveren Branchen um Arbeitskräfte nicht mehr mithalten können. Branchen, die von einer zunehmenden Integration profitieren, benötigen nämlich mehr Arbeitskräfte und zahlen höhere Löhne. Dadurch geraten Unternehmen aus Branchen mit geringeren Produktivitäten unter Druck, da diese, um auf dem Arbeitsmarkt konkurrieren zu können, ebenfalls ihre Löhne anheben müssen, weil Arbeit mobil ist zwischen den Branchen.

Die Kombination von internationaler Konkurrenz auf den Gütermärkten und nationaler Konkurrenz auf den Faktormärkten (insbesondere Arbeitsmärkte) führt dazu, dass die Export- und Produktionsstruktur einer Volkswirtschaft sich langfristig immer wieder neu anpasst. Komparative Vorteile zwischen Branchen, aber auch innerhalb von Branchen zwischen Firmen, bestimmen so die Export- und Produktionsstruktur eines Landes. Sie verändern sich aber laufend und können kaum vorausgesehen werden, da die Produktivität letztlich das Resultat von Innovation und technologisch-institutionellen Veränderungen ist und es sich um *relative* Entwicklungen im In- und Ausland handelt.

Dynamische Entwicklung durch Clustereffekte

Diese Überlegungen bedeuten, dass komparative Vorteile sich „dynamisch" entwickeln. Die Produktivität einer Branche ist dabei das Resultat des Verhaltens von zahlreichen Firmen innerhalb der Branche. Wir gehen davon aus, dass sich selbstverstärkende Prozesse durch technologische Spillovers und Effekte von der lokalen Nachfrage auf die Innovation und Produktion von Firmen bestehen. Wir sprechen hier von sogenannten „Clustereffekten", welche insbesondere von PORTER (1990) und KRUGMAN (1991) allgemein sowie von BORNER ET AL. (1991) für die Schweiz betont wurden. Im Porter'schen „Diamantkonzept" wird die Mechanik dieses Clusterprozesses genauer betrachtet. So kann man theoretisch und empirisch zeigen, wie sophistizierte Bedürfnisse der lokalen Nachfrager nach Produkten die Innovationsanstrengungen von Firmen beeinflussen. Am Standort verfügbare, gut und laufend weiter ausgebildete Arbeitskräfte haben eine Auswirkung darauf, in welchen Bereichen Firmen international erfolgreich sein können. Spillovers zwischen Konkurrenten aber auch zwischen Zulieferern von Zwischenprodukten und Produzenten schaffen zusätzliche Wettbewerbsvorteile. Und schliesslich ist die Marktstruktur und die Wettbewerbsintensität entscheidend dafür, dass Firmen an einem Standort laufend nach innovativen Lösungen suchen.

Abbildung 25 stellt diese „dynamische Betrachtungsweise von komparativen Vorteilen" schematisch dar. Hierzu starten wir unten rechts und gehen davon aus, dass es zu einer Clusterbildung (auch Agglomeration genannt) in einem Wirtschaftsbereich gekommen ist. Cluster zeichnen sich wiederum durch positive Spillovereffekte innerhalb der dort angesiedelten Unternehmen aus. Beispielsweise führt ein Cluster zu einem Pool an Fachkräften, wodurch Wissen schneller von einem Unternehmen zu einem anderen Unternehmen weitergetragen wird, sei es durch Abwerben oder während Ausstellungen oder über das Internet. Ein anderes Beispiel sind, wie gesagt, gemeinsame Zulieferer, die sich in einem Cluster ansiedeln und so zu einem Wissenstransfer zwischen verschiedenen Unternehmen beitragen.

Abbildung 25: Dynamische Betrachtungsweise von komparativen Vorteilen

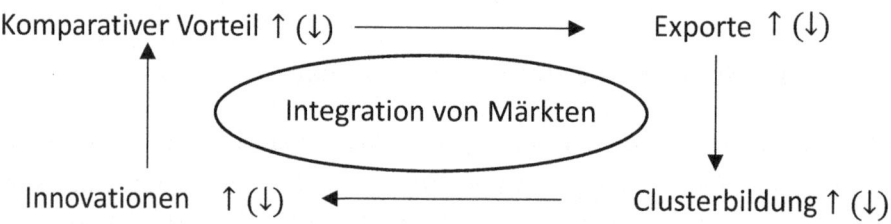

Quelle: Eigene Darstellung.

Aufgrund der positiven Spillovereffekte dürfte es verstärkt zu Innovationen kommen. Dadurch erhöht sich die Produktivität der Unternehmungen innerhalb eines Clusters. Dies führt wiederum zu einem komparativen Vorteil des Wirtschaftsbereichs, bei dem sich ein Cluster gebildet hat, wie dies beispielsweise in Basel im Bereich Chemie-Life-Science der Fall ist. Wie in Abbildung 25 anhand der Pfeile dargestellt, gibt es dabei keine eindeutige Kausalkette, sondern eine Zirkelkausalität, wonach sich die Effekte gegenseitig verstärken. Dennoch dürften wirtschaftliche Rahmenbedingungen eine wichtige Rolle dabei spielen, welche Branchen überhaupt einen komparativen Vorteil entwickeln können. Der (historische) Zufall kann dabei eine wichtige Rolle bei der Frage spielen, in welchen Bereichen ein Land tatsächlich einen komparativen Vorteil entwickelt.

Allerdings zeigt es sich oft, dass bei einer näheren Betrachtung die Initialzündung für die Entstehung einer Branche durchaus System hat und nicht einfach „Zufall" ist. Nachfrager eines Produktes haben zum Beispiel aufgrund regulatorischer oder kultureller Bedingungen in einem Land spezielle Restriktionen oder Bedürfnisse, welche die Firmen in der Produktentwicklung in eine bestimmte Richtung lenken. Als Beispiel sei hier die Schweizer Uhrenindustrie genannt, zu deren Entstehung hugenottische Flüchtlinge aus Frankreich entscheidend beitrugen, aber auch die inländische Nachfrage nach Uhren aufgrund des Bedürfnisses nach Luxus in Kombination mit dem Calvinismus und der protestantischen Ethik eine eigenständige Charakteristik entwickelte.[19]

Eine vertiefte internationale Integration von Märkten führt nun zu einer Verstärkung dieser Effekte. Demnach wachsen Wirtschaftszweige im Zeitverlauf, in denen ein Land einen komparativen Vorteil aufweist. Dies ist in Abbildung 25 anhand der nach oben zeigenden Pfeile dargestellt. Genau andersherum verhält es sich mit Wirtschaftszweigen, die einen komparativen Nachteil aufweisen, erkennbar anhand der nach unten zeigenden Pfeile in Klammer. Wie bei der statischen Betrachtungsweise spielen dabei Lohnanpassungen auf dem Arbeitsmarkt eine wichtige Rolle, wodurch Branchen mit komparativem Nachteil auf den internationalen Märkten mehr und mehr an Wettbewerbsfähigkeit einbüssen. Durch diesen Prozess erhöht sich also das Exportangebot der Branchen, in denen das Inland relativ produktiv ist, während das Angebot in den anderen Branchen abnimmt.

Dies bringt uns zur Frage zurück, wie die Preise der Güter beeinflusst werden, welche aufgrund der Produktivitätssteigerung vermehrt angeboten werden. Dies war das Thema im letzten Kapitel, auf das wir nun zurückkommen – allerdings nun angewendet auf die Entwicklung unterschiedlicher, in die Weltmärkte integrierter Branchen des Industriesektors.

Hohe Preiselastizität der High-Tech Güter

Rufen wir uns noch einmal Kapitel 3 in Erinnerung, so dürften die Auswirkungen von technologischem Fortschritt wesentlich von der Elastizität der Nachfrage abhängen. Was bedeutet dies nun für die Auswirkung der Spezialisierung der Schweiz? Wir haben im ersten Abschnitt dieses Kapitels gesehen, dass die Schweiz sich in den letzten 20 Jahren relativ stark auf High-Tech Branchen spezialisierte. Die Frage stellt sich also, ob die in diesen Branchen produzierten Güter eine relativ hohe Preiselastizität haben oder nicht. Warum ist dies wichtig? Eine hohe Preiselastizität bedeutet, dass eine marginale (kleine) Preisreduktion mit einer relativ starken Mengenerhöhung einhergeht. Oder anders gesagt: eine Erhöhung der angebotenen Menge hat eine geringe Preisreduktion zur Folge. Abbildung 26 zeigt, dass diese Situation vorzuziehen ist gegenüber einer solchen, in der die Preiselastizität der Nachfrage gering ist.

Nehmen wir an, die Nachfrage nach High-Tech Gütern sei in der Tat preiselastischer als die Nachfrage nach anderen Gütern – nennen wir diese Low-Tech Güter. Die Nachfragekurve für High-Tech Güter in Abbildung 26 ist also flacher. Ein Produktivitätsfortschritt der angebotenen Güter führt, wie im letzten Kapitel besprochen, zu einer Erhöhung des Angebotes und damit zu einer Rechtsverschiebung der Angebotskurve. Entsprechend sinken die Preise der angebotenen Güter. Abbildung 26 zeigt nun, dass der Preis für Low-Tech Güter viel stärker sinkt als derjenige für High-Tech Güter. Zudem ist die zusätzliche Menge, welche aufgrund der Preisreduktion angeboten werden kann, für High-Tech Güter grösser. Die eingezeichneten Flächen in der Abbildung implizieren, dass durch die Produktivitätssteigerung der Umsatz und – wenn wir nun über Exporte sprechen – der Exportwert für High-Tech Güter zunimmt, während er für die Low-Tech Güter abnimmt.

Dies ist dann der Fall, wenn die Nachfrage nach High-Tech Güter preiselastisch ist (Elastizität grösser 1) und diejenige nach Low-Tech Güter preisinelastisch ist (Elastizität kleiner als 1). Spezialisiert sich ein Land auf High-Tech Güter wird es also den Exportwert erhöhen können. Spezialisiert es sich eher auf Low-Tech Güter, dürfte der Exportwert abnehmen. Damit erhöht der technologische Fortschritt zumindest den relativen Wert von High-Tech Exporten gegenüber Low-Tech Exporten. Dies stimmt aber nur, wenn unsere hier getroffenen Annahmen zur Preiselastizität auch der Realität entsprechen. Ist dem so?

Die Antwort ist „ja", wie wir im folgenden zeigen. Dabei erörtern wir den

Abbildung 26 Veränderung des Exportwerts von High-Tech Industrien und Low-Tech Industrien

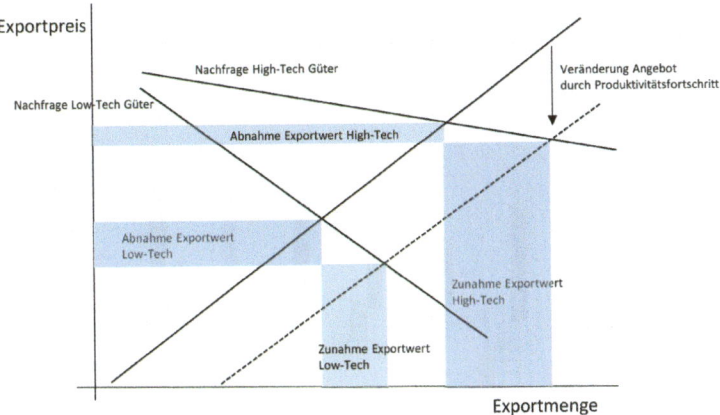

Zusammenhang zwischen Produktivitätssteigerung in den drei Bereichen des Industriesektors – High-Tech, Mid-Tech und Low-Tech Güter – und der Exportpreisentwicklung. Die Definition der drei Bereiche entspricht derjenigen, welche wir oben zur Internationalisierung der Schweiz im internationalen Vergleich verwendet haben. Abbildung 27 zeigt, dass die Arbeitsproduktivität der High-Tech Güter über die letzten 20 Jahre in den G7 Ländern und der Schweiz stärker gestiegen ist als dies für die Mid-Tech und die Low-Tech Güter der Fall ist.

Gleichzeitig demonstriert Abbildung 28, dass High-Tech Güter eine höhere Preiselastizität aufweisen als Mid- und Low-Tech Güter, zu erkennen an der flacher verlaufenden Preis-Absatz Kurve. Die Unterschiede sind signifikant (siehe Tabelle A4 im Anhang) und die Beobachtung ist konsistent mit der Literatur, welche zusätzlich darauf hinweist, dass High-Tech Industriegüter nicht nur eine höhere Preiselastizität der Nachfrage, sondern auch eine höhere Einkommenselastizität aufweisen. Steigt also das Einkommen, dürfte die Nachfrage nach High-Tech Gütern relativ zu Mid-Tech und Low-Tech Gütern zunehmen. High-Tech Güter haben also die Charakteristika von Luxusgütern: eine hohe Preis- und eine hohe Einkommenselastizität.[20]

Anders ausgedrückt dürften sich die Terms of Trade (Exportpreisindex

Abbildung 27: Arbeitsproduktivität von High- Mid- und Low-Tech im Vergleich

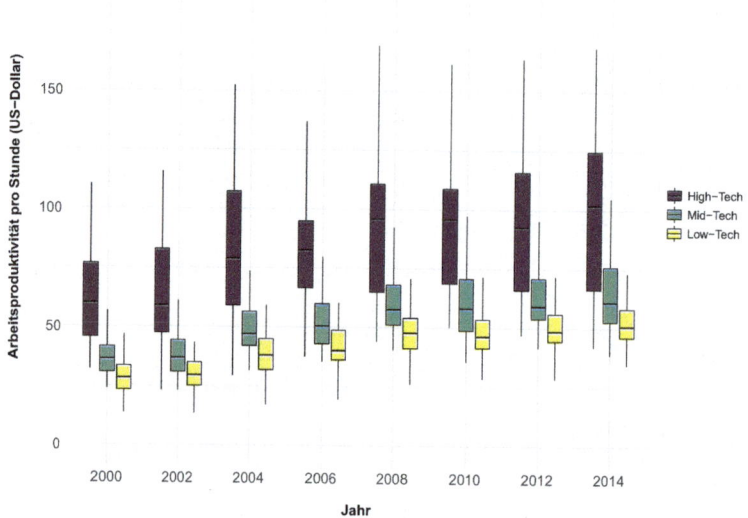

Quelle und Hinweise: Eigene Berechnungen basierend auf Daten der World Input-Output Database (WIOD). Einteilung der Branchen erfolgt anhand der Klassifikation von Eurostat (siehe Anhang A1). Die Daten umfassen die G7 Länder und die Schweiz. Die Werte zeigen die Arbeitsproduktivität pro Stunde in US-Dollar anhand eines Box-Plots, wodurch verschiedene statistische Masse erfasst werden. Das Rechteck zeigt die Produktivität der Branchen, die innerhalb des 25% bis 75% Quantils liegen, der horizontale Balken zeigt den Median und die Enden der vertikalen Linien jeweils die niedrigste und höchste Arbeitsproduktivität.

zu Importpreisindex) von Ländern, die einen komparativen Vorteil bei High-Tech und damit einen hohen Anteil an Exporten in Branchen mit elastischer Weltnachfrage aufweisen, aufgrund der allgemeinen Produkvititätssteigerung kaum negativ entwickeln. Anders gelagert wird dies bei Ländern sein, die einen komparativen Vorteil bei Mid- und Low-Tech Industriegütern aufweisen. Dort dürfte technologischer Fortschritt zu einer Verringerung der Terms of Trade führen.

Fassen wir die Überlegungen zusammen. Branchen mit komparativem Vorteil dürften (i) direkt von einer Integration von Märkten profitieren, was wiederum (ii) zu vermehrten Innovationstätigkeiten führt. Hierdurch dürfte der Unterschied zwischen Branchen mit und ohne komparativem Vorteil im Zeitverlauf zunehmen, wodurch es zu einer verstärkten Spezialisierung von

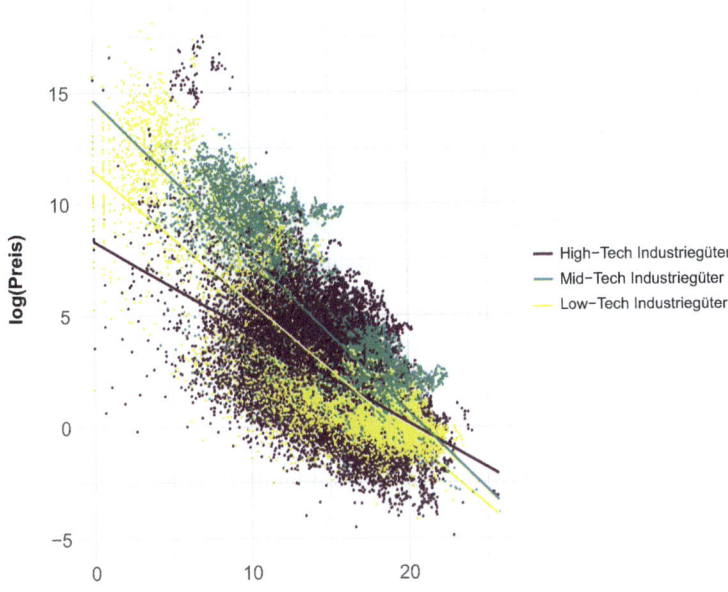

Abbildung 28: Veränderung von Exportpreisen und -mengen

Quelle und Hinweise: Eigene Berechnungen basierend auf UN-Comtrade-Daten und Klassifikation von BASU/DAS *(2011). Die Daten umfassen die G7 Länder und die Schweiz. Für die Darstellung der Preiselastizität wurden Werte der Jahre 1995-2015 verwendet. Alle Preise sind Stückpreise.*

Ländern und zur Bildung von „Clustern" kommt. Zudem ist zu erwarten, dass die Nachfrage nach High-Tech Gütern und qualitativ hochwertigen Industriegütern elastischer auf eine Ausweitung der Produktion reagiert. Deshalb dürften die Preise durch technologischen Fortschritt in diesen Branchen weniger stark zurück gehen.

Empirische Analyse der internationalen Spezialisierung

Wir analysieren im folgenden, ob die Länder sich in der Tat vermehrt spezialisieren in Richtung ihrer komparativen Vorteile. Schliesslich vertiefen wir die am Anfang dieses Kapitels beobachtete Spezialisierung der Schweiz in Richtung High-Tech Güter, indem wir die „Qualität" der Exporte näher betrachten.

Der Revealed Comparative Advantage der Schweiz

Die zunehmende Spezialisierung der Länder nach ihren komparativen Vorteilen wird empirisch bestätigt. Hierzu zeigt Abbildung 29 die Veränderung der Beschäftigung verschiedener Branchen des Primärsektors, des Industriesektors sowie des Dienstleistungssektors zwischen 2000 und 2014 in Abhängigkeit des komparativen Vorteils einer Branche, berechnet anhand der Arbeitsproduktivität pro Stunde. Werte kleiner eins bedeuten, dass eine Branche im Jahr 2000 einen komparativen Nachteil verglichen mit dem Branchendurchschnitt aller einbezogenen Länder aufweist und Werte grösser eins einen komparativen Vorteil. Die Daten umfassen dabei verschiedene Industrieländer, unter anderem auch die Schweiz.[21]

Abbildung 29: Spezialisierung auf Branchen anhand des komparativen Vorteils

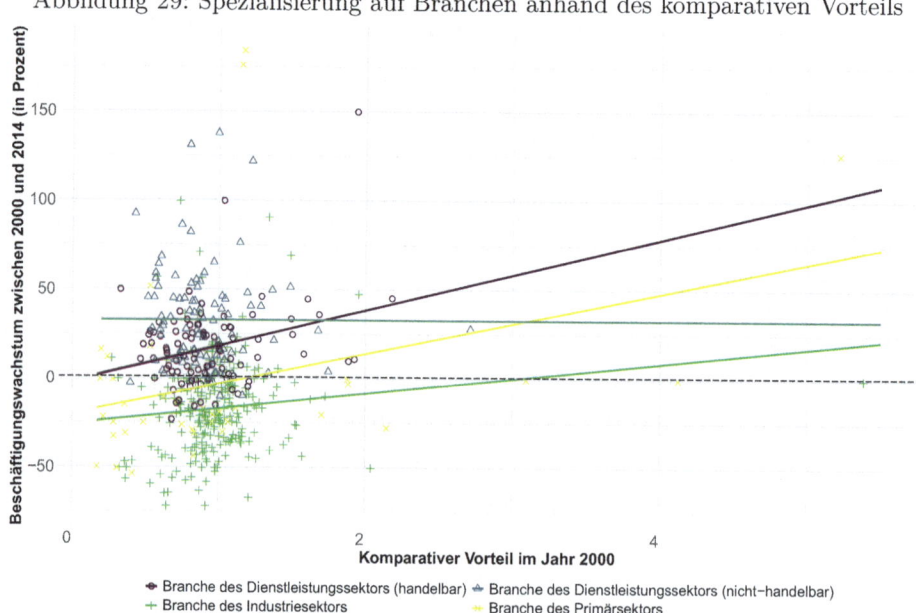

Quelle und Hinweise: Eigene Berechnungen basierend auf Daten der WIOD. Die Werte zeigen die Veränderungen der Beschäftigung zwischen 2000 und 2014 (dem letzten Jahr, für das diese Daten zur Verfügung stehen) auf Branchenebene in Abhängigkeit des komparativen Vorteils im Jahr 2000 (dem ersten Jahr, für das diese Daten zur Verfügung stehen) für verschiedene Industrieländer.

Die in der Abbildung gezeigten Entwicklungen decken sich mit den vorherigen Überlegungen zum komparativen Vorteil. Für Branchen des Primär- und des Industriesektors, sowie wie für Branchen des Dienstleistungssektors, die mehr als nur einen marginalen Teil ihrer Wertschöpfung international handeln, ist ein positiver Zusammenhang zwischen Beschäftigungswachstum und komparativem Vorteil erkennbar. Nur für Branchen des Dienstleistungssektors, die keinen oder nur sehr geringen internationalen Handel aufweisen, lässt sich kein Zusammenhang zwischen komparativem Vorteil und Beschäftigungswachstum feststellen, erkennbar anhand der horizontal verlaufenden Regressionsgerade. Für solche Branchen dürften Veränderungen der Beschäftigung hauptsächlich von der Binnennachfrage und, zumindest in der längeren Frist, von branchen-spezifischen Produktivitätsveränderungen innerhalb eines Landes abhängen. Denn diese Branchen können Veränderungen in den Faktorpreisen, wie bei-spielsweise Lohnkosten, zu grossen Teilen an die Konsumenten weitergeben.

Des weiteren weisen die beiden Regressionsgeraden der Branchen des Dienst-leistungssektors relativ zu denen des Primär- und Industriesektors einen grösse-ren Achsenabschnitt auf. Dies bestätigt die Überlegungen im letzten Kapi-tel, dass sich die Nachfrage nach Dienstleistungen relativ zur Nachfrage nach Gütern der anderen beiden Sektoren erhöht hat. Dadurch kam es tendenziell quer über alle Dienstleistungsbranchen hinweg zu einem vermehrten Bedarf an Arbeitskräften, egal ob es sich dabei um nicht-handelbare oder handel-bare Dienstleistungen handelt. Dies führt zu einem Strukturwandel weg von Branchen des Primär- und Industriesektors hin zu Dienstleistungen.

Abbildung 29 ist also Evidenz dafür, dass sich Länder bei international handelbaren Gütern und Dienstleistungen auf Branchen mit komparativem Vorteil spezialisieren. Dabei spielt es keine Rolle, ob es sich dabei um Bran-chen des Primärsektors, des Industriesektors oder des Dienstleistungssektors handelt. Wir vertiefen dies nun noch weiter und fragen uns, ob die Schweiz eher einen komparativen Vorteil im Industrie- oder Dienstleistungssektor auf-weist. Dazu zeigt Abbildung 30 die Entwicklung des bereits zuvor erwähnten „Revealed Comparative Advantage" (RCA) des Industriesektors der Schweiz und der G7-Länder. Ein Wert grösser eins deutet auf einen komparativen Vorteil im Industriesektor hin, da in diesem Fall die Handelsbilanz, also In-dustriegüter Exporte abzüglich Importe, grösser ist als die Summe aus Handelsbilanz und Dienstleistungsbilanz. Besonders von Interesse ist dabei die Veränderung über die Zeit.

Abbildung 30: Revealed Comparative Advantage (RCA) der Schweizer Industrie im Zeitverlauf

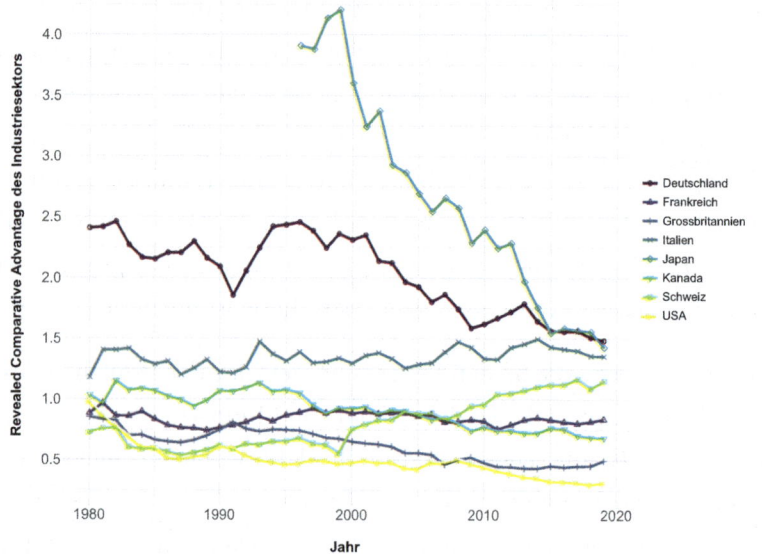

Quelle und Hinweise: Eigene Berechnungen basierend auf Daten der Weltbank. Der hier verwendete Wert des Revealed Comparative Advantages (RCA) des Industriesektors berechnet sich anhand dem Verhältnis der Industrieexporte zu -importe in Relation zum Verhältnis der Summe aus Industrie- und Dienstleistungsexporten zu -importen eines Landes: $RCA_i = \frac{X_i}{M_i} / \frac{X}{M}$, mit X als Exporte, M als Importe und i als Index für den Industriesektor.

Wie aus der Abbildung ersichtlich, sank der RCA des Schweizer Industriesektors in den 1980ern bis Ende der 1990er. Ungefähr ab dem Jahr 2000 steigt der RCA des Schweizer Industriesektors aber kontinuierlich an und weist zuletzt im Jahr 2019 einen Wert von etwas mehr als eins auf. Andere Industrieländer wie Deutschland, Italien und Japan haben über den gesamten Zeitraum einen RCA von grösser eins. Demgegenüber hat sich der RCA von Grossbritannien, den USA und in abgeschwächter Form auch von Kanada im Zeitverlauf in Richtung Dienstleistungen entwickelt, was anhand der sinkenden Kurven in Abbildung 30 ersichtlich ist.

Abbildung 31 vertieft diese Betrachtung, indem die Veränderung des RCA-

Abbildung 31: Revealed Comparative Advantage der Schweizer Industrie zeigt sich hauptsächlich in den Bereichen Medizintechnik, Pharma und Uhren

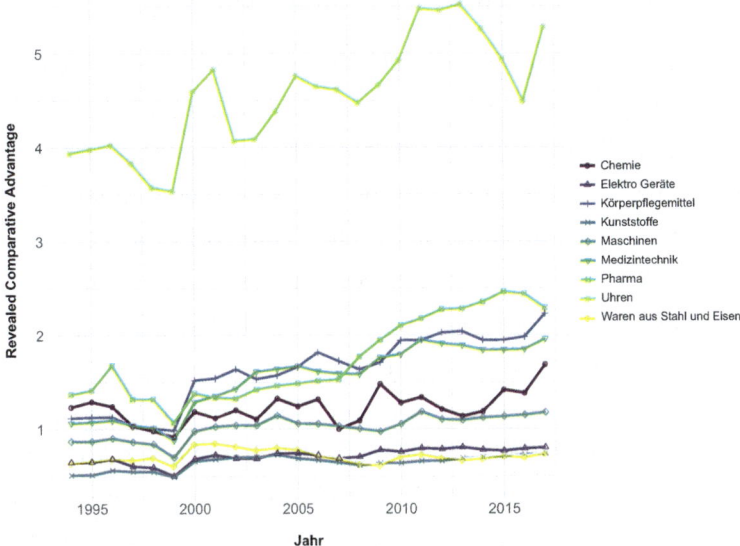

Quelle und Hinweise: Eigene Berechnungen basierend auf Daten der UN-Comtrade (disaggregierte Exporte) und Weltbank (aggregierte Exporte). Der Revealed Comparative Advantage (RCA) berechnet sich anhand dem Verhältnis der Exporte zu -importe der jeweiligen Gütergruppe in Relation zum Verhältnis der Summe aus Industrie- und Dienstleistungsexporten zu -importen eines Landes: $RCA_i = \frac{X_i}{M_i}/\frac{X}{M}$, mit X als Exporte, M als Importe und i als Index für die jeweilige Gütergruppe. Die Abbildung zeigt die neun Gütergruppen mit den grössten Exportwerten des Jahres 2019.

Masses für neun wichtige Schweizer Exportbranchen des Industriesektors bestimmt wird. Dabei nehmen wir eine Unterteilung verschiedener Exportbranchen anhand der HS-Klassifikation der Güterhandelsstatistik auf Zweisteller-Ebene vor. Diese Beobachtungen zeigen einen sehr ausgeprägten komparativen Vorteil der Schweizer Uhrenindustrie. Gleiches gilt für die Pharmaindustrie, wobei deren RCA zuerst gesunken ist und sich seit 2002 wieder erhöht hat. Zudem ist seit etwa dem Jahr 2000 eine positive Entwicklung für die Medizintechnik und für Körperpflegemittel erkennbar. Dagegen ist eine Verringerung des RCA insbesondere für die Metallbranche und in geringerem Masse auch für die Elektrotechnik beobachtbar. Eine negative Entwicklung des RCA ist in den 1990er ebenfalls für die Chemiebranche beobachtbar, danach steigt der Wert aber wieder tendenziell an.

Schweizer Exporte von Gütern mit hoher Qualität

Bisher wenig betont wurde die Möglichkeit, dass Güter verschiedener Länder der gleichen Kategorie qualitativ unterschiedlich sein könnten und folglich eine unterschiedliche Zahlungsbereitschaft in internationalen Märkten schaffen. Als nächstes analysieren wir deshalb, ob die Schweizer Industrie eine höhere Zahlungsbereitschaft für Güter in gleichen Kategorien generieren kann als andere Länder, weil sie die Güter in einer höheren Qualität anbietet. Genau diese Vorstellung wird oft mit dem Label „Made in Switzerland" verbunden. Ist dem aber so – stimmt diese Vermutung?

Der Stückpreis oder Einheitspreis („unit price") bietet dabei eine Möglichkeit, dies zu analysieren.[22] Wie aus dem linken Schaubild der Abbildung 32 zu erkennen, belegt die Schweiz in vielen Produktgruppen entweder den ersten oder den zweiten Platz bei den *Stückpreisen*. Zudem erhöht sich der Anteil der Gütergruppen im Zeitverlauf leicht, in denen die Schweiz den ersten oder zweiten Platz aufweist (die violette Fläche wird grösser). Betrachtet man hingegen den Anteil des *Exportwertes*, der auf Güterkategorien entfällt, in denen die Schweiz den ersten Rang bei den Stückpreisen aufweist, so ist die Zunahme im Zeitverlauf viel stärker (rechtes Schaubild). Demnach hatte die Schweiz im Jahr 1995 bei etwas mehr als 40 Prozent seiner Güterexporte den höchsten Stückpreis, im Jahr 2015 lag dieser Wert bei fast 75 Prozent.

Diese Entwicklung deutet daraufhin, dass die Zahlungsbereitschaft für Schweizer Güter mit sehr hohem Stückpreis gestiegen ist. Wäre hingegen der Anteil des Exportwerts der Güter, in denen die Schweiz den höchsten Stückpreis aufweist, gesunken, dann wäre dies ein Indiz dafür, dass Schweizer Unternehmen aufgrund hoher Kosten gezwungen sein könnten, hohe Preise zu setzen. Dies würde wiederum für eine mangelnde internationale Wettbewerbsfähigkeit sprechen, was hier jedoch nicht zu beobachten ist.

In einem nächsten Schritt nehmen wir zusätzlich wieder die Einteilung in High-, Mid-, und Low-Tech Industriegüter vor. Abbildung 33 zeigt dabei die relative Häufigkeit der Stückpreise je nach Güterkategorie. Eine Zunahme der relativen Häufigkeit hoher Stückpreise ist dabei hauptsächlich für Mid-Tech

Abbildung 32: Qualitätsindikator der Schweizer Exporte anhand Stückpreise

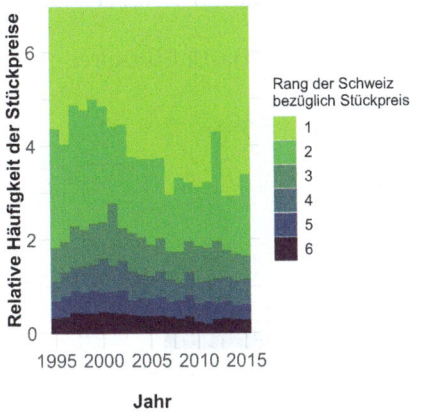

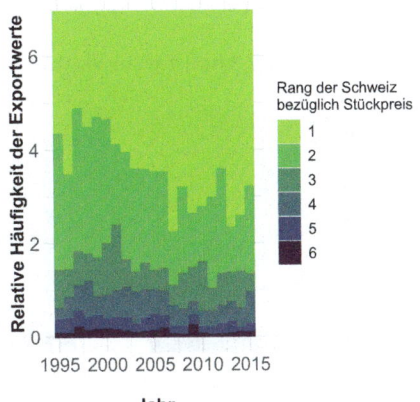

(a) Wie häufig belegt die Schweiz welchen Rang bei den Stückpreisen im Vergleich zu Deutschland, Frankreich, Grossbritannien, Italien, Japan und den USA

(b) Welcher Anteil des Exportwerts der Schweiz entfällt auf welchen Rang bezüglich des Stückpreises

Quelle und Hinweise: Eigene Berechnungen anhand von UN-Comtrade-Daten. Um Stückpreise für jede Exportgruppe zu erhalten dividieren wir den Exportwert durch die Menge. Anhand der Stückpreise ist es möglich zu analysieren, ob sich die Zahlungsbereitschaft für Schweizer Güter relativ zu Güter anderer Industrieländer systematisch unterscheidet. Hierzu bilden wir für jeden Einheitspreis auf HS4-Level und Zeitpunkt zwischen 1995 und 2015 eine Rangfolge. Anschliessend berechnen wir, wie häufig die Schweiz welchen Rang bei den Stückpreisen aufweist, d.h., bei wie vielen Stückpreisen belegt die Schweiz den ersten, zweiten... siebten Rang.

Industriegüter zu erkennen. Bezüglich der relativen Häufigkeit des Exportwertes ist hingegen nicht nur eine Zunahme bei Mid-Tech Industriegütern, sondern auch bei High-Tech Industriegütern zu beobachten, wie Abbildung 34 zeigt. Demnach wiesen im Jahr 1996 knapp 60% der High-Tech Industriegüterexporte den höchsten Stückpreis auf, im Jahr 2015 waren es über 80%. Etwas überraschend ist hingegen, dass im Vergleich zu High-Tech Industriegütern Mid- und Low-Tech Industriegüterexporte weniger häufig den höchsten Stückpreis aufweisen. Neben der allgemeinen Entwicklung hin zu High-Tech Exporten dürfte demnach die Schweiz insbesondere bei High-Tech Industriegüternn vermehrt höchste Qualität exportieren. Anders ausgedrückt, die Schweiz bedient im Bereich High-Tech grösstenteils das Premiumsegment,

wohingegen dies bei Mid- und Low-Tech Industriegüter weniger stark der Fall
sein dürfte.

Abbildung 33: Qualitätsindikator der Schweizer Exporte (Basis: Stückpreise)

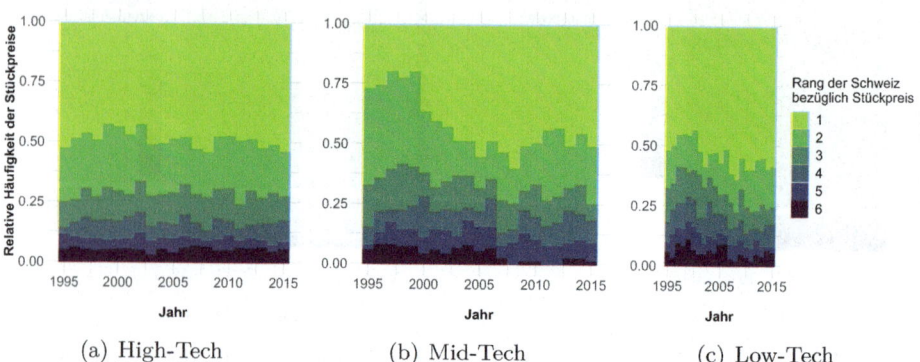

(a) High-Tech   (b) Mid-Tech   (c) Low-Tech

*Quelle und Hinweise: Eigene Berechnungen anhand UN-Comtrade-Daten. Um Stückpreise
für jede Exportgruppe zu erhalten dividieren wir den Exportwert durch die Menge. Anhand
der Stückpreise ist es möglich zu analysieren, ob sich die Zahlungsbereitschaft für Schweizer Güter relativ zu Güter anderer Industrieländer systematisch unterscheidet. Hierzu bilden wir für jeden Einheitspreis auf HS4-Level und Zeitpunkt zwischen 1995 und 2015
eine Rangfolge. Anschliessend berechnen wir, wie häufig die Schweiz welchen Rang bei
den Stückpreisen aufweist, d.h., bei wie vielen Stückpreisen belegt die Schweiz den ersten,
zweiten... siebten Rang.*

Zusammenfassend kann gesagt werden, dass die in der Schweiz hergestell-
ten Industriegüter im Allgemeinen und verglichen mit denjenigen anderer
Industrieländer von überdurchschnittlicher Qualität sind. Zudem steigt der
Exportwert von Gütern mit sehr hoher Qualität verglichen mit der Anzahl
an Gütergruppen, in denen die Schweiz sehr hohe Qualität exportiert, im
Zeitverlauf überproportional an. Als Folge entwickelte sich die Schweizer Ex-
portstruktur in den letzten zwei Jahrzehnten vermehrt in Richtung High-Tech
Güter (wie eingangs des Kapitels gezeigt) und Güter mit höchster Qualität.

Bezieht man die dargelegten konzeptionellen Überlegungen mit ein, so
dürfte diese Spezialisierung des Schweizer Industriesektors der Grund sein,
weshalb der Wert der aggregierten Schweizer Industrieexporte im Vergleich
zu anderen Industrieländern in den letzten zwei Jahrzehnten stark zugenommen hat. Dies führte zu einer Stabilisierung der Beschäftigten im Schweizer
Industriesektor, zumindest wenn man absolute Werte betrachtet.

Abbildung 34: Qualitätsindikator der Schweizer Exporte (Basis: Exportwerte)

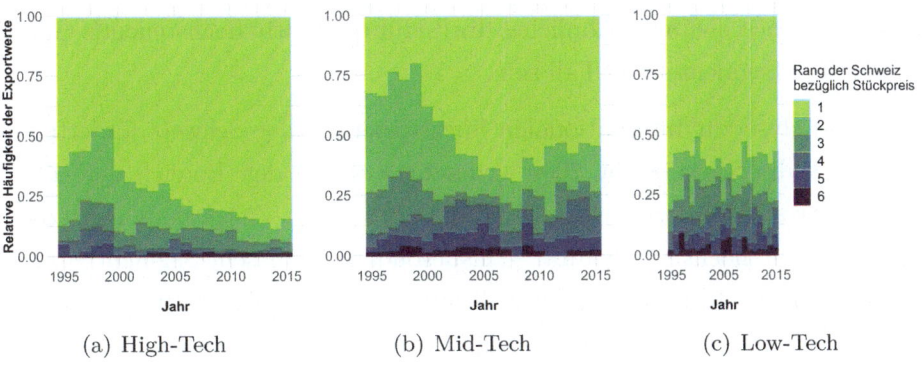

(a) High-Tech   (b) Mid-Tech   (c) Low-Tech

*Quelle und Hinweise: Eigene Berechnungen anhand von UN-Comtrade-Daten. Um Stück-
preise für jede Exportgruppe zu erhalten dividieren wir den Exportwert durch die Menge.
Anhand der Stückpreise ist es möglich zu analysieren, ob sich die Zahlungsbereitschaft
für Schweizer Güter relativ zu Güter anderer Industrieländer systematisch unterscheidet.
Hierzu bilden wir für jeden Einheitspreis auf HS4-Level und Zeitpunkt zwischen 1995 und
2015 eine Rangfolge. Anschliessend berechnen wir, wie häufig die Schweiz welchen Rang bei
den Stückpreisen aufweist, d.h., bei wie vielen Stückpreisen belegt die Schweiz den ersten,
zweiten... siebten Rang.*

Fazit

Damit können wir nun die Verbindung zu den Überlegungen in Kapitel 3
schlagen. Dort argumentierten wir, dass zum einen die Preiselastizität der
Nachfrage nach Industriegütern relativ zu derjenigen nach Dienstleistungen
eine wichtige Rolle bei der Frage nach den Auswirkungen des Produktivitätsfortschritts auf Beschäftigung und Wertschöpfung spielt. Zum anderen dürfte
es von Bedeutung sein, wie sich die relative Nachfrage nach Industriegütern
zu Dienstleistungen mit steigendem Einkommen verändert. Wir kamen zum
Schluss, dass beide Argumente eher gegen den Industriesektor sprechen und
somit die (zumindest relative) De-Industrialisierung erklären. In diesem Kapitel stellten wir nun fest, dass High-Tech Güter relativ zu Mid- und Low-
Tech Gütern eine höhere Preis- und Einkommenselastizität in internationalen
Märkten aufweisen.

Aufgrund dieser Überlegungen ist nun zu erwarten, dass in Ländern, die
einen komparativen Vorteil bei Industriegütern im Bereich High-Tech aufweisen, der internationale Handel den Prozess der De-Industrialisierung im Sin-

ne eines kleineren nominalen Wertschöpfungsanteils und kleineren Beschäftigungsanteils dämpft, und in Ländern mit komparativem Vorteil bei Low-Tech Gütern eher beschleunigt. Ähnliches dürfte für qualitativ hochstehende Güter in allen drei Segmenten der Fall sein.

Die Analyse zur internationalen Spezialisierung der Schweiz förderte zu Tage, dass die Schweiz seit 2000 sich sehr stark in den Bereich der High-Tech Güter spezialisiert hat und sich dabei in dieser Zeitperiode zusätzlich auf Güter mit höchster Qualität – insbesondere in diesem Segment – konzentrierte. Die internationale Spezialisierung der Schweiz dürfte also dafür verantwortlich sein, warum die in Kapitel 3 betonten Zusammenhänge nicht auch in der Schweiz zu einer weiteren De-Industrialisierung führten. Steigt die Nachfrage nach High-Tech Gütern und nach Gütern mit hoher Qualität aufgrund zunehmender Einkommen weltweit, könnten sich die Terms of Trade für Exportgüter, trotz der Produktivitätssteigerung, für ein Land sogar verbessern.[23]

Der Grund für diese positive Entwicklung im Falle der Schweiz dürfte wohl in den guten Rahmenbedingungen liegen, auf die wir in Teil III dieses Buches vertieft eingehen werden. Ein Einstieg erlaubt der vom World Economic Forum (WEF) seit 2006 jährlich veröffentlichte *Global Competitiveness Index*, der anhand einer gewichteten Kombination verschiedener Faktoren das wirtschaftliche Potenzial von Ländern vergleichbar macht.[24] Im Gesamtindex belegt die Schweiz über Jahre hinweg einen der vordersten Ränge, wie das linke Schaubild der Abbildung 35 zeigt. Wie aus dem rechten Schaubild zudem ersichtlich ist, hat sich der Global Competitiveness Index für die Schweiz in den letzten Jahren sogar noch leicht verbessert.

Die meisten Schweizer Industriebranchen – und wohl auch viele Dienstleistungsfirmen – profitieren übrigens als Zulieferer der High-Tech Branchen von deren Boom (siehe Abbildung A2 im Anhang). Wir werden darauf in Teil II im Zusammenhang mit den internationalen Wertschöpfungsketten zurückkommen. Offen ist, ob diese hier diagnostizierte Entwicklung der internationalen Spezialisierung auf High-Tech Branchen und Produktbereiche mit höchster Qualität den Prozess der De-Industrialisierung auf lange Sicht stoppen kann. Viele Zeitgenossen, welche sich mit der De-Industrialisierung befassen,

Abbildung 35: Wirtschaftliches Potenzial von Ländern gemessen anhand des *Global Competitiveness Indexes*

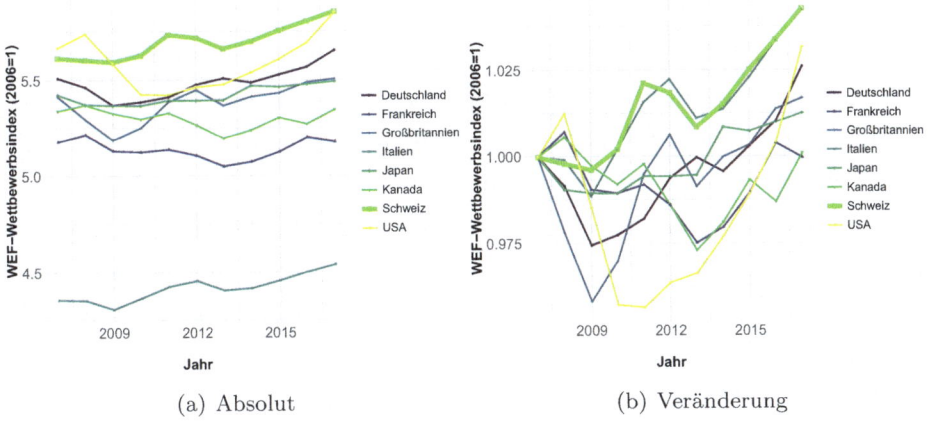

(a) Absolut   (b) Veränderung

Quelle: Wettbewerbsindex des World Economic Forums.

sehen dies eher kritisch.[25] Sie argumentieren, dass die mit internationalem Handel einhergehende Möglichkeit, neue Absatzmärkte für Industriegüter zu erschliessen (selbst bei einer vermehrten Spezialisierung auf High-Tech Industriegüter), kaum ausreichen könnte, um die anderen negativen Effekte zu kompensieren: das heisst, die relativ stärkere Zunahme der Produktivität im Industriesektor und die damit einhergehenden sinkenden relativen Preise für Industriegüter einerseits, und die mit steigendem Einkommen assoziierte Veränderung der Nachfrage hin zu mehr Dienstleistungen andererseits.

Wir sind in Anbetracht der technologischen Entwicklungen (Stichwort *Digitalisierung*) optimistischer. Erstens ist es möglich, dass dadurch auch die Produktivität im Dienstleistungssektor in Zukunft stärker zunehmen wird. Zweitens könnte dadurch die Nachfrage nach Industriegütern relativ zur Nachfrage nach Dienstleistungen wieder steigen. Schliesslich wäre es möglich, dass ein kleines Land wie die Schweiz durch die permanente Spezialisierung im High-Tech Bereich, und dort auf höchste Qualität, einen genug grossen Nischenmarkt vorfindet. Alles zusammen könnte, im Extremfall, wieder zu einer „Re-Industrialisierung" führen, zumindest aber den weiteren De-Industrialisierungsprozess für ein Land wie die Schweiz verhindern.

Anmerkungen

1. Siehe „Die Zahlungsbilanz der Schweiz im Jahre 2019", jeweils jährlich publiziert von der Schweizerischen Nationalbank.

2. Intuitiv kann man sich das so vorstellen, dass der Nettozufluss von ausländischen Zahlungsmitteln in die USA in der Kapitalbilanz durch einen Nettoabfluss dieser Zahlungsmittel aus den USA in der Leistungsbilanz ausgeglichen werden muss. Dieser Zusammenhang kann durch eine Auflösung der sogenannten makroökonomischen Identität (Y=C+I+G+CA) nach dem Saldo der Leistungsbilanz (CA) nachgewiesen werden. Daraus folgt, dass der Leistungsbilanzsaldo eines Landes der Differenz zwischen dem Sparen und den Investitionen in einem Land entsprechen muss. Wird in einem Land, wie den USA, relativ viel investiert und relativ wenig gespart, dann muss der Leistungsbilanzsaldo negativ sein. Er nimmt auch zu, wenn die inländischen Ersparnisse relativ zu den Investitionen im Inland abnehmen. Diese Erkenntnis gehört zu den wichtigsten, welche man in einer einführenden Veranstaltung zur Volkswirtschaftslehre und später im Bereich der internationalen Ökonomie erlernt.

3. DAUTH ET AL. (2017, 2014) analysieren, wie sich zunehmender internationaler Handel auf die Beschäftigung im deutschen Industriesektor auswirkt.

4. LAWRENCE/EDWARDS (2013) analysieren die Auswirkungen zunehmender Importkonkurrenz auf die Beschäftigung des US-Industriesektors. AUTOR ET AL. (2013) analysieren die Folgen der Integration Chinas in den Welthandel für die Beschäftigung im Industriesektor der USA. Beide Arbeiten zeigen, dass Importkonkurrenz eine Rolle beim Rückgang der Beschäftigung des Industriesektors gespielt haben dürfte.

5. Die G7 Staaten sind: Deutschland, Frankreich, Grossbritannien, Italien, Kanada, Japan und die USA. Die BRICS- und MIST Staaten setzen sich zusammen aus Brasilien, China, Indien, Russland, Süd Afrika und Indonesien, Mexiko, Südkorea sowie die Türkei.

6. Diesen Sachverhalt legen KELLER (2004) in einem Überblick zum Technologietransfer durch internationalen Handel dar.

7. Siehe hierzu RODRIK (2013).

8. Es gibt verschiedene Ansätze um Güter Technologieklassen zuzuordnen. Je nach Methodik unterscheiden sich deshalb auch die Kategorisierungen. Für

die Einteilung von Handelsdaten verwenden wir eine von der UN erarbeitete Methodik. Detaillierte Informationen finden sich in BASU/DAS (2011). Für die Einteilung von Branchen greifen wir auf eine Einteilung von Eurostat zurück (EUROSTAT, 2020). Teilweise unterscheiden sich die Einteilungen. Zudem teilt Eurostat Branchen in vier Technologiekategorien ein, die Einteilung der Handelsdaten anhand von BASU/DAS (2011) beinhaltet jedoch nur drei Technologiekategorien. Deshalb fassen wir die beiden Eurostat Kategorien Mid-High-Tech und Mid-Low-Tech zu einer Kategorie Mid-Tech zusammen. Siehe hierzu die Tabelle A1 im Anhang.

9. Der Beginn des Booms der Schweizer High-Tech Industriegüterexporte fällt in etwa mit dem Zeitpunkt der bilateralen Verträge zwischen der Schweiz und der EU zusammen. Betrachtet man jedoch die Entwicklung der Schweizer High-Tech Industriegüterexporte relativ zu Gütern des Mid- und Low-Tech Bereichs, so sind kaum Unterschiede in der Entwicklung der Exporte in die EU und anderer Länder erkennbar. Die bilateralen Verträge dürften somit kaum eine Rolle beim Boom der Schweizer High-Tech Exporte gespielt haben. Vielmehr dürfte die weltweite Nachfrage nach Schweizer High-Tech Industriegüter relativ zu High-Tech Industriegüter anderer Länder zugenommen haben.

10. Wir gehen im folgenden nicht auf die Frage ein, wie sich die Löhne nach Qualifikation entwickelt haben, sondern fokussieren uns auf durchschnittliche Werte verschiedener Wirtschaftsbereiche. Welche Auswirkungen technologischer Fortschritt auf unterschiedliche Gruppen von Beschäftigten im Schweizer Arbeitsmarkt haben, analysieren ZENHÄUSERN/VATERLAUS (2017) am Beispiel Digitalisierung. MOHLER ET AL. (2018) zeigen, dass sich der relative Lohn von hoch- zu tiefqualifizierten Arbeitskräften in der Schweiz von 1990 bis 2015 nicht verändert hat; allerdings stieg die relative Arbeitslosigkeit von Tief- zu Hochqualifizierten relativ stark an.

11. Siehe dazu zum Beispiel MELITZ/REDDING (2014) oder BERNARD ET AL. (2007).

12. Der Original Beitrag von RICARDO (1817) vor 200 Jahren ist in der Handelstheorie bis heute höchst relevant geblieben. Siehe dazu auch JONES/WEDER (2017). Der Ansatz hat auch eine gewisse Renaissance in der Wissenschaft erlebt; EATON/KORTUM (2002) erweitern die Theorie auf ein Konti-

nuum von Gütern und Ländern und führen eine anspruchsvolle empirische Analyse durch.

13. Auf die Realität übertragen bedeutet dies, dass Firmen nach Abzug sämtlicher Kosten, welche auch Kapitalkosten, Steuern und Marktmieten von selber gebauten und genutzten Gebäuden beinhalten, im Durchschnitt keine Profite machen. Der ökonomische Profit auf der Basis der Bewertung der Konsten nach dem Opportunitätskostenprinzip ist in diesem Fall im langfristigen Gleichgewicht gleich Null.

14. Formal entspricht der Preis eines Gutes (p_i) also der Menge von Arbeit, welche zur Produktion verwendet wird, (a_i), multipliziert mit dem Lohnsatz (w). Oder, anders ausgedrückt, der Lohnsatz (w) entspricht der Produktivität bzw. der (hier als konstant angenommenen) Grenzproduktivität des Faktors Arbeit $(1/a_i)$ multipliziert mit dem Preis des produzierten Outputs, (p_i) – also dem Wertgrenzprodukt $(p_i(1/a_i))$.

15. Die Darstellung geht auf DORNBUSCH ET AL. (1977) zurück und wurde seither öfter verwendet, unter anderem in BALDWIN (2006) oder in JONES/WEDER (2017), Kapitel 4 und 5. Wir diskutieren, streng genommen, den Fall eines Kontinuums (d.h. unendlich vieler) Branchen.

16. Konkret sind die Branchen nach dem Index a_i^*/a_i absteigend geordnet.

17. Gemeint ist w/w^*. Für Branchen links vom Schnittpunkt dieser Gerade mit der fallenden gestrichelten Linie der relativen Produktivitäten gilt: $w/w^* < a_i^*/a_i$. Dies impliziert, dass $wa_i < a_i^*w^*$. Mit anderen Worten, in den Branchen links vom Schnittpunkt sind die Produktionskosten im Inland tiefer als im Ausland und diese Güter werden entsprechend nur im Inland produziert und exportiert. Umgekehrt gilt dies für die Branchen rechts vom Schnittpunkt.

18. Das hier erwähnte Konzept des „Revealed Comparative Advantages" geht auf BALASSA (1965) zurück und bietet eine einfache Möglichkeit, anhand von Handelsströmen einzuschätzen, in welchen Wirtschaftsbereichen ein Land einen komparativen Vorteil haben dürfte. Dabei gibt es verschiedene Berechnungsmethoden, die entweder die Exporte verschiedener Länder miteinander vergleichen oder die Exporte mit den Importen eines Landes.

19. Siehe hierzu BORNER ET AL. (1991), S. 127 ff.

20. Eine theoretische wie empirische Analyse findet sich beispielsweise in RO-DRIK (2016). RODRIK (2016) zeigt, dass High-Tech Güter im internationalen Markt eine höhere Zahlungsbereitschaft und eine höhere Preis- und Einkommenselastizitä aufweisen als Mid- und Low-Tech Güter. Dabei ist jedoch anzumerken, dass sich die Kategorien High- und Low-Tech durch technologischen Fortschritt endogen verändern können.

21. Der komparative Vorteil berechnet sich hier als $\frac{a^{ges}}{a^i} / \frac{\overline{a}^{ges}}{\overline{a}^i}$, wobei a^i wie zuvor den Arbeitskoeffizienten (d.h. die Menge an Arbeit, die zur Produktion einer Einheit benötigt wird) in der Branche i in einem Land darstellt, a^{ges} der durchschnittliche Arbeitskoeffizient des jeweiligen Landes, $\overline{a}^i$ der durchschnittliche Arbeitskoeffizient der Branche i aller einbezogenen Länder und $\overline{a}^{ges}$ der durchschnittliche Arbeitskoeffizient aller einbezogenen Länder. Daten zu folgenden Industrieländern wurden verwendet: Australien, Belgien, Dänemark, Deutschland, Finnland, Frankreich, Großbritannien, Irland, Italien, Japan, Kanada, Luxemburg, Niederlande, Norwegen, Österreich, Schweden, Schweiz, Spanien und die USA. Zur Berechnung wurden neben Branchen des Industriesektors (NOGA 10-33), auch die Branchen Agrarwirtschaft (NOGA 01) sowie Bergbau und Gewinnung von Steinen (NOGA 05) des Primärsektors berücksichtigt. Zudem sind unter handelbare Branchen des Dienstleistungssektors Dienstleistungen gemeint, die einen verhältnismässig hohen Aussenhandelswert aufweisen. Es handelt sich dabei um Transportdienstleistungen (NOGA 49-53), Gastronomie und Beherbergungen (NOGA 55-56), Medien und Entertainment (NOGA 58-60), IT-Dienstleistungen (NOGA 62-63) sowie Finanz- und Versicherungsdienstleistungen (NOGA 64-66). Dei verwendeten nichthandelbaren Dienstleistungen umfassen die Branchen Reparatur, Gross- und Einzelhandel (NOGA 45-47), Wissenschaftliche und technische Dienstleistungen (NOGA 69-75), sonstige Dienstleistungen (NOGA 77-82), öffentliche Verwaltung (NOGA 84), Erziehung und Unterricht (NOGA 85) sowie Gesundheits- und Sozialwesen (NOGA 86-88).

22. Siehe beispielsweise JOHNSON (2012) für einen wissenschaftlichen Beitrag zur Verwendung von Stückpreisen bei der Analyse der Qualität von Exporten.

23. SAX/WEDER (2009) zeigen, dass sich die Terms of Trade für die Schweiz über Jahrzehnte verbessert haben.

24. Der *Global Competitiveness Index* setzt sich aus Indikatoren wie „Qualität der Institutionen", „Infrastruktur", „Makroökonomische Stabilität", „Schul- und Ausbildungssystem", „Gütermarktregulierung", „Arbeitsmarktregulierung", „Technologische Affinität" und vielem mehr zusammen (siehe WORLD ECONOMIC FORUM, 2018).

25. Siehe z.B. LAWRENCE/EDWARDS (2013).

5 Ist Wohlstand ohne Industriesektor überhaupt möglich?

Aufgrund der Überlegungen in den letzten Kapiteln könnte man vermuten, dass wir besorgt sein müssen, wenn der Industriesektor in einer Volkswirtschaft an Bedeutung verliert. So zeigten wir, wie in der Schweiz über die letzten 150 Jahre zahlreiche Industriebetriebe gegründet wurden, die heute weltbekannt sind und weit herum geschätzte Produkte in die ganze Welt exportieren. Rückblickend scheint also die Industrialisierung den hohen Wohlstand in der Schweiz geprägt zu haben. Erfreut konnten wir auch darauf hinweisen, dass die Beschäftigung im Industriesektor in der Schweiz in den letzten 20 Jahren ziemlich konstant geblieben ist, was wir auf die Spezialisierung im High-Tech Bereich und generell auf Produkte mit höchster Qualität zurückgeführt haben. Bedeutet dies also, dass der Wohlstand der Schweiz davon abhängig sein wird, ob es uns gelingt, auch in Zukunft erfolgreich Produkte bzw. Güter zu exportieren, welche durch Firmen in den verschiedenen Branchen des Industriesektors hergestellt werden?

In der öffentlichen Diskussion scheint diese Überzeugung zu dominieren. Die De-Industrialisierung wird von vielen als Bedrohung für den aktuellen oder künftigen Wohlstand eines Landes gesehen. Das Argument hat mit dem ehemaligen amerikanischen Präsidenten, Donald Trump, an Bedeutung gewonnen. So hob er immer die Wichtigkeit von Arbeitsplätzen im Industriesektor hervor und evaluierte das bilaterale Handelsverhältnis zwischen Ländern auf der Basis des Güterhandels, ohne den Überschuss in der amerikanischen Dienstleistungsbilanz gegenüber dem Rest der Welt überhaupt zu erwähnen. „Steel is steel. Without steel you don't have a country", war eine seiner kernigen Aussagen im März 2018. Man kann diesen Satz durchaus so interpretieren, dass die erfolgreiche industrielle Produktion als zentral für das Gedeihen (und auch für eine gewisse Unabhängigkeit) eines Landes erachtet wird.

Auf der Basis unserer Überlegungen in den letzten Kapiteln könnte man nun entgegnen, dass eine (relative) De-Industrialisierung in der Schweiz und in anderen Industrieländern seit den 1960er Jahren zwar zu beobachten ist, der Wohlstand gemessen durch das Realeinkommen der Bevölkerung in die-

© Der/die Autor(en), exklusiv lizenziert durch
Springer Fachmedien Wiesbaden GmbH, ein Teil von Springer Nature 2021
C. Rutzer und R. Weder, *De-Industrialisierung der Schweiz?*,
https://doi.org/10.1007/978-3-658-34377-4_5

ser Zeitperiode aber alles andere als abgenommen hat.[1] Im Gegenteil: man spricht oft vom Wirtschafts- oder Wachstumswunder in den 1950er, 1960er, 1970er und 1980er Jahren. Von einer Zeit, in der das Realeinkommen in vielen Industrieländern, auch in der Schweiz, stark zugenommen hat. Ist die De-Industrialisierung also doch nicht so schlimm?

In diesem Kapitel wollen wir der Frage nachgehen, wie die zu beobachtende strukturelle Entwicklung in der Schweiz und auch in anderen Industrieländern zu bewerten ist. Wir fragen uns, ob ein hoher Wohlstand mit einem schrumpfenden oder (im Extremfall) gar verschwindenden Industriesektor überhaupt möglich ist. Wir widmen uns zuerst der Theorie – das heisst, grundsätzlichen Überlegungen zur Bedeutung des Industrie- und Dienstleistungssektors für den Wohlstand einer Nation. Anschliessend präsentieren wir einige langfristige Beobachtungen zum Zusammenhang zwischen Industriewertschöpfung und Wohlstand. Schliesslich betrachten wir den Zusammenhang zwischen dem Anteil der Industriewertschöpfung und der Fähigkeit von Ländern, Überschüsse in der Handelsbilanz von Gütern und Dienstleistungen zu realisieren. Ein Fazit schliesst dieses Kapitel ab.

Konzeptionelle Überlegungen

Die Vermutung liegt nahe, dass man in einer Volkswirtschaft alleine auf der Basis von Dienstleistungen „es nicht weit bringen kann", d.h. nicht einen hohen Wohlstand erreichen kann oder diesen ohne die Produktion von Gütern verliert. Das Bonmot im Volksmund lautet: „Man kann in einer Volkswirtschaft kein hohes reales Einkommen erreichen, wenn wir uns nur gegenseitig den Rücken massieren". Im ersten Moment könnte man meinen, dass dies in der Tat nicht möglich ist. Wie soll in einer Volkswirtschaft ein hohes Einkommen bezahlt werden können, wenn wir uns gegenseitig nur beraten, vom Radio und Fernsehen unterhalten lassen, im Restaurant treffen und Kaffee trinken? Stellen letztlich nicht die Maschinen, welche in der Produktion von Gütern eingesetzt werden, sowie die Produkte, welche wir so produzieren und konsumieren, die Basis für den (materiellen) Wohlstand dar?

Die Dienstleistungen haben so gesehen eine ergänzende Funktion. Der Detailhandel und das Transportgewerbe sorgen dafür, dass die Produkte verkauft und gekauft werden können. Das Gastgewerbe und der Tourismus erlauben den hart arbeitenden Arbeitskräften in der Industrie, sich zu erholen und ihr Einkommen auszugeben. Versicherungen decken Risiken in der Produktion, insbesondere in der Herstellung von Gütern und Medikamenten, im Transport, auf dem Arbeitsweg und im Alltag ab. Die Banken sorgen dafür, dass die Ersparnisse Investoren finden, welche das Kapital in den Bau von Fabriken und Maschinen einsetzen, damit in Zukunft Güter hergestellt werden können. Aber was, wenn nichts oder nur noch wenig „richtig produziert wird" in einer Volkswirtschaft? Braucht es diese Dienstleistungen dann überhaupt noch – und womit bezahlt man diese? Woher kommt dann der Lohn?

Ein Argument, welches diese Zweifel bestätigt, lautet, dass nur der Industriesektor hohe Skalenerträge aufweist und dass F&E Investitionen und Innovationen und damit das Produktivitätswachstum tendenziell im Industriesektor höher sind als im Dienstleistungssektor. Laut dieser Argumentation dürfte ein Land nur dann einen hohen Wohlstand erreichen können und permanent wachsen, falls es über einen funktionierenden Industriesektor verfügt. Deshalb, so die Darlegungen, stellt ein grosser Industriesektor ein Garant für Wohlstand dar.[2] Dem kann jedoch entgegen gehalten werden, dass das unterschiedliche Produktivitätswachstum zwischen Industrie- und Dienstleistungssektor ein wesentlicher Grund für die De-Industrialisierung sein dürfte. Dadurch sinken die Preise für Industriegüter, was das Realeinkommen erhöht, sofern die Arbeitskräfte weiterhin bei hohem Lohn beschäftigt werden können. Aber können sie das?

Eine wichtige Erweiterung dieser Betrachtung besteht darin, dass eine Volkswirtschaft typischerweise gegenüber dem Ausland nicht geschlossen ist, sondern sowohl Güter wie auch Dienstleistungen mit dem Ausland austauschen kann. Wir gehen also davon aus, dass gewisse Dienstleistungen dem Ausland für gutes Geld angeboten und damit exportiert werden können. Mit diesem Geld können dann Produkte des ersten und zweiten Sektors, aber auch andere Dienstleistungen, eingekauft und damit importiert werden. Wie wir in Kapitel 4 auf der Basis der Ricardianischen Handelstheorie aufzeigten, spezialisieren sich Länder bei freiem Handel auf ihre komparativen Vorteile – das heisst, auf diejenigen Güter, in denen sie bei der Herstellung relativ produktiver sind. Abbildung 24 hat dies für die Spezialisierung im Industriesektor aufgezeigt. Wir können uns diese Abbildung aber ohne weiteres für Branchen beider Sektoren zusammen, den Industrie- und Dienstleistungssektor, vorstellen.

Dies bedeutet, dass ein Land zum Beispiel Tourismusdienstleistungen, Versicherungsverträge oder Vermögensverwaltungsmandate an Akteure im Ausland erfolgreich anbietet und so exportiert, während es Güter wie Computer, Automobile und vieles mehr importiert. Theoretisch wäre es also durchaus möglich, dass ein Land zu einem bestimmten Zeitpunkt *relativ* produktiv in zahlreichen Branchen des Dienstleistungssektors ist, während es in verschiedenen Branchen des Industriesektors *relativ* unproduktiv ist. In Abbildung 24 könnten so die Branchen, in denen das Inland die grössten komparativen Vorteile hat und entsprechend links auf der X-Achse aufgeführt werden, primär Dienstleistungsfirmen beinhalten, während die Bereiche rechts auf der X-Achse primär Branchen des Industriesektors darstellen. Liberalisierungen im internationalen Dienstleistungs- und Güterhandel würden die Spezialisierung, wie in Kapitel 4 erläutert, weiter fördern. Entsprechend nimmt die De-Industrialisierung im Inland zu, was sowohl den Export von Dienstleistungen wie auch den Import von Gütern erhöht.

In einem solchen Fall ist aufgrund dieser Theorie die weitere De-Industrialisierung des Inlandes sogar notwendig, damit das Inland seinen Wohlstand erhalten und erhöhen kann. Es spezialisiert sich auf die „Produktion" der Dienstleistungen, welche eine hohe Arbeitsproduktivität beinhalten und wo entsprechend hohe Löhne bezahlt werden können. Gewisse Branchen des Industriesektors kommen unter Druck, weil sie die steigenden Löhne für die zwischen den Sektoren mobilen Arbeitskräfte nicht mehr bezahlen können oder weil ihnen Arbeitskräfte mit der benötigten Ausbildung fehlen. Viele Arbeitnehmer lassen sich in dieser Situation lieber für die Tätigkeiten in den produktiven Dienstleistungsfirmen ausbilden, in denen relativ hohe Löhne bezahlt werden: zum Beispiel in Banken, Versicherungen, Software- und Beratungs-Firmen oder Hotels und Restaurants im Hochpreissegment. Würde sich ein Land gegen diese Entwicklung wehren, müssten die Löhne gesenkt werden. Oder man müsste den Handel einschränken, mit entsprechend tieferer Produktivität und tieferen Reallöhnen. Also doch kein Problem?

Das Gegenargument lautet, dass das Ausland uns für die exportierten Dienstleistungen nicht viel Geld geben wird. Nur, das hat mit Dienstleistungen versus Industriegüter wenig zu tun. Es bedeutet einfach, dass man dann einen hohen Wohlstand erreicht, wenn man mit beschränktem Aufwand etwas qualitativ Hochwertiges produzieren kann und dafür relativ viel an anderen Gütern erhält. Gibt es aber gute Gründe dafür, dass Dienstleistungen weniger wertvoll bzw. deren Erarbeitung weniger produktiv sind? Das mag für einige Dienstleistungen, wie dies auch für einige Güter der Fall ist, gelten, aber nicht für alle. Man sieht dies sofort, wenn man sich die hohen Löhne vergegenwärtigt, welche in internationalen Versicherungs-, Banken- und Beratungsfirmen bezahlt werden.

Eine weitere geäusserte Sorge bezüglich De-Industrialisierung ist, dass es für ein Land schwierig werden könnte, ausreichend viel an Dienstleistungen zu exportieren, um seine Importe von Gütern zu finanzieren. Denn für die langfristige Finanzierbarkeit der Importe eines Landes ist es notwendig, dass die Summe aus Handels- und Dienstleistungsbilanz im sehr langfristigen Durchschnitt in etwa ausgeglichen ist. Aufgrund der (zumindest bisher) stärker eingeschränkten Handelbarkeit von Dienstleistungen könnte ein Land deshalb Gefahr laufen, durch einen kleiner werdenden Industriesektor langfristig eine negative Handels- und Dienstleistungsbilanz aufzuweisen und somit hohe Schulden im Ausland anzuhäufen.[3] Hier kann entgegnet werden, dass der internationale Dienstleistungshandel auf regionaler (z.B. im Verhältnis zwischen der Schweiz und der EU) und multilateraler Ebene (in der WTO im Rahmen des GATS, dem General Agreement on Trade in Services) tendenziell liberalisiert wird und in Zukunft noch stärker geöffnet werden dürfte.[4]

Industriewertschöpfung, reales BIP und Terms of Trade

Wir konfrontieren diese Überlegungen nun mit empirischen Beobachtungen von OECD Ländern der Jahre 1970 bis 2014. Wir gehen dabei der Frage nach, ob in den vergangenen Jahren ein gut aufgestellter Industriesektor wichtig für die Entwicklung des Wohlstands eines Landes war. Zur Messung des Wohlstandes verwenden wir das reale Bruttoinlandprodukt (BIP) pro Kopf als Mass der Wertschöpfung sowie die Terms of Trade (den relativen Preis von Exporten zu den Importen) als Mass der Kaufkraft der Exporte eines Landes auf dem Weltmarkt.[5] Beim Ländervergleich müssen wir die Währungen in US-Dollar umrechnen und verwenden dabei einen gleichgewichtigen Wechselkurs, d.h. einen jeweils in Kaufkraftparitäten ausgedrückten Wechselkurs zum US-Dollar. Warum diese drei Masse?

Eine wichtige Determinante für den Wohlstand eines Landes sind die Konsummöglichkeiten, die durch Wertschöpfung generiert werden. Sieht man von Schulden oder Vermögen im Ausland einmal ab, so ergeben sich in einer offenen Volkswirtschaft die Konsummöglichkeiten aus der heimischen Produktion (dem BIP) und der Möglichkeit, heimische Produkte gegen ausländische Produkte im internationalen Handel auszutauschen. Da Importe in offenen Volkswirtschaften einen wichtigen Bestandteil des Konsums ausmachen, ist es wichtig, das Austauschverhältnis von Exporten und Importen – also die Terms of Trade – mitzuberücksichtigen. Diese geben an, wie viel Konsum aus dem Ausland durch eine Exporteinheit erworben werden kann. Insbesondere für die Schweiz dürfte die, in der betrachteten Zeitperiode, positive Entwicklung der Terms of Trade zu zusätzlichem Wohlstand führen. Dieses zusätzliche Realeinkommen widerspiegelt sich nicht im BIP pro Kopf, sondern in einer grösseren Menge an Importen, welche für die gleiche Menge an Exporten erhältlich ist.[6]

Wir beginnen mit dem Zusammenhang zwischen realem BIP pro Kopf und der Grösse des Industriesektors, gemessen anhand des Anteils der Industriewertschöpfung am BIP. Die Frage ist, ob eine so gemessene „De-Industrialisierung" eher mit einem höheren oder tieferen Wohlstand in einem Land einhergeht. Dabei stützen wir uns auf jährliche Beobachtungen der rund 30 OECD-Länder über einen Zeitraum von rund 40 Jahre. Wichtig ist hier anzumerken, dass die nachfolgenden Ergebnisse nur einfache Korrelationen und keine Kausalitäten darstellen. Abbildung 36 zeigt den Zusammenhang auf: Jeder Punkt stellt ein Land in einem bestimmten Jahr dar in Bezug auf sein reales BIP pro Kopf (Y-Achse) und seinem Anteil der Industriewertschöpfung am BIP (X-Achse). Wie in Abbildung 36 zu sehen, nimmt das reale BIP pro Kopf mit der relativen Grösse des Industriesektors über alle Länder und

Jahre betrachtet ab. Dies deckt sich mit den Überlegungen in 4, wonach ein kleiner Industriesektor tendenziell das Resultat hoher Produktivität darstellt und demnach mit einem hohen Realeinkommen und damit einem hohen realen BIP pro Kopf korreliert.

Abbildung 36: Zusammenhang zwischen relativer Grösse des Industriesektors und realem BIP pro Kopf

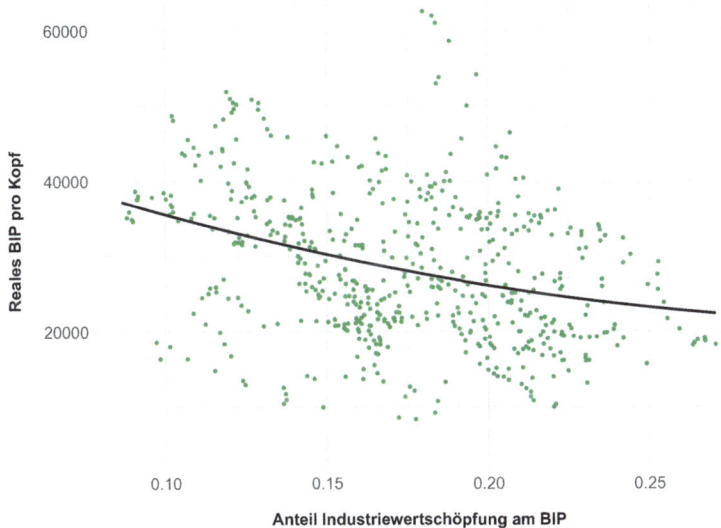

Quelle und Hinweise: Daten zum realen BIP pro Kopf stammen von der Penn-World Tabelle. Daten zur Industriewertschöpfung stammen von der Weltbank. Die Beobachtungen beinhalten alle OECD-Länder ab 1970 bis 2014, sofern verfügbar. Nicht berücksichtigt werden Norwegen aufgrund des hohen Anteils an Erdölexporten und Luxemburg aufgrund des hohen Anteils der Finanzbranche.

Ganz so einfach dürfte dies aber nicht sein. Wie wir in Kapitel 4 ebenfalls zeigen, spielt die Art der Spezialisierung im Industriesektor – ob auf wertschöpfungsintensive oder wertschöpfungsarme Güter – eine wichtige Rolle für den Wohlstand (und auch für den Anteil des Industriesektors am BIP) eines Landes.[7] Deshalb teilen wir als nächstes die Beobachtungen über alle OECD-Länder in drei Gruppen ein, und zwar anhand des Anteils der High-Tech Industrie Exporte an den gesamten Exporten.

Werden Informationen zur Art der Exporte von Industriegütern auf diese Weise mit einbezogen, so zeigt das linke Schaubild von Abbildung 37, dass die Struktur der Exporte eine wesentlich Rolle für die Höhe des realen BIPs pro Kopf spielt. Je höher der Anteil der High-Tech Industrie Exporte (linkes Schaubild), desto höher ist das reale BIP pro Kopf. Gleichzeitig ist auch erkennbar, dass mit zunehmendem Anteil an High-Tech Industrie Exporten ein mittlerer Wert an Industriewertschöpfung optimal sein dürfte (was bei den verwendeten Beobachtungen ungefähr einem Anteil von 0.18 entspricht). Erfolgt die Einteilung anhand des Anteils wertschöpfungsintensiver Dienstleistungsexporte an den gesamten Exporten eines Landes, so zeigt sich ein ähnliches Bild (rechtes Schaubild). Aber auch hier zeigt sich, dass – ab einer gewissen Grösse – ein zunehmender Anteil der Industriewertschöpfung eher mit einem geringeren BIP pro Kopf einhergeht.

Interessant ist nun die Kombination beider Resultate. Hierzu gruppieren wir die Beobachtungen hinsichtlich der Summe aus High-Tech Industrie Exporten und wertschöpfungsintensiven Dienstleistungsexporten in Relation zu den gesamten Exporten eines Landes. Der umgekehrte u-förmige Verlauf zwischen (1) Anteil an Industriewertschöpfung und (2) realem BIP pro Kopf ist nun eindeutig zu erkennen, falls ein hoher oder mittlerer Anteil der Exporte auf wertschöpfungsintensive Exporte entfällt (Abbildung 38).

Diese Ergebnisse deuten auf eine Komplementarität zwischen wertschöpfungsstarken Dienstleistungsexporten und High-Tech Industrieexporten hin. Demnach dürfte eine Kombination aus Industrie- und Dienstleistungssektor dann zu hohem Wohlstand führen, wenn gleichzeitig in beiden Sektoren ein hoher Anteil der Wertschöpfung auf wertschöpfungsintensive Branchen entfällt. Oder umgekehrt gesagt: ein hoher Wohlstand, verbunden mit hohen Reallöhnen, sorgt dafür, dass Länder sich in diese Richtung international spezialisieren. Nur so erreichen die Firmen die hohe Produktivität, welche es ihnen erlaubt, die hohen Reallöhne zu bezahlen.

Ein wichtiger Grund für die beobachtbare Komplementarität zwischen wertschöpfungsintensiven Dienstleistungsexporten und High-Tech Industrieexporte könnte sein, dass insbesondere High-Tech Industriegüter oftmals wertschöpfungsintensive, international gehandelte Dienstleistungen als Inputs benötigen.[8] Somit dürfte ein hoher Wohlstand weniger mit der Grösse des Industriesektors *per se* zusammenhängen, sondern eher davon abhängen, ob ein

Abbildung 37: Zusammenhang zwischen relativer Grösse des Industriesektors und realem BIP pro Kopf: Exportmix

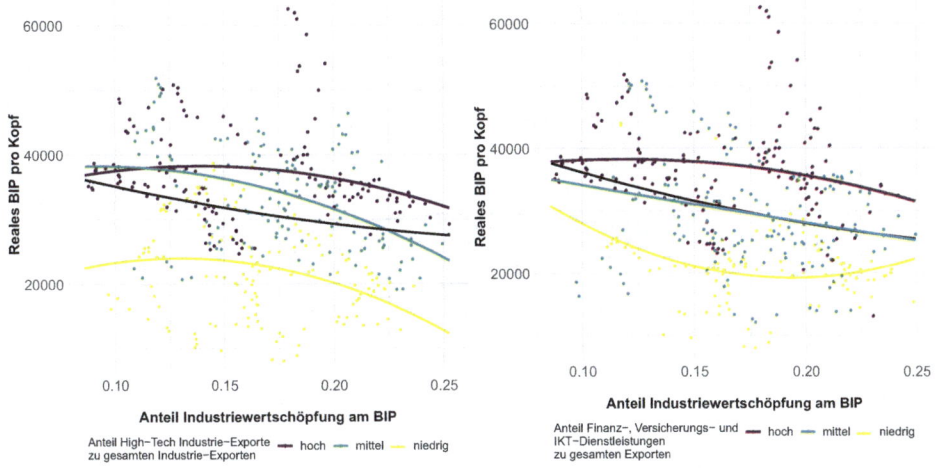

Quelle und Hinweise: Daten zum realen BIP pro Kopf stammen von der Penn-World Tabelle. Daten zur Industriewertschöpfung stammen von der Weltbank. Die Beobachtungen beinhalten alle OECD-Länder ab 1970 bis 2014, sofern verfügbar. Nicht berücksichtigt werden Norwegen aufgrund des hohen Anteils an Erdölexporten und Luxemburg aufgrund des hohen Anteils der Finanzbranche. Für die Einteilung in drei Gruppen verwenden wir in der linken Grafik Industriegüter-Exporte, die nach BASU/DAS (2011) zu den High-Tech Güter zählen, in Relation zu den gesamten Industrieexporten eines Landes. In der rechten Grafik addieren wir zusätzlich noch wertschöpfungsintensive Dienstleistungsexporte, entnommen aus Daten der Weltbank, hinzu und setzen die Summe in Relation zu den gesamten Industrie- und Dienstleistungsexporten. Die Einteilung in drei Gruppen erfolgt anhand des Terzils, d.h., wir teilen die Beobachtungen in drei gleichgrosse Gruppen. Alle Beobachtungen, die einen Wert im oberen Drittel aufweisen, bezeichnen wir als hoch, im mittleren Drittel als mittel und im unteren Drittel als niedrig.

Land einen hohen Anteil wertschöpfungsintensiver Branchen (im Dienstleistungs- und Industriesektor) vorweist. In allen Fällen gilt auch hier: Eine Reduktion des Anteils der Industriewertschöpfung muss nicht mit einer Verminderung des realen BIPs pro Kopf einhergehen.

Ein Blick auf den Zusammenhang zwischen den Terms of Trade und dem Anteil der Industriewertschöpfung am BIP bestätigt diese Interpretation (Abbildung 39). Demnach korrelieren die Terms of Trade positiv mit der Grösse des Industriesektors (linkes Schaubild der Abbildung 39). Allerdings ist dies nur dann der Fall, solange ein Land einen hohen Anteil wertschöpfungsintensiver Exporte vorweist. Dies ist aus dem rechten Schaubild der Abbildung 39

Abbildung 38: Zusammenhang zwischen relativer Grösse des Industriesektors und realem BIP pro Kopf: Exportmix

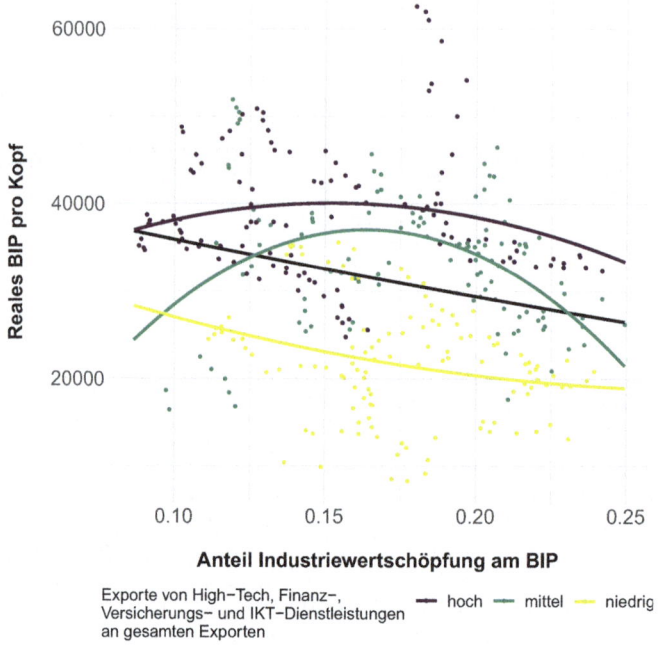

Quelle Hinweise: Daten und Einteilung siehe Abbildung 37.

erkennbar. Der positive Zusammenhang zwischen den Terms of Trade und dem Anteil des Industriesektors an der Wertschöpfung ist nur für Länder erkennbar, welche einen hohen Anteil von High-Tech Exporten an den gesamten Exporten aufweisen. Ob für diese Länder die besseren Terms of Trade einen relativ grösseren Industriesektor möglich machen oder aber der grössere (allenfalls vielfältigere) Industriesektor zu besseren Terms of Trade führt, müssen wir hier offen lassen.

Diese Resultate sind im Einklang mit den obigen konzeptionellen Überlegungen sowie den Analysen in Kapitel 4. Generell scheint ein kleinerer Anteil der Wertschöpfung im Industriesektor nicht mit einem tieferen Wohlstand einherzugehen. Im Gegenheil. Zudem dürfte der Anteil der Wertschöpfung im Industriesektor in den Ländern höher sein, die Produkte herstellen, welche eine preiselastische Nachfrage antreffen, wie das im High-Tech Bereich der Fall

Abbildung 39: Zusammenhang zwischen relativer Grösse des Industriesektors und den Terms of Trade

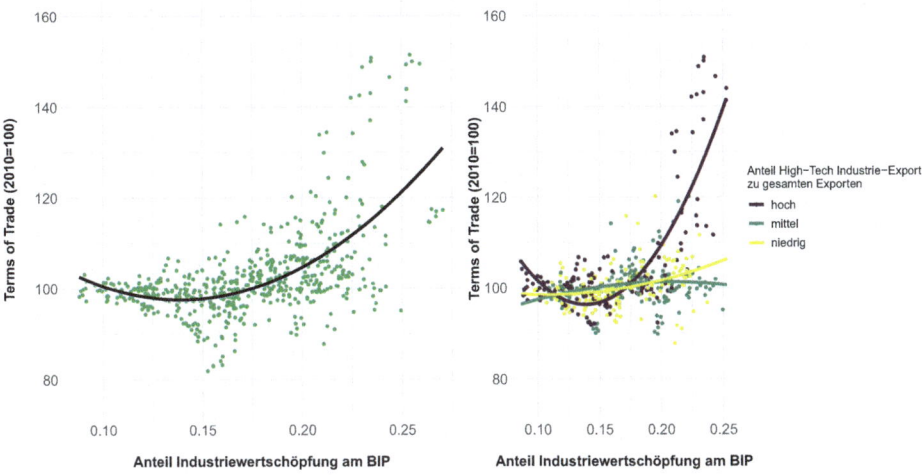

Quelle und Hinweise: Daten zu den Terms of Trade stammen von der OECD und sind definiert als Exportpreisindex relativ zum Importpreisindex eines Landes. Für die Einteilung in drei Gruppen verwenden wir in der rechten Grafik Industriegüter-Exporte, die nach BASU/DAS *(2011) zu den High-Tech Güter zählen, in Relation zu den gesamten Industrieexporten eines Landes. Die Einteilung in drei Gruppen erfolgt anhand des Terzils, d.h., wir teilen die Beobachtungen in drei gleichgrosse Gruppen. Alle Beobachtungen, die einen Wert im oberen Drittel aufweisen, bezeichnen wir als hoch, im mittleren Drittel als mittel und im unteren Drittel als niedrig. Zudem kann aufgrund fehlender Daten die Einteilung nicht für alle Datenpunkte der rechten Abbildung vorgenommen werden, sodass die linke Abbildung nur eine Teilmenge der rechten Abbildung darstellt.*

zu sein scheint. Entsprechend profitieren Länder mit relativ vielen Exporten im High-Tech Bereich von besseren Terms of Trade.

Industriewertschöpfung und Leistungsbilanz

Als nächstes gehen wir der Frage nach, ob ein grosser Industriesektor wichtig für eine ausgeglichene Handelsbilanz für Güter und Dienstleistungen sein könnte. Wir tun dies, weil einige glauben, dass das zunehmende Leistungsbilanzdefizit der USA in den letzten Jahrzehnten damit zu tun hat, dass der Industriesektor in den USA geschrumpft ist. Aufgrund der obigen konzeptionellen Überlegungen wäre zu argumentieren, dass geringere Exporte von Industriegütern kaum durch höhere Exporte von Dienstleistungen kompensiert werden können, weil letztere international weniger gut handelbar sind. Allerdings haben wir eingangs zu Kapitel 4 gezeigt, dass Überschüsse und Defizite in der Leistungsbilanz, also in der Summe der Handelsbilanz (Güter) und der Dienstleistungsbilanz, eher durch internationale Kapitalflüsse beeinflusst werden und weniger durch Veränderungen im Industrialisierungsgrad. Was sagen die Daten?

Wir betrachten wiederum die rund 30 OECD-Länder über einen Zeitraum von rund 40 Jahren, auf der Basis einer einfachen deskriptiven Analyse. Das linke Schaubild der Abbildung 40 zeigt den Zusammenhang zwischen dem Anteil der Industrie- zur Dienstleistungswertschöpfung (X-Achse) und der Summe aus Handelsbilanz (Güter) und Dienstleistungsbilanz in Relation zum BIP (Y-Achse). Es ist ein leicht positiver Zusammenhang zwischen der relativen Grösse des Industriesektors und der Handels- und Dienstleistungsbilanz erkennbar. Dieser Zusammenhang ist aber nur schwach und gilt auch nur für Länder mit relativ kleinen Industriesektoren.

Abbildung 40: Zusammenhang zwischen relativer Grösse des Industriesektors und der Leistungsbilanz

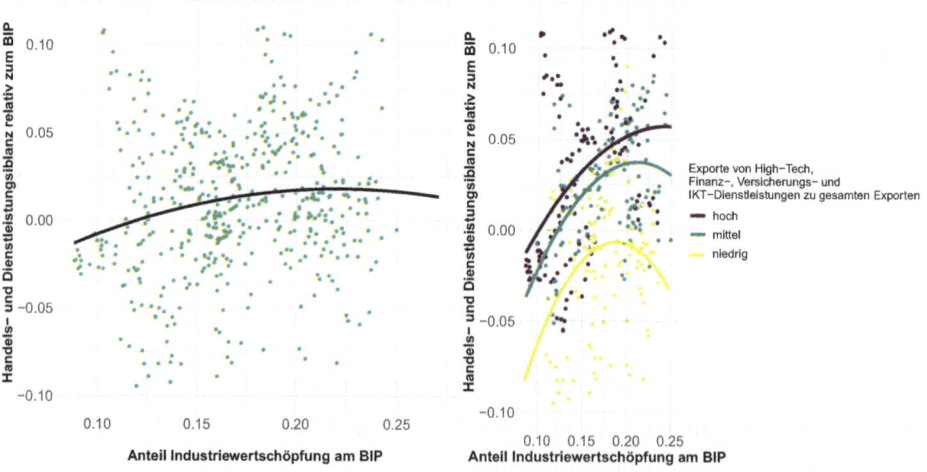

Quelle und Hinweise: Alle Daten stammen von der Weltbank. Bezüglich der in der rechten Grafik vorgenommenen Einteilung, siehe Abbildung 37.

Analog zur Betrachtung des realen BIPs pro Kopf und den Terms of Trade hängt der Zusammenhang stark davon ab, ob grosse Teile der Exporte eines Landes wertschöpfungsintensiv sind. Dies zeigt das rechte Schaubild.[9] Ist der Anteil der wertschöpfungsintensiven Exporte eines Landes hoch oder zumindest mittelgross, so dürfte ein grösserer Industriesektor mit einer positiven Handels- und Dienstleistungsbilanz einhergehen.

Interessant ist die Beobachtung, dass – solange der Industrieanteil unter 10% liegt – keines der betrachteten OECD-Länder eine positive Handels- und Dienstleistungsbilanz aufweist. Für ein hochentwickeltes Land dürfte es also doch wichtig sein, einen gewissen Grad an Industriewertschöpfung zu haben, damit eine ausgeglichene Leistungsbilanz gewährleistet werden kann. Diese Beobachtung könnte sich jedoch mit zunehmender Handelbarkeit von Dienstleistungen relativieren.[10] Denn aufgrund technologischen Fortschritts in Bereichen der Informationsübermittlung können einige Dienstleistungen, wie beispielsweise solche im IT-Bereich oder bei Banken und Versicherungen, bereits heute gut international gehandelt werden. Diese Entwicklungen dürften sich zukünftig fortsetzen, wodurch sich auch andere Dienstleistungen verstärkt international handeln lassen werden. Darauf kommen wir in Teil II noch zurück. Als Folge davon dürfte es zukünftig einfacher werden, auch ohne nennenswerten Industriegüterhandel eine ausgeglichene Handelsbilanz für Güter und Dienstleistungen zusammen erlangen zu können.

Fazit

Die konzeptionellen Überlegungen und die Beobachtungen von rund 30 OECD-Ländern über einen Zeitraum von rund 40 Jahren decken sich relativ gut. Länder mit einem geringeren oder sich vermindernden Anteil der Industriewertschöpfung am BIP pro Kopf weisen *keinen* systematisch tieferen Wohlstand auf. Eine vermehrte Spezialisierung auf international gehandelte Dienstleistungen scheint dem Wohlstand also nicht abträglich zu sein. Überlegungen auf der Basis der Handelstheorie sind mit diesen Beobachtungen kompatibel: Wenn sich Länder im internationalen Handel auf die relativ produktivsten Branchen und Firmen spezialisieren, erhöht sich der Reallohn und damit der Wohlstand. Ob nun vermehrt Dienstleistungen oder Güter exportiert werden, ist grundsätzlich unerheblich. Wichtig ist, dass beide international relativ frei gehandelt werden können.

Zu diesen Überlegungen passt auch die Beobachtung, dass Länder mit einem relativ hohen Exportanteil in High-Tech Branchen und wertschöpfungsintensiven Dienstleistungen tendenziell ein höheres reales BIP pro Kopf aufweisen. Hohe Produktivität führt zu hohen Reallöhnen und damit zu einem hohen BIP pro Kopf. Passend ist auch der positive Zusammenhang zwischen den Terms of Trade und dem Anteil der Industriewertschöpfung am BIP für Länder mit relativ vielen Exporten im High-Tech Bereich: Die höhere Preis- und Einkommenselastizität der Nachfrage nach diesen Gütern dürfte den Preisdruck relativ zu anderen Industriegütern bei einer expandierenden Weltwirtschaft in Grenzen gehalten haben. Dies bremste die De-Industrialisierung in diesen Ländern, wie wir in Kapitel 4 insbesondere für die Schweiz aufzeigten.

Die Beobachtungen implizieren aber auch, dass die Grösse des Industriesektors für Wohlstand und Leistungsbilanz nicht völlig unbedeutend erscheint. So „profitieren" Länder mit einem relativ hohen Exportanteil von High-Tech Gütern und wertschöpfungsintensiven Dienstleistungen von einem „minimalen" Anteil der Industriewertschöpfung am BIP. Dieser Anteil liegt interessanterweise etwa auf dem Niveau des heutigen Anteils in der Schweiz. Des weiteren ist über alle Länder tendenziell ein positiver Zusammenhang zwischen dem Handelsbilanzsaldo von Gütern und Dienstleistungen und dem Anteil der Industriewertschöpfung sichtbar. Dies könnte mit der heute (viel) besseren Handelbarkeit von Industriegütern relativ zu den Dienstleistungen zu tun haben. Möglich wäre aber auch ein Zusammenhang mit einer generellen Komplementarität von Industriegütern und Dienstleistungen im Export oder mit den internationalen Kapitalflüssen, wie wir eingangs zu Kapitel 4 erläuterten.

Die Schlussfolgerung aus dem Teil I lautet also, dass eine Konzentration der industriellen Produktion auf High-Tech Bereiche und qualitativ hochstehende Produkte verschiedene Vorteile hat, welche mit hohen Reallöhnen, besseren Terms of Trade und einem gewissen Schutz vor einer (weiteren) „De-Industrialisierung" verbunden sind. Die Schweiz ist diesbezüglich sehr gut positioniert. Andererseits zeigen unsere Überlegungen und Beobachtungen, dass die Konzentration auf wertschöpfungsstarke Dienstleistungen und deren Exporte zu Lasten der Wertschöpfung im Industriesektor den Wohlstand nicht beeinträchtigt. Wichtig ist, dass diese hochwertigen Dienstleistungen international handelbar sind, damit einige Länder sich gemäss ihren Fähigkeiten darauf spezialisieren und Industriegüter gegen Dienstleistungen importieren können.

Hier stellt sich allenfalls die Frage, ob ein Land diesen „Switch" immer machen kann – das heisst, vom erfolgreichen Exporteur von High-Tech Gütern zur erfolgreichen Exporteurin von hochwertigen Dienstleistungen. Die Antwort ist unseres Erachtens klar: „Nein". Nur, wenn es das nicht kann, wird es weiterhin hochwertige High-Tech Güter exportieren! Die „De-Industrialisierung" und damit die verstärkte Konzentration auf international handelbare Dienstleistungen geschieht ja, weil Firmen in den Dienstleistungsbranchen produktiver sind und in der Lage sind, Arbeitskräfte aus dem Industriebereich abzuwerben. Sind sie dies nicht, dürften weiterhin Industriegüter exportiert werden. Die Frage stellt sich dann, ob hier allenfalls zu viele Länder einsteigen und die Preise dieser High-Tech Güter unter Druck kommen mit negativen Folgen für die Reallöhne.

Abschliessend stellt sich die Frage, ob die bisher verwendete Trennung zwischen Industrie- und Dienstleistungssektor überhaupt adäquat ist, wenn man Wertschöpfungsdaten mit Handelsdaten verknüpft. So wird die gesamte Wertschöpfung einer Firma in der Chemisch-Pharmazeutischen Industrie dem Industriesektor zugeordnet (sie produziert ja pharmazeutische Produkte). Allerdings dürfte sie gleichzeitig auch Dienstleistungen exportieren und importieren (zum Beispiel durch die Vergabe von Lizenzen oder den Bezug von Leistungen im Bereich F&E). Firmen im Industriesektor produzieren also selber Dienstleistungen, deren Wertschöpfung aufgrund der übergeordneten Klassifikation der Firma dem Industriesektor zugeordnet werden.

Würde eine Industriefirma die Produktion aufgeben, aber weiterhin den Bereich F&E betreiben, welcher für die Entwicklung neuer Produkte verwendet wird, würde sie irgendwann dem Dienstleistungssektor zugeordnet. Die Aktivität im Bereich F&E hat sich aber nicht verändert und würde von vielen als typische Tätigkeit eines „Industrieunternehmens" gesehen. Wenn wir also das Thema „De-Industrialisierung" vertiefter analysieren wollen, müssen wir eigentlich einen Schritt weiter gehen, die Trennung von Industrie- und Dienstleistungssektor in den Hintergrund stellen und vermehrt in die beiden Sektoren hinein auf die dort ausgeführten Tätigkeiten schauen. Dies wird insbesondere auch vor dem Hintergrund der zunehmenden Bedeutung internationaler Wertschöpfungsketten und der Digitalisierung in Zukunft zentral werden. Diesen Überlegungen widmen wir uns nun im Teil II des Buches.

Anmerkungen

1. Dabei ist es wichtig zu betonen, dass wir in diesem Zusammenhang Wohlstand anhand von Einkommen approximieren, was natürlich kritisiert werden.
2. Diese in der öffentlichen Debatte betonte Argumentation wird beispielsweise von ROWTHORN/RAMASWAMY (1997) kritisch analysiert und widerlegt.
3. Diese Thematik analysieren beispielsweise BARATTIERI (2014) und ROWTHORN/COUTTS (2004). Dabei dürfte es sehr darauf ankommen, ob das Defizit hauptsächlich auf Importe von Konsumgütern oder auf Investitionsgüter zurückzuführen ist. Ersteres hätte zur Folge, dass auf lange Sicht der Konsum reduziert werden müsste, um die Verbindlichkeiten gegenüber dem Ausland erfüllen zu können. Sind hingegen hauptsächlich Investitionsgüter für das Defizit verantwortlich, so dürfte dies mit grösseren Produktionskapazitäten einhergehen. Dadurch dürfte es zukünftig möglich sein, Verbindlichkeiten gegenüber dem Ausland abzubauen, ohne auf Konsum zu verzichten.
4. Zudem würden bei beschränkter Möglichkeit des Dienstleistungsexports die Löhne weniger stark steigen, was die De-Industrialisierung bremsen würde.
5. Auf die Verteilung des Wohlstandes gehen wir hier nicht ein, weil diese je (nach Steuern) kaum von der Grösse des Industriesektors abhängen dürfte.
6. Weiterführende Überlegungen finden sich beispielsweise in KOHLI (2004).
7. Die Bedeutung unterschiedlicher Elastizitäten von Gütern für den Wohlstand eines Landes thematisieren HAUSMANN ET AL. (2007).
8. Siehe hierzu NORDÅS/KIM (2015).
9. Wir verzichten hier auf eine separate Darstellung des Anteils der High-Tech Industrie Exporte und der wertschöpfungsintensiven Dienstleistungen, da beide einzeln betrachtet in etwa zu einem gleichen Verlauf führen, wie wenn die Summe beider verwendet wird.

10. Beispielsweise zeigt STÖLLINGER (2017) in einer ökonometrischen Analyse, dass die Leistungsbilanz signifikant positiv von der Handelbarkeit der produzierten Wertschöpfung abhängt. Dies stützt die These, dass bei einer vermehrten Handelbarkeit von Dienstleistungen ein hoher Anteil an Industriewertschöpfung für das Erlangen einer ausgeglichenen Leistungsbilanz an Bedeutung verlieren dürfte.

TEIL II: WERTSCHÖPFUNGSKETTEN UND DIGITALISIERUNG

In diesem Teil des Buches gehen wir auf zwei aktuelle Herausforderungen ein, denen der Industriesektor in der Schweiz, aber auch in anderen Ländern, gegenübersteht. Die erste Herausforderung stellt die vermehrte internationale Aufspaltung von Wertschöpfungsketten anhand einzelner Tätigkeitsschritte dar. Diesen Aspekt vertiefen wir im nächsten Kapitel 6. Die zweite grosse Herausforderung stellt die zunehmende Digitalisierung der Wirtschaft dar. Diesen Aspekt beleuchten wir in Kapitel 7.

6 Internationale Aufspaltung von Wertschöpfungsketten

Bisher betrachteten wir die strukturellen Entwicklungen zwischen Industrie- und Dienstleistungssektor sowie innerhalb des Industriesektors aus einer eher traditionellen Perspektive. Wir gingen davon aus, dass international gehandelte Güter – seien dies nun Fertigprodukte für den Endkonsumenten oder Zwischenprodukte für ein Unternehmen – mehr oder weniger an einem geographischen Ort hergestellt werden. Mit anderen Worten, wir vernachlässigten zur Vereinfachung die in der Realität beobachtbare Tatsache, dass Produkte in der Regel über lange Wertschöpfungsketten produziert werden. Dabei versteht man unter einer Wertschöpfungskette alle notwendigen Tätigkeitsschritte, um ein Produkt oder eine Dienstleistung, welche am Markt angeboten wird, herzustellen. Man kann sich leicht vorstellen, dass die Produktion von zum Beispiel einem Automobil extrem viele Tätigkeitsschritte benötigt, welche sowohl die „Zusammensetzung" eines Autos aus zahlreichen Bestandteilen wie auch die Herstellung all dieser einzelnen Bestandteile umfassen.

In diesem Kapitel wollen wir den Blick in diese Wertschöpfungsketten hinein vertiefen. Dabei wird uns vor allem die internationale Dimension der vertikalen Produktionsschritte interessieren. Wir fragen uns zum Beispiel, welchen Anteil ausländische „Vorleistungen" am Wert eines von einer Firma angebotenen Produktes haben. Oder anders ausgedrückt: Wir schauen den Anteil der ausländischen Wertschöpfung an der gesamten Wertschöpfung einer bestimmten Branche an. Dies ist deshalb interessant, weil Firmen, Branchen und ganze Länder sich immer mehr auf einzelne Schritte in der Wertschöpfungskette spezialisieren. Welche Auswirkungen – Chancen und Gefahren – entstehen aber durch diese „vertikale Spezialisierung"?

Es ist also zu erwarten, dass der Wert der ausländischen Vorleistungen relativ zur gesamten Wertschöpfung aufgrund der Globalisierung seit den Anfängen der Industrialisierung generell gestiegen ist. Abbildung 41 bestätigt, dass sich in den Branchen des Industriesektors der ausländische Wertschöpfungsanteil zusehends erhöht hat.[1] Die Grafik zeigt den Wert ausländischer Vorleistungen in Relation zur heimischen Bruttowertschöpfung (beide jeweils in

US-Dollar) verschiedener Branchen des Industriesektors in verschiedenen Industrieländern (zur genauen Definition der Wertschöpfungsmasse siehe die Box „Internationale Input-Output Beziehungen" am Schluss des ersten Abschnittes dieses Kapitels). Für Werte oberhalb der eingezeichneten 45° Linie nahm der Anteil ausländischer Vorleistungen zwischen 2000 und 2014 zu, für Werte unterhalb ab. Wir können hier und im Folgenden nur Daten bis 2014 verwenden, da die Daten der World Input Output Database (WIOD) zur Zeit nur bis 2014 zur Verfügung stehen und da andere Daten, welche Vorleistungen berücksichtigen (z.B. der OECD), nur Industriegüter und keine Dienstleistungen beinhalten. Wir werden in diesem Kapitel aber Dienstleistungen miteinbeziehen müssen.

Abbildung 41: Wert ausländischer Vorleistungen in Relation zur heimischen Wertschöpfung, 2000 und 2014

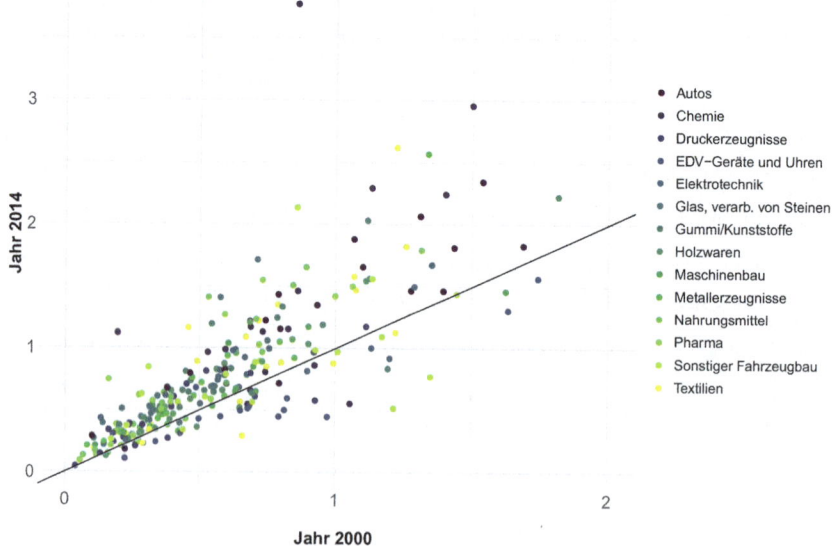

Quelle und Hinweise: Eigene Berechnungen basierend auf der World Input Output Database (WIOD). Die ausländischen Vorleistungen umfassen dabei neben Industriegütern auch Dienstleistungen und Rohstoffe.

Der Ursprung dieser Tendenz geht in einzelnen Branchen historisch schon weiter zurück. So produzierte die schweizerische Textilfarbstoffindustrie aufgrund von hohen Transportkosten den Farbstoff als Pulver in der Schweiz, um ihn dann in den einzelnen Absatzländern mit Wasser in eine gebrauchsfähige Form zu bringen. Ähnlich produziert die Pharmaindustrie die Wirkstoffe in Basel, während die Integration dieses Stoffes in unterschiedliche Abreichungsformen zum Teil schon seit langem dezentral in den Verkaufsregionen stattfindet. Allerdings ist diese Entwicklung auf breiter Basis und in diesem Ausmass eher neueren Datums. Im Folgenden erweitern wir deshalb die Perspektive und beziehen die zunehmende „Fragmentierung" und Internationalisierung der Produktionsprozesse mit ein.

Wir beginnen im ersten Abschnitt mit der Darlegung von konzeptionellen Überlegungen aus der aktuellen Forschung zum internationalen Handel. Dabei zeigen wir zuerst wesentliche Gründe für die internationale Fragmentierung von Produktionsprozessen auf und widmen uns dann deren Auswirkungen. Diese Entwicklung ist eng mit dem Begriff „Outsourcing" bzw. „Offshoring" verbunden. Im zweiten Abschnitt betrachten wir die empirische Evidenz dazu und werden sehen, dass Theorie und Empirie gut übereinstimmen. Die daraus gewonnenen Erkenntnisse verwenden wir dann im dritten Abschnitt, um den Schweizer Industriesektor im Lichte der zunehmenden internationalen Fragmentierung zu betrachten. Im vierten Abschnitt ordnen wir die Ergebnisse in den Gesamtkontext des Buches ein, indem wir die Bedeutung globaler Wertschöpfungsketten für die Thematik der De-Industrialisierung beleuchten und uns die Frage stellen, inwiefern vor dem Hintergrund dieser Entwicklungen eine Einteilung wirtschaftlicher Tätigkeiten in verschiedene Branchen und Sektoren überhaupt noch geeignet ist. Im fünften Abschnitt schliessen wir das Kapitel mit einem Fazit ab.

Konzeptionelle Überlegungen zu globalen Wertschöpfungsketten

Welche Gründe sind für die Entstehung globaler Wertschöpfungsketten verantwortlich? Man könnte jetzt antworten: „Es sind dies findige Unternehmer und Managerinnen, welche gemerkt haben, dass auf diese Weise ihre Firmen im internationalen Wettbewerb gegenüber den Konkurrenten Vorteile erwirtschaften können." Damit diese Entwicklung aber auf breiter Front beobachtbar ist, müssen Veränderungen in entscheidenden Parametern entstanden sein, welche zahlreiche Akteure zu solchen Entscheiden und damit in die beobachtbare Richtung bewegen. Solche Veränderungen sind bei den internationalen Handelskosten, den (internationalen) Kommunikationskosten sowie in der Technologie beobachtbar. Allerdings entstanden diese Veränderungen nicht gleichzeitig, was dazu führte, dass die Fragmentierung des Produktionsprozesses eher ein jüngeres Phänomen ist.

Seit Mitte des 18. Jahrhunderts sinken die Handelskosten kontinuierlich aufgrund zahlreicher Erfindungen. Dazu gehört zum Beispiel der Bau von Kanälen, die Erfindung der Dampfmaschine und der daraus folgenden Entwicklungen wie der Eisenbahn und der Dampfschifffahrt. Diese Entwicklungen setzten sich unter anderem durch das Aufkommen von Containerschiffen Mitte des 20. Jahrhunderts fort. Zudem führte nach dem Zweiten Weltkrieg die multilaterale Handelsordnung, kodifiziert durch das General Agreement on Tariffs and Trade (GATT), zu einer Senkung tarifärer Handelshemmnisse, was die durchschnittlichen Zölle von Industrieländern in den 1990er Jahren auf unter 5 Prozent sinken liess.[2] Diese Veränderungen führten seit Mitte des 20. Jahrhunderts zu einer starken Zunahme des internationalen Handels von Fertigprodukten.

Dadurch kam es zu einer stärkeren geografischen Trennung zwischen Konsum und Produktion. Wie in Kapitel 4 thematisiert, führte dies dazu, dass sich Industrieländer verstärkt auf kapitalintensive Güter und ganze Wertschöpfungsketten spezialisierten: Deutschland, zum Beispiel, auf die Produktion von chemischen Produkten, Autos und Lastwagen und die Schweiz auf Uhren, Textilmaschinen und Pharmazeutika. Entwicklungsländer exportierten (leicht verarbeitete) Rohstoffe, die als Input für die industrielle Produktion in Industrieländern verwendet wurden, oder aber begannen, arbeitsintensive Güter zu exportieren – zum Beispiel Textilien. Aufgrund des mangelnden technologischen Know-hows und aufgrund der „integrierten Produktionsprozesse" war es für sie schwierig, in die industrielle Produktion einzusteigen.

Im Gegensatz zu den Handelskosten kompletter Produkte war bis in die 1990er Jahre die Koordination von komplexen Prozessen über grössere geografische Distanzen sehr teuer. Deswegen wurden einzelne Tätigkeiten einer Wertschöpfungskette meist in geografischer Nähe zueinander ausgeführt und somit komplette Güter international gehandelt. Dazu kommen technologische Restriktionen, welche die Produktion von Fertigprodukten an einem Ort begünstigten – zum Beispiel in der Chemischen Industrie aufgrund von zunehmenden Skalenerträgen von grossen Produktionspartien (Batches) und Sicherheitsüberlegungen. Dieses Muster ist in Abbildung 42 schematisch dargestellt. Das Industrieland A stellt das Produkt A im Inland her auf der Basis verschiedener Aktivitäten (sogenannter Tasks) und Zwischenprodukte, welche allesamt im Inland geschehen. Analog gilt dies für das Industrieland B für das Produkt B. Der internationale Handel geschieht in Form der fertigen Produkte A und B. Das Entwicklungs- oder Schwellenland exportiert leicht verarbeitete Rohstoffe (oder arbeitsintensiv hergestellte Fertigprodukte) gegen entsprechende Produkte aus dem Industrieland A und B.

Abbildung 42: Traditionelle Perspektive: Internationaler Handel von kompletten Produkten

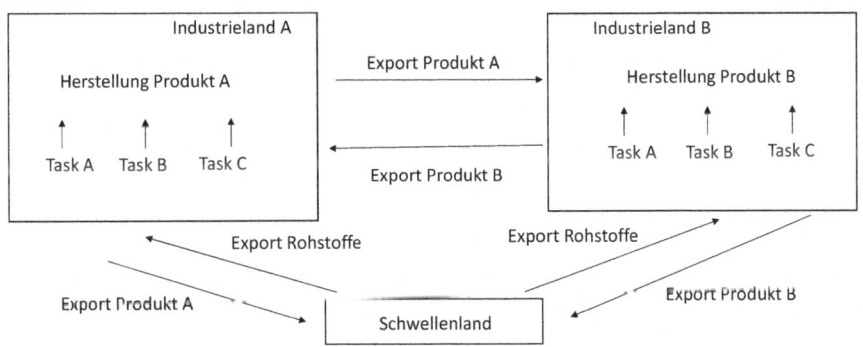

Quelle: Eigene Darstellung.

Handel von Zwischenprodukten, Fragmenten und „Tasks"

Technologische Entwicklungen, wie die Fax-Maschine und (später) webbasierte Kommunikationsmöglichkeiten (Emails und Video-Konferenzen), führten in den letzten Jahrzehnten zu einer rapiden Abnahme von Informations- und Kommunikationskosten (IKK). Zudem wurde die Technologie so weiterentwickelt, dass die Produktionsprozesse in vielen Branchen leichter in einzelne, separate Produktionsschritte aufgeteilt werden konnten. Dadurch wurde es möglich, nicht nur Fertigprodukte bzw. „ganze Wertschöpfungsketten" international zu handeln, sondern das Produkt einzelner Tätigkeiten innerhalb einer Wertschöpfungskette. Es kommt zu einer verstärkten internationalen Fragmentierung der Produktion, indem Tätigkeiten (zum Beispiel Schreiben von Software, Telefondienste, Buchhaltungsarbeiten) aus dem Produktionsprozess herausgelöst und in ein anderes Land verlagert werden.[3] Dieses „Offshoring" bzw. internationale „Outsourcing" entsteht dabei aufgrund der Möglichkeit für Firmen, relative Kostenunterschiede für einzelne Tätigkeiten zwischen Ländern auszunutzen.

Aufgrund gesunkener IKK werden nicht mehr nur fertige Güter, sondern vermehrt auch der Output einzelner Produktionsschritte, die in einem anderen Land erstellt werden, international gehandelt. Folglich nimmt der internationale Austausch von Zwischenprodukten, Fragmenten im Produktionsprozess oder Tätigkeiten zu, wie in Abbildung 43 schematisch dargestellt. Das Industrieland A mag zwar immer noch das Produkt A exportieren, importiert dabei aber nun die Zwischenprodukte bzw. Fragmente B und C, welche implizit den Handel der entsprechenden Aktivitäten beinhalten. Gleichzeitig „exportiert" es auch die Aktivität A bzw. den Output, welcher aus dieser Tätigkeit resultiert. Das Schwellenland hat nun auch die Möglichkeit, das Fragment bzw. die Aktivität C zu exportieren. Waren demnach bis in die 1990er Jahre Unterschiede in den relativen Kosten auf der Ebene von kompletten Gütern bzw. ganzer Wertschöpfungsketten von Bedeutung, um die internationale Aufteilung von Wirtschaftstätigkeiten zu verstehen, werden nun aufgrund stark gesunkener IKK Kostenunterschiede auf der Ebene einzelner Fragmente bzw. der damit verbundenen Tätigkeiten relevant.

Dabei stellt sich die Frage, welche Tätigkeitsschritte gehandelt werden und welche Konsequenzen sich aus dieser neuen internationalen Arbeitsteilung ergeben. Dabei dürfte der komparative Vorteil (d.h. der relative Produktivitätsvorteil zwischen Ländern) nach wie vor eine wichtige Rolle spielen, nun aber auf Ebene von Tätigkeiten bzw. deren Output. Zur Analyse erweitern wir die Überlegungen, welche wir in Kapitel 4 und dort in Abbildung 24 auf der Basis der Ricardianischen Handelstheorie zur internationalen Arbeitsteilung anstellten.[4] Hierzu zeigt Abbildung 44 verschiedene Tätigkeitsschritte

Abbildung 43: Neue Perspektive: Internationaler Handel des Outputs von einzelnen Tasks und Endprodukten

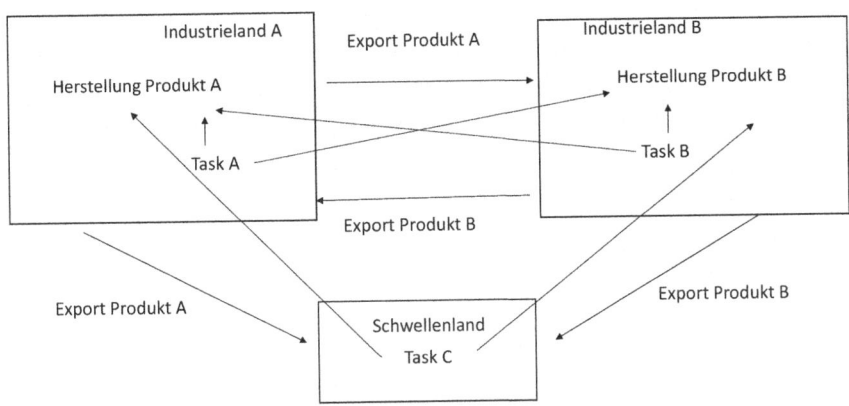

Quelle: Eigene Darstellung.

(„Tasks"), geordnet anhand des komparativen Vorteils des Inlandes zum Ausland. Dabei weist das Inland bei Tätigkeiten, die eher links angeordnet sind, einen komparativen Vorteil auf; das Ausland hat hingegen bei Tätigkeiten, die eher rechts angeordnet sind, einen *relativen* Produktivitätsvorteil. Sind die IKK extrem hoch, finden alle Tätigkeiten in beiden Ländern statt und es findet kein internationaler Handel der von diesen Tätigkeiten geschaffenen Leistungen, Fragmente oder Zwischenprodukte statt.

Um Handelskosten für Tätigkeiten bzw. ihrer international austauschbaren Leistungen zu erfassen, kann äquivalent davon ausgegangen werden, dass sich die Produktivität einer Tätigkeit um den Betrag der Handelskosten verringert, falls sie gehandelt wird. Ein Beispiel können Sprachbarrieren sein oder unzureichende Möglichkeiten, über grosse Distanzen Informationen austauschen zu können, wie dies vor der Verbreitung des Internets der Fall war. In Abbildung 44 sind die Handelskosten bzw. die IKK in den relativen Produktivitäten der einzelnen Tätigkeiten berücksichtigt. So zeigt die untere Kurve die relative Produktivität einzelner Tätigkeiten („Tasks") des Inlandes zum Ausland unter Berücksichtigung der IKK auf, falls diese Tätigkeiten im Ausland erbracht werden. Die obere Kurve zeigt die relative Produktivität an, falls

Abbildung 44: Neue Perspektive: Internationaler Handel von einzelnen Tätigkeiten und Fragmenten

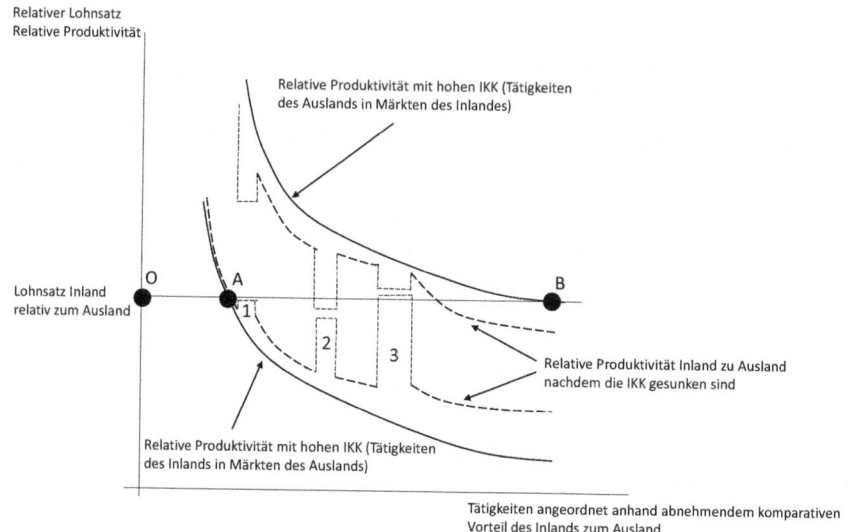

Quelle und Hinweise: Eigene Darstellung basierend auf BALDWIN (2006), S. 26.

die Leistung von im Ausland stattfindenden Tätigkeiten im Inland angeboten werden (also inklusive IKK).

Analog zur Abbildung 24 in Kapitel 4 impliziert Abbildung 44, dass in der Ausgangssituation – das heisst vor der Senkung der IKK – das Inland Leistungen der Tätigkeiten ganz links (zwischen 0 und A) an das Ausland exportiert. Die relative Produktivität (inklusive Handelskosten) liegt bei diesen Tätigkeiten über dem relativen Lohn des Inlandes. Entsprechend ist das Inland in der Lage, die Leistungen dieser Tätigkeiten im Ausland zu einem Preis anzubieten, welche unter den Kosten im Ausland liegen. Gerade umgekehrt gilt dies für die Tätigkeiten rechts von B. Diese Tätigkeiten erfolgen nur im Ausland und deren Leistungen werden vom Ausland in das Inland exportiert, da die Kosten im Ausland (inkl. IKK) unter den Kosten im Inland liegen. Die Tätigkeiten im Bereich zwischen A und B erfolgen in beiden Ländern und werden international nicht gehandelt.

Nun sinken die Kosten für den Handel der Leistung von Tätigkeiten. Manche Tätigkeiten sind davon stark, andere dagegen kaum oder gar nicht betroffen. Mit anderen Worten: die Reduktion der Handels- oder Transaktionskosten wird nicht wie im Falle von Abbildung 24 in Kapitel 4 die beiden Kurven als Ganzes nach rechts (Inland) bzw. nach links (Ausland) verschieben. Es werden ja nicht einfach Zölle oder Transportkosten um zum Beispiel 5% über alle Güter reduziert. Vielmehr dürften die IKK für einzelne Tätigkeiten aufgrund technologischer Entwicklungen stark sinken, während dies bei anderen nicht der Fall ist. Ein Beispiel von stark betroffenen Tätigkeiten sind Telefondienste, wohingegen Hausmeistertätigkeiten bisher nicht davon betroffen sind.

Sinken nun die IKK, so nimmt die Produktivität mancher inländischer Tätigkeiten im Ausland so stark zu, so dass das Ausland diese Tätigkeiten nicht mehr länger ausführt und stattdessen die Leistung vom Inland bezieht – und umgekehrt. Dies ist dann der Fall, wenn der um die Kosten der Erbringung bereinigte Produktivitätsunterschied zwischen dem Inland und dem Ausland grösser ist als der relative Lohnunterschied zwischen dem Inland und dem Ausland. In Abbildung 44 trifft dies für die Tätigkeiten 2 und 3 zu. Dabei wird Tätigkeit 2 nun vollständig im Ausland ausgeführt, da selbst unter Einbezug der IKK der relative Lohn für diese Tätigkeit im Ausland geringer ist als der Produktivitätsunterschied. Somit kann die Leistung dieser Tätigkeit kostengünstiger vom Ausland im Inland angeboten werden. Genau andersherum verhält es sich mit Tätigkeit 3. Diese wird aus analogen Gründen neu nur noch im Inland ausgeführt. Für die als 1 bezeichnete Tätigkeit ist hingegen der Produktivitätsunterschied zwischen den beiden Ländern nicht gross genug, um den Lohnunterschied zu kompensieren. Die Tätigkeit wird auch nach der Senkung der IKK weiterhin in beiden Ländern ausgeführt.

Ob eine Tätigkeit verlagert wird oder nicht, dürfte somit auch hier vom relativen Lohn und der relativen Produktivität der Tätigkeit zwischen verschiedenen Ländern abhängen, wobei in der Produktivität die Kosten mitberücksichtigt werden, welche bei der Erbringung der Leistung der Tätigkeit im anderen Land anfallen. Zentral ist nun die Erkenntnis, dass die Kosten der Erbringung der Leistung einer Tätigkeit im Ausland sich je nach Tätigkeit sehr unterschiedlich verändern können. Deshalb dürfte es sehr schwierig sein (schwieriger als dies bei ganzen Branchen der Fall war), aufgrund der relativen Position von Tätigkeiten auf der X-Achse von Abbildung 44 vorherzusagen, welche Tätigkeiten in Zukunft verlagert werden dürften und welche nicht.

Nehmen wir hierzu die Tätigkeiten 2 und 3 der Abbildung 44. Würden die Kosten der Erbringung einer Tätigkeit im Ausland für alle Tätigkeiten gleichmässig sinken, so wäre entweder nur die Tätigkeit 3 oder die Tätigkeiten 2 und 3 ins Ausland verlagert worden, nicht aber nur die Tätigkeit 2. Die Möglichkeit, den Output einzelner Tätigkeitsschritte handeln zu können, führt dazu, dass nicht mehr primär der komparative Vorteil bei der Herstellung kompletter Produkte und Erbringung kompletter Dienstleistungen von Bedeutung ist, wie in Kapitel 4 thematisiert. Vielmehr gilt es zusätzlich, die Veränderungen der IKK für alle Tätigkeiten individuell zu prognostizieren. Auf der Ebene von *einzelnen* Tätigkeiten dürfte es also noch schwieriger sein, die Veränderungen der komparativen Vorteile vorherzusehen, als dies bereits auf der Ebene von kompletten Produkten der Fall war.[56]

Auswirkungen dieser Veränderungen

Trotz dieser Schwierigkeit dürfte es anhand der konzeptionellen Überlegungen möglich sein, allgemeine Tendenzen für *ganze Gruppen von Tätigkeiten* abzuschätzen. Demnach dürfte es – in Analogie zu unseren Ausführungen auf Branchenebene – zu Verlagerungen arbeitsintensiver, gut standardisierbarer Tätigkeiten, weg von Industrieländern hin zu Schwellenländern kommen.[7] Für Industrieländer wie die Schweiz bedeutet dies eine Spezialisierung auf Bereiche wie Forschung und Entwicklung (F&E), Finanzierung, Management und Organisation, Design und Produktkonzept („back-end") sowie Vertrieb, Vermarktung und Service („front-end"). Gleichzeitig verbleiben Tätigkeiten, die weiterhin hohe IKK aufweisen (beispielsweise Fahrdienste sowie Sicherheits- und Hausmeisterdienste) am ursprünglichen Standort.

Da die in die Schwellenländer verlagerten Tätigkeiten meist eine geringe Wertschöpfungsintensität aufweisen und diese nun kostengünstiger erbracht werden können, entfällt nun ein höherer Teil der Wertschöpfung in Industrieländern auf front- und back-end Tätigkeiten. Die Folge ist eine sogenannte „Smile-Kurve", wie sie in Abbildung 45 gezeigt wird, mit höheren Wertschöpfungsanteilen an den jeweiligen Enden und einem geringeren Anteil im mittleren Bereich.[8] Zudem kommt es auch zu Offshoring von Tätigkeiten zwischen verschiedenen Industrieländern. Da Industrieländer meist ähnliche Technologien und Managementpraktiken aufweisen, sind folgende Motive für eine Verlagerung verantwortlich: Präsenz von unterschiedlichem, in der Qualität jedoch gleichwertigem, Know-how in Kombination mit Clusterbildungen.[9]

Beide Arten des Offshorings sind in Abbildung 45 zusammengefasst. Dabei werden weniger wertschöpfungsintensive Tätigkeiten in Schwellenländer ausgeführt, wie die blaue Fläche zeigt. Wertschöpfungsintensive Tätigkeiten im back-end- und front-end Bereich, wie beispielsweise Forschungslabore oder Werbeabteilungen, werden hingegen entweder in ein anderes Industrieland ausgelagert oder verbleiben am ursprünglichen Standort. Ein wesentlicher Unterschied zwischen diesen Verlagerungen in Industrieländer und den Verlagerungen in Schwellenländer dürfte sein, dass bezüglich der Tätigkeiten, die verlagert werden, bei den ersteren kein klares Muster erkennbar ist. Dies ist in Abbildung 45 durch eine unsystematisches Muster der Tätigkeiten, die in andere Industrieländer verlagert werden, dargestellt.

Abbildung 45: Wertschöpfungskette mit Offshoring in Schwellenländer und Industrieländer

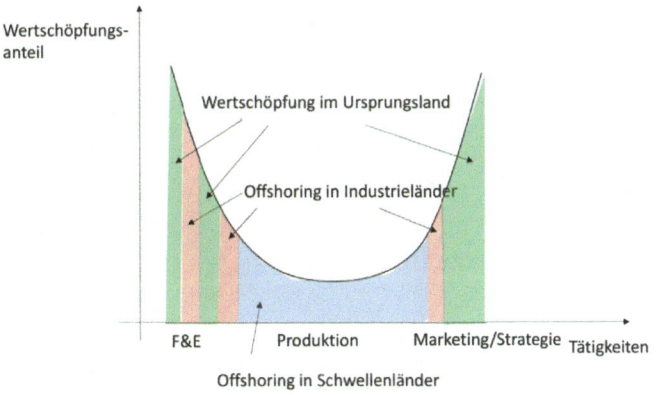

Quelle: Eigene Darstellung.

Die Möglichkeit, den Output einzelner Tätigkeitsschritte zu handeln, führt nun dazu, dass es zu einer stärkeren Spezialisierung einzelner Industrieländer oder Regionen auf einzelne Tätigkeiten innerhalb der Bereiche back-end und front-end kommt. Schwellenländer werden sich hingegen verstärkt auf Tätigkeiten in der Produktion spezialisieren. Durch die stärkere Spezialisierung erhöht sich die Produktivität.[10] Damit kann Offshoring als äquivalent zu anderen produktivitätssteigernden Veränderungen der internationalen Arbeitsteilung gesehen werden.[11]

In Abbildung 46 sind die Auswirkungen auf der Basis einer einfachen Angebots- und Nachfragekurve für das Endprodukt dargestellt. Wenn also Offshoring zu einer Kostensenkung bzw. einer Produktivitätserhöhung führt, verschiebt sich die Angebotskurve für das Endprodukt nach rechts bzw. nach unten. Wie man in beiden Graphiken sieht, hat dies eine Preissenkung und (als Folge davon) eine Outputerhöhung zur Folge. Wie stark sich dadurch die *gesamte Wertschöpfung* einer Wertschöpfungskette verändert, hängt von der Preiselastizität der Nachfrage ab. Je elastischer die Nachfrage nach dem Endprodukt, desto eher dürfte Offshoring zu einer Zunahme der gesamten Wertschöpfung führen, da dies zu einer vergleichsweise grossen Ausweitung der produzierten Menge ohne starken Rückgang der Preise führt (rechte Figur). Daraus lässt sich ableiten, dass bei Gütern mit hoher Preiselastizität der Nachfrage die Beschäftigung durch Offshoring eher zunehmen, und bei Endprodukten mit geringer Preiselastizität eher zurückgehen dürfte.

Abbildung 46: Auswirkung von Offshoring auf die Wertschöpfung

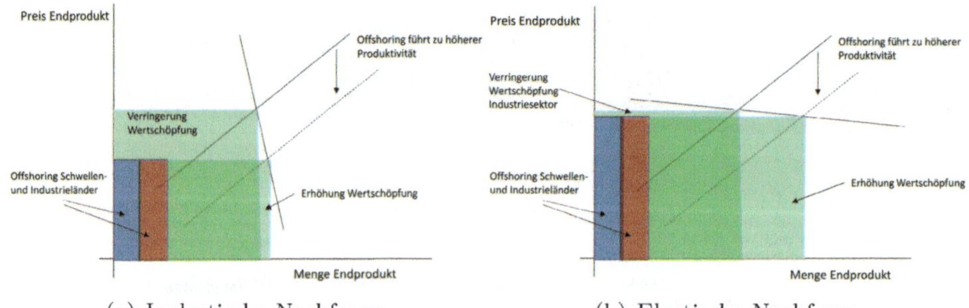

(a) Inelastische Nachfrage   (b) Elastische Nachfrage

Quelle: Eigene Darstellung.

Diese Sichtweise klammert jedoch die langfristigen Auswirkungen von Verlagerungen ins Ausland aus. Insbesondere in den letzten Jahren wurde vermehrt die Befürchtung geäussert, dass auch F&E-Tätigkeiten verlagert werden könnten, was negative Konsequenzen auf das langfristige Produktivitätswachstum des heimischen Standorts nach sich ziehen könnte.[12] Wie in Teil I des Buches ausführlich diskutiert, spezialisierte sich der Schweizer Industriesektor in den letzten Jahrzehnten verstärkt auf High-Tech Güter mit hoher Qualität. Dabei dürften F&E-Tätigkeiten eine wichtige Rolle gespielt haben, was insbesondere für den Industriestandort Schweiz die Frage aufwirft, wie stark Wertschöpfungsketten überhaupt aufgeteilt werden können, ohne dass "Lawinen-Effekte" entstehen, an deren Ende auch eine Verlagerung grosser Teile der F&E-Tätigkeiten steht.

Ein Grund für diese Sorge könnten positive Spillover-Effekte zwischen der Produktion und F&E-Tätigkeiten sein, die eine geografischer Nähe beider Arten von Tätigkeiten begünstigt. Kommt es zur Verlagerung der Produktion, könnten diese positiven Spillover-Effekte verloren gehen und damit die Erfolgsaussichten von F&E-Tätigkeiten am ursprünglichen Standort negativ beeinträchtigen. Damit die geografische Nähe von Produktion und F&E wieder gewährleistet ist, könnte dies schlussendlich zu Verlagerungen von F&E-Tätigkeiten führen. Was passieren wird, hängt von der relativen Bedeutung bzw. vom relativen Gewicht der beiden Tätigkeiten ab.

Diese Überlegungen zeigen, dass die zunehmende Bedeutung internationaler Wertschöpfungsketten verschiedene Auswirkungen auf den heimischen Standort haben kann. Um dies zu vertiefen, betrachten wir im nächsten Abschnitt die empirische Evidenz. Der Fokus liegt dabei auf Wertschöpfungsketten des Industriesektors. Als Basis für diese Analysen dienen Daten zu den internationalen Input-Output Beziehungen (siehe Box).

Empirische Evidenz zu internationalen Wertschöpfungsketten

Wir beginnen mit der Frage, welche Tätigkeiten wohin ausgelagert werden. Anhand der uns zur Verfügung stehenden Daten ist es zwar nicht möglich, exakt aufzuzeigen, um welche Tätigkeiten es sich handelt. Aber es ist möglich, die Wertschöpfungsintensität der Vorleistungen zu analysieren. Man kann dies als ein Mass der oben diskutierten Produktivität interpretieren. Hierzu berechnen wir, wie hoch die *relative Wertschöpfungsintensität* von Vorleistungen ist, indem wir die Wertschöpfung pro Stunde aller aus dem Ausland bezoge-

Bei der Betrachtung von internationalen Wertschöpfungsketten sind folgende Zusammenhänge wichtig. Der gesamte Produktionswert PQ einer Wertschöpfungskette zur Herstellung von Gütern der Branche X eines Landes setzt sich zusammen aus den ausländischen Vorleistungen (INP^*), den inländischen Vorleistungen (INP) und der Bruttowertschöpfung der Branche X (BWS), die durch Inputfaktoren wie beispielsweise Kapitel und Arbeit erzeugt wird. Zusätzlich fallen noch Steuern abzüglich Subventionen in Höhe von T an. Somit gilt $PQ = BWS + T + INP^* + INP$. Um die Bedeutung von Vorleistungen zu analysieren, gibt es verschiedene Möglichkeiten. Im folgenden Abschnitt fokussieren wir uns auf den Wert der Vorleistungen, die eine Branche zur Generierung seiner Bruttowertschöpfung bezieht. Um beispielsweise die Bedeutung ausländischer Vorleistungen zu analysieren, fokussieren wir uns auf den Wert INP^*/BWS, der angibt, wie viel ausländische Wertschöpfung eingesetzt wird, um eine Einheit Bruttowertschöpfung in der Branche X eines Landes zu generieren.

ner Vorleistungen einer Branche durch die im Inland erfolgte Wertschöpfung pro Stunde derselben Branche dividieren. Ein Wert kleiner eins bedeutet, dass die aus dem Ausland bezogenen Tätigkeiten eine geringere Wertschöpfung aufweisen als die nicht ausgelagerten Tätigkeiten. Genau andersherum verhält es sich bei einem Wert von grösser eins. Mit anderen Worten, wir vergleichen den Mehrwert pro Arbeitsstunde im Inland mit demjenigen im Ausland. Mit diesem Mass lässt sich demnach analysieren, ob tendenziell relativ produktivere (gemessen durch die Wertschöpfungsintensität) oder weniger produktive Tätigkeiten ausgelagert werden. Die Frage ist, ob sich das Muster einer „Smile Kurve" bestätigen lässt.

Relative Wertschöpfungsintensität ausgelagerter Tätigkeiten

Die Verteilung der relativen Wertschöpfungsintensität der Vorleistungen für Branchen des Industriesektors verschiedener Industrieländer ist in Abbildung

47 für Werte der Jahre 2011 bis 2014 errechnet und dargestellt. Die horizontale Achse zeigt dabei die relative Wertschöpfungsintensität und die vertikale Achse die relative Häufigkeit, d.h., wie häufig ein Wert in Relation zur gesamten Anzahl aller einbezogenen Branchen und Länder auftritt, die Vorleistungen beziehen. In der Betrachtung sind 19 Industrieländer und 19 Schwellenländer berücksichtigt.[13] Wie die Abbildung zeigt, sind die bezogenen Vorleistungen einer Branche aus anderen Industrieländern durchschnittlich wertschöpfungsintensiver als die Tätigkeiten in der entsprechenden Branche am Ursprungsstandort, da der Durchschnittswert und die relativen Häufigkeiten der Verteilung klar rechts von eins liegen.

Ein ähnliches Bild gilt allerdings auch für die aus dem Inland bezogenen Vorleistungen einer Branche aus anderen Branchen (diese beinhalten übrigens neben dem Industriesektor alle Branchen der NOGA-Klassifikation – also auch Dienstleistungen –, wie sie in Tabelle A1 im Anhang aufgeführt sind). Vorleistungen, die aus Schwellenländern bezogen werden, weisen hingegen eine deutlich geringere Wertschöpfungsintensität auf als Tätigkeiten, die weiterhin am heimischen Standort ausgeführt werden. Dabei beziehen wir bei der Analyse wichtige Schwellenländer wie China, Indien, Mexiko oder auch verschiedene osteuropäische Länder mit ein. Dies ist anhand der stark nach links gerückten Verteilung erkennbar.

Diese Beobachtungen stimmen mit den Überlegungen aus der Handelstheorie überein, wonach Tätigkeiten mit geringer Wertschöpfungsintensität in Schwellenländer ausgelagert werden und solche mit hoher Wertschöpfungsintensität weiterhin in Industrieländern verbleiben. Tiefere Lohnkosten dürften dabei ein wesentlicher Grund für Auslagerungen von Teilen der Wertschöpfungskette in Schwellenländer sein, wie die nächste Abbildung 48 zeigt. Oder anders gesagt: würde eine Tätigkeit mit einer tiefen Wertschöpfung in einem Industrieland ausgeführt, wären die Löhne im Hinblick auf die Konkurrenzfähigkeit zu hoch. Und würde versucht, eine Tätigkeit mit einer hohen Wertschöpfung in einem Schwellenland anzusiedeln, wäre die dortige Arbeit trotz tiefer Löhne zu wenig produktiv oder geeignet. Dort ist die Verteilung der Lohnkosten pro Stunde der ausgelagerten Tätigkeiten relativ zu Tätigkeiten, die nicht ausgelagert werden, ersichtlich. Die Interpretation ist äquivalent zu Bild 47: Ein

Abbildung 47: Wertschöpfungsintensität der Vorleistungen von Industrieländern

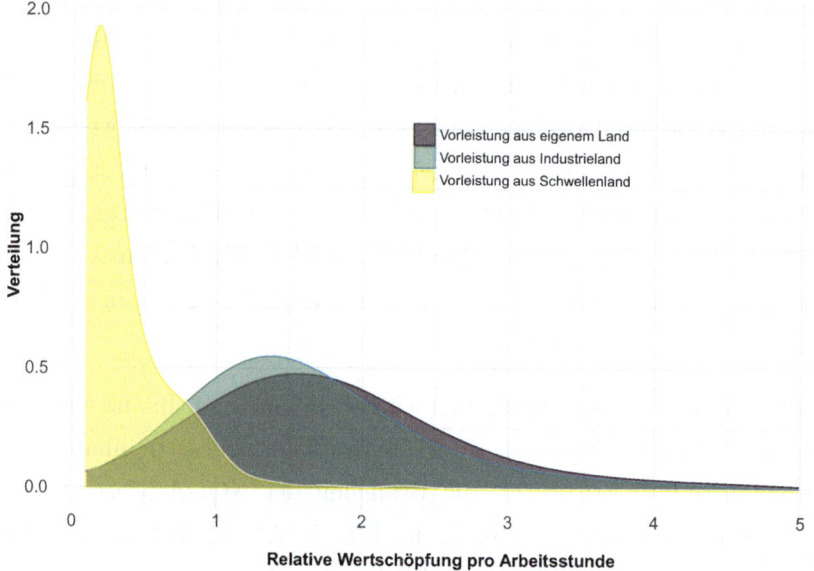

Quelle und Hinweise: Eigene Berechnungen basierend auf der WIOD. Die Abbildung zeigt die Verteilung des Verhältnisses zwischen dem gewichteten Durchschnitt der Arbeitsproduktivität der Branchen, die Vorleistungen produzieren, und der Arbeitsproduktivität der Branche, die die Vorleistungen bezieht. Die Berechnung jedes einzelnen Wertes erfolgt dabei anhand folgender Formel: $\sum_{v}\sum_{l} A_{v,l} * \lambda_{v,l}/A_{end}$, mit $A_{v,l}$ als die Arbeitsproduktivität einer Branche v im Land l und A_{end} als die Arbeitsproduktivität einer Branche end. Die Branche end bezeichnet dabei die vorleistungsbeziehende Branche und $\lambda_{v,l}$ der Anteil der Vorleistungen, der von der Branche v des Landes l produziert wird. Die Abbildung zeigt dabei den Bezug von Vorleistungen von Branchen des Industriesektors über den Zeitraum 2011 bis 2014 der Schweiz und anderer Industrieländer, jeweils in US-Dollar.[14]

Wert über eins bedeutet, dass die Lohnkosten zur Herstellung der Vorleistungen im Durchschnitt höher waren als die Lohnkosten der Branche, die die Vorleistungen bezieht. Genau andersherum verhält es sich mit einem Wert kleiner eins.

Die um eins zentrierte Verteilung der Lohnkosten von Tätigkeiten, die in Industrieländern ausgelagert werden, zeigt, dass solche Tätigkeiten durchschnittlich die gleichen Lohnkosten aufweisen wie Tätigkeiten, die nicht ausgelagert werden. Dabei sind die Lohnkosten der in *andere* Industrieländer ausgelagerten Tätigkeiten etwas breiter gestreut als die aus dem jeweils eigenen Land. Diese Beobachtung deckt sich mit der in Kapitel 4 vorgestellten

Abbildung 48: Lohnkosten der Vorleistungen

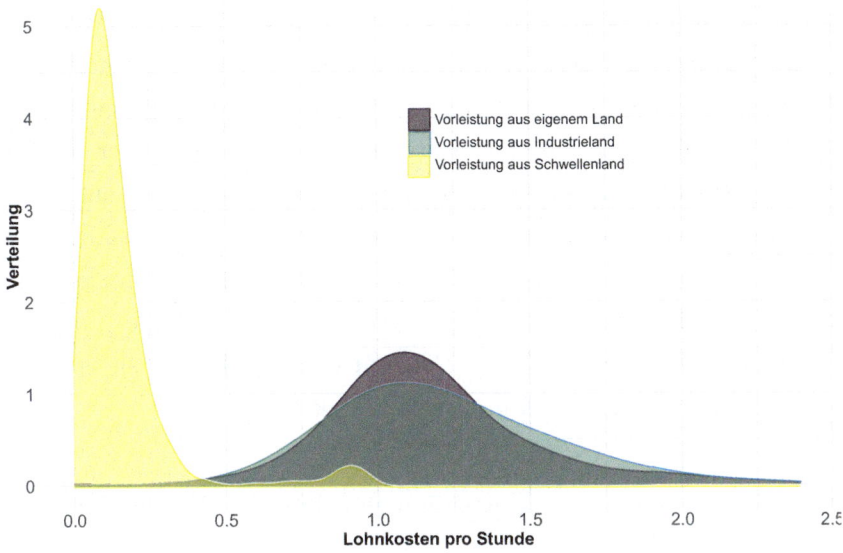

Quelle und Hinweise: Siehe Abbildung 47. Statt der Arbeitsproduktivität werden nun die Lohnkosten pro Stunde verwendet. Formal: $\sum_v \sum_l w_{v,l} * \lambda_{v,l} / w_{end}$, mit $w_{v,l}$ als die Lohnkosten pro Stunde einer Branche v des Landes l und w_{end} als die Lohnkosten einer Branche end. Die Branche end bezeichnet dabei die vorleistungsbeziehende Branche und $\lambda_{v,l}$ der Anteil der Vorleistungen, der von der Branche v des Landes l produziert wird.

internationalen Handelstheorie, wonach verschiedene Branchen innerhalb eines Landes über den Arbeitsmarkt in Konkurrenz zueinander stehen und die Lohnunterschiede innerhalb eines Landes deshalb geringer sein dürften als zwischen Ländern, selbst wenn diese einen etwa gleich hohen Entwicklungsstand aufweisen.[15]

Beziehen wir nochmals die eingangs des Kapitels dargelegten konzeptionellen Überlegungen mit ein (Abbildung 44)), so dürfte nicht nur die Wertschöpfungsintensität, sondern die Wertschöpfungsintensität relativ zu den Lohnkosten von Bedeutung sein. Also dividieren wir die Werte der Abbildung 47 durch die Löhne der Abbildung 48. Wohl gemerkt, es handelt sich dabei jeweils um die relative Wertschöpfung und die relativen Löhne zwischen einer ausgelagerten Tätigkeit und der Branche, die die ausgelagerte Tätigkeit bezieht. Das Ergebnis ist in Abbildung 49 zu sehen.

121

Demgegenüber ist die Wertschöpfung der in Schwellenländer ausgelagerten Tätigkeiten *relativ* zu den Lohnkosten dieser Tätigkeiten im Durchschnitt deutlich höher als für ausgelagerte Tätigkeiten in andere Industrieländer. Dies zeigt, dass Tätigkeiten anhand des komparativen Vorteils ausgelagert werden. Zwar könnten in Industrieländer auch weiterhin Tätigkeiten ausgeübt werden, die in Schwellenländer ausgelagert wurden. Hierzu müssten aber die Löhne in den Industrieländern sinken, damit diese Ländern in den entsprechenden Tätigkeiten gegenüber den Schwellenländern wettbewerbsfähig wären. Entsprechend spezialisieren sich Industrieländer auf wertschöpfungsintensive Tätigkeiten innerhalb von Wertschöpfungsketten, was ein hohes Lohnniveau ermöglicht. Den Schwellenländern ist dies nicht möglich, weil sie trotz tiefer Löhne zu wenig produktiv sind in diesen Tätigkeiten.

Abbildung 49: Wertschöpfungsintensität zu Lohnkosten der Vorleistungen

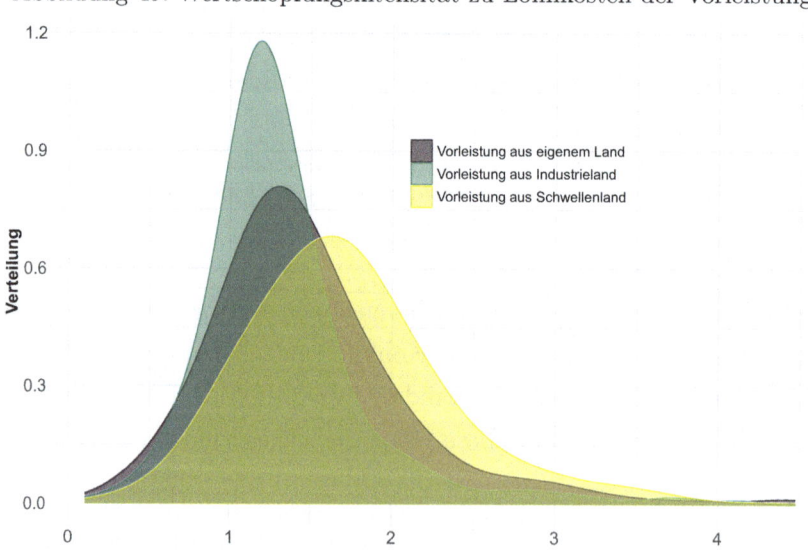

Quelle: Siehe Abbildung 47. Hinweise: Die hier gezeigten Werte dividieren die Werte der Abbildung 47 durch die Werte der Abbildung 48.

Diese empirischen Beobachtungen decken sich auch mit den zuvor dargelegten Überlegungen, wonach wertschöpfungsintensive Tätigkeiten entweder am heimischen Standort verbleiben oder in andere Industrieländer verlagert werden. Werden Vorleistungen aus anderen Industrieländern bezogen, so dürften die Gründe weniger darin liegen, Kostenunterschiede auszunutzen, sondern eher darin, komplementäre Tätigkeiten aus dem Ausland zu beziehen, wie eingangs des Kapitels erläutert. Wie Abbildung 47 deutlich zeigt, dürfte es sich hingegen bei Vorleistungen aus Schwellenländern oftmals um weniger wertschöpfungsintensive Vorleistungen handeln. Dabei dürfte das Motiv hauptsächlich darin liegen, Kostenvorteile auszunutzen, wodurch, wie Abbildung 49 zeigt, die geringere Produktivität in den entsprechenden Tätigkeiten durch das in Schwellenländern tiefer liegende Lohnniveau mehr als kompensiert wird.[16] Dass die gelbe Verteilung rechts von den anderen liegt und der Mittelwert grösser eins ist, dürfte daran liegen, dass die Löhne von den anderen Bereichen in den Schwellenländern mitbestimmt werden. Aufgrund der insgesamt tiefen Produktivität liegen auch die Löhne in den Vorleistungen produzierenden Bereichen unter der Produktivität.[17]

Auswirkungen des internationalen Outsourcings

Nach der Darlegung empirischer Evidenz zu den Gründen für die Entstehung globaler Wertschöpfungsketten, betrachten wir als Nächstes anhand dreier wichtiger Grössen die Auswirkungen der Verlagerung von Tätigkeiten auf die vorleistungsbeziehenden Branchen, wie wir dies im vorherigen Abschnitt diskutierten. Basierend auf den konzeptionellen Überlegungen zu Beginn des Kapitels fokussieren wir uns auf die Beschäftigung, die Arbeitsproduktivität und die F&E-Tätigkeiten als Indikatoren für die zukünftige Produktivität. Aufgrund der eingangs zu diesem Kapitel angestellten konzeptionellen Überlegungen würden wir tendenziell erwarten, dass das (internationale) Outsourcing von einzelnen Tätigkeiten in der Wertschöpfungskette die Produktivität sowohl im Ursprungs- wie auch im Zielland erhöht und damit zu einer Steigerung des Lohnniveaus beiträgt. Allerdings implizieren solche Verlagerungen kurzfristig immer auch strukturelle Veränderungen, welche in einem Land zu Gewinnern und Verlierern führen können und insbesondere die bisherigen Inhaber von zu verlagernden Tätigkeiten vor hohe Herausforderungen stellen.

Abbildung 50 illustriert – allgemein formuliert – den Zusammenhang zwischen (a) Outsourcing und Beschäftigung sowie (b) Outsourcing und Produktivität im Inland. Konkret zeigt das linke Schaubild von Abbildung 50 den Zusammenhang zwischen Beschäftigung und dem Bezug ausländischer Vorleistungen für verschiedene Branchen und Länder des Industriesektors während des Zeitraums 2000-2014 auf. Dabei teilen wir die Branchen wiederum nach Low-Tech (z.B. Textilien), Mid-Tech (z.B. Maschinenbau) und High-Tech (z.B. Pharmazeutische Produkte) auf. Das Schaubild impliziert für Mid-Tech- und Low-Tech-Branchen einen negativen Zusammenhang: Je grösser der Anteil der bezogenen Vorleistungen aus dem Ausland, desto geringer die Beschäftigung. Für High-Tech Branchen ist jedoch kein Zusammenhang ersichtlich: ein höherer Anteil von ausländischen Vorleistungen geht hier nicht mit einer geringeren Beschäftigung einher. Wie aus der Theorie erwartet, ist der Bezug von ausländischen Vorleistungen für alle drei Branchen-Klassifikationen eindeutig positiv korreliert mit einer höheren Arbeitsproduktivität (rechtes Schaubild der Abbildung 50).

Abbildung 50: Zusammenhang zwischen ausländischen Vorleistungen und der Beschäftigung zum einen und der Arbeitsproduktivität zum anderen

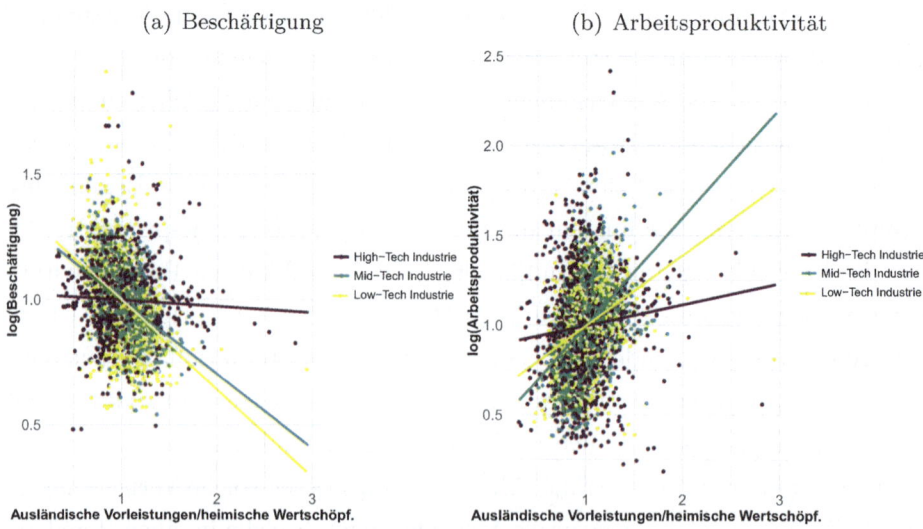

Quelle und Hinweise: Eigene Berechnungen basierend auf der WIOD. Daten zeigen Branchen des Industriesektors über den Zeitraum 2000 bis 2014 verschiedener Industrieländer und der Schweiz. Um die Daten vergleichbar zu machen, wurde jede Branche-Land-Kombination anhand des jeweiligen Durchschnitts über alle Jahre normalisiert: $log(x_{it}) - \frac{1}{t}\sum_t log(x_{it})$, mit x_{it} als Wert der Branche i zum Zeitpunkt t.

Diese Resultate bestätigen sich auch anhand einer statistischen Analyse, wie die Regressionsanalyse in Tabelle 1 zeigt. Um für allgemeinen Produktivitätsfortschritt und branchenspezifische Nachfrageeffekte zu kontrollieren, verwenden wir das reale BIP pro Kopf und die branchenspezifische reale Wertschöpfung. Zeitunabhängige Heterogenitäten zwischen Branchen-Länder-Kombinationen werden durch sogenannte Fixed-Effekte erfasst. Mit diesem Ansatz werden nur Veränderungen über die Zeit innerhalb einer jeden Branchen-Länder-Kombination erfasst. Die Effekte aller über die Zeit konstanter Faktoren, wie beispielsweise die geografische Lage eines Landes, eine gemeinsame Grenze zwischen zwei Ländern oder eine gemeinsame Sprache, werden dadurch herausgefiltert. Zudem verwenden wir Zeit-Fixed-Effekte. Dadurch werden allgemeine jährliche Veränderungen herausgefiltert, die alle Branchen und Länder betreffen, wie beispielsweise der weltweite Konjunktureinbruch während der Weltwirtschaftskrise 2007-2010. Aufgrund der Verwendung der Variablen in logarithmierter Form, können die Schätzergebnisse als Elastizitäten interpretiert werden.

Spalte (1) deckt sich mit dem linken Schaubild der Abbildung 50: Ausländische Vorleistungen wirken sich demnach negativ auf die Beschäftigung in Mid- und Low-Tech-Branchen aus. Keinen signifikanten Einfluss lässt sich dagegen für High-Tech-Branchen feststellen. Diese empirische Beobachtung stimmt mit den zuvor gemachten Überlegungen überein, wonach die Preiselastizität der Nachfrage eine wichtige Rolle bei den Auswirkungen von Offshoring auf die Beschäftigung spielen dürfte. Wird zwischen Vorleistungen aus Industrieländern und Schwellenländern differenziert, so zeigt sich, dass die Beschäftigung in High-Tech-Branchen durch Vorleistungen aus Industrieländern eher zunimmt, wobei der Effekt statistisch nicht signifikant ist (Spalte 2). Vorleistungen aus Schwellenländern dürften hingegen eher Substitute zu Tätigkeiten in Industrieländern darstellen: Es zeigt sich ein signifikant-negativer Zusammenhang für alle drei Kategorien des Industriesektors (Spalte 3). Diese Ergebnisse deuten daraufhin, dass Vorleistungen aus dem Ausland für High-Tech Branchen kaum Arbeitskräfte ersetzen, wohingegen bei Mid-Tech und Low-Tech-Branchen es eher zur Substitutionen von heimischen Tätigkeiten durch ausländische Tätigkeiten kommen dürfte.

In Tabelle 2 wird der Zusammenhang zwischen Outsourcing und Produk-

Tabelle 1: Regressionsergebnisse zu Vorleistungen und Beschäftigung

	Abhängige Variable: log(Beschäftigung)		
	VL Ausland	VL Industriel.	VL Schwellenl.
	(1)	(2)	(3)
High-Tech*(ausl. Vorl./Wertsch.)	−0.001	0.047	−0.724***
	(0.032)	(0.046)	(0.234)
Mid-Tech*(ausl. Vorl./Wertsch.)	−0.221***	−0.183***	−1.781***
	(0.049)	(0.065)	(0.266)
Low-Tech*(ausl. Vorl./Wertsch.)	−0.215**	0.255*	−3.456***
	(0.095)	(0.148)	(0.557)
Beobachtungen	4,050	4,050	4,050

*, **, und *** bezeichnen signifikante Koeffizienten auf dem 10%-, 5%-, und 1%-Level. Standardfehler sind 'clustert' und in Klammern ausgewiesen. Alle Schätzungen enthalten das BIP pro Kopf, die branchenspezifische reale Wertschöpfung (beide Variablen jeweils in logarithmierter Form) sowie Jahres- und Land-Branchen-Fixed-Effekte.

tivität vertieft, und zwar auf der Basis einer Regressionsanalyse zum Zusammenhang zwischen ausländischen Vorleistungen und der Arbeitsproduktivität.[18] Da die Arbeitsproduktivität die Wertschöpfung beinhaltet, wird die branchenspezifische Wertschöpfung nicht als Kontrollvariable einbezogen. In allen untersuchten Spezifikationen zeigt sich ein signifikant-positiver Zusammenhang zwischen ausländischen Vorleistungen und der Arbeitsproduktivität für Low- und Mid-Tech-Branchen (Spalte 1-3).

Tabelle 2: Regressionsergebnisse zu Vorleistungen und Arbeitsproduktivität

	Abhängige Variable: log(Arbeitsprod.)		
	VL Ausland	VL Industriel.	VL Schwellenl.
	(1)	(2)	(3)
High-Tech*(ausl. Vorl./Wertsch.)	0.039	−0.059	1.044***
	(0.046)	(0.086)	(0.293)
Mid-Tech*(ausl. Vorl./Wertsch.)	0.272***	0.141	2.006***
	(0.089)	(0.095)	(0.447)
Low-Tech*(ausl. Vorl./Wertsch.)	0.257***	0.239**	1.742***
	(0.077)	(0.110)	(0.449)
Beobachtungen	4,050	4,050	4,050

*, **, und *** bezeichnen signifikante Koeffizienten auf dem 10%-, 5%-, und 1%-Level. Standardfehler sind 'clustert' und in Klammern ausgewiesen. Alle Schätzungen enthalten das BIP pro Kopf (in logarithmierter Form) sowie Jahres- und Land-Branchen-Fixed-Effekte.

Man könnte nun meinen, dass der Produktivitätszuwachs in Low- und Mid-Tech-Branchen durch Arbeitsplätze „erkauft" wurde, was wiederum mit einem kleineren Industriesektor einhergehen dürfte. Hierbei gilt es jedoch zwei Punkte zu beachten. Erstens stellt sich die Frage, was wäre passiert, wenn Unternehmen nicht ausländische Vorleistungen beziehen, obwohl die Möglichkeit dazu besteht. Solche Unternehmen würden an Wettbewerbsfähigkeit verlieren; einige davon würden ganz vom Markt verschwinden. Die negativen Effekte auf die Zahl an abgebauten Arbeitsplätzen wäre somit höher als wenn nur Teile der Unternehmen ins Ausland verlagert werden. Zweitens dürfte die höhere Produktivität dazu beitragen, dass insgesamt eine grössere Menge an Gütern angeboten werden kann. Dieser Effekt könnte die Zahl der Beschäftigten erhöhen und die durch Vorleistungen aus dem Ausland abgebauten Arbeitsplätze zumindest teilweise kompensieren. Ob dies der Fall ist, dürfte wiederum stark von der Preiselastizität der Nachfrage abhängen. Jedoch kann ein solcher „allgemeiner Gleichgewichtseffekt" von unserer einfachen empirischen Analyse nicht erfasst werden, da ein solcher erst im Zeitverlauf auftreten würde.

Dabei sind die gleichen Mechanismen am Werk wie beim technologischen Fortschritt, wie wir dies in den Kapiteln 3 und 4 aufgezeigt haben. Der Unterschied besteht im Wesentlichen darin, dass nun nicht ein technologischer Fortschritt, sondern der Bezug von ausländischen Vorleistungen zu einer höheren Produktivität und damit zu einer Rechtsverschiebung der Angebotskurve führt. Schliesslich ist darauf hinzuweisen, dass die Erkenntnisse aus Tabelle 2 konsistent mit der in Kapitel 4 beobachtbaren Realerhöhung für alle drei Industriebereiche für die Schweiz sind. Es ist zu erwarten, dass der hier konstatierte positive Effekt des Outsourcings auf die Arbeitsproduktivität auch einen positiven Effekt auf die durchschnittlichen Reallöhne in Low-, Mid- und High-Tech Branchen im Inland hatte.

Negative Spillovers auf Forschung und Entwicklung?

Des weiteren besteht die Möglichkeit, dass durch Verlagerungen mancher Tätigkeiten in andere Länder positive Spillover-Effekte zwischen vormals an einem Ort ausgeübten Tätigkeiten und nun geografisch getrennten Tätigkeiten verloren gehen könnten. Für die Schweiz dürfte, wie oben erwähnt, dabei insbesondere die Frage wichtig sein, ob es zu Verlagerungen von F&E-Tätigkeiten kommen könnte. Hierfür finden wir kaum Anhaltspunkte. Abbildung 51 zeigt den Zusammenhang zwischen dem Anteil der ausländischen Vorleistungen an der inländischen Wertschöpfung sowie dem Anteil der F&E-Ausgaben an der inländischen Wertschöpfung für die drei Industriebereiche auf. Als Daten verwenden wir wiederum die WIDO und beschränken uns dabei auf die G7-Länder plus die Schweiz während des Zeitraums 2000-2014. Wie aus Abbildung 51 ersichtlich ist, dürfte im Gegenteil ein Mehr an ausländischen Vorleistungen sich positiv auf die F&E-Tätigkeit bei High-Tech-Branchen auswirken. Einzig bei den Low- und Mid-Tech-Branchen ist ab einem gewissen Level an ausländischen Vorleistungen mit einer Abnahme der F&E-Tätigkeit zu rechnen. Irgendwann verliert man wohl diejenigen Branchen, die sich durch die geringste relative Produktivität auszeichnen ganz (d.h. inklusive der F&E-Tätigkeit). Das ist aber der Preis dafür, dass dadurch erst die Möglichkeit geschaffen wird, knappe Ressourcen für die relativ produktivsten Branchen und Tätigkeiten zu nutzen.

Abbildung 51: Zusammenhang zwischen Vorleistungen aus dem Ausland und der F&E Tätigkeit von Branchen des Industriesektors

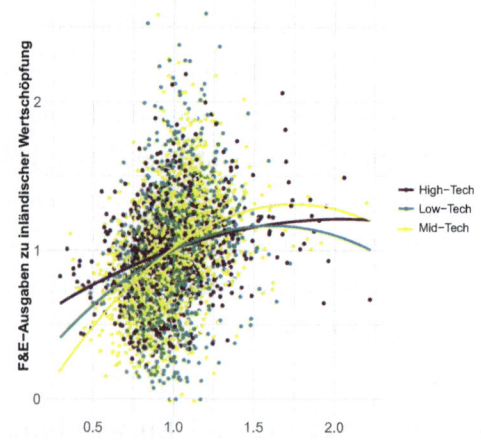

Quelle und Hinweise: Eigene Berechnungen basierend auf der WIOD und OECD-STAN Datenbank. Daten zeigen Branchen der G7-Staaten und der Schweiz. Um die Daten vergleichbar zu machen, wurde jede Branche-Land-Kombination anhand des jeweiligen Durchschnitts über alle Jahre normalisiert: $\frac{x_{it}}{\frac{1}{t}\sum_{t} x_{it}}$, *mit x_{it} als Wert der Branche i zum Zeitpunkt t. Für die Schweiz stehen nur Daten der Pharma- und Uhrenindustrie zur Verfügung.*

Diese Zusammenhänge können nur teilweise anhand einer Regressionsanalyse bestätigt werden. Wie aus Spalte (1) der Tabelle 3 ersichtlich, zeigt sich ein positiver Effekt für High-Tech-Branchen. Gleichzeitig lässt sich ein umgekehrt u-förmiger Verlauf für Mid-Tech-Branchen feststellen, nicht jedoch für Low-Tech-Branchen. Vorleistungen aus Industrieländern weisen ebenfalls einen umgekehrt u-förmiger Zusammenhang für High- und Mid-Tech-Branchen auf (Spalte 2). Bezüglich Vorleistungen aus Schwellenländern zeigt sich sowohl bei High- als auch bei Low-Tech-Branchen kein Zusammenhang, bei Mid-Tech-Branchen ein umgekehrt u-förmiger Zusammenhang (Spalte 3). In Übereinstimmung mit den zuvor gemachten konzeptionellen Überlegungen legen diese Resultate nahe, dass eine Zunahme ausländischer Vorleistungen tendenziell mit einer Erhöhung der F&E Tätigkeiten einhergeht, es aber auch ab einem gewissen Level ausländischer Vorleistungen zu einem Rückgang der F&E Tätigkeiten kommen kann. Dies dürfte insbesondere bei Vorleistungen aus anderen Industrieländern der Fall sein. Demgegenüber dürfte es bisher für Unternehmen aus Industrieländern kaum lohnenswert gewesen sein, F&E Tätigkeiten in grossem Stil in Schwellenländer zu verlagern, was mit den unterschiedlichen Rahmenbedingungen bezüglich F&E Tätigkeiten in Industrie- und Schwellenländern zusammenhängen dürfte.

Tabelle 3: Regressionsergebnisse zu Vorleistungen und F&E

	Abhängige Variable: F&E relativ zu Wertschöpfung		
	VL Ausl. (1)	VL Industriel. (2)	VL Schwellenl. (3)
High-Tech*(ausl. Vorl./Wertsch.)	0.085** (0.042)	0.171** (0.073)	0.208 (0.198)
Mid-Tech*(ausl. Vorl./Wertsch.)	0.023*** (0.008)	0.027** (0.011)	0.099*** (0.038)
Low-Tech*(ausl. Vorl./Wertsch.)	0.015 (0.011)	0.011 (0.014)	0.114* (0.068)
High-Tech*(ausl. Vorl./Wertsch.)^2	−0.011 (0.008)	−0.041** (0.020)	−0.045 (0.182)
Mid-Tech*(ausl. Vorl./Wertsch.)^2	−0.003** (0.001)	−0.004* (0.002)	−0.068* (0.040)
Low-Tech*(ausl. Vorl./Wertsch.)^2	−0.001 (0.005)	0.004 (0.009)	−0.209 (0.189)
Beobachtungen	3,453	3,453	3,453

*, **, und *** bezeichnen signifikante Koeffizienten auf dem 10%-, 5%-, und 1%-Level. Standardfehler sind 'geclustert' und in Klammern ausgewiesen. Alle Schätzungen enthalten das BIP pro Kopf (in logarithmierter Form) sowie Jahres- und Land-Branchen-Fixed-Effekte.

Fassen wir die Ergebnisse zusammen. Verlagerung von einzelnen Tätigkeiten ins Ausland gehen mit Produktivitätssteigerungen am heimischen Standort einher. Ein wichtiger Grund dürfte sein, dass relativ unproduktive Tätigkeiten verlagert werden. Die damit einhergehende Selektion führt zu einer höheren Arbeitsproduktivität. Zudem dürften ausländische Vorleistungen mit höheren heimischen F&E Ausgaben einhergehen, solange es sich um Branchen des High- und Mid-Tech-Bereichs handelt. Demgegenüber gibt es aber auch Anzeichen, dass ab einem gewissen Level an ausländischen Vorleistungen, die aus anderen Industrieländern bezogen werden, F&E-Tätigkeiten am heimischen Standort reduziert werden. Dies gilt aber tendenziell für Branchen mit der tiefsten Produktivität. Trotz dieser insgesamt positiven Effekte darf nicht vergessen werden, dass damit immer auch Umstrukturierungen verbunden sind, welche für einzelne Akteure eine grosse Herausforderung bedeuten. Es ist zum Beispiel möglich, dass Niedrig-Qualifizierte in Industrieländern dadurch (vor staatlicher Umverteilung) verlieren, während es in Schwellenländern genau umgekehrt ist.[19]

Internationale Wertschöpfungsketten und der Schweizer Industriesektor

Welche Folgerungen ergeben sich aus den konzeptionellen Überlegungen und den vorgestellten empirischen Erkenntnissen für den schweizerischen Industriesektor? Wir betrachten zuerst die Bedeutung ausländischer Vorleistungen und widmen uns dann der geographischen Dimension von Exporten, Importen und Vorleistungen. Wiederum lassen wir die Daten sprechen.

Relativ geringe Vorleistungen aus Schwellenländern

Wir errechnen im Folgenden die Entwicklung ausländischer Vorleistungen in Relation zur heimischen Wertschöpfung, die der Schweizer Low-, Mid- und High-Tech Bereich bezieht. Dabei vergleichen wir die Entwicklung in der Schweiz mit der durchschnittlichen Entwicklung in den G7-Ländern (Deutschland, England, Frankreich, Italien, Japan, Kanada, USA). Wir unterscheiden zwischen Vorleistungen aus (anderen) Industrieländern und Vorleistungen aus Schwellenländern. Abbildung 52 zeigt die Entwicklung seit 2000 auf.

Folgende zwei Aspekte fallen auf. Die Schweizer Industriebranchen beziehen vergleichsweise viel Vorleistungen aus Industrieländern, aber vergleichsweise wenig aus Schwellenländern. Dabei bezogen Schweizer Branchen des High-Tech Bereichs am meisten und Branchen des Low-Tech Bereichs der G7-Länder am wenigsten ausländische Vorleistungen in Relation zur heimischen Wertschöpfung. Zudem weisen die G7-Staaten ein starkes Wachstum von ausländischen Vorleistungen in Relation zur heimischen Wertschöpfung auf, insbesondere auch von Vorleistungen aus Schwellenländern. Demgegenüber ist der Wert der Vorleistungen in Relation zur heimischen Wertschöpfung,

Abbildung 52: Entwicklung ausländische Vorleistungen verschiedener Bereiche des Industriesektors

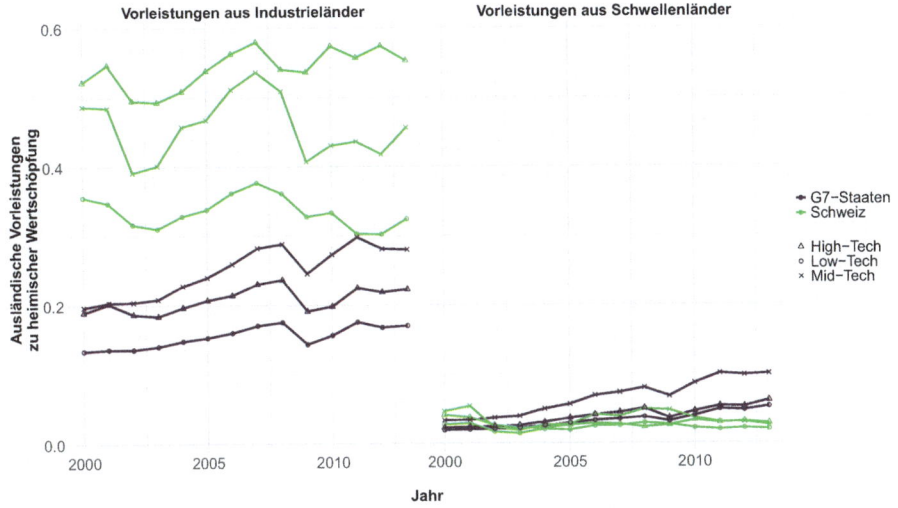

Quelle und Hinweise: Eigene Berechnungen basierend auf der WIOD.

den Schweizer Unternehmen aus Schwellenländern beziehen, seit 2009 eher rückläufig.

Das könnte unterschiedliche Gründe haben. Möglich ist die starke Zunahme des Wertes des Schweizer Frankens gegenüber verschiedenen anderen Währungen; die Aufwertung führt dazu, dass der Wert der Vorleistungen in Schweizer Franken abnimmt, was – alles andere gleich – den Anteil der im Ausland erfolgten Wertschöpfung für Schweizer Unternehmen verringert. Auch wäre es möglich, dass vor allem Schweizer Unternehmen eher negative Erfahrungen mit Auslagerungen in Schwellenländern gemacht haben. Ein Grund könnte die hohe Qualität der Schweizer Produkte sein, was wiederum sehr hochwertige Vorleistungen voraussetzt, die eventuell nur beschränkt aus Schwellenländern bezogen werden können. Auch wäre denkbar, dass zahlreiche Schweizer Unternehmen des Industriesektors Möglichkeiten der internationalen Arbeitsteilung ungenutzt lassen.

In den letzteren Fällen würde die starke Zunahme ausländischer Vorleistungen von Unternehmen der G7-Staaten des Mid- und Low-Tech Bereichs zu einem Anstieg der internationalen Wettbewerbsfähigkeit der dortigen Firmen gegenüber Schweizer Unternehmen führen. Wie unsere obigen Analysen zeigen, dürfte insbesondere eine Verlagerung von Tätigkeiten in Schwellenländern zu einer Erhöhung der heimischen Arbeitsproduktivität führen. Zudem dürften im Innerschweizer-Vergleich Branchen des High-Tech Bereichs gegenüber den Mid-und Low-Tech Branchen stärker von ausländischen Vorleistungen profitieren, da die Schweizer High-Tech Branchen relativ zu den anderen Schweizer Industriebranchen einen höheren Anteil ausländischer Vorleistungen aufweisen. Da verschiedene Branchen innerhalb eines Landes über den Arbeitsmarkt in Konkurrenz stehen (siehe Kapitel 4), dürfte dies ebenfalls die Wettbewerbsfähigkeit von Schweizer Unternehmen des Mid- und Low-Tech Bereichs beeinträchtigen. Diese Überlegungen würden zu den zentralen Ergebnissen in Teil I des Buches passen, wonach innerhalb des Schweizer Industriesektors ein Strukturwandel hin zu High-Tech zu beobachten ist.

Geographische Dimension

Als nächstes betrachten wir die geografische Dimension des Schweizer Aussenhandels, um die Positionierung des Schweizer Industriesektors im globalen Handelssystem besser zu verstehen. Dies ist insbesondere vor dem Hintergrund zunehmender Unsicherheiten und Gefahren der Unterbrechungen von internationalen Wertschöpfungsketten von Bedeutung. Dabei analysieren wir zuerst die geografische Verteilung der Schweizer Güterexporte und beziehen anschliessend die geografische Verteilung der importierten Vorleistungen des Schweizer Industriesektors mit ein. Die daraus gewonnenen Erkenntnisse ermöglichen es, die Auswirkungen ausländischer Handelspolitik oder Wechselkursveränderungen auf den Schweizer Industriesektor besser einschätzen zu können.

Dabei fokussieren wir uns auf unilaterale Beschränkungen des Handels durch das Ausland und gehen anschliessend auf Wechselkursschwankungen ein, die insbesondere vor dem Hintergrund des starken Schweizer Frankens von Interesse sein dürften. Als Beispiel für Handelsbeschränkungen sei die Debatte unter der Präsidentschaft Donald Trump mit dem Stichwort „America First" in den USA genannt, wo Einfuhrbeschränkungen in die USA eine wichtige Rolle spielten. Lieferengpässe können aber auch durch unerwartete

Katastrophen entstehen, wie die Menschheit in den Jahren 2020 und 2021 mit der COVID-19 Pandemie erfahren musste: Lieferketten wurden unterbrochen mit relativ grossen und breiten negativen Effekten auf die Lieferbarkeit von Produkten. Diese umfassten aber nicht nur Desinfektionsmittel, Masken und medizinische Geräte, sondern zum Beispiel auch Automobile (Stichwort „Computer-Chips").

Abbildung 53 zeigt die Verteilung der Exporte von Konsumgütern bzw. Endprodukten des Industriesektors im Jahr 2014 für 42 verschiedene Exportdestinationen. Die Konsumgüterexporte entfallen dabei hauptsächlich auf Mitteleuropa, die USA sowie abgeschwächt auf China und Russland. Etwas anders verhält es sich mit Exporten von Vorleistungen bzw. Zwischenprodukten des Schweizer Industriesektors (Abbildung 54).

Abbildung 53: Verteilung der Schweizer Exporte von Endprodukten des Industriesektors im Jahr 2014

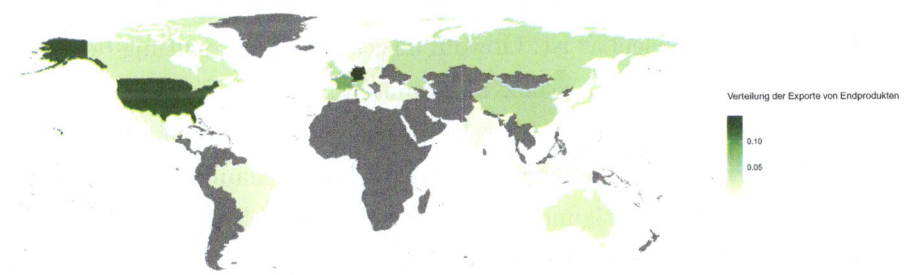

Quelle und Hinweise: Eigene Berechnungen basierend auf der WIOD. Werte stehen für 42 Handelspartner der Schweiz zur Verfügung. Für Länder mit grau hinterlegter Fläche stehen keine Daten zur Verfügung.

Hier zeigt sich eine klare Fokussierung auf die drei grossen Nachbarstaaten Deutschland, Frankreich und Italien. Demnach verkaufen Schweizer Industrieunternehmen Güter, die als Vorleistungen verwendet werden, eher regional und Güter für den Konsum global. Dies wird nochmals deutlicher, wenn man die Exporte des Schweizer Industriesektors mit den Exporten des Industriesektors der G-7 Länder vergleicht.

Abbildung 55 zeigt, dass der Schweizer Industriesektor sowohl bei expor-

Abbildung 54: Verteilung der Schweizer Exporte von Vorleistungen bzw. Zwischenprodukten des Industriesektors im Jahr 2014

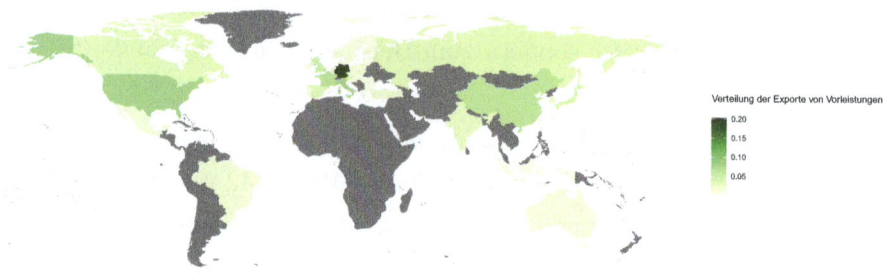

Quelle und Hinweise: Eigene Berechnungen basierend auf der WIOD. Werte stehen für 42 Handelspartner der Schweiz zur Verfügung. Für Länder mit grau hinterlegter Fläche stehen keine Daten zur Verfügung.

tierten Endprodukten (linke Abbildung) wie auch bei Exporten von Vorleistungen (rechte Abbildung) mit der Entwicklung anderer, der EU zugehörenden G7-Länder vergleichbar ist. Obwohl insgesamt die Bedeutung der EU für Schweizer Exporte im Zeitverlauf abnimmt, nimmt die Bedeutung der Exporte von Vorleistungen gegenüber Exporten von Endprodukten in die EU zu, wie ein Vergleich des linken mit dem rechten Schaubild der Abbildung 55 zeigt. Die Berücksichtigung einer solchen unterschiedlichen Entwicklung dürfte beispielsweise für die Bewertung der bilateralen Verträge zwischen der Schweiz und der EU wichtig sein. Darauf kommen wir in Teil III des Buches zurück.

Nachdem wir die geografische Struktur von Vorleistungs- und Konsumexporten des Schweizer Industriesektors betrachtet haben, beziehen wir als nächstes die importierten Vorleistungen des Schweizer Industriesektors mit ein. Damit lässt sich eine Aussage machen, wie gut die Schweizer Handelsströme gegenüber Währungsschwankungen durch natürliches Hedging zwischen importierten Vorleistungen aus verschiedenen Währungsräumen und Exporte in die entsprechenden Währungsräume geschützt sind.[20] Abbildung 56 zeigt die importierten Vorleistungen in Relation zu den gesamten Exporten des Schweizer Industriesektors für jede der in den Daten enthaltenen 42

Abbildung 55: Relative Exporte von Endprodukten und Vorleistungen in die EU

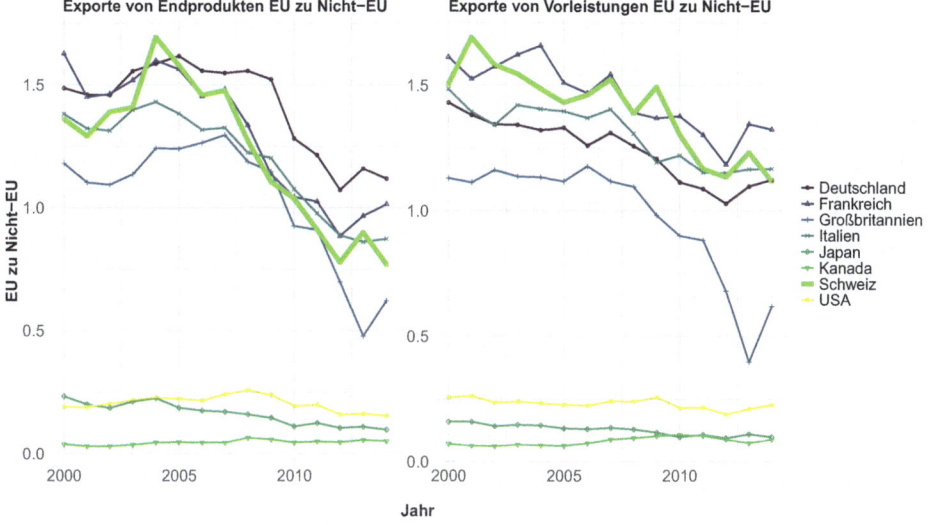

Quelle und Hinweise: Eigene Berechnungen basierend auf der WIOD.

Handelspartnerinnen.

Abbildung 56: Importierte Vorleistungen zu gesamte Exporte (Durchschnitt der Vor-Krisen-Jahre 2006-2008)

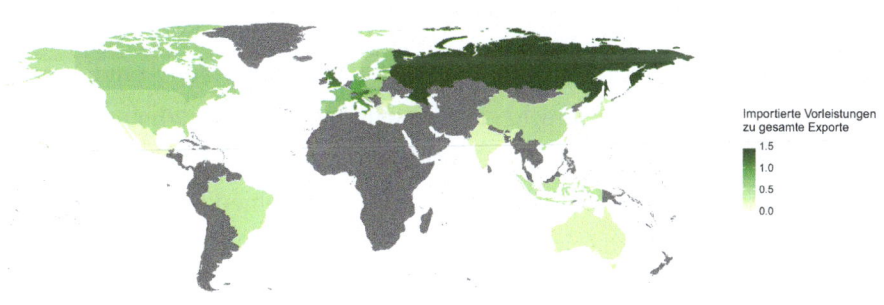

Quelle und Hinweise: Siehe Abbildung 54.

Dabei verwenden wir den Dreijahresdurchschnitt vor der Weltwirtschaftskrise (2006-2008), um besser abschätzen zu können, inwiefern die Schweizer Handelsstruktur dazu beigetragen hat, die anschliessenden starken Währungsschwankungen abzufedern. Unter der sehr restriktiven Annahme, dass Exporte und Importe mit jeder Handelspartnerin gleich stark auf Währungsveränderungen reagieren, würde ein Wert in Richtung eins bedeuten, dass ein grösserer Teil der Handelsströme einem natürlichen Hedge unterliegt. Ein Wert von eins würde bedeuten, dass die Schweizer Industrie als Ganzes gleich viel importiert wie exportiert und somit kaum von Währungsschwankungen betroffen sein dürfte.[21]

Betrachten wir Abbildung 56 genauer, so zeigt sich, dass insbesondere Länder des Eurowährungsraums bei importierten Vorleistungen zu Exporten einen Wert von nahe eins aufweisen. Die aufgrund der Aufwertung des Frankens gegenüber dem Euro zu verzeichnenden Rückgänge der Exporterlöse, ausgedrückt in Schweizer Franken, dürfte der Schweizer Industriesektor demnach teilweise durch, in Schweizer Franken ausgedrückt, günstigere importierte Vorleistungen wettgemacht haben. Dies könnte mit ein Grund sein, weshalb die Schweizer Wirtschaft bisher überraschend gut dem starken Franken getrotzt hat.[22] Damit lässt sich schlussfolgern, dass der Schweizer Industriesektor aufgrund der geografischen Verteilung der Handelsströme einen gewissen Schutz gegenüber Währungsrisiken haben dürfte. Jedoch basiert diese Darlegung auf aggregierten Grössen des Industriesektors, welche Unterschiede zwischen Unternehmen verschiedener Branchen und zwischen Unternehmen innerhalb einer Branche verschleiern.

Was lernen wir daraus? Die geografische Verteilung von Handelsströmen ist wichtig, und zwar aus verschiedenen Gründen. Grundsätzlich gilt, dass die geographische Diversifikation die Schweiz weniger anfällig macht für verschiedene Arten von Schocks (Konjunkturschocks in einzelnen Partnerländern oder eben Wechselkursveränderungen). Ähnlich wie bei einem Wertpapierportfolio dürften demnach Importe im Wert von X Franken aus Land A nicht unbedingt gleichwertig zu Importen im Wert von X Franken aus Land B sein. Gleiches gilt auch für Exporte. Schliesslich ist, wie wir gezeigt haben, auch die vertikale Struktur wichtig. Dies zu berücksichtigen, dürfte für die Schweizer

Wirtschaftspolitik und auch für Schweizer Unternehmen von hoher Bedeutung sein. Darauf kommen wir in Teil III des Buches zurück.

Was heisst dies nun für die „De-Industrialisierung"?

In diesem Kapitel haben wir uns mit globalen Wertschöpfungsketten des Industriesektors auseinandergesetzt. Nun betten wir diese konzeptionellen Überlegungen und empirischen Befunde in das Thema De-Industrialisierung ein. In Kapitel 3 zeigten wir, dass ein ungleiches Produktivitätswachstum zwischen Industrie- und Dienstleistungssektor sowie ein relativ stärkerer Anstieg der Nachfrage nach Dienstleistungen aufgrund eines steigenden Einkommens in Industrieländern tendenziell den strukturellen Wandel hin zu Dienstleistungen fördern.

Wie die Analyse in diesem Kapitel zeigt, dürften internationale Wertschöpfungsketten zu höherer Produktivität führen, weil es damit möglich wird, komparative Vorteile einzelner Tätigkeitsschritte auszunutzen, indem diese in verschiedenen Ländern ausgeführt werden. Damit diese Möglichkeit vermehrt genutzt wird, bedarf es niedrigerer Kosten des Austausches einzelner Tätigkeitsschritte über geografische Distanzen sowie tieferer Informations- und Kommunikationskosten (IKK). Dazu kommen allenfalls sinkende Kosten der Koordination und Abstimmung einzelner Schritte in dezentralisierten internationalen Wertschöpfungsketten. Diese Kosten sind insbesondere seit den 1990er Jahren stark gesunken, was die Internationalisierung von Wertschöpfungsketten förderte. Davon dürfte der Industriesektor im Durchschnitt mehr profitiert haben bzw. tangiert worden sein als der Dienstleistungssektor.

Rufen wir uns nochmals die Überlegungen zu Abbildung 44 in Erinnerung, so bedeutet dies, dass der Dienstleistungssektor einen höheren Anteil an Tätigkeiten aufweist, deren Output international nicht gut handelbar ist. Dafür sind hauptsächlich zwei Gründe verantwortlich. Zum einen weisen Dienstleistungen tendenziell höhere Marktzugangsbarrieren auf. Ein Beispiel sind unterschiedliche Zertifizierungen zur Ausübung von gleichen Berufen. Ein wesentlich wichtiger Grund dürfte aber sein, dass viele Dienstleistungen ein hohes Mass an persönlichem Kontakt voraussetzen. Beispiele sind Lehrtätigkeiten oder die Tätigkeiten im Bereich der medizinischen Versorgung. Verglichen mit den Kosten des Transports von Industriegütern und der Übertragung von Informationen, weist die Beförderung von Personen zudem nach wie vor hohe Kosten des Transports auf.[23]

Deshalb werden viele Tätigkeiten zur Erbringung von Dienstleistungen nach wie vor zentral an einem geografischen Ort ausgeführt. Beispiele sind Tätigkeiten in Krankenhäusern oder interaktive Vorlesungen in Hörsälen. Werden auswärtige Experten miteinbezogen, so ist dies mit grossem zeitlichen und finanziellen Aufwand verbunden. Die Erfahrungen mit COVID-19 und die während dieser Zeit entwickelten und genutzten Technologien (z.B. Zoom) könnten hier aber Erleichterungen zur Folge haben.[24] Im Folgenden zeigen wir zuerst empirische Evidenz für das relativ stärkere Offshoring im Industriesektor auf und diskutieren die Implikationen. Anschliessend widmen wir uns den Auswirkungen zukünftiger Veränderungen von internationalen Werschöpfungsketten.

Relativ stärkeres Offshoring im Industriesektor

Der erwartete Unterschied in der Handelbarkeit zwischen Dienstleistungen und Industriegütern innerhalb von Wertschöpfungsketten wird durch Abbildung 57 empirisch bestätigt. Das Schaubild zeigt für verschiedene Industrieländer und die Schweiz den Bezug ausländischer Vorleistungen in Relation zur inländischen Wertschöpfung auf, und dies sowohl für das Jahr 2000 (horizontale Achse) und das Jahr 2014 (vertikale Achse). Dabei vergleichen wir den Industriesektor mit dem Dienstleistungssektor und berücksichtigen zusätzlich, dass beide Sektoren auch Vorleistungen des anderen Sektors aus dem Ausland beziehen.

Drei Beobachtungen sind zentral. Erstens werden insbesondere im Industriesektor viel mehr ausländische Industriegütervorleistungen als Dienstleistungsvorleistungen bezogen. Zweitens nimmt der Anteil der ausländischen Industriegütervorleistungen von 2000 bis 2014 stärker zu als derjenige von ausländischen Dienstleistungsvorleistungen. Drittens bezieht der Industriesektor tendenziell viel mehr ausländische Vorleistungen, seien es Dienstleistungen wie auch Industriegüter, als der Dienstleistungssektor. Dies impliziert, dass industrielle Wertschöpfungsketten im Durchschnitt einen höheren Anteil

Abbildung 57: Ausländische Vorleistungen des Dienstleistungs- und Industriesektors

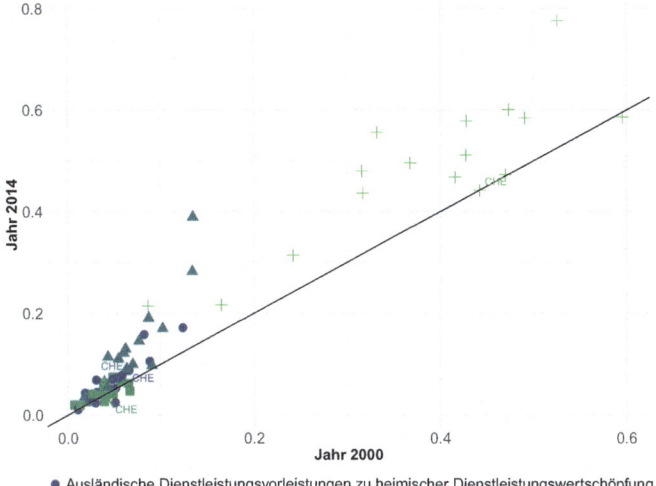

Ausländische Dienstleistungsvorleistungen zu heimischer Dienstleistungswertschöpfung
▲ Ausländische Dienstleistungsvorleistungen zu heimischer Industriewertschöpfung
■ Ausländische Industriegütervorleistungen zu heimischer Dienstleistungswertschöpfung
+ Ausländische Industriegütervorleistungen zu heimischer Indutriewertschöpfung

Quelle und Hinweise: Eigene Berechnungen basierend auf Daten der WIOD. Die Werte zeigen die ausländischen Vorleistungen in Relation zur heimischen Wertschöpfung für die Schweiz und 18 weitere Industrieländer, jeweils aufgeteilt nach Dienstleistungen und Industrie. Dabei wurden dieselben Industrieländer wie in Abbildung 47 verwendet. Die Gerade zeigt die 45° Linie. Für Werte darüber nahm zwischen 2000 und 2014 der Anteil ausländischer Vorleistungen zu.

ausländischer Vorleistungen aufweisen als Wertschöpfungsketten für Dienstleistungen und dass der Anteil in den Wertschöpfungsketten des Industriesektors im Zeitverlauf tendenziell mehr gestiegen ist.

Als Folge dürfte sich das ungleiche Produktivitätswachstum zwischen Industrie- und Dienstleistungssektor weiter verstärkt haben. Indizien dazu findet man sogar auf aggregierter Sektorebene, wie wir in Kapitel 3 festgestellt haben. Dort sahen wir, dass insbesondere seit Beginn des 21. Jahrhunderts die Entwicklung der relativen Arbeitsproduktivität zwischen Industrie- und Dienstleistungssektor noch stärker divergiert. Dies passt zu unseren Überlegungen in diesem Kapitel, da es zur etwa gleichen Zeit auch zu einer starken Zunahme globaler Wertschöpfungsketten im Industriesektor kam.

Verknüpfen wir diese Erkenntnisse mit den in Kapitel 3 gezeigten aggregierten Entwicklungen, so dürfte die in den letzten Jahrzehnten stattgefundene stärkere Zunahme von globalen Wertschöpfungsketten zur Herstellung von Industriegütern die relative Abnahme der Beschäftigung und der Wertschöpfung des Industriesektors zusätzlich verstärkt haben. Natürlich gelten solche Aussagen nur im Aggregat und können je nach Branchenstruktur des Industriesektors von Land zu Land unterschiedlich sein. Ausschlaggebend dürfte dabei sein, wie die jeweilige Nachfrage auf eine Zunahme des Angebots reagiert. Diesen Sachverhalt haben wir oben in Abbildung 46 dargelegt (Stichwort „Preiselastizität der Nachfrage") und gefolgert, dass Offshoring im Prinzip als äquivalent zu technologischem Fortschritt gesehen werden kann.

Insgesamt begegneten Unternehmen des Industriesektors bisher also weniger Friktionen bei der Auslagerung von Teilen ihrer Wertschöpfung ins Ausland als Unternehmen des Dienstleistungssektors. Die dadurch ausgelösten strukturellen Verschiebungen dürften deshalb zu einer stärkeren Internationalisierung der Wertschöpfungsketten von Industrieunternehmen und somit in diesem Sektor zu einem höheren Produktivitätsfortschritt geführt haben. Diesen Produktivitätsfortschritt, der in diesem Kapitel mit den internationalen Wertschöpfungsketten eine zusätzliche Determinante erhält, hatten wir in Teil I des Buches als zentrale Quelle für die relative Abnahme der Beschäftigung und der Wertschöpfung des Industriesektors relativ zum Dienstleistungssektor identifiziert.

Künftige Veränderungen in den Wertschöpfungsketten

Basierend auf diesen Entwicklungen beleuchten wir nun abschliessend mögliche Auswirkungen zukünftiger Veränderungen von globalen Wertschöpfungsketten. Dabei sind zwei Aspekte von Bedeutung. Zum einen dürften einfache Tätigkeiten durch die voranschreitende Digitalisierung verstärkt automatisiert und von Robotern übernommen werden. Unterschiede in den Lohnkosten zwischen Industrie- und Schwellenländer verlieren dann zusehends an Bedeutung. Stattdessen gewinnt die Nähe zum Konsumenten an Bedeutung. Da die Industrieländer insgesamt immer noch die höchste Kaufkraft aufweisen, könnten dadurch Produktionsprozesse, die in den letzten Jahren in Schwellenländer verlagert wurden, teilweise wieder verstärkt in Industrieländer zurückgeholt werden.[25] Eine solche Entwicklung wird „Re-Shoring" genannt.

Der Ausbruch des Corona-Virus Ende 2019 in der chinesischen Provinz Hubei und die damit einhergehende Abriegelung der ganzen Region führte zu einer abrupten Unterbrechung der Herstellung verschiedenster Vorleistungen. Dadurch kam es ab Februar 2020 zu spürbaren Beeinträchtigungen von internationalen Wertschöpfungsketten.[26] Vor dem Hintergrund dieser Erfahrung und den in Zukunft zu erwartenden ähnlichen Entwicklungen – zum Beispiel wegen des Klimawandels und des schwelenden (Handels-)Streits zwischen den USA und China – könnte es zu einem verstärkten Umdenken bei Unternehmen hinsichtlich internationaler Wertschöpfungsketten kommen. Der Fokus auf die Effizienz (Just-in-Time Produktion, Ausnutzung von Spezialisierungsvorteilen) könnte so durch Aspekte wie die „Resilienz" von Wertschöpfungsketten ergänzt werden. Um sich besser vor Beeinträchtigungen zu schützen und damit die Lieferfähigkeit zu garantieren, dürften Unternehmen versuchen, den Bezug von Vorleistungen vermehrt zwischen verschiedenen Herstellern und geografischen Standorten zu diversifizieren. Dadurch könnten zunehmend regionale Wertschöpfungsketten entstehen, wodurch die Produktion näher beim Konsumenten angesiedelt wäre. Ein solcher Trend bahnte sich bereits vor der Corona-Pandemie durch die voranschreitende Automatisierung der Produktion an („Re-Shoring") und wird nun möglicherweise beschleunigt.

Erste Anzeichen gibt es bereits, wie das Beispiel Adidas in Deutschland oder Ford in den USA zeigen.[27] In diesen Fällen „ersetzt die neue Technologie das Offshoring", was dazu führen kann, dass in Zukunft wieder grössere Teile der Wertschöpfung des Industriesektors in Industrieländern erwirtschaftet werden. Dadurch dürften aber nur wenige, grösstenteils hochqualifizierte Arbeitsplätze in der heimischen Industrie geschaffen werden. Aufgrund dieses Sachverhalts dürfte beispielsweise Donald Trumps „America First" Politik kaum zur erhofften starken Zunahme der Beschäftigung im Industriesektor führen. Denn falls Teile der ins Ausland verlagerten Industriewertschöpfung wieder in die USA zurück kommen, dann dürfte diese Wertschöpfung oftmals mit hohem Technologieeinsatz und stark automatisiert erzeugt werden. Deshalb lautet eine Konklusion eines Artikels in der New York Times auch „The long-term jobs killer is not China. It's automation".[28] Welchen Effekt ein solches „Re-Shoring" auf die Einkommensverteilung und auf andere Faktoren wie zum Beispiel die Umweltverschmutzung hat, ist eine offene Frage.

Der zweite Aspekt betrifft die „virtuelle Mobilität von Personen". Rufen wir uns nochmals in Erinnerung, dass eine starke Verringerung der IKK ein wesentlicher Grund für die starke Zunahme globaler Wertschöpfungsketten ist. Durch aktuelle Entwicklungen im Bereich der Digitalisierung könnten die Kosten des Transports von Personen ebenfalls massiv sinken. Dabei dürfte es sich weniger um den realen Transport von Personen handeln, als vielmehr die Möglichkeit, verschiedene Tätigkeiten aus der Distanz ausführen zu können. Solche „Remote Tasks" werden bereits heute schon angewendet oder zumindest erprobt, wie beispielsweise über geografische Distanzen durchgeführte Operationen durch Spezialisten mit Hilfe von Roboterarmen, das Steuern von Drohnen oder das Halten von Vorlesungen, bei denen die physische Präsenz des Dozenten durch einen „Avatar" wahrgenommen wird.[29]

Solche Entwicklungen könnten zukünftig den Transport von Personen über grössere Entfernungen zur Erbringung von Dienstleistungen oftmals unnötig machen. Dies könnte zu einer zunehmenden geografischen Trennung zwischen Erstellung und Erbringung von Dienstleistungen führen, die bisher von Personen vor Ort ausgeführt werden mussten. Dabei kann es sich auch um einzelne Tätigkeiten handeln, die nun geografisch an einem anderen Ort durchgeführt werden, und zusammen mit noch am ursprünglichen Ort verbliebenen Tätigkeiten eine Dienstleistung erbringen. Beispielsweise könnte bei einer komplizierten Operation, die in Basel stattfindet, ein Arzt aus den USA und ein weiterer aus Deutschland mit Hilfe von neuen Technologien hinzugezogen werden, ohne dass die ausländischen Ärzte vor Ort sein müssten. Falls es zu solchen Entwicklungen kommt, dann gelten die gleichen Überlegungen wie eingangs des Kapitels für Tätigkeiten im Allgemeinen thematisiert, deren Output international gehandelt werden kann (siehe Abbildung 44).

Dann dürfte bei personenbezogenen Dienstleistungen vermehrt ebenfalls der komparative Vorteil auf Ebene von Tätigkeiten, d.h., relative Produktivitätsunterschiede bei Tätigkeiten, darüber entscheiden, in welchem Land welche personenbezogenen Dienstleistungen bereitgestellt werden. Derzeit gilt dies zwar auch schon für manche, insbesondere nicht personenbezogene Dienstleistungen, wie beispielsweise das Schreiben von Software. Aber im Vergleich zu Tätigkeiten der industriellen Produktion ist, wie gezeigt, der Anteil des international gehandelten Outputs von Dienstleistungstätigkeiten geringer. Was aber passiert, falls sich dies zukünftig ändern sollte?

Die verstärkte geografische Aufteilung von Tätigkeitsschritten zur Erbringung von Dienstleistungen dürfte dann zu einer zunehmenden Spezialisierung von Ländern auf Tätigkeitsschritte und damit zu einer weiter steigenden Produktivität führen. Als Folge davon könnten sich Produktivitätsunterschiede zwischen Dienstleistungssektor und Industriesektor verringern. Dennoch ist zu bezweifeln, dass solche Entwicklungen den Prozess einer *relativen* De-Industrialisierung umkehren. Denn die damit verbundenen Produktivitätsgewinne dürften mit höherem Einkommen einhergehen. Das steigende Einkommen dürfte wiederum die relative Nachfrage nach Dienstleistungen zu Industriegütern erhöhen, wie in Kapitel 3 thematisiert. Deshalb ist wohl zu erwarten, dass der Prozess der relativen De-Industrialisierung auch dann weiter fortgesetzt wird, falls vermehrt personenbezogene Dienstleistungstätigkeiten geografisch unabhängig von der Nachfrage erstellt werden können. Je nach Ausmass der Produktivitätssteigerung im Dienstleistungssektor könnte es aber auch anders kommen. Wir wissen es heute nicht.

Durch die zunehmende Aufsplittung von Wertschöpfungsketten kommt die klassische Aufteilung in verschiedene Sektoren und Branchen an ihre Grenzen, wenn es darum geht, strukturelle Entwicklungen zu erfassen.[30] Dies wollen wir anhand eines Beispiels illustrieren. Abbildung 58 zeigt verschiedene Tätigkeitsschritte zur Herstellung eines Industrieprodukts, wie beispielsweise einer Uhr. In einer klassischen Perspektive werden alle Tätigkeitsschritte vom selben Unternehmen durchgeführt. In unserem Beispiel wäre dies ein Unternehmen des Industriesektors (linke Säule in der Abbildung). Nehmen wir nun an, es kommt zu Umstrukturierungen und es werden grosse

Teile des Marketings an eine externe Agentur ausgelagert bzw. outgesourct (in der Abbildung als „(1) Auslagerung" bezeichnet). Unternehmen, die sich auf Marketing-Tätigkeiten spezialisieren, sind normalerweise dem Dienstleistungssektor zugeordnet. Deshalb verringert sich durch die Umstrukturierung die Industriewertschöpfung und gleichzeitig erhöht sich die Wertschöpfung des Dienstleistungssektors. Im Extremfall könnten solche Veränderungen stattfinden, ohne dass sich dabei die Wertschöpfung und die Anzahl daran beteiligter Beschäftigter eines Landes verändert, sondern nur die statistische Zuordnung. Bezieht man zudem die Möglichkeit von internationalen Wertschöpfungsketten mit ein, so wird die Sache noch komplexer. Werden beispielsweise Tätigkeiten des Industriesektors zuerst in den heimischen Dienstleistungssektor ausgelagert und anschliessend ins Ausland (in der Abbildung als „(2) Offshoring" bezeichnet), so verringert sich zuerst die relative Industriewertschöpfung, erhöht sich aber anschliessend wieder.

Abbildung 58: Neue Perspektive: Fokus auf einzelne Tätigkeitsbereiche

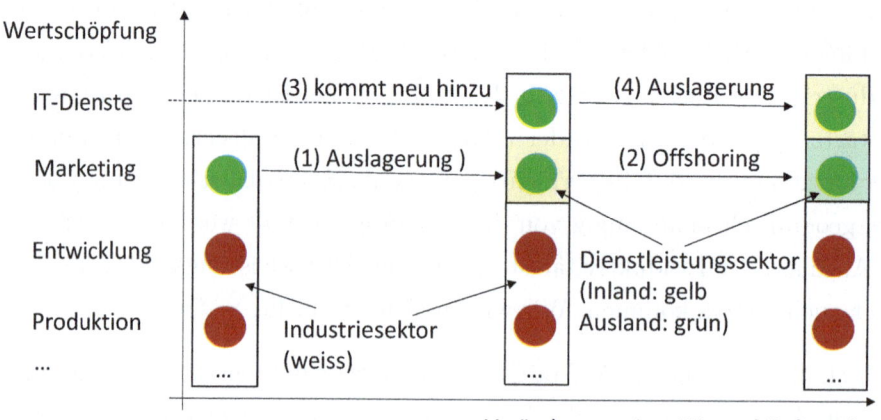

Quelle: Eigene Darstellung.

Zudem entstehen in einer dynamischen Wirtschaft ständig neue Tätigkeitsbereiche und andere fallen weg. Ein Beispiel sind IT-Tätigkeiten, wie die Bereitstellung und Wartung der IT-Infrastruktur oder der Webpräsenz, die im Analogzeitalter noch unvorstellbar waren, im Zuge der zunehmenden

Digitalisierung aber stark an Bedeutung gewonnen haben (in der Abbildung als „(3) kommt neu hinzu" bezeichnet). Werden IT-Tätigkeiten, die benötigt werden, um ein Industriegut zu produzieren, vom Industrieunternehmen selbst ausgeführt, so sind sie der Wertschöpfung des Industriesektors zugerechnet. Werden diese Tätigkeiten ganz oder teilweise an Unternehmen ausgelagert, die sich darauf spezialisiert haben, so erhöht sich die Wertschöpfung des Dienstleistungssektors, da die damit verbundenen Arbeitsschritte grösstenteils Dienstleistungstätigkeiten darstellen (in der Abbildung als „(4) Auslagerung" bezeichnet).

Neben Veränderungen der Produktionsprozesse und der Organisation von Unternehmen führen auch neue Produkte zu neuen Tätigkeiten. Dabei dürfte insbesondere die zunehmende Dienstleistungsorientierung von Unternehmen des Industriesektors von Bedeutung sein.[31] So werden beispielsweise vermehrt nicht nur Produkte angeboten, sondern auch zahlreiche rund um die Produkte angesiedelte Dienstleistungen, wie beispielsweise Garantien mit kostenlosem Reparaturservice oder verschiedene Finanzierungsmodelle. Die Dienstleistungsorientierung von Industrieunternehmen dürfte sich durch aktuelle technologische Entwicklungen im Bereich der Digitalisierung weiter verstärken. Werden Dienstleistungstätigkeiten direkt vom Hersteller des Produktes ausgeführt, so zählen sie zur Industriewertschöpfung. Werden solche Tätigkeiten hingegen ganz oder teilweise an Unternehmen ausgelagert, die sich auf solche Tätigkeiten spezialisiert haben, dann erhöht sich die Wertschöpfung des Dienstleistungssektors, da die damit verbundenen Arbeitsschritte grösstenteils Dienstleistungstätigkeiten darstellen.

Anhand dieser Darlegungen dürfte klar geworden sein, dass es aufgrund der zunehmenden wirtschaftlichen Verflechtungen zwischen verschiedenen Unternehmen schwieriger wird, Wirtschaftstätigkeiten einzelnen Branchen und Sektoren zuordnen zu können. Als Folge davon dürfte es schwieriger werden, strukturelle Entwicklungen anhand aggregierter Daten auf Branchen- oder Sektorebene erfassen zu können. Anders ausgedrückt, dürfte die klare Einteilung in Branchen, wie Maschinenbau oder IT-Dienstleistungen, und Sektoren, wie Industriesektor und Dienstleistungssektor, in einer Welt dezentraler Wertschöpfungsketten nur noch bedingt Aussagen zu strukturellen Veränderungen ermöglichen. Dadurch wird es auch zusehends problematischer werden, auf der Basis herkömmlicher statistischer Klassifizierungen von Wirtschaftstätigkeiten strukturelle Veränderungen normativ zu bewerten. Stattdessen wird es zukünftig viel mehr darauf ankommen, welche Art von Tätigkeitsschritten innerhalb von Wertschöpfungsketten an welchem geografischen Ort ausgeführt werden, egal ob diese dem Industrie- oder Dienstleistungssektor zugeordnet sind.

Abbildung 59: Spezialisierung auf relativ wertschöpfungsintensive Tätigkeiten

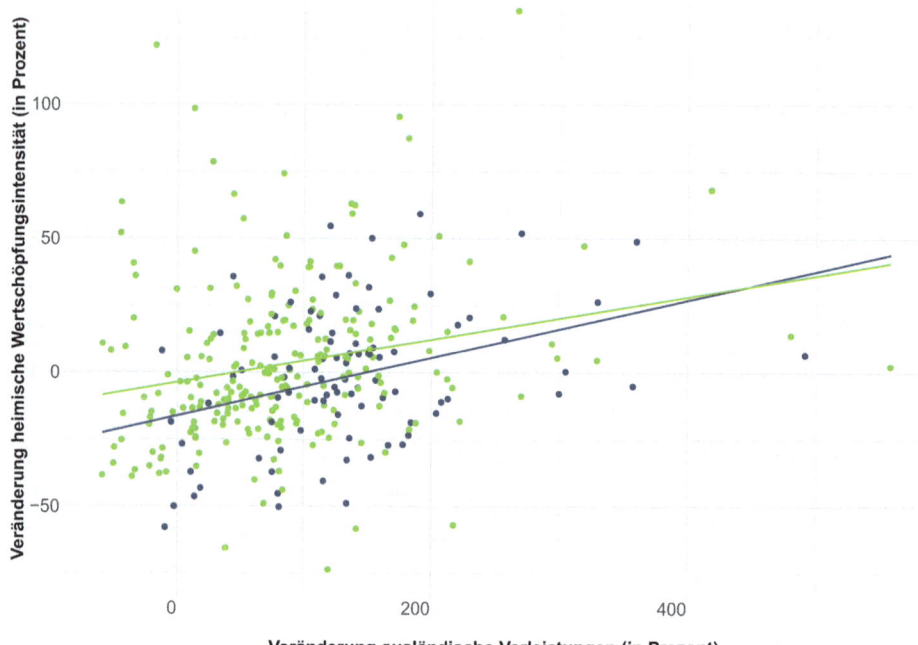

Veränderung ausländische Vorleistungen (in Prozent)

● Branche des Dienstleistungssektors ● Branche des Industriesektors

Quelle und Hinweise: Eigene Berechnungen basierend auf Daten der WIOD für verschiedene Industrieländer. Dabei wurden dieselben Industrieländer wie in Abbildung 47 verwendet. Die Werte zeigen die Veränderung zwischen dem Jahr 2000 und 2014 der Wertschöpfungsintensität der heimischen Tätigkeiten in Abhängigkeit der Veränderung der ausländischen Vorleistungen für verschiedene Branchen des Industrie- wie Dienstleistungssektors. Dabei wird die Wertschöpfungsintensität (vertikale Achse) als relativer Wert zur Wertschöpfungsintensität der ausländischen Vorleistungen verwendet. Die Berechnung der Wertschöpfungsintensität der ausländischen Vorleistungen erfolgt analog zu Abbildung 47. Die ausländischen Vorleistungen (horizontale Achse) sind anhand der heimischen Wertschöpfung normiert.

Aufgrund der Verfügbarkeit von Daten sind Analysen, die nicht Branchen, sondern Tätigkeitsschritte ins Zentrum der Betrachtung rücken, bisher nur schwer möglich.[32] Dennoch wollen wir hier anhand einer indirekten Herangehensweise abschätzen, ob die Aussage – „Industrieländer spezialisieren sich verstärkt auf wertschöpfungsintensive Tätigkeiten, unabhängig davon, ob dies Tätigkeiten im Industrie- oder Dienstleistungssektor sind" – beobachtbar ist. Dazu illustriert Abbildung 59 die Veränderung (zwischen dem Jahr 2000 und 2014) der Wertschöpfungsintensität der heimischen Tätigkeiten in Abhängigkeit der Veränderung der Wertschöpfungsintensität der ausländischen Vorleistungen für verschiedene Industrie- wie auch Dienstleistungsbranchen. Wie man deutlich erkennen kann, besteht ein positiver Zusammenhang zwischen der Erhöhung der Produktivität im Inland und der Erhöhung des Anteils der ausländischen Vorleistungen. Mit anderen Worten: Die heimische Wertschöpfungsintensität erhöht sich tendenziell stärker in Branchen, die einen relativ starken Zuwachs ausländischer Vorleistungen aufweisen, und dies unabhängig davon, ob die Branchen dem Dienstleistungssektor oder dem Industriesektor angehören.

Auch zeigt Abbildung 60 für den Schweizer Industriesektor die Entwicklung der Beschäftigung seit 2008 (Index=1) für verschiedene Arten von Berufen auf. Wir sehen dort, dass die Nachfrage nach Dienstleistungsberufen (Verkäufer) und Führungskräften (am meisten) und nach akademischen Berufen (z.B. Ingenieurinnen) sowie Technikern zugenommen hat. Hilfsarbeitskräfte sowie insbesondere Anlagen- und Maschinenbediener wie auch Bürokräfte (z.B. Buchhaltung) haben seit 2008 beschäftigungsmässig abgenommen. Diese Beobachtungen deuten ebenfalls darauf hin, dass es im Schweizer Industriesektor verstärkt zu einer Dienstleistungsorientierung kommt und gleichzeitig einfachere und produktionsnahe Tätigkeiten verlagert oder automatisiert werden.

Mit diesen einfachen deskriptiven Daten lässt sich zwar nicht direkt offenlegen, welche Tätigkeiten nun verstärkt im Ausland durchgeführt werden. Dennoch stellt dies ein Indiz dar, dass Industrieländer wie die Schweiz sich innerhalb einzelner Wertschöpfungsketten vermehrt auf wertschöpfungsintensive Bereiche wie F&E, Marketing sowie Headquarter-Tätigkeiten wie Ma-

Abbildung 60: Veränderung der Art der Beschäftigung im Schweizer Industriesektor

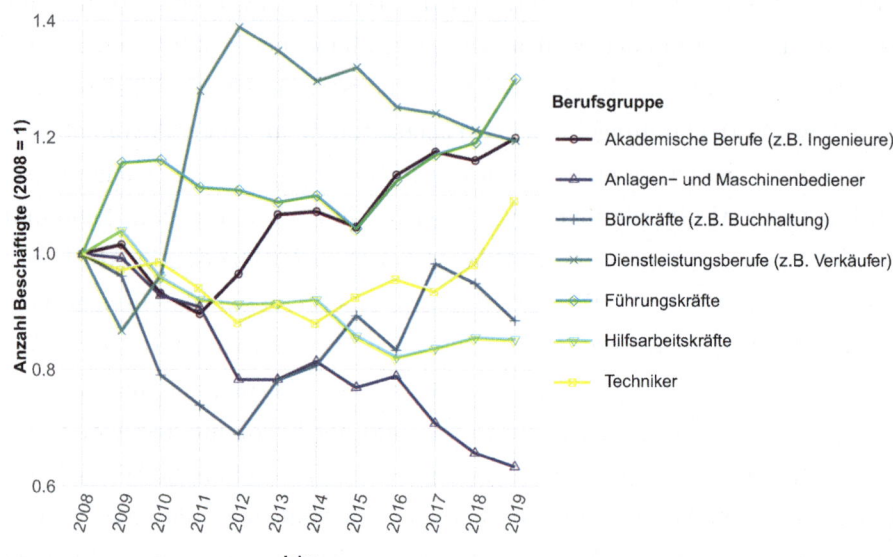

Quelle und Hinweise: Eigene Berechnungen anhand von Eurostat-Daten.

nagement und Strategie spezialisieren. Diese wertschöpfungsintensiven Tätigkeiten benötigen normalerweise ein hohes Mass an Wissen und kognitiven Fähigkeiten. Gleichzeitig dürften jedoch auch weniger wertschöpfungsintensive Tätigkeiten weiterhin in Industrieländern verbleiben, solange deren Output aufgrund der oben besprochenen Gründe (noch) nicht international gehandelt werden kann oder (von der Gesellschaft gewollte) Beschränkungen des Austausches verfügt werden.

Fazit

Fassen wir die Erkenntnisse zusammen. Die Erstellung von Gütern, seien es Produkte oder Dienstleistungen, erfolgen zusehends innerhalb internationaler Wertschöpfungsketten. Solche Wertschöpfungsketten umfassen dabei meist verschiedene Tätigkeitsbereiche quer über Branchen und Sektoren hinweg. Dabei dürften sich Industrieländer zum einen auf Wertschöpfungsketten mit hoher Wertschöpfungsintensität spezialisieren, wie die Überlegungen in Kapitel

4 zeigen, und sich innerhalb von Wertschöpfungsketten zudem vermehrt auf wertschöpfungsintensive Tätigkeiten oder Fragmente, wie die Analysen in diesem Kapitel demonstrieren. Ausgenommen von diesen Entwicklungen dürften Tätigkeiten sein, deren Leistung bzw. Output international nicht gut ausgetauscht werden kann. Aufgrund neuer technologischer Entwicklungen dürfte es für immer mehr Tätigkeiten möglich sein, geografisch die Herstellung vom Bezug der Leistung („Konsum") zu entkoppeln und damit den Output international zu handeln.

Um diese Veränderungen besser zu erfassen, sollte ein Paradigmenwechsel weg von Denkmustern in Branchen und Sektoren hin zu Tätigkeiten stattfinden. Konkret bedeutet dies für den Wirtschaftsstandort Schweiz, dass es wichtig ist, wertschöpfungsintensive Tätigkeiten zu beheimaten, egal ob es sich dabei um Tätigkeiten handelt, dies bisher dem Industriesektor oder dem Dienstleistungssektor zugeordnet waren. Die grosse Herausforderung für die Schweiz dürfte dabei sein, die unternehmensstrategischen und wirtschaftspolitischen Weichen im Zeitalter der zunehmenden Digitalisierung so zu stellen, dass dies auch zukünftig der Fall sein wird. Darauf kommen wir in Teil III des Buches zu sprechen. Zuvor gehen wir aber darauf ein, welche Auswirkungen von der zunehmenden Digitalisierung auf den Industriesektor (der Schweiz) zu erwarten sind.

Anmerkungen

1. Die zunehmende Internationalisierung von Wertschöpfungsketten wird auch in der wissenschaftlichen Literatur oftmals dokumentiert. Beispielsweise analysieren TIMMER ET AL. (2014) 560 Wertschöpfungsketten von 40 Ländern und 14 Branchen des Industriesektors. Im Durchschnitt erhöhte sich der ausländische Anteil an dem gesamten Output einer Wertschöpfungskette zwischen 1995 und 2008 von 28 auf 34 Prozent.

2. Die WTO berechnet für jedes Land den durchschnittlichen Zoll. Eine übersichtliche Zusammenfassung bietet die „Trade and Tariffs Maps" der WTO, zu finden unter https://www.wto.org/english/res_e/statis_e/statis_m aps_e.htm (letzter Abruf erfolgte am 25.2.2021).

3. BALDWIN (2006) spricht von „Unbundling", während Jones und Kierzkow-

sky die Begriffe „Handel von Fragmenten" sowie „Service-Link Costs" für die Koordinationskosten von dezentral produzierten Fragmenten verwenden (siehe z.B. JONES ET AL., 2001). GROSSMAN/ROSSI-HANSBERG (2008) wiederum verwenden den Begriff des internationalen Handels von Tätigkeiten („Trade in Tasks").

4. Die Überlegungen basieren auf Dornbusch, Fischer und Samuelson (1977) und der Adaption durch BALDWIN (2006).

5. Laschere Arbeitnehmerstandards und Umweltstandards sowie Steuervorteile, welche Tätigkeiten unterschiedlich tangieren, können Teil eines komparativen Vorteils sein.

6. Siehe dazu auch Kapitel 19 in JONES/WEDER (2017), wo argumentiert wird, dass im um mobile Faktoren erweiterten Ricardo-Modell sich die Handelsstruktur zwischen Ländern unerwartet rasch verändern kann.

7. Früher sprach man auf der Basis von Vernon (1966) von der Verlagerung arbeitsintensiv hergestellter, gut standardisierter Produkte. JONES (2000) zeigt in Kapitel 7, dass die Verlagerung von arbeitsintensiv produzierten Fragmenten ins Ausland die Reallöhne im Inland erhöhen können, aber nicht erhöhen müssen. Der den Lohn erhöhende Effekt stammt von der Produktivitätssteigerung, welche durch die Auslagerung von Tätigkeiten mit einer relativ tiefen Arbeitsproduktivität erreicht wird. GROSSMAN/ROSSI-HANSBERG (2008) entwickeln ein Modell, das den Handel einzelner „Tasks" betrachtet und darlegt, welche Länder sich auf welche „Tasks" spezialisieren. Diese Arbeit stellt eine wesentliche Grundlage für die „Trade in Tasks" Literatur dar.

8. Die Smile-Kurve mit höherem Wertschöpfungsanteil an den jeweiligen Enden und geringerem Anteil im mittleren Bereich folgt aus der Tatsache, dass die Summe aller Wertschöpfungsanteile definitionsgemäss gleich eins ist. Unseres Wissens nach stammt die Idee der Smile-Kurve von BALDWIN (2012).

9. Die Argumentation entspricht dabei derjenigen von Teil I (siehe Abbildung 25), wonach Clusterbildungen zu verstärktem Wissenstransfer und Innovationen führen. Als Folge davon ist es sinnvoll, einzelne Tätigkeiten in Länder bzw. Regionen zu verlagern, in denen sich bereits ein Cluster mit entsprechendem Know-how gebildet hat. GROSSMAN/ROSSI-HANSBERG (2012) zeigen dies anhand eines formalen Modells. Als Beispiel sei das Silicon Valley genannt. Dort

betreiben Unternehmen aus der ganzen Welt Forschungslabore.

10. AMITI/KONINGS (2007) zeigen, dass eine Senkung von Zöllen auf ausländische Vorleistungen zu Produktivitätserhöhungen bei inländischen Unternehmen führt, die die ausländischen Vorleistungen beziehen. Interessant ist dabei, dass reduzierte Zölle auf Vorleistungen zu höheren Produktivitätssteigerungen führten als reduzierte Zölle auf Exporte.

11. GROSSMAN/ROSSI-HANSBERG (2008) zeigen in ihrem Modell zu „Trade in Tasks", dass Offshoring grundsätzlich die gleichen Auswirkungen wie andere produktivitätssteigernde Massnahmen haben.

12. Die Auswirkungen der Verlagerungen einzelner Produktionsschritte in andere Länder auf die inländische F&E Tätigkeit werden beispielsweise in MITZE/KREUTZER (2017) oder KARPATY/TINGVALL (2015) diskutiert.

13. Die in der Analyse verwendeten Industrieländer sind Australien, Belgien, Dänemark, Deutschland, Finnland, Frankreich, Großbritannien, Irland, Italien, Japan, Kanada, Niederlande, Norwegen, Österreich, Schweden, Schweiz, Spanien, Südkorea und die USA. Die verwendeten Schwellenländer sind: Brasilien, Bulgarien, China, Estland, Indien, Indonesien, Kroatien, Lettland, Litauen, Mexiko, Polen, Rumänien, Russland, Slowakei, Slowenien, Südafrika, Tschechische Republik, Türkei, Ungarn.

14. Die in der Analyse verwendeten Industrieländer sind Australien, Belgien, Dänemark, Deutschland, Finnland, Frankreich, Großbritannien, Irland, Italien, Japan, Kanada, Niederlande, Norwegen, Österreich, Schweden, Schweiz, Spanien, Südkorea und die USA. Die verwendeten Schwellenländer sind: Brasilien, Bulgarien, China, Estland, Indien, Indonesien, Kroatien, Lettland, Litauen, Mexiko, Polen, Rumänien, Russland, Slowakei, Slowenien, Südafrika, Tschechische Republik, Türkei, Ungarn. Zudem sind die vorleistungsbeziehenden Branchen: Automobile, Chemie, Druckerzeugnisse, DV-Geräte und Uhren, Elektrotechnik, Fahrzeugbau, Glas und verarb. von Steinen, Gummi, Kunststoffe, Holzwaren, Maschinenbau, Metallerzeugnisse, Nahrungsmittel, Papierherstellung und Pharma. Zur Berechnung der jeweiligen Arbeitsproduktivität der Branchen, die Vorleistungen produzieren, wurden alle Branchen berücksichtigt, also auch Branchen des Primärsektors und des Dienstleistungssektors.

15. Man könnte hier allerdings argumentieren, dass auch zwischen den Industrieländern aufgrund der unterschiedlichen Arbeitsproduktivitäten und weiterer Faktoren erhebliche Lohnunterschiede bestehen – man denke z.B. an den Unterschied zwischen der Schweiz und zahlreichen Ländern des Euroraumes.

16. Auch diese Beobachtung deckt sich mit den Erwartungen aus der Ricardianischen Handelstheorie; siehe zum Beispiel die Ausführungen zur Nord-Süd Debatte in Abschnitt 5.2.2 in JONES/WEDER (2017).

17. Siehe JONES/WEDER (2017), Kapitel 5 („North-South Debate"), für eine theoretische Erklärung auf der Basis des Ricardo-Modells.

18. Die Regressionsanalysen basieren auf Vorleistungen bezogen von Branchen des Industriesektors verschiedener Industrieländer. Eine Schätzung der Auswirkungen des Bezugs ausländischer Vorleistungen für Branchen in Schwellenländer zeigt jedoch keine qualitativen Unterschiede. Die Aussagen anhand von Tabelle 2 dürften deshalb auch auf Schwellenländer übertragbar sein.

19. Dieser Punkt wird in der Handelstheorie mindestens schon seit den 1940er Jahren betont durch das Stolper-Samuelson Theorem STOLPER/SAMUELSON (1941).

20. Für die Schweiz analysieren FAUCEGLIA ET AL. (2014) den Aspekt des natürlichen Hedgings von Währungsrisiken durch Importe von Vorleistungen und Exporte. Deren Resultate zeigen, dass die Schweizer Wirtschaft von natürlichem Hedging von Währungsrisiken profitiert.

21. Falls zudem Importe wie Exporte prozentual gleich stark auf Währungsveränderungen reagieren, dann wäre die Schweizer Industrie vollständig immunisiert gegenüber Währungsschwankungen.

22. Siehe beispielsweise DIE VOLKSWIRTSCHAFT (2017) oder FLÜCKIGER ET AL. (2016).

23. BALDWIN (2016) präsentiert verschiedene Faktoren, die die unterschiedlichen Entwicklungen der verschiedenen Arten von Kosten verdeutlichen.

24. Siehe dazu z.B. unsere Überlegungen in RUTZER/WEDER (24.4.2020).

25. Zudem dürften von solchen Entwicklungen einige wenige Schwellenländer mit grossem Nachfragepotenzial profitieren. Dies gilt allen voran für China.

26. In BALDWIN/WEDER DI MAURO (2020) findet sich eine detaillierte Auseinandersetzung zu den bisherigen und möglichen zukünftigen Auswirkungen

von Covid-19 auf internationale Wertschöpfungsketten.

27. In den USA gibt es sogar eine „Re-Shoring Initiative". Auf deren Homepage `http://www.reshorenow.org/` (letzter Abruf erfolgte am 25.2.2021) werden verschiedene Beispiele genannt, wo Industrieproduktion wieder zurück in die USA verlagert wurde.

28. Siehe THE NEW YORK TIMES (27.8.2016).

29. BALDWIN (2016) zeigt in seinem Buch zu globale Wertschöpfungsketten zahlreiche Beispiele, wie durch technologische Entwicklungen vermehrt persönliche Dienstleistungen über grosse Distanzen ausgeführt werden. Interessant sind dazu auch unsere eigenen Analysen zum Home-Office während der COVID-19 Zeit (siehe RUTZER/WEDER, 24.4.2020; RUTZER/NIGGLI, 2020).

30. In der statistischen Erfassung werden Unternehmen anhand der Haupttätigkeit einer Branche und damit einem der drei Sektoren zugeordnet. Die genaue Erfassungsmethodik für Schweizer Unternehmen wird in der Allgemeinen Systematik der Wirtschaftszweige des BFS erläutert (BUNDESAMT FÜR STATISTIK, 2008). Die Vorgehensweise des BFS entspricht dabei internationalen Standards und ist somit über Länder hinweg vergleichbar.

31. Die vermehrte Orientierung von Unternehmen des Industriesektors in Richtung Dienstleitungen ist in vielen Arbeiten dokumentiert. Dabei handelt es sich meist um Dienstleitungen rund um ein Industrieprodukt, wie beispielsweise Reparaturservice oder Finanzierungsmodelle. Siehe beispielsweise CROZET/MILET (2017), LIGHTFOOT ET AL. (2013) oder NEELY (2007).

32. Analysen dazu beschränken sich bisher auf Fallstudien zu einzelnen Wertschöpfungsketten. Beispielsweise analysieren DEDRICK ET AL. (2010) die Wertschöpfung einzelner Tätigkeitsschritte zur Herstellung eines iPods und eines Notebook PCs und vergleichen diese miteinander.

7 Einfluss und Herausforderungen der Digitalisierung

Digitalisierung ist derzeit eines der zentralen Themen in Politik und Wirtschaft. Dies ist nicht verwunderlich, kommt es doch immer mehr zur Durchdringung aller Lebensbereiche mit Computern und „intelligenten Apparaten" wie dem täglich genutzten Smartphone. Der Industriesektor ist von diesen Entwicklungen nicht ausgenommen, wie beispielsweise der Begriff „Industrie 4.0" nahelegt. Damit wird in der Regel auf eine umfassende Digitalisierung entlang von gesamten Wertschöpfungsketten der industriellen Produktion oder gar auf eine vierte „industrielle Revolution" hingewiesen.[1] Was aber ist mit „Digitalisierung" inhaltlich gemeint? Der Begriff ist in aller Munde. Und doch weiss man in der Regel wenig, was damit genau verbunden ist. Und welche wirtschaftlichen und gesellschaftlichen Veränderungen und Herausforderungen sind zu erwarten?

Für einige steht vor allem die weitere Veränderung der Herstellkette von Industriegütern – und auch von Dienstleistungen – im Zentrum der Betrachtung. Roboter und Computer übernehmen weitere Schritte in der Wertschöpfungskette vom Menschen, der sich in Zukunft vermehrt mit der Optimierung der Abläufe und der Programmierung und Kontrolle dieser Maschinen beschäftigen dürfte. Einfache Arbeiten werden dadurch quasi durch Kapital ersetzt. Wenn man an die Automatisierung in der Automobilproduktion oder in der Auslieferung von Produkten aus Lagerhallen denkt, so erkennt man schnell, dass dieser Prozess schon lange im Gange ist. Andere betonen die neuen Möglichkeiten, welche die Kommunikationsfähigkeit von Produkten betreffen: Uhren, welche nicht mehr primär die Zeit angeben, sondern die Besitzer an bevorstehende Sitzungen erinnern und vor persönlichen Gefahren warnen. Automobile, welche sich im Rahmen von Netzwerken selbständig bewegen. Kühlschränke, welche Meldungen an Detailhandelsgeschäfte absetzen. Und vieles mehr.

Welche Rolle wird der Mensch in diesen vernetzten Systemen noch haben? Was heisst es, hier einzelne Tätigkeiten auszuführen? Welche Fähigkeiten werden Arbeitnehmer dazu mitbringen müssen? Und wie wichtig wird die über Generationen entwickelte Expertise noch sein, qualitativ hochstehende und langlebige Produkte wie Autos, Küchengeräte, Messgeräte, Medikamente, Uhren, Fenster, Möbel und vieles mehr produzieren zu können? Werden nicht andere Eigenschaften, welche mit der Vernetzung der Produkte und mit neuen Funktionen zusammenhängen, viel wichtiger? Wer verfügt über diese Fähigkeiten? Können diese einfach erlangt werden? Welche relative Bedeutung (und Macht) werden dabei verschiedene Firmen aus verschiedenen Branchen aus dem Industrie- und Dienstleistungsbereich haben?

In diesem Kapitel soll nun analysiert werden, welche Folgen die zunehmende Digitalisierung für den Industriesektor haben könnte. Dazu werden wir zunächst vergangene Entwicklungen im Bereich der Digitalisierung ökonomisch analysieren. Es zeigt sich nämlich, dass das Phänomen an sich nichts Neues darstellt. Anschliessend gehen wir auf aktuelle Entwicklungen ein und legen kurz dar, weshalb sich die ökonomischen Auswirkungen von vergangenen Entwicklungen stark unterscheiden *könnten*. Basierend auf diesen konzeptionellen Überlegungen gehen wir anschliessend der Frage nach, inwiefern der Schweizer Industriesektor auf die aktuellen Herausforderungen der Digitalisierung vorbereitet ist. Mit einem Fazit schliessen wir die Überlegungen ab.

Die Phasen der Digitalisierung im historischen Rückblick

Die erste Phase der Digitalisierung begann in den 1960er und 1970er Jahren. Zuerst kamen Grossrechner zum Einsatz und dann in den 1980ern eroberten die Personal Computer (PC) die Büros.[2] Mit Hilfe dieser Geräte konnten zahlreiche Aufgaben automatisiert und um ein Vielfaches schneller erledigt werden, wie beispielsweise Warensteuerungen, das Schreiben von Texten oder Aufgaben im Bereich von Controlling und strategischer Planung. Die erste Phase der Digitalisierung ermöglichte somit, in vielen Bereichen des Industriesektors einzelne Arbeitsschritte durch Computer zu automatisieren. Damit unterscheidet sich diese Phase aus ökonomischer Sicht kaum von anderen technologischen Entwicklungen, die in der Vergangenheit zu Automatisierungen geführt haben, wie beispielsweise die Ersetzung von Muskelkraft durch zuerst dampfbetriebene und anschliessend elektrisch betriebene Maschinen.[3] Solche Entwicklungen fassten wir in Kapitel 3 unter dem Begriff „Produktivitätswachstum" zusammen und analysierten dabei die Auswirkungen.

Abbildung 61: Die drei Phasen der Digitalisierung

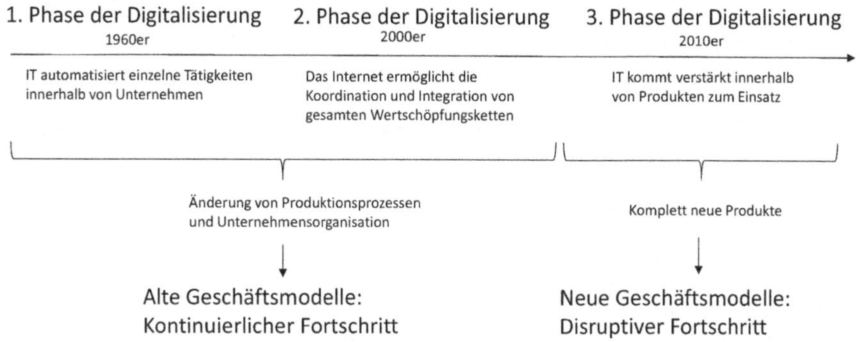

1. Phase der Digitalisierung	2. Phase der Digitalisierung	3. Phase der Digitalisierung
1960er	2000er	2010er

| IT automatisiert einzelne Tätigkeiten innerhalb von Unternehmen | Das Internet ermöglicht die Koordination und Integration von gesamten Wertschöpfungsketten | IT kommt verstärkt innerhalb von Produkten zum Einsatz |

Änderung von Produktionsprozessen und Unternehmensorganisation

Komplett neue Produkte

Alte Geschäftsmodelle:
Kontinuierlicher Fortschritt

Neue Geschäftsmodelle:
Disruptiver Fortschritt

Quelle und Hinweise: Eigene Darstellung in Anlehnung an PORTER/HEPPELMANN *(2014).*

Die zweite Phase der Digitalisierung begann Ende des 20. Jahrhunderts mit der zunehmenden Verbreitung des Internets. Dadurch kam es zu einer weltweiten Vernetzung von Computern, was den Austausch von Informationen verschiedenster Art über grosse geografische Distanzen ermöglichte. Damit konnten einzelne Arbeitsschritte weltweit verteilt ausgeführt werden. Die geografische Verteilung einzelner Arbeitsschritte geschah innerhalb von Unternehmen, aber auch zwischen verschiedenen Unternehmen und führte zu globalen Wertschöpfungsketten. Darauf sind wir im vorherigen Kapitel 6 ausführlich eingegangen. Eine zentrale Schlussfolgerung dieses Kapitels war, dass sich diese Entwicklungen nicht wesentlich von anderen, kontinuierlich stattfindenden technologischen Veränderungen unterscheiden, die zu höherer Arbeitsproduktivität führten. Denn aufgrund des Einsatzes von IT änderten sich zwar Organisationsstrukturen und Produktionsprozesse, was die Unternehmen forderte. Geschäftsmodelle und Produkte blieben aber im Wesentlichen unverändert.

Gleichzeitig entstanden während der zweiten Phase der Digitalisierung datenbasierte Geschäftsmodelle für verschiedenste Arten von Dienstleistungen. Ein zentraler Bestandteil dieser Geschäftsmodelle ist es, aus Daten Erkenntnisse mit Mehrwert für Nachfrager (Unternehmen oder Endverbraucher) zu gewinnen. Bekannte Beispiele sind Suchmaschinen, Soziale Netzwerke oder Produktempfehlungen im Internet. Ermöglicht wurde dies durch riesige Mengen an Daten (Big Data), die durch das Internet erfasst werden, eine sich ständig verbessernde Rechenleistung von Computern und neue Algorithmen im Bereich der „Artificial Intelligence" (AI). Dadurch wird es möglich, Zusammenhänge und Muster aus den riesigen Mengen an Daten herauszuarbeiten. Diese Entwicklungen, und insbesondere auch das dazu benötigte Wissen, sind zunächst irrelevant für die Herstellung von Industriegütern. Deshalb setzen sich viele Industrieunternehmen nur am Rande damit auseinander. Nun kommt es zu weiteren technologischen Entwicklungen: Schnelles mobiles Internet, Fortschritte in der Sensorik und immer kleinere und leistungsfähigere Computerchips. Diese dritte grosse Phase startete ungefähr 2010 und ist auch unter dem Begriff des „Internet of Things" bekannt. Verglichen mit den ersten beiden Phasen der Digitalisierung, kommt nun in der aktuellen dritten Phase verstärkt auch *innerhalb von Produkten* Software zum Einsatz – und nicht nur im Produktionsprozess oder in der Unternehmensorganisation. Damit wird es möglich, intelligente Produkte zu entwickeln, die miteinander interagieren können. Dadurch dürfte es wiederum vermehrt zu einer Durchdringung aller Lebensbereiche mit IT-Technologien kommen.

Ein entscheidender Punkt ist dabei, dass solche intelligenten und vernetzten Produkte eine Vielzahl neuer Funktionen beinhalten und deshalb dem Konsumenten prinzipiell einen höheren Nutzen bieten als herkömmliche Industrieprodukte. Dementsprechend könnten Unternehmen des Industriesektors, die weiterhin herkömmliche Produkte herstellen, zusehends Marktanteile verlieren und unter Druck geraten. Aber auch Industrieunternehmen, die solche neuen Produkte entwickeln, dürften mit einem ganz neuen Marktumfeld konfrontiert werden. Dies könnte den Industriesektor massiv verändern, worauf wir nun zu sprechen kommen wollen.

Zu erwartende massive Veränderung des Industriesektors

Wir wollen diese Herausforderungen anhand von Abbildung 62 vertiefen, welche verschiedene Stufen der Entwicklung und Integration von intelligenten und vernetzten Produkten aufzeigt.[4] Die Ausgangssituation bilden herkömmliche

Industrieprodukte (Stufe 1). Aufgrund bedeutender Fortschritte im Bereich der künstlichen Intelligenz, können Produkte vermehrt verschiedene Handlungen autonom ausführen (Stufe 2). Beispiele sind Staubsaugroboter, Autos, die autonom einparken, oder eine intelligente Uhr, die automatisch einen Notruf absetzt, sobald die in der Uhr eingebaute Sensorik eine Herz-Kreislaufschwäche feststellt.[5] Isoliert betrachtet stellen solche Innovationen eher kontinuierliche Verbesserungen von Produkten ohne grösseres Disruptionspotenzial dar.

Erst die Möglichkeit, solche intelligenten Produkte miteinander zu vernetzen, führt zu einer Vielzahl neuer Funktionen. Dementsprechend dürften Unternehmen des Industriesektors, die weiterhin herkömmliche Produkte anbieten, zusehends Marktanteile verlieren und unter Druck geraten, sofern die Kunden, wie hier angenommen, einen Nutzen aus dem Gebrauch dieser neuen Produkte ziehen. Aber auch Industrieunternehmen, die sich den neuen Herausforderungen stellen, werden mit neuen Anforderungen konfrontiert. Deshalb die angesprochene Möglichkeit einer einschneidenden Veränderung.

Abbildung 62: Von herkömmlichen Produkten zu Systemen intelligenter und vernetzter Produkte

Quelle und Hinweise: Die Einteilung in einzelne Stufen erfolgt in Anlehnung an Porter/Heppelmann *(2014). Der untere Teil der Grafik zeigt anhand der Grösse und Position der Schrift, welche Wirtschaftsbereiche unserer Einschätzung nach für die jeweilige Stufe die grössere Relevanz haben dürften. Dabei steht Industrie für herkömmliche Industrieunternehmen, wie beispielsweise ABB, General Electrics oder Siemens und IT für Technologieunternehmen, die grösstenteils dem IT-Sektor entstammen, wie beispielsweise Apple, Google oder Microsoft.*

Dabei gibt es verschiedene Stufen der Komplexität der Vernetzung. Sehr rudimentär wäre eine dezentrale Vernetzung einzelner Produkte (Stufe 3), wie beispielsweise ein Lautsprecher mit einem Smartphone über „Bluetooth" oder die Vernetzung von Auto und Smartphone. Einzelne, miteinander vernetzte Produkte können wiederum in ein System integriert werden (Stufe 4). Solche Vernetzungen ermöglichen eine riesige Anzahl neuer Funktionen. Beispielsweise verwenden viele Privathaushalte bereits Assistenzsysteme, wie Siri von Apple oder Alexa von Amazon, die es ermöglichen, verschiedene Produkte zentral per Smartphone zu steuern.[6] Ein anderes Beispiel stellt eine App dar, mit der man Fahrräder ausleihen kann. Dabei werden einzelne Fahrräder per GPS geografisch lokalisiert und über Mobilfunk die Position an eine Plattform übermittelt.[7] Einzelne Systeme solcher intelligenter und vernetzter Produkte können wiederum in ein übergeordnetes System integriert werden (Stufe 5). In Zukunft kann es beispielsweise sein, dass wir Mobilitätsplattformen nutzen, die verschiedene Verkehrsmittel, wie selbstfahrende Autos, E-Bikes, Züge und Flugzeuge zusammenführen und den Kunden „mit einem Klick" vom Start bis zum Ziel zu bringen.

Aufgrund dieser Entwicklungen dürften zukünftig vermehrt Produkte innerhalb von Systemen ohne menschliches Zutun selbständig miteinander interagieren. Deswegen spricht man auch vom „Internet of Things" oder dem „Internet der Dinge". Zur Entwicklung dieser integrierter Systeme ist jedoch Know-How notwendig, das in vielen klassischen Industrieunternehmen (bisher) nur unzureichend vorzufinden sein dürfte. Denn herkömmliche Produkte benötigen hauptsächlich Wissen aus klassischen Ingenieursdomänen, wie beispielsweise Maschinenbau und Elektrotechnik. Demgegenüber benötigen Systeme von intelligenten und vernetzten Produkten vermehrt IT-Wissen. Anders gesagt, traditionelles Ingenieurswissen dürfte auch in Zukunft für die in Abbildung 62 gezeigte erste Stufe von grosser Bedeutung sein, jedoch mit jeder weiteren Stufe *relativ* an Bedeutung verlieren. Denn neben den rein technischen Komponenten, die benötigt werden, um Produkte zu vernetzen, dürfte hauptsächlich der Einsatz von Software viele der neuen Funktionen ermöglichen. Die Komponente „Industrie" wird je nach Stufe und über die Zeit weniger wichtig, die „IT" wichtiger – wie wir das in der Abbildung mit der Schrift veranschaulichen.[8] Dabei dürfte neben klassischer Software, bei der alle Handlungsoptionen explizit vorgeben werden, vermehrt auch künstliche Intelligenz zum Einsatz kommen, die anhand datenbasierter Algorithmen selbständig Handlungsoptionen entwickelt. Jeder der beiden Bereiche benötigt somit unterschiedliches Wissen und Expertise. Dadurch dürften die Grenzen auch zwischen verschiedenen Branchen zusehends verschwimmen. Insbesondere *drei Kanäle* könnten dabei zu einer starken Veränderung der bisherigen Marktstruktur des Industriesektors beitragen.

Drei Kanäle der Veränderung der Marktstruktur

Erstens dürfte sich der Wettbewerb zwischen Unternehmen innerhalb einer Industriebranche verändern. Industrieunternehmen, die bisher sehr gut positioniert waren, könnten es verpassen, ihr Produktportfolio in Richtung digitaler und vernetzter Produkte anzupassen. Demgegenüber könnten andere Mit-Konkurrenten derselben Branche Chancen sehen und sich verstärkt in diese Richtung orientieren. Ursächlich für die Veränderungen dürften hauptsächlich die in Abbildung 62 dargestellten Stufen (2) und (3) sein. Dadurch könnte es *innerhalb* von Branchen des Industriesektors zu starken Veränderungen kommen, an deren Ende bisher dominierende Unternehmen als Verlierer dastehen könnten. Ein oftmals erwähntes Beispiel aus der ersten Phase der Digitalisierung ist das Unternehmen Kodak. Kodak entwickelte zwar die erste Digitalkamera, verfolgte das Produkt aber aus Rücksicht auf das bestehende analoge Geschäftsmodell nicht konsequent weiter.[9] Als andere Unternehmen wie Canon, Nikon und Sony mit Digitalkameras den Markt für Fotografie aufmischten, verlor Kodak seine führende Marktstellung. Von einst fast 150'000 Mitarbeitern sind heute in Rochester (USA) nur noch etwa 6'000 übrig.

Zweitens ermöglichen die technologischen Umbrüche branchenfremden Unternehmen, in bisher abgegrenzte Wirtschaftsbereiche des Industriesektors einzudringen, indem sie eigene intelligente und vernetzte Produkte entwickeln. Verantwortlich für diese Veränderungen dürfte hauptsächlich die Stufe (3) der Abbildung 62 sein. Dabei dürfte es sich einerseits um Unternehmen anderer Industriebranchen handeln und andererseits um Technologie-Unternehmen aus dem IT-Bereich. Da die etablierten Unternehmen die „Eindringlinge" nur schwer einschätzen können, sorgen sie oftmals für grosse Verunsicherung, insbesondere dann, wenn es sich um Unternehmen der IT-Branche handelt. Die Autoindustrie ist ein solches Beispiel, die derzeit durch E-Mobilität (beispielsweise Tesla) und durch selbstfahrende Autos (beispielsweise Waymo) turbulenten Zeiten entgegensteuert.[10] Ein anderes Beispiel sind Smartwatches von Apple, die zu einer Herausforderung für die (schweizerische) Uhrenindustrie werden könnten.

Drittens dürfte die Vernetzung von Produkten zur Entwicklung ganz neuer Systeme führen, in Abbildung 62 als Stufe 4 und 5 bezeichnet. Wie stark Entwicklungen der Stufen (4) und (5) mit Disruptionen in Industriebranchen einhergehen, dürfte nicht zuletzt davon abhängen, wie sich die Wertschöpfung aufteilt zwischen Unternehmen, die intelligente und vernetzte Produkte anbieten, und Unternehmen, die die dazugehörenden Plattformen und Systeme bereitstellen. Um eine Antwort auf diese Frage zu geben, ist es notwendig, grundlegende Eigenschaften dieser neuen Industriegüter zu betrachten. Aufgrund der Möglichkeit der Vernetzung stellen sie sogenannte Netzwerkgüter dar. Netzwerkgüter zeichnen sich zum einen dadurch aus, dass sie umso wertvoller werden, je mehr (in diesem Fall) Produkte man in ein Netzwerk integriert. Es kommt dabei zu sogenannten positiven externen Effekten im Konsum. Nehmen Sie das Beispiel von selbstfahrenden Autos. Je mehr selbstfahrende Autos miteinander vernetzt sind und somit gegenseitig Informationen austauschen, desto eher können Unfälle und Staus vermieden werden. Damit aber die Vernetzung und Interaktion einzelner Produkte reibungslos funktioniert, müssen die einzelnen Produkte miteinander kompatibel sein.

Hierzu bedarf es einer komplexen Infrastruktur mit Datenclouds und Applikationsplattformen, welche standardisiert werden müssen. Um diese zu entwickeln und zu betreiben, fallen teilweise hohe Investitions- und Fixkosten an. Wird ein weiteres Produkt in ein bestehendes Netzwerk integriert, entstehen hingegen kaum zusätzliche Kosten. Deshalb treten bei Netzwerken zusätzlich zu den positiven Externalitäten im Konsum auch sogenannte zunehmende Skalenerträge in der Produktion auf, da in diesem Fall die Durchschnittskosten der Bereitstellung des Netzwerks mit zunehmender Anzahl an integrierten Produkten abnimmt. Aufgrund steigender Skalenerträge in der Produktion und positiven Externalitäten im Konsum sind die Kosten der Bereitstellung eines Netzwerks geringer und dessen Qualität höher, als wenn es mehrere Netzwerke gibt, die den gleichen Zweck verfolgen. Als Folge davon können sogenannte „Winner takes it all“ Märkte entstehen, in denen eine Plattform von nur einem Unternehmen bereitgestellt wird.[11]

Abbildung 63: Verteilung der Wertschöpfung

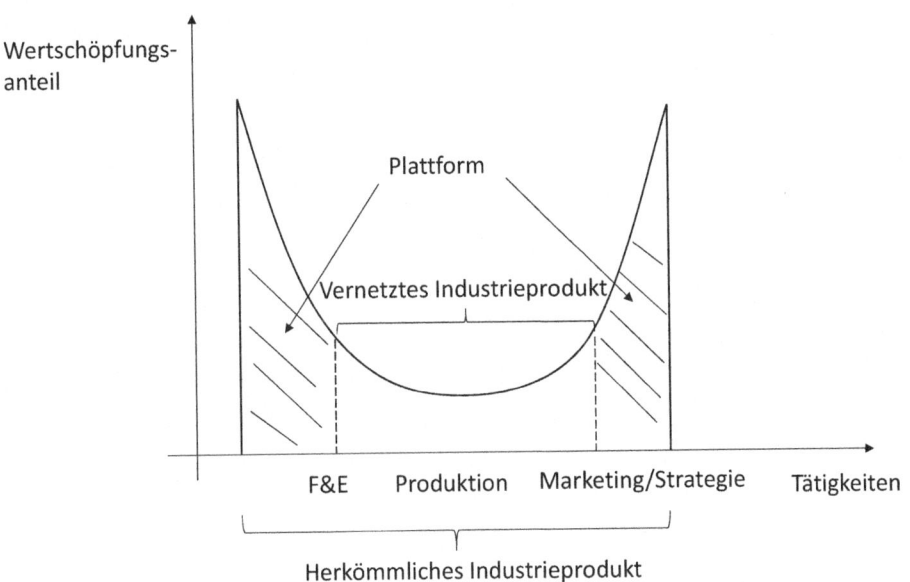

Quelle: Eigene Darstellung.

Aufgrund der "Winner Takes it All"-Eigenschaften von Plattformen, und der damit oftmals einhergehenden Monopolstellung, dürfte die Macht des Unternehmens, das das System zur Verknüpfung dieser neuen Industrieprodukte bereitstellt, sehr gross sein. So meint beispielsweise der „Management-Guru“ Michael E. Porter: „Some of these strategies will be productless – that is, the system that connects products will be the core advantage, not the products themselves“.[12] Dagegen könnte die Bedeutung und damit auch der Einfluss von Unternehmen, die einzelne – innerhalb eines Netzwerks miteinander interagierende – Produkte herstellen, eher gering sein. Denn pro Produktart gibt es meist mehrere oder sogar viele Produzenten. Als Folge davon könnte der Hauptteil der Wertschöpfung vom Anbieter der Plattform abgeschöpft werden. Dies ist in Abbildung 63 illustriert, wobei herkömmliche Industrieprodukte die gesamte Wertschöpfungskette umfassen, hingegen vernetzte Industrieprodukte die Wertschöpfung mit dem Anbieter der Plattform teilen müssen. Dabei dürften Tätigkeiten von Plattformanbietern sehr wertschöpfungsintensiv sein, wie beispielsweise der Aufbau und die Bereitstellung der Plattform (F&E, Marketing).

Die Überlegungen dürften auch für den Pharmasektor gelten, der, wie wir in Kapitel 4 zeigten, für die Schweiz eine Schlüsselindustrie darstellt. Auch hier dürfte die fortschreitende Digitalisierung, allen voran AI in Kombination mit Big Data, zu Effizienzsteigerungen und neuen, wirksameren Medikamenten führen. Beispielsweise wurde Anfang 2020 mit Hilfe von AI ein komplett neues, sehr potentes Antibiotikum entdeckt, welches im Kampf gegen Resistenzen Hoffnung macht.[13] Und auch klinische Studien dürften durch den Einsatz neuer digitaler Technologien beschleunigt werden. Solche Entwicklungen sind für die Menschheit ein Segen, keine Frage. Ähnlich wie bei unseren Darlegungen der Auswirkungen zunehmender Digitalisierung und Automatisierung von Produktionsprozessen in eher klassischen Bereichen des Industriesektors (Maschinenbau, Elektrotechnik, Fahrzeugtechnik etc.), dürfte dadurch das bisherige Geschäftsmodell von Pharmaunternehmen zunächst wenig beeinträchtigt werden. Statt von Industrie 4.0 könnte man dann von Pharma 4.0 sprechen, wobei digitale Technologien eine tragende Säule bei der Entwicklung von Medikamenten und der Durchführung von klinischen Studien einnehmen könnten.[14] Dies würde im Wesentlichen dem heutigen Kerngeschäft der Pharmaindustrie entsprechen.

Grosse Veränderungen und Disruptionen könnten allerdings dadurch ausgelöst werden, dass es durch verschiedene digitale Technologien zukünftig möglich sein wird, Krankheiten nicht nur zu behandeln, sondern diese quasi zu verhindern bzw. in einem sehr frühen Stadium zu entdecken. Und dazu bedarf es ganz neuer Konzepte: Die (mobile) Erfassung zahlreicher Gesundheitswerte in Echtzeit, die Möglichkeit diese mit (AI-)Algorithmen permanent auszuwerten und so Krankheiten im Frühstadium zu erkennen und entsprechend mit individuell angepassten Medikationen zu behandeln (Stichwort: personalisierte Medizin). Dabei dürften Pharmaunternehmen insbesondere bei den

Die beschriebenen Entwicklungen könnten innerhalb der Wertschöpfungskette „Gesundheit" zu weitreichenden Veränderungen und Disruptionen führen. Denn das dazu notwendige Knowhow (wie Vernetzung der verschiedenen Akteure, Auswertung riesiger Mengen an Daten in Echtzeit und daraus folgend individualisierte Behandlungskonzepte) dürften eher bei IT-Unternehmen und weniger bei Pharmaunternehmen zu finden sein. Entsprechend könnten die Überlegungen, die wir zuvor für intelligente und vernetzte Produkte angestellt haben, auch für die Pharmabranche gelten. Somit könnten selbst grosse Pharmaunternehmen gezwungen sein ihre Geschäftsmodelle anzupassen, um in einer solchen Welt der vernetzten Medizin weiterhin eine Rolle zu spielen. Und auch hier ist es ungewiss, welchen Teil der Wertschöpfung des Produktes „Gesundheit" die grossen Pharmaplayer dann noch behalten bzw. kontrollieren werden.

Behandlungskonzepten weiterhin eine (wichtige) Rolle spielen. Wie bei intelligenten und vernetzten Produkten auch, könnten jedoch in angrenzenden Gebieten (z.B. in der Früherkennung und digitalen Vernetzung aller Akteure) branchenfremde, meist aus dem digitalen Bereich stammende Unternehmen die Standards setzen und so insgesamt die Oberhand gewinnen.[15]

Zunehmende Dominanz von IT-Firmen?

Die hohe Wertschöpfung von Plattformanbietern könnte zu einem erheblichen Teil auf Monopolrenten zurückzuführen sein. Dabei wäre es möglich, dass vormals eigenständige Produktmarken nur noch zu einem unbedeutenden Bestandteil eines Netzwerks intelligenter und vernetzter Produkte „degradiert" werden. Ein Beispiel sind ganzheitliche Mobilitätskonzepte. Statt vormals verschiedener Autokonzerne mit ihren Automarken, wäre es im Zeitalter selbstfahrender Autos denkbar, dass Mobilität in den Vordergrund rückt und der Autobesitz und somit Automarken an Bedeutung verlieren. In solch einem Fall würde nur noch ein (kleiner) Teil der Wertschöpfung „Mobilität" von den Autoherstellern generiert werden und der Rest vom Anbieter der Mobilitätsplattform. Dieser Anbieter könnte dabei einen grossen Teil der Wertschöpfung abschöpfen, falls es ihm gelingt, die Autokonzerne gegeneinander auszuspielen. Nehmen wir beispielsweise an, alle Autos sind über eine Mobilitätsplattform verknüpft. Aufgrund der Daten, die dadurch gesammelt werden, ist der Plattformanbieter bestens über Gewohnheiten einzelner Nutzer informiert und kann individuell veränderbare Preise setzen, die zu einer Maximierung seines Gewinnes führen. Eine solche Macht dürften dagegen die Autohersteller nicht (mehr) haben, da der Plattformanbieter als Intermediär zwischen ihnen und den Konsumenten steht.[16]

Natürlich kann zum heutigen Zeitpunkt keine genaue Voraussage gemacht werden, in welcher Form Disruptionen im Industriesektor wirklich stattfinden und welche Unternehmen dann dominierend sein werden. Dabei könnten grosse Industrieunternehmen aufgrund ihrer Expertise im technischen Bereich bei Systemen zur Vernetzung von Kapitalgütern, wie beispielsweise intelligenten Produktionsroboter, den IT-Firmen Paroli bieten. Schwieriger ist dies jedoch bei Konsumgütern. Um Systeme der Vernetzung intelligenter Konsumgüter bereitzustellen, dürfte es von grosser Bedeutung sein, Bedürfnisse und Wünsche von Kunden vorhersagen zu können. Die grossen IT-Unternehmen mit ihren datenbasierten Geschäftsmodellen dürften bei solchen Plattformen Unternehmen des Industriesektors (derzeit) klar überlegen sein. Systeme und Plattformen zur Vernetzung intelligenter Produkte für den Endkonsum könnten folglich vermehrt von IT-Unternehmen bereitgestellt werden. Allerdings ist es auch möglich, dass im Bereich der IT-Unternehmen der Wettbewerb zwischen diesen Firmen dafür sorgt, dass ihre Ausübung einer marktbeherrschenden Stellung beschränkt wird.[17] Dies dürfte auch von wirtschaftlichen Eintrittsbarrieren in diese Märkte abhängen sowie von staatlichen Regulierungen.

Interessant ist dabei ein Blick auf Branchen des Dienstleistungssektors, die aufgrund neuer Entwicklungen im Bereich der Digitalisierung bereits heute schon starke Disruptionen erlebten. Dabei wurden solche Disruptionen im Dienstleistungssektor eigentlich immer durch IT-Unternehmen mit datenbasierten Geschäftsmodellen ausgelöst. Im Gegensatz zu vielen Bereichen des

Dienstleistungssektors dürfte es jedoch im Industriesektor *nicht* zu vollständigen Disruptionen kommen. Denn viele (zumindest nicht personenbezogene) Dienstleistungen können durch datenbasierte Geschäftsmodelle besser und kostengünstiger angeboten werden als bisher. Im Dienstleistungssektor kommt es deswegen häufig zu einer kompletten Substitution herkömmlicher Geschäftsmodelle durch datenbasierte Geschäftsmodelle. Beispiele sind der Einzelhandel, der durch Amazon massiven Disruptionen ausgesetzt ist, oder die Musikindustrie, die vor einigen Jahren durch Musiktauschplattformen stark unter Druck geriet. Stattdessen dürften Industrieprodukte nicht vollständig durch digitale Geschäftsmodelle ersetzt, sondern vielmehr um digitale Komponenten bzw. digitale Dienstleistungen erweitert werden. Bei all diesen Überlegungen gilt es zwei Aspekte zu berücksichtigen.

Erstens dürfte es notwendig sein, Geschäfts- und Produktionsprozesse (fast) vollständig zu digitalisieren und zu automatisieren, damit Industrieunternehmen digitale und vernetzte Produkte herstellen können. Beispielsweise werden solche intelligenten Produkte nicht wie bisher von Zeit zu Zeit gewartet und repariert, sondern durch (teilweise automatische) Updates ständig verbessert. Um die Produkte miteinander zu vernetzten, bedarf es zudem einheitlicher Standards und einer Plattform. Und die Plattform dürfte ebenfalls ständig verbessert und verändert werden. Hierzu bedarf es wiederum eines ständigen Austausches zahlreicher Informationen innerhalb von und zwischen Unternehmen – insbesondere mit Unternehmen, welche die Plattformen anbieten. Dies setzt wiederum voraus, dass nicht nur Geschäfts- und Prozessabläufe innerhalb eines Unternehmens digital und vernetzt stattfinden, sonder vermehrt auch über Unternehmensgrenzen hinweg. Im Endeffekt bedeutet dies, dass die dritte Phase der Digitalisierung zu einer digitalen Durchdringung von Unternehmen in allen Bereichen führen könnte.

Interessant dürfte dabei der Aspekt sein, dass Industrieunternehmen zu solchen Veränderungen quasi gezwungen werden, falls sie intelligente und vernetzte Produkte anbieten. In einem Artikel des Wirtschaftsmagazins BRAND EINS (2018) meint beispielsweise die Chefin eines deutschen Mittelständlers, der Türsprechanlagen herstellt (S. 4): „Jedes Mal, wenn Apple oder Microsoft ein Update für eines ihrer Programme machen, die für uns relevant sind, müssen wir wieder von vorn anfangen und uns anpassen" und dadurch würde ihr „Unternehmen an die Schwelle zu einer Welt geführt, in der neue Spielregeln gelten – die von Playern aus einer anderen Liga bestimmt werden". Würde ihr Unternehmen hingegen nicht intelligente und vernetzte Produkte entwickeln, dann dürfte wahrscheinlich die Nachfrage stark zurückgehen, denn „viele Kunden [wollen] alles über das Smartphone und digitale Sprachassistenten wie Alexa steuern [...]. Man erwartet das von uns. Der Druck ist unendlich groß" (S. 5). Vielen Industrieunternehmen dürfte es ähnlich ergehen. Dennoch hängt es sicherlich auch stark vom jeweiligen Bereich ab, ob in Zukunft die Nachfrage für ein herkömmliches, nicht intelligentes und vernetztes Produkt noch genügend gross sein wird. Beispielsweise dürfte es für Luxusgüter, wie qualitativ hochwertige Uhren, auch zukünftig noch eine ausreichend grosse Nachfrage geben. Aber auch dort könnte es zu einem Rückgang der Nachfrage kommen, falls ein Teil der Konsumenten neuen Funktionen und nicht dem Status einer Marke den Vorzug gibt.

Zweitens dürften die neu entwickelten Produkte zum einen Konsumgüter und zum anderen Kapitalgüter umfassen. Beispiele für Konsumgüter sind verschiedenste Arten von intelligenten Haushaltsgeräten, intelligente Textilien oder selbstfahrende Autos. Im Bereich Kapitalgüter dürften ganz neue Maschinen entstehen, die es ermöglichen, nicht nur den Produktionsprozess einzelner Industrieunternehmen, sondern ganzer Wertschöpfungsketten (grösstenteils) zu automatisieren. Beispiele sind miteinander interagierende Industrieroboter oder Logistiklager, die nicht nur vollautomatisch betrieben werden, sondern auch Engpässe prognostizieren und darauf basierend Bestellungen veranlassen. Der Einsatz intelligenter und vernetzter Maschinen dürfte wiederum zu effizienteren Produktionsprozessen führen. Dies ist aber nicht gleichbedeutend mit der Entwicklung und Herstellung intelligenter und vernetzter Kapitalgüter.

Die Unterscheidung zwischen der Digitalisierung von Prozessen oder der Entwicklung von digitalen Industrieprodukten ist sehr wichtig. Denn solange Unternehmen *nur* intelligente und vernetzte Produkte als Inputfaktoren verwenden, dürften sich zwar Organisationsstrukturen und Produktionsprozesse verändern, die Geschäftsmodelle und Produkte solcher Industrieunternehmen aber im Wesentlichen unverändert bleiben. Ein Beispiel sind vollautomatisierte Wertschöpfungsketten zur Herstellung von konventionellen Autos. Erst die Entwicklung und Herstellung intelligenter und vernetzter Produkte dürfte auch mit einer massiven Veränderung von Geschäftsmodellen einhergehen.

Netzwerke von Industriegütern und Dienstleistungen

Auch durch intelligente und vernetzte Produkte dürften also die Grenzen zwischen verschiedenen Industriebranchen und der IT-Branche, die nach offiziellen statistischen Klassifikationen dem Dienstleistungssektor zugeordnet ist, zusehends verschwinden. Die Folge dürfte eine neue Dimension von Wettbewerb sein. Dabei birgt insbesondere die Vernetzung von Produkten zahlreiches Potenzial für Disruptionen innerhalb des Industriesektors. Dadurch könnten sich zum einen die Marktpositionen von Unternehmen innerhalb des Industriesektors neu ordnen, und zum anderen könnten sektorfremde Technologie-Unternehmen in bisher von Industrieunternehmen alleinig dominierte Bereiche „eindringen". Schlussendlich dürften ganz neue Systeme und Plattformen entstehen, bei denen der jeweilige Plattformanbieter unter Umständen eine hohe Marktmacht gegenüber Unternehmen erreichen kann, die einzelne innerhalb des Systems interagierende Produkte anbieten.

Neuartige Industrieprodukte könnten also zu einer viel stärkeren Transformation des Industriesektors führen als vollautomatisierte Prozesse bei der Herstellung herkömmlicher Industrieprodukte. Der Zeitpunkt und der Grad einer möglichen Disruption dürfte je nach Industriebranche sehr unterschiedlich sein und auch vom bereits erfolgten Grad der Durchdringung mit intelligenten, vernetzten Produkten abhängen. Es wird wichtig werden, den Fokus weg von einzelnen Gütern und Branchen hin zu Wertschöpfungsketten zur Deckung von Bedürfnissen zu lenken. Was ist damit gemeint? Wie wir in Kapitel 6 bereits darlegten, erfassen offizielle Statistiken wirtschaftliche Tätigkeiten anhand von dem, was ein Unternehmen hauptsächlich herstellt. Durch neue intelligente und vernetzte Produkte dürfte es nun zu einer Vermischung der materiellen und digitalen Welt quer über verschiedene Branchen hinweg kommen. Wertschöpfung dürfte dadurch erzeugt werden, indem diese Produkte in der Summe zusammen ein Bedürfnis befriedigen. Solche Bedürfnisse können Mobilität, Gesundheit, verschiedenste Arten der Unterhaltung und vieles mehr beinhalten. Der Vergleich verschiedener Länder anhand bisheriger Einteilungen von wirtschaftlichen Tätigkeiten in Branchen und Sektoren könnte dann auch aus dieser Optik weiter an Relevanz verlieren.

Die Art der Wertschöpfung, die durch vormals eigenständige Industrieprodukte erbracht wurde, könnte sich so komplett verändern. Dabei ist es denkbar, dass insbesondere auch branchenfremde IT-Unternehmen nun zu grossen Teilen an der Generierung von Wertschöpfung beteiligt sind. Für die Automobilindustrie könnte dies beispielsweise bedeuten, dass die Plattform, die selbstfahrende Autos miteinander vernetzt, nun von IT-Unternehmen bereitgestellt wird. Dabei handelt es sich nicht, wie im vorherigen Kapitel 6 dargestellt, um Vorleistungen, die nun ausgelagert und somit von einer anderen Branche erbracht werden. Vielmehr dürfte die Möglichkeit, Industriegüter miteinander vernetzen zu können – beispielsweise innerhalb von digitalen Plattformen –, zu ganz neuen Arten von Wertschöpfung führen, die kaum in bisher existierende Branchenkategorien eingeordnet werden können.

Da wirtschaftliche Tätigkeiten zur Befriedigung eines Bedürfnisses zusehends quer über verschiedene Branchen stattfinden, dürfte es schwieriger werden, anhand von klar abgegrenzten Branchenkategorien die Wirtschaftsstruktur eines Landes zu erfassen. Eine Möglichkeit wäre, Wertschöpfungsketten nicht mehr anhand von Produkten und Dienstleistungen zu kategorisieren, sondern anhand von Bedürfnissen. Gleichzeitig sollten solche Wertschöpfungsketten anhand unterschiedlicher *Tätigkeitsschritte* unterteilt werden, um die im vorherigen Kapitel 6 thematisierte zunehmende geografische Verteilung von Tätigkeitsschritten erfassen zu können.

Die strukturellen Entwicklungen von Volkswirtschaften dürften somit unberechenbarer werden. Eine solche Tendenz diskutierten wir bereits in Kapitel 6, wobei wir dort die Ursache in der Zunahme von internationalen Wertschöpfungsketten und damit einhergehenden Verlagerungen einzelner Tätigkeitsschritten lokalisierten. Eine wichtige Rolle spielten dabei heterogene Veränderungen der Handelskosten für unterschiedliche Tätigkeiten, welche teilweise ebenfalls auf verschiedene Entwicklungen im Bereich der Digitalisierung zurückzuführen sind. Bei den hier thematisierten Entwicklungen dürfte es vielmehr eine Rolle spielen, welche Unternehmen in welchen Branchen Disruptionen auslösen und wo diese Unternehmen beheimatet sind.

Dabei ist es durchaus möglich, dass ein Land in relativ kurzer Zeit seinen komparativen Vorteil in Bereichen verliert, in denen es bis zur Disruption einen sehr ausgeprägten komparativen Vorteil hatte. Denkbar wäre beispielsweise, dass die deutsche Autoindustrie zukünftig durch amerikanische Technologieunternehmen massiv in Bedrängnis gerät oder die Schweizer Uhrenindustrie durch neue Trends wie Smartwatches. Dabei ist es jedoch wichtig anzumerken, dass ein Land immer in irgendeiner Wirtschaftätigkeit einen komparativen Vorteil aufweist, solange Kosten von Inputfaktoren wie beispielsweise Löhne flexibel sind. Dass ein Land also auf irgendeine Weise am Weltmarkt teilnimmt und davon als Ganzes auch profitiert, steht nicht in Frage. Wie hoch die damit verbundene Wertschöpfung und damit die Reallöhne sind, aber schon.

Wie gut ist die Schweizer Industrie in der Digitalisierung positioniert?

Basierend auf den vorherigen Überlegungen analysieren wir nun, inwiefern der Schweizer Industriesektor auf die aktuellen Herausforderungen der Digitalisierung vorbereitet sein könnte. Diese Einschätzung ist schwierig. Die Idee ist, dass wir zunächst vergleichen, wie digitalisiert der Schweizer Industriesektor im Vergleich zu anderen Ländern hinsichtlich Unternehmensorganisation und Produktionsprozessen ist. Dies ermöglicht im Wesentlichen Rückschlüsse darüber, wie Entwicklungen der 1. und 2. Phase der Digitalisierung den Schweizer Industriesektor bereits durchdrungen haben. Anschliessend versuchen wir Tendenzen von Disruptionen zu erfassen, also abzuschätzen, wie der Schweizer Industriesektor bei Entwicklungen der 3. Phase der Digitalisierung positioniert ist.

Positionierung bei der Digitalisierung der Wertschöpfungskette?

Wir gehen zunächst der Frage nach, wie digitalisiert die Produktionsprozesse und die Unternehmensorganisation Schweizer Industrieunternehmen im Vergleich zu ihren ausländischen Konkurrenten sind. Wir analysieren hier also den Zusammenhang zwischen Digitalisierung und den Abläufen innerhalb der Wertschöpfungskette. Dazu beziehen wir verschiedene Beobachtungen mit ein und versuchen, daraus die digitale Durchdringung abzuschätzen.

Abbildung 64: Anzahl Industrieroboter (Jahr 2019)

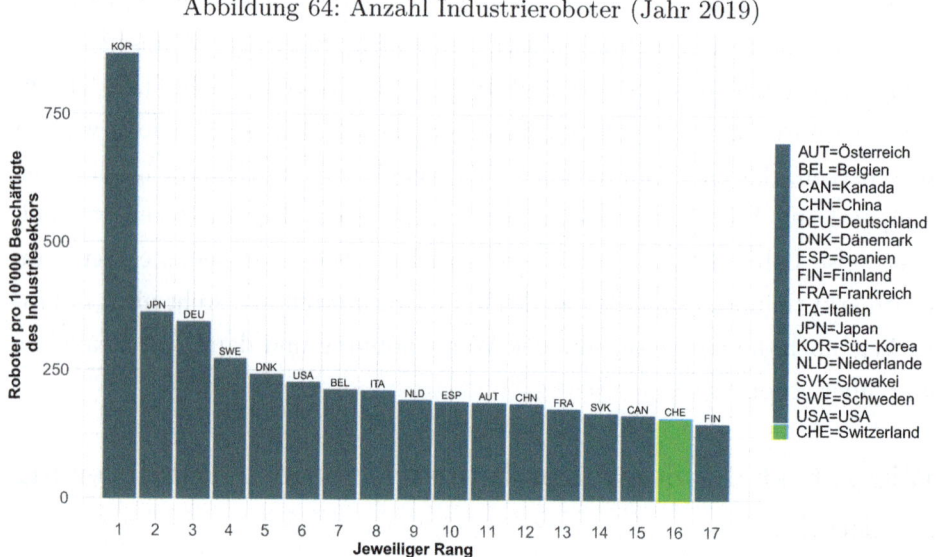

Quelle und Hinweise: Daten der OECD zur Anzahl der Industrieroboter pro 10'000 Beschäftigte des Industriesektors eines Landes im Jahr 2019.

Abbildung 64 zeigt hierzu die Anzahl Industrieroboter des Industriesektors. Die Schweiz belegt dabei mit rund 160 Industrierobotern pro 10'000 Beschäftigten keinen vorderen Platz. Ein Resultat, das in Anbetracht der hohen Lohnkosten erstaunt, zumal wissenschaftliche Arbeiten zeigen, dass der Einsatz von Robotern zu höherer Produktivität führt.[18] Ein Grund könnte jedoch sein, dass ein grosser Teil der Schweizer Beschäftigten des Industriesektors auf Branchen entfallen, deren Automatisierungsgrad generell geringer ist, wie beispielsweise die Uhrenindustrie. Leider liegen nur Daten für die gesamte Zahl an Industrierobotern vor. Deshalb sind diese Beobachtungen mit Vorsicht zu betrachten.

Als nächstes betrachten wir den Bezug von IT-Vorleistungen als weiterer Indikator der Digitalisierung von Produktionsprozessen.[19] Die Idee ist dabei, dass die Digitalisierung zahlreiche Inputfaktoren aus dem IT-Bereich benötigt,

Abbildung 65: IT-Vorleistungen verschiedener Branchen des Industriesektors im Jahr 2014

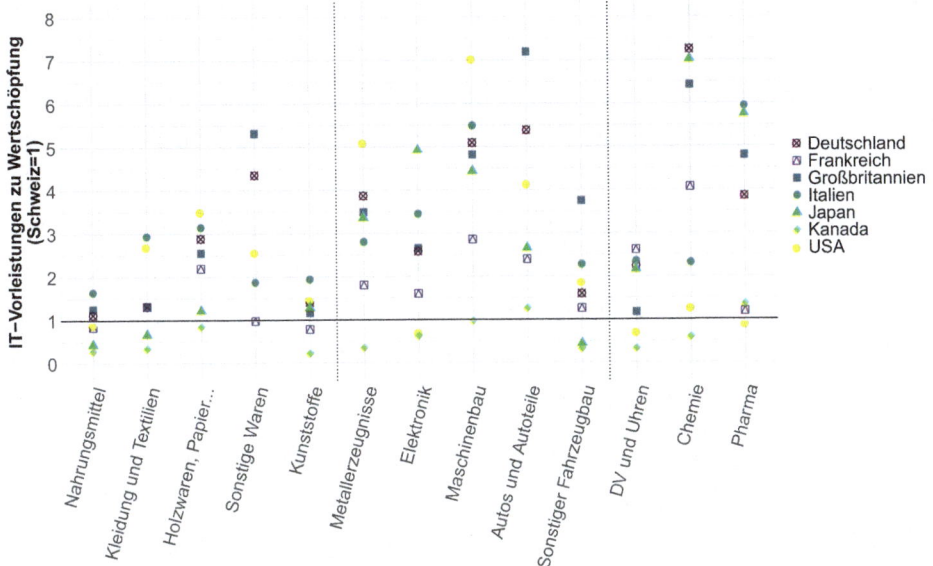

Quelle und Hinweise: Eigene Berechnung anhand der WIOD. IT-Vorleistungen beinhalten die NOGA-Branchen 62-63. Neben direkt bezogenen Vorleistungen werden auch indirekt über den Grosshandel bezogene Vorleistungen berücksichtigt. Nicht erfasst sind Vorleistungen von Computer-Hardware, da diese der NOGA-Branche 26 zugeordnet sind, die gleichzeitig auch andere Güter wie beispielsweise Uhren umfasst, was eine Extraktion von Daten zu Computer-Hardware nicht möglich macht.

wie beispielsweise PC-Software oder Webanwendungen. Hierzu verwenden wir wieder Daten der WIOD, die nur Werte bis 2014 beinhalten. Dabei berechnen wir die bezogenen IT-Vorleistungen relativ zur Wertschöpfung der Branche, welche diese Leistungen bezieht. Der Wert für die Schweiz wird dabei für jede Branche auf 1 indexiert und mit den Werten der G7-Staaten für jede Branche im Industriesektor verglichen. Ein Wert grösser als 1 bedeutet, dass im Vergleich zur Schweiz in der entsprechenden Branche im Vergleichsland relativ mehr IT-Vorleistungen bezogen werden.

Abbildung 65 zeigt, dass der Bezug von IT-Vorleistungen in Relation zur jeweiligen Wertschöpfung bei Schweizer Branchen des Industriesektors vergleichsweise tief liegt. In den meisten Branchen liegt der Wert für die meisten Länder über demjenigen der Schweiz. Einzig bei den Nahrungsmitteln und den Kunststoffen liegen die Wert nahe beieinander und die Schweiz im Mittelfeld. Dies kann wiederum verschiedene Gründe haben. Eine mögliche Erklärung wäre, dass Schweizer Industrieunternehmen im Vergleich zu ihren ausländischen Konkurrenten einen grösseren Teil der IT-Tätigkeiten innerhalb des eigenen Unternehmens ausführen. Um dieser Frage nachzugehen, wäre es notwendig, die Wertschöpfung auf Ebene von Tätigkeiten zu kennen, was anhand offizieller Wertschöpfungsdaten (bisher) nicht möglich ist. Gehen wir davon aus, dass Schweizer Industrieunternehmen im Durchschnitt nicht viel anders organisiert sind, könnten diese Werte auch bedeuten, dass die Schweizer Industrie bei der Digitalisierung von Prozessen im Vergleich zu anderen wichtigen Industrieländern eher zurückliegt.

Diese letzte Interpretation stimmt mit Erhebungen der OECD zum Einsatz verschiedener digitaler Technologien bei Unternehmen überein.[20] So kommt beispielsweise Software für das automatische Supply-Chain Management oder für das Custom Relationship Management (CRM) in Schweizer Industrieunternehmen vergleichsweise unterdurchschnittlich zum Einsatz, wie aus den Abbildungen 66 und 67 ersichtlich ist. Dabei zeigen die Abbildungen, ob ein Unternehmen das jeweilige digitale Tool einsetzt oder nicht. Aussagen über den Umfang und die Qualität können daraus aber nicht abgeleitet werden.

Ein weiterer Indikator für digitalisierte Produktionsprozesse stellt die Verwendung der „Radio Frequency Identification" (RFID) Technologie dar.[21] Mit dieser Technologie ist es möglich, Objekte mittels Radiowellen automatisch zu identifizieren und zu lokalisieren. Die RFID-Technologie stellt eine wichtige Grundlage für das automatische Kommunizieren zwischen verschiedenen Maschinen dar. Deshalb kommt die Technologie in vielen Bereichen zur Anwendungen, wie beispielsweise in der Logistik oder der Prozessüberwachung der Fertigung. Wie Abbildung 68 jedoch zeigt, belegt der Schweizer Industriesektor bei der Anzahl der Unternehmen, die RFID-Technologien einsetzen, nur Rang 16 von 28 erfassten OECD-Ländern. Auch dies ist ein Indikator, dass viele Schweizer Industrieunternehmen bei der Digitalisierung ihrer Prozesse eher zurückhaltend sind. Ein ähnliches Bild zeigt sich schliesslich auch für andere von der OECD erfassten Werte, die wir hier aus Platzgründen nicht

Abbildung 66: Einsatz von automatischem Supply-Chain-Management bei Unternehmen des Industriesektors (Jahr 2017)

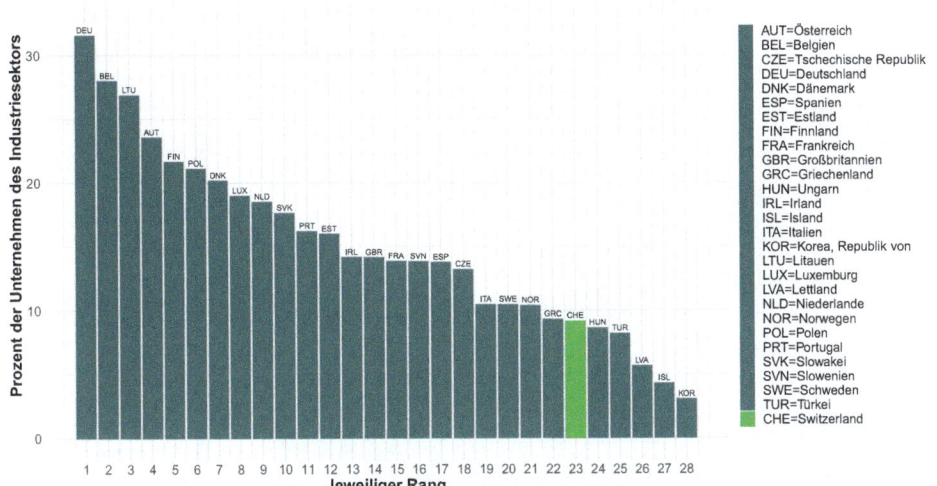

Quelle und Hinweise: Daten der OECD zu Verwendung von IT-Systemen bei Unternehmen. Die Daten beziehen sich auf Unternehmen des Industriesektors und basieren auf Umfragen der OECD anhand von ja oder nein Fragen. Bei der Auswertung wird jedes Unternehmen gleich stark gewichtet. Maximal werden 32 OECD-Länder erfasst. Jedoch stehen nicht für alle Länder Daten für jede Erhebung zur Verfügung. Zudem werden die USA in den Daten nicht erfasst. Für die Schweiz liegen in der aktuellen Version (Stand Januar 2021) Werte bis zum Jahr 2017 vor.

aufführen. Beispiele sind die Anzahl der Beschäftigten, die regelmässig einen Computer verwenden oder die Anzahl der Industrieunternehmen, die Software für die strategische Planung einsetzen. Bei diesen Erhebungen liegt der Schweizer Industriesektor tendenziell ebenfalls eher im Mittelfeld und damit nicht auf den vorderen Plätzen.

Dieser Eindruck verstärkt sich, wenn man den Einsatz von „Cloud Computing" in Unternehmen betrachtet. „Cloud Computing" ermöglicht es, IT-Infrastruktur über das Internet zu nutzen. Beispiele sind die Speicherung von Daten und die Bereitstellung von Software oder von Rechenkapazitäten zur Auswertung riesiger Mengen an Daten. Dabei können Unternehmen intern „Cloud Computing" Infrastrukturen aufbauen oder verschiedene Dienstleistungen über externe Plattformen wie Amazon Web Services oder Microsoft

Abbildung 67: Einsatz von Software für Custom Relationship Management (CRM) bei Unternehmen des Industriesektors (Jahr 2017)

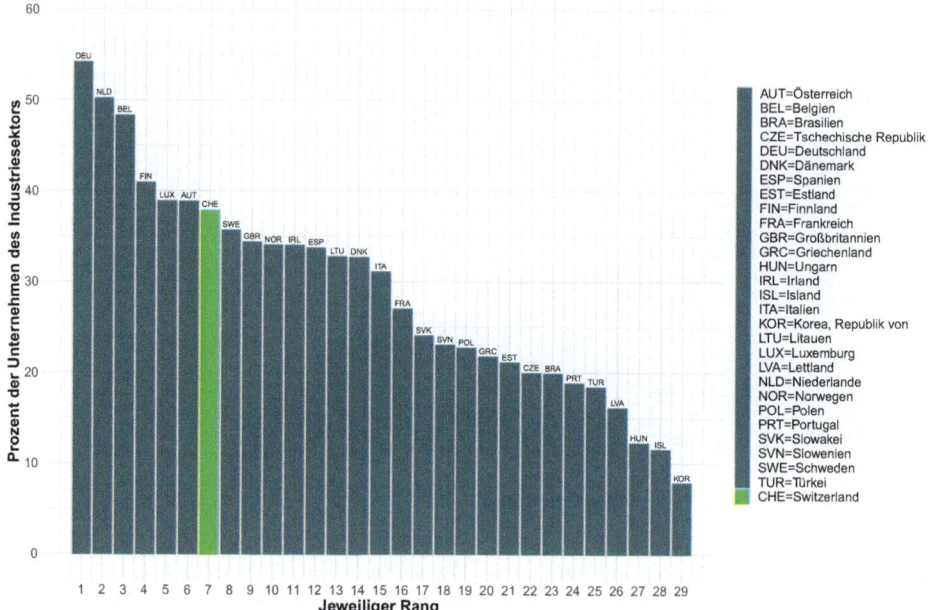

Quelle und Hinweise: Siehe Abbildung 66.

Azure nutzen. Es ist damit beispielsweise möglich, Produkte mit enormer Rechenpower auszustatten, ohne die Hardware physisch in ein Produkt zu integrieren. Zudem können mit Cloud Computing Daten verschiedenster miteinander vernetzter Produkte zentral gespeichert werden. Die Daten können wiederum mit Hilfe von „Machine Learning" für verschiedenste Zwecke ausgewertet werden. Somit stellt diese Technologie eine Schlüsseltechnologie im Bereich intelligenter und vernetzter Produkte dar. Der Einsatz von „Cloud Computing" gibt demnach Anhaltspunkte, inwiefern Unternehmen sich mit Technologien auseinandersetzen, die für Anwendungen des „Internet of Things" eine grosse Bedeutung haben.

Abbildung 69 zeigt den Einsatz von „Cloud Computing" bei Unternehmen des Industriesektors im Jahr 2017. Wie die OECD-Daten implizieren, verwenden nur knapp über 20% der Schweizer Industrieunternehmen „Cloud Com-

Abbildung 68: Einsatz von „Radio Frequency Identification" (RFID) bei Unternehmen des Industriesektors (Jahr 2017)

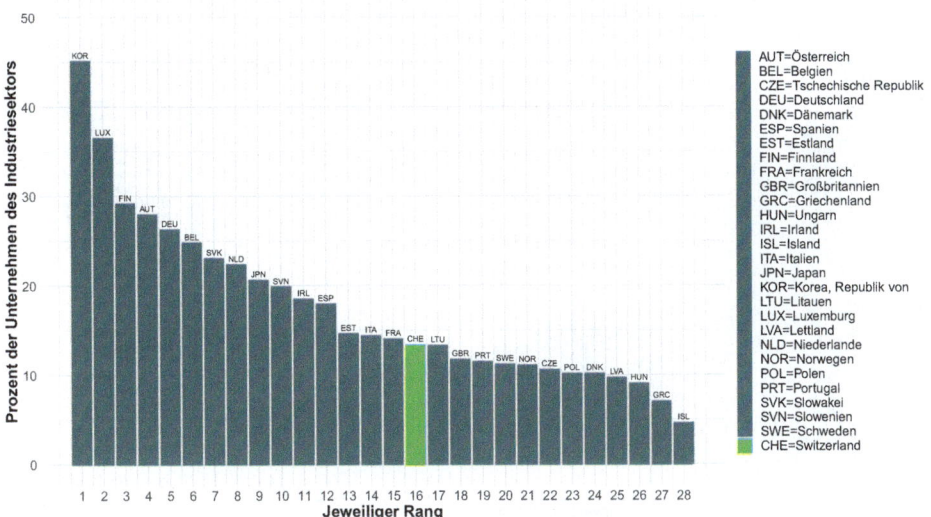

Quelle und Hinweise: Siehe Abbildung 66.

puting". Damit ist der Anteil zwar höher wie der von Deutschland, aber im Vergleich zu anderen Industrieländern wie Japan und, allen voran, Finnland ist der Anteil gering. Die Schweiz bewegt sich also auch hier im Mittelfeld.

Ebenfalls interessant ist die Betrachtung nach verschiedenen Grössenklassen von Unternehmen. Hierzu gibt es jedoch nur Daten für Industrie- und Dienstleistungsunternehmen zusammen. Sieht man von dieser Beschränkung einmal ab, so zeigt ein Vergleich der Abbildungen 70, 71 und 72, dass im internationalen Vergleich insbesondere in kleinen (1-49 Beschäftigte) und mittleren Schweizer Unternehmen (50-249 Beschäftigte) der Einsatz von verschiedenen IT-Technologien gering ist. Wie aus Abbildung 72 ersichtlich, ist der Anteil der grossen Unternehmen mit mehr als 249 Beschäftigten, die verschiedene Arten von digitalen Technologien einsetzen, allgemein höher als bei kleinen und mittleren Unternehmen. Zudem liegen hier die Schweizer Unternehmen eher im vorderen Mittelfeld. Die für den Schweizer Industriesektor zu beobachtende geringe Durchdringung mit verschiedenen digitalen Technologien dürfte also hauptsächlich auf kleine und mittlere Schweizer Unternehmen zurück zu

Abbildung 69: Einsatz von Cloud Computing bei Unternehmen des Industriesektors (Jahr 2017)

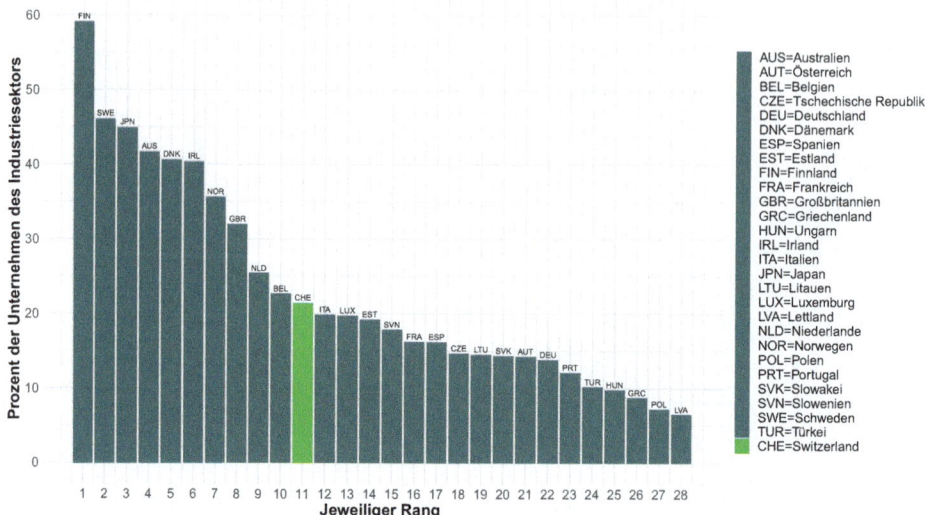

Quelle und Hinweise: Siehe Abbildung 66.

führen sein.

Zwar kann mit diesen Daten keine Aussage über die Intensität und Qualität der verwendeten IT-Systeme in Unternehmen gemacht werden. Dennoch weisen die Beobachtungen in die gleiche Richtung: Unternehmen des Schweizer Industriesektors dürften im Vergleich zu anderen Industrieländern neue Möglichkeiten der Digitalisierung weniger häufig nutzen und dies gilt insbesondere für KMU.[22] Damit besteht die Gefahr, dass zahlreiche Schweizer Unternehmen zunehmend an internationaler Wettbewerbsfähigkeit einbüssen. Denn eine hohe Durchdringung von Unternehmensabläufen mit IT dürfte teilweise zu erheblichen Produktivitätssteigerungen führen. Die Umstrukturierung hätte dann natürlich auch grössere Effekte auf Beschäftigungsstrukturen, relative Löhne und unter Umständen die relative Arbeitslosigkeit.

Ein Argument könnte nun sein, dass sich die Struktur des Schweizer Industriesektors teilweise stark von anderen (Industrie-)Ländern unterscheidet, was mit den Ergebnissen in Teil I des Buches nicht im Widerspruch steht. Gleichzeitig könnte der optimale Umfang des Einsatzes verschiedener digi-

Abbildung 70: Einsatz verschiedener IT-Technologien bei kleinen Unternehmen (Jahr 2017)

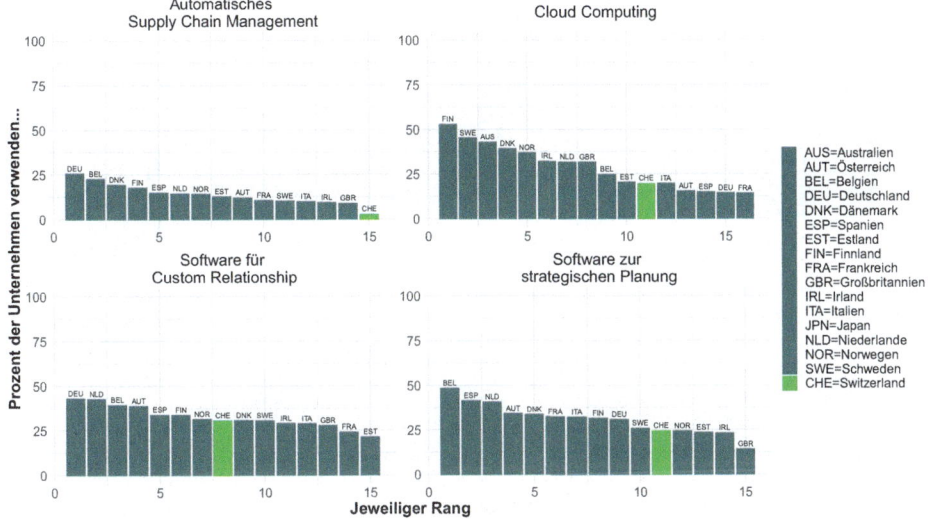

Quelle und Hinweise: Siehe Abbildung 66. Im Vergleich zu Abbildung 66 sind Daten nach Grössenklassen nur für eine geringere Zahl an Ländern vorhanden. Die hier gezeigten Werte beinhalten kleine Industrie- und Dienstleistungsunternehmen mit 1-49 Beschäftigten.

taler Technologien sehr von der Branche abhängen. Zudem könnte es sein, dass viele Schweizer Firmen eventuell in ganz anderen Märkten produzieren und ihre Produkte anbieten (z.B. Nischenprodukte). In diesem Fall könnte der eher geringe Einsatz digitaler Technologien im Schweizer Industriesektor auf eine andere Sektorstruktur und weniger auf eine im Vergleich zu anderen Ländern eher zögerliche Adaption zurückzuführen sein. Teilweise dürfte dieses Argument berechtigt sein. Jedoch dürften viele Abläufe in der Unternehmensorganisation, wie beispielsweise das Kundenmanagement oder die Buchhaltung, in allen Industrieunternehmen im In- und Ausland – unabhängig von der Branche – in ähnlicher Form vorzufinden sein. Aber auch hier zeigt sich eine eher geringe Durchdringung mit digitalen Technologien bei Schweizer Unternehmen des Industriesektors.

Abbildung 71: Einsatz verschiedener IT-Technologien bei mittleren Unternehmen (Jahr 2017)

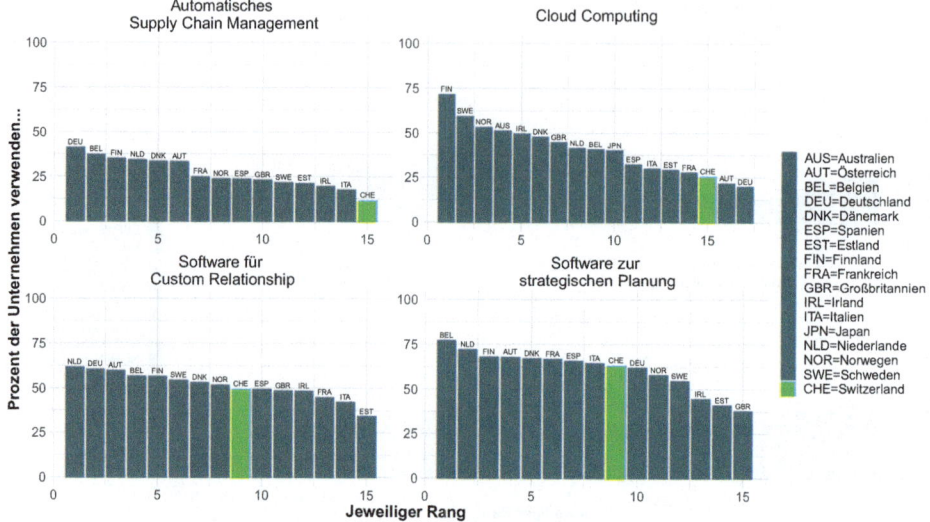

Quelle und Hinweise: Siehe Abbildung 66. Im Vergleich zu Abbildung 66 sind Daten nach Grössenklassen nur für eine geringere Zahl an Ländern vorhanden. Die hier gezeigten Werte beinhalten mittlere Industrie- und Dienstleistungsunternehmen mit 50-249 Beschäftigten.

Präsenz bei intelligenten vernetzten Produkten?

Nicht übersehen werden darf die Tatsache, dass die Digitalisierung von Prozessen und der Unternehmensorganisation nur *ein* Baustein für den Erfolg von Unternehmen ist.[23] Bezieht man andere Faktoren wie die Qualität mit ein, so steht der Schweizer Industriesektor mit seinen Produkten auf den internationalen Absatzmärkten hervorragend da, was wir in Kapitel 4 ausführlich darlegten. Zusammenfassend lässt sich dies schön anhand der Arbeitsproduktivität pro Stunde illustrieren. Betrachtet man Abbildung 73, so weist der Schweizer Industriesektor als Ganzes die höchste Arbeitsproduktivität pro Stunde im Durchschnitt der Jahre 2000 bis 2014 auf (dies entspricht dem verfügbaren Zeitraum der verwendeten Daten, die einen internationalen Vergleich der Arbeitsproduktivität pro Stunde ermöglichen). Die Produktivität in der Schweiz wird wiederum auf 1 indexiert. Dabei ist dies, wie Abbildung

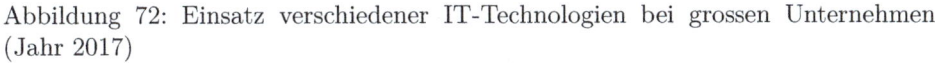

Abbildung 72: Einsatz verschiedener IT-Technologien bei grossen Unternehmen (Jahr 2017)

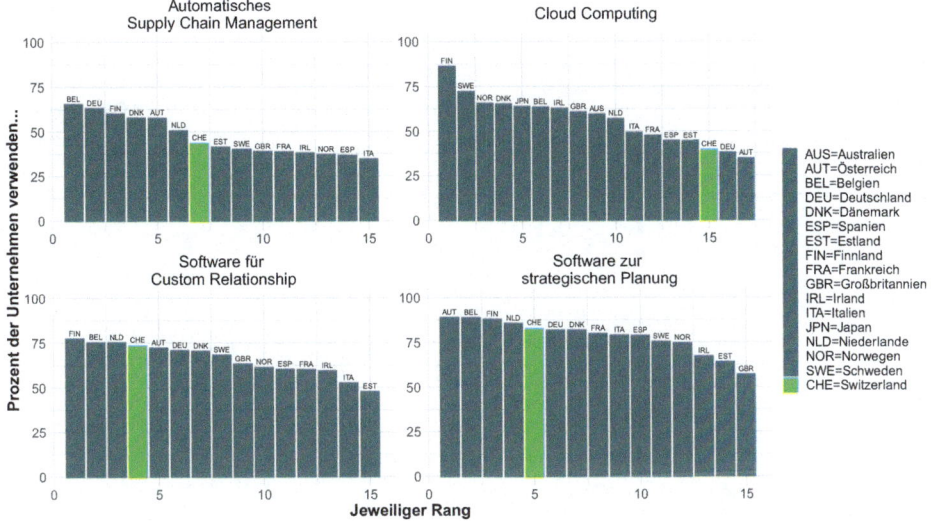

Quelle und Hinweise: Siehe Abbildung 66. Im Vergleich zu Abbildung 66 sind Daten nach Grössenklassen nur für eine geringere Zahl an Ländern vorhanden. Die hier gezeigten Werte beinhalten grosse Industrie- und Dienstleistungsunternehmen mit mehr als 249 Beschäftigte.

73 zeigt, nicht etwa ein Resultat einzelner starker Branchen, wie der Pharma oder Uhrenindustrie, sondern zeigt sich für nahezu jede Branche.[24]

Ob die sehr gute Positionierung des Schweizer Industriesektors auch zukünftig bestand haben wird, dürfte insbesondere davon abhängen, inwiefern es den Schweizer Unternehmen weiterhin gelingt, innovative und qualitativ hochwertige Produkte anzubieten. Abbildung 74 zeigt dazu Patentanmeldungen für verschiedene Länder und Branchen des Industriesektors.[25] Die Anzahl der angemeldeten Patente sind anhand der gesamten Beschäftigung eines Landes normiert (d.h. werden durch die Beschäftigung dividiert), um die unterschiedlichen Ländergrössen zu berücksichtigen.[26] Bei diesem Vergleich beziehen wir explizit Patentanmeldungen von in China ansässigen Unternehmen mit ein, um abzuschätzen, wie hoch das zukünftige Potenzial Chinas bei innovativen und qualitativ hochwertiger Produkten sein dürfte. Demnach liegt der chinesische Industriesektor, was die Innovationsfähigkeit anbelangt, noch weit hinter

Abbildung 73: Arbeitsproduktivität verschiedener Branchen des Industriesektors

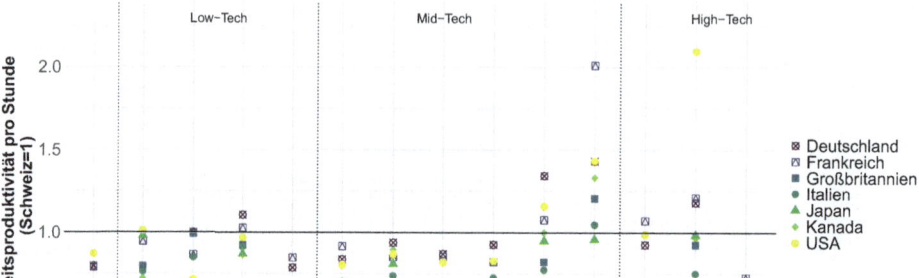

Quelle und Hinweise: Eigene Berechnung anhand Daten der WIOD. Die Daten stehen nur bis 2014 zur Verfügung. Zur Berechnung wurde jeweils die Arbeitsproduktivität pro Stunde in laufenden US-Dollar verwendet und diese in Relation zur Schweizer Arbeitsproduktivität gesetzt. Die gezeigten Werte zeigen dabei Durchschnitte der Jahre 2000 bis 2014, um beispielsweise Wechselkursschwankungen zu berücksichtigen. Werden einzelne Jahre betrachtet, so ist ein positiver Trend im Zeitverlauf ersichtlich. Dabei dürfte sicherlich der starke Schweizer Franken eine Rolle spielen.

wichtigen Industrieländern und insbesondere auch der Schweiz zurück, zumindest solange man Grössenunterschiede bezogen auf das ganze Land berücksichtigt. Vergleicht man die Patentanmeldungen der in der Schweiz ansässigen Unternehmen mit Unternehmen in anderen wichtigen Industrieländern, so sind einzig in den USA ansässige Unternehmen und – in manchen Branchen – auch in Japan ansässige Unternehmen innovativer (gemessen an den Patentanmeldungen).

Diese Entwicklungen deuten darauf hin, dass in absehbarer Zeit wichtige Schweizer Industriebranchen gegenüber ihren ausländischen Konkurrenten bei *herkömmlichen Industrieprodukten* weiterhin gut positioniert sein werden. Daran dürfte auch der nur zögerliche Einsatz von digitalen Technologien

Abbildung 74: Patentanmeldungen verschiedener Branchen des Industriesektors (Durchschnitt der Jahre 2017-2019)

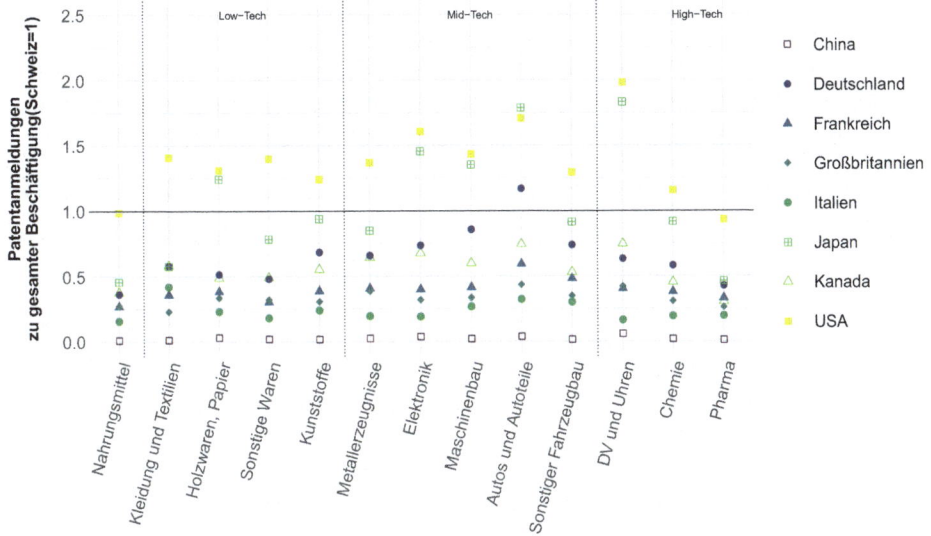

Quelle und Hinweise: Die einzelnen Graphen zeigen die Patentanmeldungen in Relation zur gesamten Beschäftigung eines Landes, normiert anhand des jeweiligen Wertes für die Schweiz. Die Werte zeigen den Durchschnitt der Jahre 2017-2019. Da Patentdaten teilweise grössere Fluktuationen zwischen einzelnen Jahren aufweisen, verwenden wir einen mehrjährigen Durchschnitt. Daten zu den Patenten stammen von der OECD. Um Patente Ländern zuzuordnen, wurde der Wohnsitz der Erfinder verwendet. Zudem wurden Patente mit Hilfe einer aktuellen Korrespondenztabelle zwischen der Klassifikation von Patenten anhand der International Patent Classification (IPC) und der Branchenkategorisierung NOGA einzelnen Branchen zugeordnet. Damit ist jedoch nur eine approximative Zuordnung von Patenten zu Branchen möglich. Eine genaue Beschreibung der Methodik findet sich in DORNER/HARHOFF (2018).

wenig ändern. Unsere vorherigen konzeptionellen Überlegungen legen jedoch auch nahe, dass insbesondere Entwicklungen im Bereich der Digitalisierung dann zu Disruptionen im Industriesektor führen, sobald die „materielle und die digitale Welt miteinander verknüpft werden" und ganz neue digitale Industrieprodukte entstehen. Ob Industrieunternehmen eines Landes im Zeitalter des „Internet of Things" auf den internationalen Märkten weiterhin eine hohe Wettbewerbsfähigkeit aufweisen, dürfte dann stark von der Entwicklung neuer intelligenter und vernetzter Industrieprodukte abhängen. Inwiefern dies der Fall ist, kann nur schwer erfasst werden. Denn es existieren keine länderübergreifende Daten zu Produktneuentwicklungen kategorisiert nach verschiedenen Technologiebereichen.

Wir versuchen dennoch Tendenzen anhand verschiedener Indikatoren aufzuzeigen. Bei den Überlegungen zu den verschiedenen Phasen der Digitalisierung und ihren ökonomischen Auswirkungen schlussfolgerten wir, dass für intelligente und vernetzte Industrieprodukte digitalisierte Prozesse innerhalb von Unternehmen eine wesentliche Voraussetzung darstellen dürften. Da der Schweizer Industriesektor beim Einsatz verschiedener digitaler Technologien nicht zur Spitzengruppe gehört, ist davon auszugehen, dass Schweizer Industrieunternehmen auch keine Vorreiter Rolle bei der Entwicklung digitaler Industrieprodukte einnehmen. Im Gegenteil erscheint es fast, dass viele Unternehmen im Schweizer Industriesektor den Anschluss an die Weltspitze verpassen könnten.

Einen in diesem Zusammenhang interessanten Indikator stellen die Patentanmeldungen in verschiedenen Technologiebereichen dar. Patente werden verschiedenen Technologiebereichen anhand der sogenannten IPC-Klassifikation zugeordnet. Dabei ist es möglich, einzelne Technologiebereiche der digitalen Welt oder der analogen Welt zuzuordnen. Beispiele für Patente auf digitale Technologien sind Berechnungsalgorithmen und für Patente auf analoge Technologien verschiedenste Arten von Werkzeugen. Zur Entwicklung intelligenter und vernetzter Industrieprodukte bedarf es Technologien, die quer über verschiedenste digitale wie analoge Technologiebereiche verlaufen. Patentanmeldungen von Industrieunternehmen im Bereich digitaler Technologien stellen somit ein Indikator dar, inwiefern Entwicklungen in Richtung intelligenter und vernetzter Industrieprodukte vorangetrieben werden. Abbildung 75 zeigt die Anzahl von Patenten im Bereich digitaler Technologien relativ zur gesamten Anzahl an Patentanmeldungen verschiedener Branchen des Industriesektors.

Im Vergleich zur Arbeitsproduktivität und den gesamten Patentanmeldungen, die wir zuvor zeigten, sind die Schweizer Unternehmen nicht mehr so gut positioniert.[27] Insbesondere die Schweizer High-Tech Branchen weisen relativ gesehen eine geringe Anzahl an digitalen Patenten auf, überraschenderweise allen voran die Pharmaindustrie.

Abbildung 75: Digitale Patente des Industriesektors (Durchschnitt der Jahre 2017-2019)

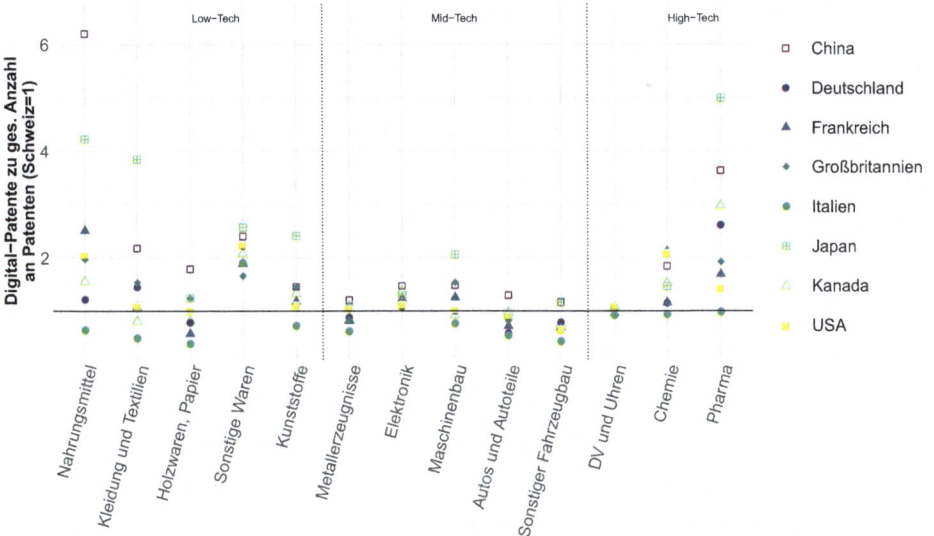

Quelle und Hinweise: Basierend auf IPCs kategorisiert die OECD Patente als „Digital-Patente" und „Nicht-Digital-Patente". Details dazu finden sich in INABA/SQUICCIARINI *(2017). Wir verwenden die Kategorisierung der OECD, um die Zahl der „Digital-Patente" zu bestimmen. Die Werte zeigen den Durchschnitt der Jahre 2017-2019. Da Patentdaten teilweise grössere Fluktuationen zwischen einzelnen Jahren aufweisen, verwenden wir einen mehrjährigen Durchschnitt. Alle weiteren Berechnungsschritte sind äquivalent zu Abbildung 74.*

Diese Beobachtungen zum Schweizer Industriesektor decken sich mit zentralen Resultaten der sogenannten „Leapfrogging" Literatur, die sich mit der Frage beschäftigt, wie Unternehmen und Branchen eines Landes durch Disruptionen ihre wirtschaftliche Vormachtstellung verlieren können.[28] Demnach dürfte es besonders für sehr gut positionierte Unternehmen und Branchen schwierig sein, sich auf komplett neue technologische Entwicklungen einzulassen. Denn der Erfolg solcher Unternehmen basiert auf herkömmlichen Technologien und damit verbundenen Produkten, Organisationsstrukturen und Produktionsprozessen. Dementsprechend wäre für solche Unternehmen eine Abkehr von bewährten Technologien mit enormen Anstrengungen und zugleich hohem Risiko verbunden. Deshalb gelingt es diesen Unternehmen oftmals nicht, sich „neu zu erfinden".

Wie in Abbildung 75 zu Digitalpatenten auch zu sehen, ist bei chinesischen Unternehmen des Industriesektors genau das Gegenteil der Fall. Diese weisen relativ gesehen einen hohen Anteil an Patenten im digitalen Bereich auf. Auch das stimmt mit Überlegungen der „Leapfrogging" Literatur überein, denn für diese Unternehmen ergeben sich durch neue Technologien Möglichkeiten, die bisherige Dominanz der etablierten Unternehmen aus Industrieländern zu brechen. In abgeschwächter Form ist dieses Bild auch für Branchen des Mid- und Low-Tech Bereichs erkennbar. Damit legen diese Beobachtungen durchaus nahe, dass viele Schweizer Industrieunternehmen es versäumen könnten, ihre sehr guten Produkte so weiter zu entwickeln, dass sie in ein System vernetzter Produkte integriert werden können. Basierend auf unseren vorherigen konzeptionellen Überlegungen könnte deshalb in der nun anstehenden dritten Phase der Digitalisierung für einige Schweizer Industrieprodukte die Nachfrage abrupt wegbrechen.

Andererseits lässt sich aus diesen empirischen Beobachtungen nicht entnehmen, ob Schweizer Industrieunternehmen sich mit Themen der Digitalisierung in ausreichendem Masse auseinandersetzen, aber bisher bewusst mit konkreten Schritten abwarten, um unnötig hohe Risiken zu vermeiden, die sich durch Vorreiterrollen ergeben. Unterstützung für diese Interpretation findet sich, wenn man die Entwicklung der Digital-Patente im Zeitverlauf betrachtet. Abbildung 76 zeigt hierzu den Anteil der Digital-Patente in Relation zur gesamten Anzahl an Patenten für verschiedene Länder, wiederum in Relation zur Schweiz (Index=1). Wie aus der Abbildung ersichtlich, verringert sich der Abstand zwischen der Schweiz und anderen wichtigen Ländern im Zeitverlauf bei der relativen Zahl an Digital-Patenten des Industriesektors. Diese Entwicklungen könnte man so interpretieren, dass sich viele Schweizer Industrieunternehmen nun auch vermehrt in Richtung intelligenter und vernetzter Produkte orientieren und dadurch der Abstand zu anderen Ländern reduziert wird. Es ist also durchaus ein Silberstreif am Horizont erkennbar! Ob diese Entwicklung zu spät erfolgt oder genau zur richtigen Zeit kommt, ist schwierig zu sagen.

Abbildung 76: Anzahl „Digital-Patente" des Industriesektors verschiedener Länder relativ zur Schweiz im Zeitverlauf

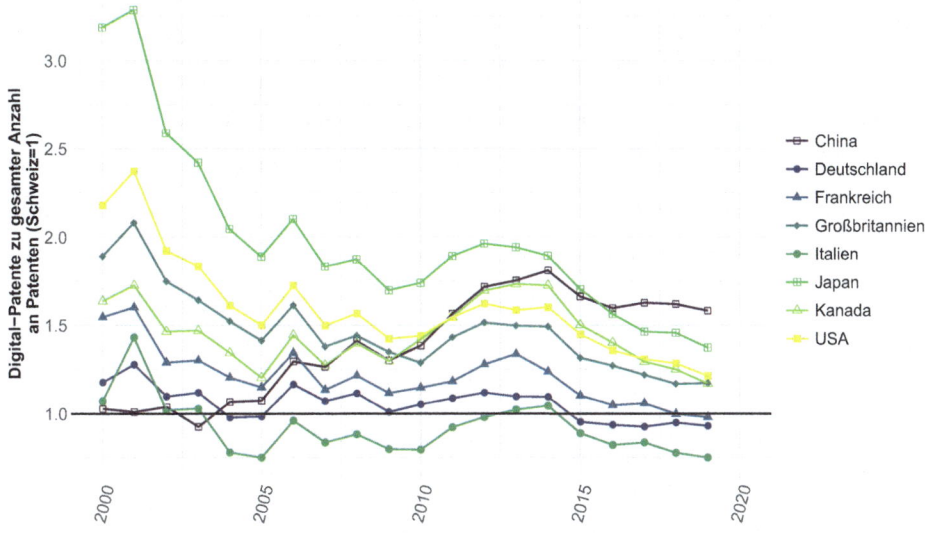

Quelle und Hinweise: Basierend auf IPCs kategorisiert die OECD Patente als „Digital-Patente" und „Nicht-Digital-Patente". Details dazu finden sich in INABA/SQUICCIARINI *(2017). Wir verwenden die Kategorisierung der OECD, um die Zahl der „Digital-Patente" zu bestimmen. Alle weiteren Berechnungsschritte sind äquivalent zu Abbildung 74, jedoch wird die Summe über alle Branchen des Industriesektors verwendet.*

Fazit

Der Schweizer Industriesektor ist verglichen mit demjenigen anderer wichtiger Industrieländer grundsätzlich sehr gut positioniert, wie wir bereits in den Kapiteln 3 und 4 feststellten. Die Produkte zeichnen sich durch hohe Qualität aus, und die einzelnen Branchen demonstrieren eine hohe Innovationsdynamik, was sich zum Beispiel anhand der im internationalen Vergleich relativ hohen Patentanmeldungen belegen lässt, wie wir in diesem Kapitel gesehen haben. Das Resultat ist eine relativ hohe Arbeitsproduktivität (und damit relativ hohe Reallöhne) in den verschiedenen Branchen des schweizerischen Industriesektors.

Betrachtet man jedoch die digitale Durchdringung, so trübt sich dieses positive Bild ein. Es tauchen Wolken am Horizont auf. Einerseits besteht dadurch die Gefahr von ineffizienteren Produktionsprozessen im Vergleich zu anderen Ländern. Andererseits – und dies ist in gewissem Masse, wie wir argumentierten, bedrohlicher – besteht die Gefahr, dass viele Schweizer Industrieunternehmen den Anschluss bei der Entwicklung intelligenter und vernetzter Produkte verlieren könnten. Dadurch könnte die im internationalen Vergleich sehr gute wirtschaftliche Position vieler Unternehmen gefährdet sein.

Ob diese Gefahr auch real bzw. gross ist, kann aufgrund der uns zur Verfügung stehenden Daten nicht abschliessend beurteilt werden. Dazu fehlt uns für verschiedene Indikatoren wie die Verbreitung von Industrierobotern, die Nutzung von IT-Vorleistungen, die Verwendung von automatischem Supply-Chain Management oder den Einsatz von Cloud-Computing eine Aufteilung der Daten nach Branchen. Schliesslich ist es im Moment schwierig zu sagen, ob ein etwas verzögerter Einstieg in die digitalen vernetzten Produkte – wie das unsere Patentanmeldungen implizieren – zu einem Problem werden könnte oder, im Gegenteil, eine im speziellen Umfeld von Schweizer Unternehmen (Stichwort: Nischenprodukte mit hoher Qualität) gerade richtige Strategie darstellt.

Erkennen wir in dem in diesem Kapitel gezeichneten Bild ein paar graue Wolken am Horizont für die Schweizer Industriefirmen und interpretieren einige Beobachtungen als Signal für einen gewissen Rückstand im Bereich der digitalen Durchdringung, sind wir sicherlich nicht schlecht beraten. Die Frage ist, was auf Unternehmensebene – man denke insbesondere auch an die KMUs – und in der Wirtschaftspolitik getan werden könnte, um diese Wolken zu vertreiben und das Bild aufzuhellen. Das ist das Thema, dem wir uns nun in Teil III des Buches widmen wollen.

Anmerkungen

1. Der Begriff Industrie 4.0 geht auf die Deutsche Bundesregierung zurück und soll zum Ausdruck bringen, dass mit der zunehmenden Digitalisierung eine neue vierte industrielle Revolution ansteht.

2. Beispielsweise unterteilen ATZORI ET AL. (2010) die Digitalisierung in verschiedene Wellen basierend auf der Entwicklung und Verbreitung bahnbrechender Technologien ein. Demnach stellen die aktuellen Entwicklungen, allen voran „the Internet of Things", die dritte Phase der Digitalisierung dar.

3. Zahlreiche wissenschaftliche Arbeiten, wie beispielsweise GALLIPOLI/MAKRIDIS (2017), JORGENSON ET AL. (2011) und STIROH (2002) zeigen, dass eine hohe Durchdringung mit Informationstechnologie zu höherer Produktivität führt.

4. PORTER/HEPPELMANN (2014) legen ausführlich dar, welche Möglichkeiten sich durch intelligente und vernetzte Produkte („Smart, Connected Products") ergeben.

5. Die Smartwatch ibeat setzt automatisch einen Notruf ab falls Herzprobleme auftreten.

6. Informationen für verschiedene Anwendungsmöglichkeiten von Siri finden sich auf der Homepage von `https://www.apple.com/de/siri/`Apple-Siri. Und für Alexa auf der Homepage von `https://www.amazon.de/b?ie=UTF8 &node=12775495031`Amazon Alexa.

7. Siehe beispielsweise `hhttps://www.bikesharing.ch/de/` für Leihsysteme mit automatischer geografischer Ortung von Fahrrädern.

8. Diese Entwicklungen lassen sich beispielsweise in der Autoindustrie beobachten, wo verstärkt IT-Fachkräfte für verschiedenste Bereiche gesucht werden, um so in den Worten des Volkswagen-Vorstandchefs Herbert Diess „ein von Software angetriebener Autohersteller zu werden". Siehe FAZ (4.4.2019).

9. Verschiedene Fernseh-Dokumentationen und Bücher befassen sich mit der tragischen Geschichte des Unternehmens Kodak. Eine wissenschaftliche Analyse vor dem Hintergrund disruptiver Technologien findet sich beispielsweise in LUCAS/GOH (2009).

10. Siehe hierzu beispielsweise ein Spezial im Economist zu aktuellen Entwicklungen im Bereich der Autoindustrie (ECONOMIST, 01.03.2018) oder das sehr

unterhaltsame Buch „Der letzte Führerscheinneuling... ist bereits geboren" von Mario Herger (HERGER, 2017).

11. BRYNJOLFSSON/MCAFEE (2014) thematisieren wie aufgrund der Eigenschaften von digital Gütern „Winner takes it all" Märkte entstehen und gehen darauf ein, welche Konsequenzen sich daraus für die Verteilung der Wertschöpfung ergeben.

12. Dieses Zitat stammt aus PORTER/HEPPELMANN (2014), S. 14.

13. Siehe MARCHANT (2020).

14. In einer Sonderausgabe von NATURE MEDICINE (2019) werden verschiedene digitale Technologien beschrieben, die grossen Einfluss auf die Entwicklung von Medikamenten und auf klinische Studien haben könnten oder bereits haben. Die Analogie zwischen Industrie 4.0 und dem Begriff Pharma 4.0 findet sich beispielsweise in GAWKOWSKI (2020).

15. Bereits heute gibt es schon Kooperationen zwischen Pharmaunternehmen und IT-Unternehmen, wie beispielsweise Novartis und Amazon oder GlaxoSmithKline und Google, da herkömmliche Pharmaunternehmen bei digitalen Entwicklungen teilweise rückständig sind (VERMEER/THOMAS, 2020).

16. In einem Artikel des Economists zu den Auswirkungen der zunehmenden Marktmacht von Technologiekonzerne werden weitere Beispiele genannt, wie Plattformen ihre Marktmacht ausnutzen können, um individuell angepasste Konsumentenpreise zu setzen. Siehe hierzu ECONOMIST (17.11.2018).

17. Es zeigen sich bereits erste Tendenzen, wonach grosse IT-Unternehmen ihre bisher angestammten Bereiche und Plattformen erweitern und damit vermehrt in direkter Konkurrenz mit anderen IT-Unternehmen stehen. Siehe beispielsweise ECONOMIST (27.2.2021).

18. In einer wissenschaftlichen Arbeit zeigen beispielsweise GRAETZ/MICHAELS (2018), dass der Einsatz von Robotern zu einer höheren Produktivität führt.

19. Computer Hardware werden der NOGA-Gruppe 26 „Herstellung von Datenverarbeitungsgeräten, elektronischen und optischen Erzeugnissen" zugeordnet und Industrieroboter der NOGA-Gruppe 28 „Maschinenbau". Öffentlich zugängliche Daten zu Vorleistungen verschiedener Branchen und Länder gibt es nur auf diesem aggregierten Level. Dadurch ist es nicht möglich zu erfassen, wie hoch die Ausgaben einer Branche für Computer Hardware und

Roboter sind. Deshalb fokussieren wir uns auf die NOGA-Branchen 62-63, die jegliche Arten von IT-Dienstleitungen umfassen.

20. Die Daten stammen von der OECD-Datenbank „ICT Access and Usage by Businesses". Für die Schweiz liegen in der aktuellen Version (Stand Januar 2021) Werte bis zum Jahr 2017 vor.

21. Die Bedeutung von „Radio Frequency Identification" (RFID) für das „Internet of Things" wird beispielsweise in ATZORI ET AL. (2010) thematisiert.

22. Diese Schlussfolgerungen stimmen generell mit Resultaten einer Studie der Fondation CH2048 überein, wonach Schweizer Unternehmen Defizite im Vergleich zu anderen wichtigen Industrieländern bei der digitalen Transformation aufweisen (FONDATION CH2048, 2018).

23. In einem Literaturüberblick fassen SYVERSON (2011) wesentliche Grössen zusammen, die verantwortlich für die Produktivität von Unternehmen sind.

24. Diese Zahlen stehen etwas konträr zur geführten Diskussion des niedrigen Wachstums der Arbeitsproduktivität der Schweiz (EBERLI ET AL., 2015, siehe beispielsweise). Dabei zeigen die hohen absoluten Werte, dass es viel schwerer ist, auf sehr hohem Niveau ein hohes Wachstum zu generieren. Deswegen ist es naheliegend, dass die Schweiz eher ein geringes Wachstum der Arbeitsproduktivität aufweist. Wahrscheinlich dürfte es so sein, dass – sobald andere Länder ein ähnlich hohes absolutes Level der Arbeitsproduktivität wie die Schweiz erreichen – dort die Wachstumsraten auch zurückgehen. Zudem ist für den Wohlstand eines Landes letzten Endes nicht das Wachstum, sondern das absolute Level der Arbeitsproduktivität entscheidend.

25. Patente werden in der ökonomischen Literatur häufig verwendet, um die Innovationsfähigkeit von Unternehmen und Branchen zu erfassen. Eine ausführliche Diskussion darüber findet sich beispielsweise in BURHAN ET AL. (2017) oder GRILICHES (1998).

26. Eine andere Möglichkeit wäre die Anzahl der Patentanmeldungen anhand der Beschäftigung einer Branche zu normieren. Internationale Daten zu Beschäftigung auf Branchenebene sind jedoch weniger aktuell als Daten zur gesamten Beschäftigung. Insbesondere für China liegen Daten nur bis zum Jahr 2014 vor. Zudem gibt eine Normierung anhand der gesamten Beschäftigung Hinweise darauf, in welche strukturelle Richtung sich eine Volkswirt-

schaft entwickeln dürfte. Hätte beispielsweise eine Branche aktuell einen hohen Anteil an Beschäftigten, jedoch eine sehr geringe Anzahl an Patentanmeldungen, so wäre dies ein Indikator, dass es zukünftig zu einer strukturellen Verschiebung der Beschäftigten hin zu anderen Branchen kommen könnte.

27. Eine vertiefte Analyse zu Schweizer Patentanmeldungen im Bereich Digitalisierungstechnologien findet sich in einer Studie der BAK (GRAMKE/GLAUSER, 2017). Demnach schneiden Schweizer Unternehmen bei Patentanmeldungen im Bereich von Digitalisierungstechnologien verglichen mit anderen wichtigen Industrieländern eher mittelmässig ab. Jedoch bezieht sich die Analyse auf die gesamte Schweizer Wirtschaft. Eine differenzierte Betrachtung Unternehmen verschiedener Branchen und Sektoren wird nicht vorgenommen.

28. Diese Überlegungen stimmen mit der „Leapfrogging Literatur" überein. Diese Literatur beschäftigt sich mit der Frage, ob und wie Unternehmen und Branchen eines Landes durch Disruptionen ihre wirtschaftliche Vormachtstellung verlieren könnten. Wichtige Überlegungen dazu stellte beispielsweise der renommierte Ökonom Paul Krugman, der den Nobelpreis für seine Arbeiten im Bereich des Internationalen Handels erhalten hat, zuammen mit Kollegen in BREZIS ET AL. (1993) an. In dieser Arbeit wird analysiert, wie in einem Ricardianischen Handelsmodell neue Technologien zu wirtschaftlichen Disruptionen führen können.

TEIL III: IMPLIKATIONEN FÜR UNTERNEH-MEN UND STAAT

In diesem Teil des Buches verdichten wir die Erkenntnisse aus den Analysen in den vorherigen Kapiteln in zwei Richtungen. Wir fragen uns, welche Implikationen sich aus der zunehmenden Aufspaltung und Internationalisierung von Wertschöpfungsketten sowie der Digitalisierung erstens für Unternehmen – die zentralen Spieler in diesem veränderten Umfeld – und zweitens für den Staat – den Verantwortlichen für die Spielregeln und Schiedsrichter – ergeben. Dabei stellt sich bei beiden Akteuren immer auch die Frage der internationalen Kooperation. Die Überlegungen zu den unternehmensstrategischen Herausforderungen finden sich in Kapitel 8, diejenigen zu den wirtschaftspolitischen Herausforderungen in Kapitel 9.

8 Unternehmensstrategische Herausforderungen

Unternehmen sind strategisch immer gefordert. Der Wettbewerb auf allen Märkten (für Produkte, Dienstleistungen, Arbeit bzw. Talente, Kapital, Technologien, Zwischenprodukte) sorgt dafür, dass Unternehmen nie „ausruhen" können. Gute Ideen—das heisst diejenigen, die sich auf den Märkten als gut erweisen—führen zu hohen Einkommen und erfreuen die an einem Unternehmen beteiligten Gruppen. Schlechte (oder fehlende) Ideen lassen Unternehmen ins Hintertreffen fallen, führen zu Verlusten oder bedrohen sogar die Existenz einer bisher erfolgreichen Firma. „Die Konkurrenz schläft nicht" lautet das Bonmot unter Unternehmern zu Recht.

Aufgrund dieser permanenten Herausforderungen gibt es in der Literatur für Firmen eine Vielzahl von Managementempfehlungen: Was ist zu tun, um im Markt erfolgreich bestehen zu können? Die Liste der Empfehlungen und Fragen, die es dazu zu beantworten gilt, ist lang—sehr lang. Dies ist nicht erstaunlich. Gibt es denn etwas, was die Wettbewerbsfähigkeit einer Firma nicht beeinflusst? Im Prinzip ist alles zu einem gewissen Grad wichtig. Entsprechend gilt es, die Bedürfnisse der Kunden immer wieder neu zu analysieren, bessere Produkte und Dienstleistungen zu generieren, Herstellungsprozesse zu verbessern, Mitarbeiter zu motivieren und Zwischenprodukte dort zu beziehen, wo das Preis-/Leistungsverhältnis am besten ist. Die entsprechenden Fragen dazu können vor dem Hintergrund von Veränderungen im Umfeld der Firmen neu gestellt und müssen eventuell neu beantwortet werden. Veränderungen beinhalten zum Beispiel starke konjunkturelle Schwankungen, die Aufwertung des Schweizer Frankens, die Integration von Ländern in die Weltwirtschaft, die Teilnahme neuer Konkurrenten in etablierten Märkten oder abrupte technologische Entwicklungen wie eben die Digitalisierung.

Anstatt diese wiederkehrenden Fragen neu aufzuschreiben und einzelne Antworten zu finden, gehen wir einen komplementären Weg und zeigen strategische Richtungen oder Möglichkeiten auf, denen sich die Firmen gegenübersehen. Dabei beginnen wir zunächst mit grundlegenden Überlegungen, die aufzeigen, weshalb für Unternehmen in einer zunehmend globalisierten Welt eine hohe Produktivität immer wichtiger wird und wie sich Firmen vor diesem Hintergrund ausrichten (müssen). Im zweiten Abschnitt präsentieren wir ver-

© Der/die Autor(en), exklusiv lizenziert durch
Springer Fachmedien Wiesbaden GmbH, ein Teil von Springer Nature 2021
C. Rutzer und R. Weder, *De-Industrialisierung der Schweiz?*,
https://doi.org/10.1007/978-3-658-34377-4_8

schiedene Möglichkeiten, wie Unternehmen ihre Produktivität vor dem Hintergrund der Internationalisierung von Wertschöpfungsketten erhöhen können. Unser Fokus liegt dabei auf Unternehmen des Industriesektors, obwohl viele der Überlegungen auch für Unternehmen der anderen beiden Sektoren von Bedeutung sein dürften. Im dritten Abschnitt gehen wir in diesem Zusammenhang speziell auf die Digitalisierung ein. Der vierte Abschnitt integriert die Überlegungen in ein strategisches Managementkonzept für international orientierte Schweizer Firmen—auch, um die Interdependenz der anstehenden Entscheidungen aufzuzeigen. Dabei argumentieren wir, dass insbesondere KMU sowohl durch die Internationalisierung von Wertschöpfungsketten wie auch die Digitalisierung ganz speziell gefordert sein werden. Schliesslich fassen wir die wesentlichen Erkenntnisse in einem Fazit zusammen.

Permanenter Druck zur Produktivitätssteigerung

Wie wir im ersten Teil des Buches auf der Basis der internationalen Handelstheorie darlegten, besteht zwischen den Firmen ein intensiver Wettbewerb, und zwar auf ihren Absatzmärkten, in den Märkten für Zwischenprodukte und Dienstleistungen sowie auf den Märkten für Inputfaktoren wie Arbeit und Kapital. Diese Märkte sind zum Teil sehr international orientiert, zum Teil aber auch national oder gar lokal geprägt. Aufgrund der zunehmenden Bedeutung von internationalen Wertschöpfungsketten bleibt der Wettbewerb nicht nur für Endprodukte und -dienstleistungen stark, sondern nimmt auf allen Ebenen der Wertschöpfungskette zu.

Gleichzeitig ist aber der Wettbewerb um den Faktor Arbeit aus verschiedenen Gründen eher nationaler oder gar regionaler Natur. So stehen Firmen an einem Standort in starkem Wettbewerb um lokal ansässige Arbeitskräfte, welche aufgrund ihrer Qualifikationen in verschiedenen Firmen tätig sein können. Arbeitskräfte aus anderen Regionen sind in der Regel weniger mobil, da sie aufgrund von staatlichen Regulierungen und persönlichen Restriktionen höhere Mobilitätskosten haben. Aber auch hier erhält der Wettbewerb eine zunehmende internationale Dimension, indem Arbeitskräfte vom Ausland als Grenzgänger oder Immigranten zufliessen oder ihre Leistung über Telekommunikation anbieten können.

Wenn nun Firmen an einem Standort mit ihren Produkten und Dienstleistungen international Erfolg haben, expandieren sie am Standort und ziehen aufgrund ihrer Fähigkeit, höhere Löhne bezahlen zu können, Arbeitskräfte von anderen Firmen am Standort ab. Die Alltagserfahrung zeigt, dass der „Lohnwettbewerb" zwischen Arbeitgebern gross ist. Mit „höheren Löhnen" sind auch bessere Arbeitsbedingungen gemeint, welche für die Arbeitgeber höhere Kosten verursachen. Entsprechend kommen die anderen Firmen unter Druck. Um die Arbeitskräfte halten zu können, müssen sie ebenfalls die Produktivität erhöhen, damit sie die steigenden Löhne bezahlen oder die Arbeitsbedingungen verbessern können. Alternativ bauen sie die Beschäftigung ab, verlagern einen Teil ihrer Produktion ins Ausland oder müssen sogar in Konkurs gehen.

Ein Land spezialisiert sich so tendenziell auf die relativ produktiveren Branchen bzw. produktiveren Firmen, wie wir in Kapital 4 zeigten. Entsprechend steigen die Reallöhne. Der Preis für die daraus resultierende Wohlstandserhöhung ist ein laufender Umwälzungsprozess („Churning Process"), welcher von den Arbeitnehmern und Arbeitgebern eine hohe Flexibilität, aber auch ein hohes Engagement und eine hohe Innovationsbereitschaft abverlangt. „There is no free lunch", ist man geneigt zu sagen. Oder anders formuliert: Eine hohe Produktivität und damit ein hoher Reallohn fällt einem Land nicht in den Schoss. Gewisse Institutionen oder Rahmenbedingungen können allerdings helfen, dass diese Produktivitätssteigerung wahrscheinlicher wird oder mit geringerem Aufwand verbunden ist. Dazu mehr in Kapitel 9.

Der Eintritt und Aufstieg von zahlreichen Schwellenländern wie China und damit die Ausdehnung der Globalisierung auf die ganze Welt erhöht den internationalen Konkurrenzkampf zusätzlich, und zwar auf allen Ebenen der Wertschöpfungskette. Dadurch sind Nachfrager von End- und Zwischenprodukten wie auch von Dienstleistungen in allen Ländern weniger bereit, hohe Preise zu bezahlen, da sie nun heimische Produkte durch günstige Produkte aus dem Ausland substituieren können. Dies hat zur Folge, dass inländische Unternehmen Marktanteile verlieren. Gleichzeitig ergeben sich aber auch neue Absatzmärkte für diejenigen Unternehmen, deren Produkte im Ausland nachgefragt werden. Grosse und kleine, national und international orientierte sowie produktive und weniger produktive Unternehmen sind durch diese Veränderungen unterschiedlich betroffen. Diese unterschiedlichen Effekte werden in der Handelstheorie seit einigen Jahren stärker betont und genauer untersucht.[1]

Führt man beide Effekte – die von einem einzelnen Unternehmen beobachtbare Reduktion der Nachfrage im Inland und die Erhöhung der Nachfrage im Ausland – zusammen, dann hat dies für eine relativ produktive Firma eine andere Auswirkung als für eine weniger produktive Firma. Dies zeigt Abbildung 77. Man sieht dort die Nachfragekurven vor und nach der Integration sowie unterschiedliche Angebotskurven für ein unproduktives Unternehmen (höhere Kosten und damit höher liegende Angebotskurve) und ein produktives Unternehmen (tiefer liegende Angebotskurve). Wichtig ist, dass die Nachfragekurve nach der Integration flacher als vor der Integration verläuft. Aufgrund der Öffnung von Güter- und Dienstleistungsmärkten steigt die Preiselastizität der Nachfrage. Mit anderen Worten: Erhöhen Unternehmen die Preise, verlieren sie in einem integrierten Markt mehr Kunden als dies in einem geschlossenen Markt der Fall ist. Der Wettbewerb ist bei integrierten Märkten stärker. Kunden haben mehr Auswahl als bei geschlossenen Märkten und können somit schneller den Anbieter wechseln. Was heisst dies nun für die produktiven und die unproduktiven Firmen?

Wie Abbildung 77 zeigt, sinkt für die unproduktiven Firmen die Nachfrage und sie erleiden einen Verlust im Umfang der eingezeichneten blauen Fläche. Anders ist dies für die produktiven Firmen, welche aufgrund der für sie besser zugänglichen ausländischen Nachfrage ihre Absatzmenge erhöhen können und einen Gewinn im Umfang der zweiten blauen Fläche realisieren. Deshalb dürften von einer zunehmenden internationalen Integration von Märkten die produktivsten Unternehmen am meisten profitieren. Zwar verlieren sie Marktanteile im heimischen Markt. Aufgrund ihrer hohen Produktivität bezahlen sie nicht nur höhere Löhne, sondern reduzieren auch ihre Preise und gewinnen so Marktanteile im Ausland dazu.

Wie in der Abbildung zu sehen, können die produktiven Firmen durch den Hinzugewinn von Marktanteilen im Ausland den Verlust von Marktanteilen im Inland mehr als kompensieren. Die Nachfragekurve verschiebt sich für sie nach aussen. Dagegen dürfte es für weniger produktive Unternehmen schwieriger sein, ihre Produkte im Ausland zu verkaufen, da sie aufgrund ihrer hohen Produktionskosten hohe Preise setzen müssen, um keine Verluste zu erwirtschaften. Gleichzeitig verlieren sie Marktanteile im Inland an die zunehmende ausländische Konkurrenz. Wie in der Abbildung zu sehen, dürften die relativ unproduktiven Unternehmen eines Landes von der Integration von Märkten verlieren; die Nachfragekurve verschiebt sich für sie nach innen. Ähnliches gilt für Unternehmen, welche Güter von geringer Qualität anbieten im Vergleich zu denjenigen, welche Güter mit hoher Qualität produzieren.[2]

Abbildung 77: Durch Integration von Märkten profitieren produktive Unternehmen und verlieren unproduktive Unternehmen

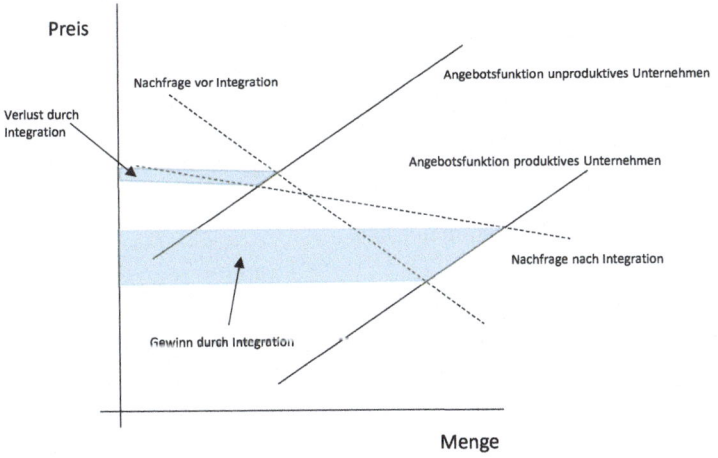

Quelle: Eigene Darstellung.

Hinzu kommt allerdings, dass relativ „unproduktive Firmen" im Inland, welche durch billigere ausländische Produkte unter Druck geraten, ihre Kosten reduzieren können, wenn sie die Chancen, welche sich aus den internationalen Wertschöpfungsketten ergeben, nutzen. Optimieren sie ihre eigene Wertschöpfungskette und machen sie so Gebrauch von der Möglichkeit, Zwischenprodukte oder Dienstleistungen aus dem Ausland zu beziehen, sinken ihre Herstellkosten und sie können zumindest einen Teil der Arbeitsplätze erhalten oder die Beschäftigung je nach Erfolg im Kerngeschäft sogar ausbauen. In Abbildung 77 würde sich entsprechend die Angebotskurve des unproduktiven Unternehmens nach unten verschieben, was einen positiven Effekt auf die Gewinne dieser Firmen hat und unter Umständen den Verlust aus der Verschiebung der Nachfragekurve überkompensieren könnte.

Aus all diesen Überlegungen geht hervor, dass effiziente Produktionsprozesse und qualitativ hochwertige, innovative Güter in einer globalisierten Wirtschaft für die Wertschöpfung und damit den Unternehmenserfolg immer wichtiger werden. Dabei dürfte sich die Wertschöpfung von Schweizer Unternehmen des Industriesektors teilweise erheblich zwischen verschiedenen Branchen unterscheiden. Insbesondere Unternehmen der High-Tech Industrie weisen im Durchschnitt eine höhere Wertschöpfung auf als Unternehmen der Mid- und Low-Tech Industrie.[3] Zudem gibt es innerhalb des Industriesektors erhebliche Unterschiede in der Wertschöpfung von KMU und grossen Unternehmen, wie Abbildung 78 zeigt. Demnach ist die Wertschöpfung pro beschäftigte Person von grossen Unternehmen mit mehr als 249 Mitarbeitern fast doppelt so hoch wie die von KMU. Gleichzeitig zeigt sich auch eine Zunahme der Produktivität der grossen Unternehmen im Zeitverlauf, wohingegen für KMU eine Stagnation ersichtlich ist.

Verknüpfen wir diese Beobachtungen mit den vorherigen konzeptionellen Überlegungen, so dürften grundsätzlich alle Unternehmen gefordert sein, ihre Produktivität laufend zu steigern. Sobald mehrere Unternehmen dies tun, können sie höhere Löhne bezahlen und höhere Kapitalrenditen ausweisen, womit andere Firmen unter Druck geraten. Aufgrund von Abbildung 78 dürften besonders KMU angehalten sein, ihre Produktivität zu erhöhen – ausser sie bewegen sich auf einem separaten Arbeitsmarkt mit Arbeitskräften, welche bei den grossen Unternehmen nicht arbeiten können oder wollen. Ähnliches gilt für schweizerische Unternehmen von Low- und Mid-Tech Branchen relativ zu denjenigen in den High-Tech Branchen. Welche Möglichkeiten zur Produktivitätssteigerung bestehen, wollen wir im Folgenden nun erörtern.[4] Unser Fokus liegt dabei auf globalen Wertschöpfungsketten und der zunehmenden Digitalisierung. Zur besseren Illustration gehen wir sequenziell vor, obwohl die genannten Strategiebereiche in der Praxis – wie wir im Rahmen des her-

Abbildung 78: Unterschiedliche Arbeitsproduktivität in grossen und kleinen Unternehmen (KMU) des schweizerischen Industriesektors

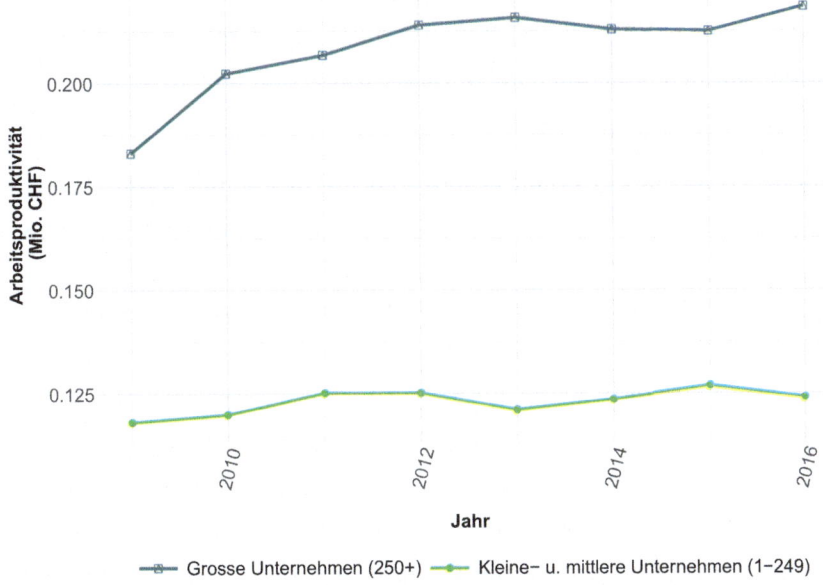

Quelle und Hinweise: Daten und Hinweise: Die Daten entstammen der OECD Datenbank „Structural Business Statistics". Dabei wurden nur Unternehmen des Industriesektors (NOGA 10-33) berücksichtigt. Ab einer Beschäftigung von mehr als 249 Personen wird ein Unternehmen als gross bezeichnet, alle anderen Unternehmen stellen KMU dar.

zuleitenden Managementkonzepts noch sehen werden – kombiniert werden.

Unternehmensstrategische Produktivitätssteigerung durch Nutzung globaler Wertschöpfungsketten

Wie wir im Folgenden zeigen werden, sind in diesem Bereich vor allem schweizerische KMU gefordert. Indem Unternehmen vermehrt Vorleistungen aus dem Ausland beziehen, können sie länderspezifische Unterschiede in den Kosten und im Knowhow ausnutzen. Zusätzlich können auch Tätigkeiten verstärkt in der Nähe von Konsumenten ausgeführt werden. All diese Möglichkeiten sind aber mit Fixkosten verbunden.[5] Beispielsweise bedarf es oftmals hoher Investitionen in ausländische Produktionsstätten, Veränderungen in der Unternehmensorganisation oder den Aufbau von Einkaufsnetzwerken. Zusätzlich sind

Anstrengungen nötig, um die dezentral, an verschiedenen Orten durchgeführten, Tätigkeiten zu koordinieren bzw. zu überwachen. Mit anderen Worten, die Internationalisierung von Wertschöpfungsketten tendiert dazu, die Grenzkosten der Firmen (also die Kosten pro zusätzlich produzierte Einheit) zu reduzieren. Sie bedeutet aber auch, dass zusätzliche fixe Kosten (also nicht mengenabhängige Kosten) entstehen.

Dieser „Trade-off" zwischen tieferen Grenzkosten und zusätzlichen Fixkosten ist in der folgenden, auf Überlegungen von JONES (2000), S. 118, basierenden, Abbildung 79 vereinfacht dargestellt. Die Linie 1 zeigt, wie die Produktionskosten einer Firma, welche die ganze Wertschöpfung zentral – zum Beispiel an einem Standort im Heimland – vornimmt, mit zunehmender Menge steigen. Die Steigung der Linie widerspiegelt die konstanten Grenzkosten der Herstellung. Die Linie 2 impliziert die Herstellkosten, welche sich aus einer Aufteilung der Wertschöpfung auf zwei Standorte ergeben. Wie man aus der Abbildung sieht, besteht der Vorteil dieser internationalisierten Wertschöpfungskette, dass die Grenzkosten tiefer liegen (aufgrund der geringeren Steigung der Linie 2 nehmen die Herstellkosten mit zunehmender Menge um weniger zu). Gleichzeitig wird dieser Vorteil durch einen Nachteil erkauft: Es kommen Fixkosten für die Koordination bzw. Überwachung dazu, welche durch den Achsenabschnitt von Linie 2 erfasst werden. Die Linie 3 erlaubt, durch eine weitere Internationalisierung der Wertschöpfungskette über drei Standorte die Grenzkosten weiter zu senken, während dabei aber auch die Fixkosten zunehmen.

Die Abbildung zeigt einen wichtigen Zusammenhang auf. Es lohnt sich vor allem für grosse Unternehmen, welche eine grosse Menge produzieren, die Wertschöpfung relativ stark zu internationalisieren. Firmen mit einer Produktionsmenge rechts von Punkt B werden die Linie 3 wählen, weil diese die tiefsten Herstellkosten beinhaltet. Kleine Firmen, die eine Produktionsmenge zwischen 0 und Punkt A herstellen, produzieren besser auf der Linie 1. Die Fixkosten der Nutzung einer internationalen Wertschöpfungskette sind für sie zu hoch. Die Abbildung demonstriert auch auf einfache Weise, wie eine Reduktion von internationalen Koordinations- und Überwachungskosten über neue Kommunikationstechnologien die Nutzung von internationalen

Abbildung 79: Internationale Fragmentierung von Produktionsprozessen

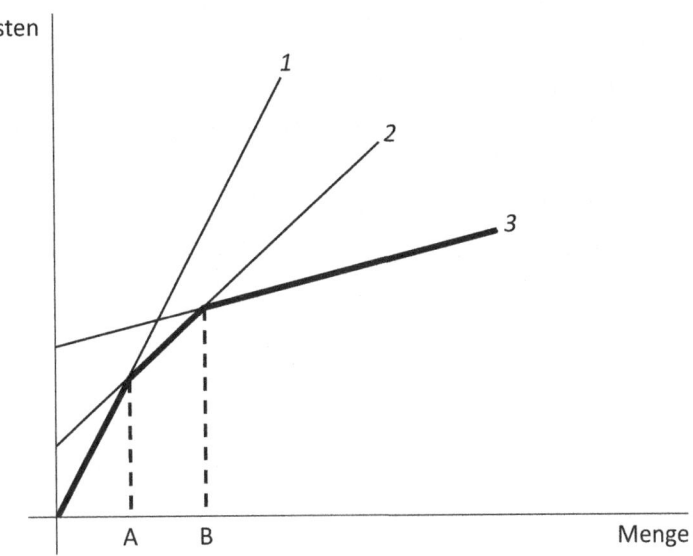

Quelle und Hinweise: Eigene Darstellung auf der Basis von JONES *(2000), S. 118.*

Wertschöpfungsketten wahrscheinlicher macht. So kann es für ein KMU in der Ausgangssituation durchaus sinnvoll sein, die ganze Wertschöpfung im Inland durchzuführen (und gegebenenfalls das gefertigte Produkt zu exportieren), was zum Beispiel im Punkt A der Fall ist. Wenn nun aber die Koordinationskosten und damit die Fixkosten abnehmen, verschieben sich die Linien 2 und 3 in der Abbildung 79 nach unten. Das KMU kann dann die Herstellkosten senken, wenn es die Wertschöpfungskette internationalisiert.[6]

Da grosse Unternehmen meist eine grosse Menge an Vorleistungen benötigen, ist es für sie eher lohnenswert, die genannten Fixkosten zu absorbieren, um dadurch an günstigere Vorleistungen aus dem Ausland zu gelangen. Deswegen korreliert der Umfang von globalen Sourcing Strategien meist mit der Unternehmensgrösse.[7] Und die damit einhergehenden tieferen Durchschnitts- oder Grenzkosten führen wiederum zu einer höheren Produktivität. Aufgrund dieser Zusammenhänge dürfte die zunehmende Verbreitung globaler Wertschöpfungsketten Unterschiede in der Produktivität zwischen KMU und grossen Unternehmen eher vergrössern.

In Abbildung 77 würde sich durch die Nutzung von internationalen Wertschöpfungsketten die Angebotsfunktion von Unternehmen weiter nach rechts unten verschieben. Aufgrund der erwähnten Fixkosten tun dies vor allem die grossen (und in der Regel auch produktiveren) Unternehmen. Diese Unternehmen profitieren also durch die zunehmende internationale Integration von Märkten doppelt: Durch die Entstehung neuer Absatzmärkte sowie die Möglichkeit, Vorleistungen aus dem Ausland beziehen zu können. Ein dritter Vorteil kommt noch dazu. Zusätzlich bietet der Bezug von Vorleistungen aus dem Ausland auch einen gewissen Schutz gegen Währungsrisiken. Dabei gelten die gleichen Überlegungen wie in Kapitel 6, wo wir die geografische Exportstruktur des Schweizer Industriesektors aus einer aggregierten Perspektive analysierten. Wie wir dort darlegten, können Unternehmen Währungsrisiken reduzieren, indem sie Vorleistungen aus Ländern beziehen, in die sie auch exportieren („natürliches Hedging").

Allerdings muss hier aber auch darauf hingewiesen werden, dass die Nutzung von internationalen Wertschöpfungsketten nicht nur Vorteile hat, sondern auch Gefahren mit sich bringt. Dies hat die Corona-Pandemie in den Jahren 2020-21 „sehr schön" aufgezeigt. Die Verteilung der Wertschöpfungskette auf mehrere internationale Standorte und deren enge Abstimmung – allenfalls gekoppelt mit möglichst geringen Lagerbeständen auf allen Ebenen – erhöht das Risiko von Lieferengpässen. So zeigte sich in dieser Pandemie schnell, dass die Länder geneigt sind, bei zunehmender Knappheit von lebenswichtigen Gütern (z.B. FFP2-Masken oder Beatmungsgeräten für Intensivstationen) den internationalen Handel (die Exporte) zu beschränken. Politische Entscheidungen können so schwerwiegende Konsequenzen für die Firmen und ihre Kundinnen haben. Aufgrund dieser Erfahrungen dürften Unternehmen in den internationalen Wertschöpfungsketten in Zukunft mehr Redundanzen schaffen, um die Abhängigkeiten zu reduzieren. Allerdings werden sie die Nutzung internationaler Wertschöpfungsketten wohl kaum grundsätzlich in Frage stellen.

Strategisch unwichtige Tätigkeiten verlagern

Bedeuten die obigen Ausführungen, dass Vertreterinnen von KMU einfach zuschauen müssen, wie die Produktivität ihrer Firmen relativ zu derjenigen von grossen Unternehmen abnimmt? Natürlich nicht. Sie sollten im Gegenteil Überlegungen anstellen, ebenfalls verstärkt ausländische Vorleistungen zu beziehen, um dadurch Kosten zu senken. Dabei gilt es, verschiedene strategische Entscheidungen zu treffen, die wir hier kurz skizzieren wollen.[8] Zunächst ist es notwendig zu entscheiden, welche Tätigkeiten verlagert werden sollen. Zudem muss auch darüber entschieden werden, ob eine Verlagerung ins Ausland innerhalb des Unternehmens stattfinden soll oder ob einzelne Produktionsschritte von einem anderen Unternehmen zugekauft werden sollen. Als Grundlage für beide Entscheidungen dürfte die bereits im Unternehmen vorhandene Expertise wichtig sein. Zudem sollte darauf geachtet werden, dass strategisch wichtige Tätigkeiten weiterhin im Unternehmen verbleiben bzw. innerhalb des Unternehmens aufgebaut werden. Insbesondere der Verbleib von strategisch wichtiger Expertise im Unternehmen dürfte durch die zunehmende Digitalisierung an Bedeutung gewinnen, worauf wir später noch eingehen werden.

Dieser Prozess ist bei grossen Unternehmen zahlreicher Branchen schon lange im Gange. Er dürfte sich dort weiter verstärken, wobei immer auch Unternehmen im Dienstleistungsbereich (Banken, Versicherungen) davon tangiert werden dürften. KMU schrecken aufgrund der hohen Fixkosten, welche mit der Verlagerung und Koordination verbunden sind (siehe Abbildung 79), davor zurück. Bei sich verstärkendem Wettbewerbsdruck dürfte aber auch dort die Notwendigkeit zur Nutzung internationaler Wertschöpfungsketten zunehmen. Bei standardisierten Tätigkeiten dürfte dabei der Koordinationsaufwand gering sein (es bestehen gut organisierte Märkte dafür). Zudem können KMU Kooperationen nutzen.

Plattformen und Kooperationen nutzen

Obwohl Unternehmen von Verlagerungen ins Ausland profitieren können, gibt es dennoch Hindernisse, die sie davon abhalten, eine solch strategische Entscheidung zu treffen. Dazu gehören protektionistische Massnahmen, welche die tiefen Grenzkosten im Ausland wieder erhöhen, sowie hohe Fixkosten, mangelnde Netzwerke und fehlende Informationen. Es gilt also Wege zu finden, diese Hürden zu reduzieren. Eine Möglichkeit, um die Fixkosten zu reduzieren, besteht darin, digitale Plattformen zu nutzen, die es ermöglichen, einzelne Tätigkeiten durch ausländische Unternehmen bzw. „Freelancer" ausführen zu lassen.[9] Solche digitalen Plattformen ermöglichen ein kostengünstiges Matching zwischen Angebot und Nachfrage. Zudem können durch Bewertungssysteme Informationsasymmetrien bezüglich der Qualität der angebotenen Tätigkeiten reduziert werden. Jedoch dürften zum aktuellen Zeitpunkt die Tätigkeiten, die dadurch verlagert werden können, eher beschränkt sein. Man denke beispielsweise an Tätigkeiten im Bereich der Buchhaltung oder in der Analyse von Röntgenbildern.

Eine weitere Möglichkeit könnte deshalb darin bestehen, mit anderen Schweizer Unternehmen gemeinsam Vorleistungen aus dem Ausland zu beziehen. Denkbar wären gemeinsame Einkaufsgesellschaften, wie diese bereits für (kleine) Agrarbetriebe seit langer Zeit existieren. Natürlich dürfte eine solche Idee eher für standardisierte Vorleistungen gelten und weniger für spezialisierte Tätigkeiten. Dennoch ergeben sich durch Kooperationen zwischen Unternehmen interessante Möglichkeiten, die dazu beitragen können, die Fixkosten von Verlagerungen einzelner Tätigkeiten zu reduzieren. Dadurch könnten wiederum auch KMU verstärkt von ausländischen Vorleistungen profitieren und nicht nur grössere Unternehmen. Solche Prozesse werden auch die Tendenz zur Fusion zwischen KMU verstärken.

Verlagerung von Tätigkeiten optimieren

Entscheidet sich ein Unternehmen, Tätigkeiten ins Ausland zu verlagern, so stellt sich die Frage, wohin geografisch ausgelagert werden soll. Dabei spielen drei Faktoren eine zentrale Rolle. Erstens Standortfaktoren, wie beispielsweise die Qualität der Infrastruktur, die Verfügbarkeit von qualifizierten Arbeitskräften, die Rechtssicherheit und auch Löhne, Steuern und allenfalls Umweltstandards.[10] Zweitens die zu erwartenden Kosten der Verlinkung von Tätigkeitsschritten über geografische Distanzen. Solche Kosten hängen von verschiedenen Faktoren ab, wie beispielsweise die geografische Distanz, die

Transportinfrastruktur, Datenverbindungen, Zölle, kulturelle Faktoren und vielem mehr.

Drittens hängt der Entscheid auch davon ab, ob und wie viel ein Unternehmen in den jeweiligen Markt exportiert. Denn exportiert ein Unternehmen bereits in einen Markt, so kann der Bezug von Vorleistungen Wechselkursrisiken reduzieren. Zudem dürfte ein Unternehmen dadurch bereits zahlreiche Informationen über den jeweiligen ausländischen Markt besitzen, was Kosten und Risiken von Verlagerungen senken wird.

KMU in Low- und Mid-Tech Branchen internationalisieren

Richten wir den Fokus auf empirisch untermauerte Beobachtungen, so zeigt unsere Analyse in Kapitel 6 dieses Buches, dass insbesondere der Anteil an ausländischen Vorleistungen in Relation zur heimischen Wertschöpfung für Schweizer Low-Tech Branchen im Zeitverlauf gesunken ist. Im Gegensatz dazu nahm der Anteil ausländischer Vorleistungen der Schweizer High-Tech Branchen eher zu. Zudem beziehen Schweizer Unternehmen im Vergleich zu ihren Konkurrenten aus anderen Industrieländern (G7) vergleichsweise wenige Vorleistungen aus Schwellenländern. Hinter beiden Beobachtungen können sich verschiedene Gründe verbergen. Es wäre beispielsweise denkbar, dass Vorleistungen aus Schwellenländern nicht den hohen Qualitätsansprüchen Schweizer Unternehmen genügen. Andererseits könnte es aber auch sein, dass hier Schweizer Unternehmen Potenziale nicht optimal nutzen. Eine Prüfung insbesondere für Schweizer Unternehmen der Low- und Mid-Tech Branchen erscheint deshalb lohnenswert, ob das Potenzial globaler Wertschöpfungsketten bereits ausgeschöpft ist.

Dabei sollte eine solche Evaluation immer wieder von Neuem erfolgen, denn durch technologische Entwicklungen könnten sich plötzlich neue Möglichkeiten auftun—wie das Aufkommen von Plattformen für weltweites Freelancing zeigt. Zudem entwickeln sich die Schwellenländer. Wer hätte vor zwei oder drei Jahrzehnten prognostiziert, in welchen Branchen chinesische, vietnamesische oder thailändische Firmen heute international tätig und sehr wettbewerbsfähig sind? Wichtig ist also das Bewusstsein, dass Standorte sich verändern können – und auch Zugang dazu (ein Beispiel ist das vom Schweizer

Stimmvolk angenommene Freihandelsabkommen mit Indonesien im Frühjahr 2021). Allenfalls ist es aber durchaus interessant, Produkte einfach zuzukaufen oder über Lizenzverträge zu operieren, anstatt in diesen Standorten eigene Firmen oder Agenturen aufzubauen. Dies hängt wiederum, wie oben erwähnt, von der Art der Tätigkeit ab, welche im Ausland ausgeführt werden soll.

F&E-Investitionen revitalisieren

Wie steht es mit den Forschungs- und Entwicklungsinvestitionen (F&E), die für viele Firmen—nicht nur schweizerische—eine entscheidende Rolle spielen? Die Ziele von F&E sind entweder Produktinnovationen, Prozessinnovationen oder eine Mischform von beiden. Dabei ist F&E oftmals kostspielig und mit ungewissem Ausgang verbunden. Deshalb tätigen eher grosse, produktive Unternehmen solche Investitionen.[11] Investieren grosse Unternehmen in F&E und steigt dadurch ihre Produktivität, führt dies, wie wir oben zeigten, zu einer Erhöhung des Lohnniveaus: Produktive Firmen expandieren und treiben so das Lohnniveau in die Höhe. Dies bringt Unternehmen unter Druck, die wenig in F&E investieren. In unserem Modell lässt sich dies darstellen, indem man die Angebotskurve von unproduktiven Unternehmen weiter nach links oben verschiebt. Dadurch kommt es zu einer zunehmenden Divergenz der internationalen Wettbewerbsfähigkeit von produktiven, in F&E investierende Unternehmen und weniger produktiven Unternehmen eines Landes.

Diese Überlegungen decken sich mit unserer Analyse im ersten Teil des Buches, wonach (1) Schweizer Industrieexporte mit sehr hoher Qualität im Zeitverlauf stark zunehmen und (2) Branchen des schweizerischen Industriesektors im Vergleich zu anderen hochentwickelten Ländern eine starke Zunahme von High-Tech aufweisen. Der zweite Aspekt zeigt sich auch im Umfang der privaten F&E Ausgaben der Schweiz. Wie Abbildung 80 illustriert, stiegen während des Zeitraums 2000 bis 2017 die F&E Ausgaben der Schweizer High-Tech Industriebranchen von 2'770 Mrd. CHF um fast 150% auf 6'918 Mrd. CHF. Gleichzeitig stagnierten die Ausgaben in den anderen Branchen des Industriesektors.[12] Diese Entwicklung deckt sich mit den Erwartungen an die Theorie: produktivere Firmen haben höhere Anreize in F&E-Tätigkeiten zu investieren.[13]

Deshalb wird es speziell für Schweizer Industrieunternehmen des Mid- und Low-Tech Bereichs, und auch für KMU, aufgrund des hohen Lohnniveaus bedeutend sein, hochspezialisierte Nischenprodukte mit sehr hoher Qualität anzubieten. Dabei dürften Innovationen zur Verbesserung und Entwicklung neuer Produkte auch vor dem Hintergrund sich anbahnender Veränderungen durch die Digitalisierung, und hier insbesondere durch intelligente und vernetzte Produkte, sehr wichtig werden.

Abbildung 80: Die Entwicklung von F&E Ausgaben im High-, Mid- und Low-Tech Bereich

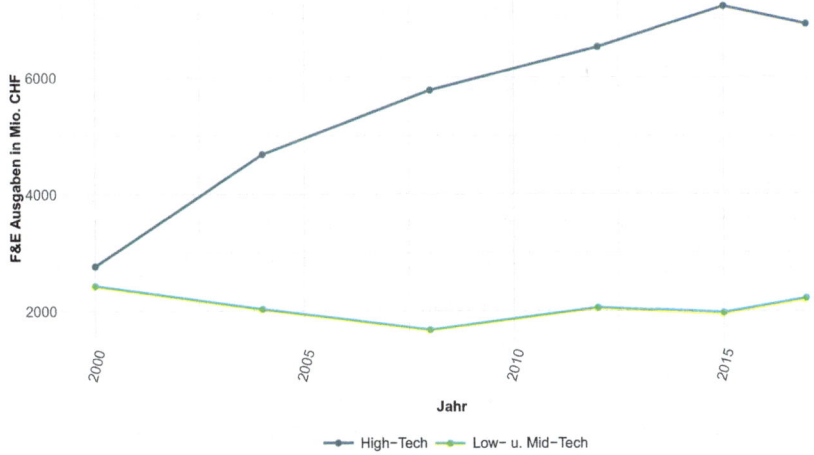

Quelle und Hinweise: Die Berechnungen basieren auf Daten des BFS zu F&E-Aufwendungen in der Schweiz.

Ein grosses Hindernis könnten dabei die hohe Unsicherheit und die Kosten von solchen Investitionen darstellen. Ein Möglichkeit, die Kosten zu reduzieren, stellen strategische Kooperationen zwischen Unternehmen bei F&E Aktivitäten dar. Zudem können Kooperationen zwischen Unternehmen und Hochschulen die Unsicherheit von F&E reduzieren, da Hochschulen die notwendige Forschungsinfrastruktur und das Fachwissen besitzen. Die Unternehmen finanzieren diese F&E-Projekte, können aber Spillovers gemeinsam nutzen. Anders gesagt, durch Vernetzung und Kooperation dürfte es möglich sein, die Kosten von F&E zu senken und gleichzeitig die Erfolgschancen zu erhöhen. Solche Überlegungen setzen natürlich eine hohe Offenheit und Kooperationsbereitschaft von Unternehmen gegenüber (potenziellen) Konkurrenten voraus. Aber in Anbetracht der dadurch entstehenden Wettbewerbsvorteile für Schweizer Unternehmen auf den internationalen Gütermärkten sind dies sicherlich lohnenswerte Überlegungen für Unternehmen, die nicht bereits strategische Allianzen eingegangen sind.

Die schweizerische Uhrenindustrie bietet ein gutes Beispiel für eine erfolgreiche Kooperation von zahlreichen kleinen Firmen im Bereich der F&E. Wichtig ist, dass diese Kooperation sich auf branchenspezifische Innovationen, und nicht auf firmen-spezifisches Knowhow ausrichtet. So errichtete die Uhrenindustrie 1924 das „Laboratoire Suisse de Recherches Horlogères", finanziert durch zahlreiche Uhrenhersteller und Verbände. Das Institut entwickelte zum Beispiel ein Öl, welches sich für Uhren eignete, oder beschäftigte sich mit der Korrosion von Teilen einer Uhr. Die Kooperation bezog sich also auf Wissen, welches von allen Firmen genutzt werden konnte und somit nicht firmen-spezifisch war. Für jede einzelne Firma wäre der Aufwand zu hoch und der Ertrag (falls das Wissen nicht patentiert werden konnte) zu gering. Mit der Kooperation löste man so das Problem der „positiven Externalitäten", die durch die Akteure internalisiert wurden.[14]

Neben F&E kann auch durch Zukauf von Knowhow und Technologie die Effizienz erhöht werden, wenn dies zu Kostensenkungen führt. Beispiele sind neue Maschinen oder auch externe Managementexpertise, die Produktionsprozesse effizienter machen. Im Vergleich zu F&E sind solche Massnahmen meist weniger riskant und besser skalierbar.[15] Deshalb dürfte der Zukauf von Knowhow und Technologie besonders für KMU attraktiv sein, sofern es sich nicht um Kernfähigkeiten dieser Unternehmen handelt. Zudem dürfte aufgrund der zunehmenden Durchdringung des Industriesektors mit digitalen Technologien der Zukauf von Expertise auch für grosse Unternehmen an Relevanz gewinnen. Darauf gehen wir im folgenden Abschnitt ein.

Unternehmensstrategische Produktivitätssteigerung durch Digitalisierung

Als nächstes wollen wir auf unternehmensstrategische Implikationen eingehen, die sich aus der zunehmenden Digitalisierung ergeben. Eine grundlegende Aussage des Kapitels 7 war, dass insbesondere die zunehmende Bedeutung von vernetzten und intelligenten Produkten zu starken Disruptionen im Industriesektor führen könnten. Wir konzentrieren uns im Folgenden deshalb auf die Auswirkungen der Digitalisierung auf die *Produkte* und weniger auf die Produktionsprozesse. Beispielsweise benötigen solche Produkte vermehrt IT-Komponenten wie Software, was wiederum neues Knowhow notwendig macht. Zudem ergeben sich, wie wir betonten, dadurch ganz neue Geschäftsmodelle. Deshalb könnten intelligente und vernetzte Produkte mit teils drastischen Veränderungen im Industriesektor einhergehen. Jeff Immelt, der ehemalige CEO von General Electrics (GE), folgerte sogar: „Every industrial company will become a software company".[16]

Produktportfolio richtig positionieren

Trotz dieser eindeutigen Aussage gilt es auch in Zeiten des digitalen Wandelns, sich als Unternehmung zunächst zu überlegen, ob es sinnvoll ist, das eigene Produktportfolio in Richtung intelligenter und vernetzter Produkte weiterzuentwickeln, und, wenn ja, mit welcher Dringlichkeit solche Schritte vorgenommen werden sollen. Bei dieser grundlegenden Entscheidung dürfte es einen grossen Unterschied machen, ob ein Unternehmen Kapitalgüter oder Konsumgüter herstellt. Wir gehen davon aus, dass es bei Kapitalgütern oft zwingend sein wird, intelligente und vernetzte Produkte anzubieten. Der Grund liegt darin, dass der Einsatz solcher Maschinen und Geräte für den Nutzer mit hohen Effizienzsteigerungen im Produktionsprozess einhergehen dürfte. Die Nachfrage nach herkömmlichen Maschinen und Geräten könnte deshalb abrupt einbrechen, sobald intelligente und vernetzte Maschinen und Geräte verstärkt am Markt verfügbar sind. Die nachfragenden Firmen haben aufgrund des Wettbewerbsdrucks letztlich keine andere Wahl, als diese neuen „Produkte" als Input in ihren Produktionsprozess zu nutzen.

Dabei könnte es einen sogenannten „Tipping Point" geben, wonach anfangs weiterhin hauptsächlich Maschinen und Geräte eingesetzt werden, die nicht miteinander vernetzt werden können. Ab einem gewissen Zeitpunkt wäre dann zu erwarten, dass plötzlich viele Unternehmen nur noch Maschinen und Geräte einsetzen, die vernetzt werden können. Wird dieser Punkt der „kritischen Masse" erreicht, bricht die Nachfrage nach traditionellen Kapitalgütern auf einen Schlag zusammen. Für die Existenz eines „Tipping Points" bei intelligenten und vernetzten Produkten spricht, dass in gewissen Produktionsprozessen nur dann ein starker Zuwachs an Produktivität erreicht werden kann, falls *viele* Maschinen und Geräte miteinander vernetzt und damit Produktionsprozesse komplett verändert und automatisiert werden können. Man spricht von sogenannten Netzwerkexternalitäten, welche ab einer gewissen Grösse im Gesamtsystem durch die vielen beteiligten Maschinen und Geräte quasi „internalisiert" werden können. Dazu kommt der Ausbau von Übertragungssystemen, welche ebenfalls eine gewisse Grösse und Qualität erreichen müssen, damit die Nutzung vernetzter Produkte interessant wird.

Im Falle von Konsumgütern – also von Produkten für den Endverbrauch – dürfte es wiederum wichtig sein, zwischen Luxusgütern und „normalen" Gütern zu unterscheiden. Bei der Nachfrage nach normalen Gütern (zum Beispiel nach Telefonen oder Kühlschränken) dürfte insbesondere die Funktionalität im Vordergrund stehen. Die Möglichkeit, Produkte vernetzen zu können, kann zur Erfüllung ganz neuer Funktionen führen. Deswegen dürften viele Konsumenten – auch aus Neugier – statt herkömmliche Produkte neue Produkte präferieren, die diese neue Funktionen beinhalten. Ein Beispiel stellen die Smartphones dar, auf welche gewisse Konsumenten und Konsumentinnen kaum warten können, wenn ihre Lancierung in Aussicht gestellt wird. Dabei gelten auch bei normalen Gütern für den Endverbrauch die vorherigen Überlegungen zum „Tipping-Point". Je mehr Produkte intelligente Funktionen besitzen und verbunden werden können, desto interessanter wird es für den Benutzer, diese Produkte anzuschaffen.

Anders gelagert könnte sich die Situation für Unternehmen aus dem Luxusgütersegment darstellen. Bei vielen Luxusgütern, wie beispielsweise Uhren oder Schmuck, dürften neue Funktionen eher zweitrangig sein. Stattdessen wird oftmals die Qualität, der Name des Herstellers und der damit einhergehende Status von Bedeutung sein. Unternehmen des Industriesektors, die Luxusgüter herstellen, dürften deshalb zunächst durch die nun anstehenden Veränderungen weniger tangiert sein—es sei denn, Technologie ist ein wesentlicher Bestandteil des Produktes. Ein solches Beispiel wären Luxusjachten,

Stellen Sie sich vor, ein intelligenter Wecker weckt Sie sanft in einer Leichtschlafphase, indem die Jalousien automatisch zu ihrer Lieblingsmusik hochgefahren werden, gleichzeitig erwärmt die intelligente Heizung bereits die Wohnung, und die Kaffeemaschine bereitet zum richtigen Zeitpunkt den morgendlichen Kaffee zu. Dieses Beispiel aus dem Bereich Smart Home verdeutlicht, wie mit steigender Zahl an intelligenten, vernetzten Geräten und Produkten, die Möglichkeiten und damit auch die Attraktivität solcher Produkte für Konsumenten zunimmt (sofern der Datenschutz genügend gesichert ist). Deshalb könnte die Nachfrage für Unternehmen, die normale Produkte für Endverbraucher herstellen, abrupt wegbrechen. Dementsprechend könnte es bei Produkten für den Endkonsum sehr wichtig sein, möglichst frühzeitig Produkte zu entwickeln, die sich vernetzen lassen—um quasi „am Ball zu bleiben".

die zukünftig ebenfalls viel mehr Technologie enthalten könnten wie bisher, angefangen von Smarthome Applikationen bis zu autonom fahrenden Schiffen. Bei Luxusgütern, bei denen Technologie für den Nutzer eher eine geringe Bedeutung hat, könnte es sogar von Vorteil sein, Produkte unverändert zu belassen, um Tradition und Qualität zu erhalten. Das Problem ist nur, dass man dies *ex ante* oft nicht gut einschätzen kann. Wie steht es zum Beispiel um die Uhren? Werden nur die Billiguhren-Segmente durch die sogenannte „Smart-Watch" substituiert, oder wird dies auch den Markt für qualitativ hochstehende, mechanische Uhren beeinträchtigen?

Aus diesen Überlegungen lassen sich folgende unternehmensstrategische Implikationen ableiten: Für Unternehmen, die im Luxusgütersegment tätig sind, könnte es sinnvoll sein, weiterhin ihre etablierten Produkte anzubieten. Für Unternehmen die Kapitalgüter anbieten, dürfte es hingegen wichtig sein, intelligente und vernetzte Produkte zu entwickeln. Gleiches gilt für Unternehmen mit normalen Gütern für den Endverbrauch. Dabei dürfte es wichtig sein, dass Marktumfeld genau zu beobachten, um einen etwaigen „Tipping Point" zu erkennen und das Produktportfolio zum richtigen Zeitpunkt anzupassen. Der optimale Zeitpunkt des Einstiegs wird wohl auch durch die Haltung von Regierungen und der Gesellschaft und die zu erwartenden Regulierungen beeinflusst.

Neue Geschäftsmodelle entwickeln

Als nächstes gehen wir auf strategische Überlegungen ein, die es bedarf, um Geschäftsmodelle auf intelligente und vernetzte Produkte auszurichten.[17] Dabei stellt sich zunächst die Frage, welche zusätzlichen Funktionen in ein Produkt integriert werden sollen. Entscheidend dürfte dabei sein, welchen zusätzlichen Nutzen die neuen Funktionen für Nachfrager bringen und mit welchen zusätzlichen Kosten zu rechnen ist: Entwicklungskosten für Software, zusätzliche Produktionskosten aufgrund der Integration von Computer-Hardware und Sensoren etc. Ein grosser Vorteil solcher Produkte besteht darin, dass Funktionen individualisiert an Kundenwünsche angepasst werden können. Dies war bisher nur durch technisch unterschiedliche Produkte oder individuell angebotene Dienstleistungen rund um ein Produkt möglich. Durch diese neue Möglichkeit ergeben sich im Vergleich zu herkömmlichen Geschäftsmodellen ganz neue Einnahmequellen. Bisher bestanden Geschäftsmodelle für Industrieunternehmen meist aus der Produktion und dem Verkauf von physischen Produkten, allenfalls verbunden mit einer Dienstleistung (man denke zum Beispiel an Autos mit einer kostenlosen Wartung bis 100'000 km). War bisher der Kunde Besitzer des Produktes, so könnten zukünftig vermehrt nur noch einzelne Funktionen und diese auch nur noch zeitweise je nach Bedarf zugekauft werden. Damit könnten Industrieunternehmen nicht nur durch verschiedenste Dienstleistungen, die um ein Produkt herum angesiedelt sind, permanente Geldströme erzeugen, sondern auch durch Produkte bzw. deren Funktionen an sich. Dadurch entstehen auch neue Fragen zum Eigentum eines Produktes sowie zur Haftung, die geklärt und unter Umständen neu geregelt werden müssen.

Als Beispiel können hier Entwicklungen aus dem Softwarebereich dienen. Früher wurde Software in Form einer zeitlich unlimitierten Lizenz verkauft. Heutzutage werden vermehrt zeitlich limitierte Lizenzen oder Abo-Modelle angeboten, wie die zeitlich limitierten Lizenzen von Microsoft für das „Officepaket". Genau so, wie dies im Softwarebereich schon weit verbreitest ist, dürften durch intelligente und vernetzte Produkte zukünftig vermehrt sogenannte „Product as a Service"-Geschäftsmodelle möglich werden, bei denen verschiedene Funktionen von Produkten für einen gewissen Zeitraum hinzu gemietet werden können. Beispielsweise bietet Bosch Rexroth bereits heute seinen Kunden an, nicht mehr Drehmomentschrauber zu kaufen, sondern diese zu mieten und dabei nur für tatsächlich verbrauchte Newtonmeter zu bezahlen.[18] Die Erfassung und Abrechnung geschieht dabei natürlich vollautomatisiert, ein Vorgang der ohne die digitale Vernetzung von Produkten nicht denkbar wäre.

Zudem ergeben sich durch solche Geschäftsmodelle für Industrieunternehmen zahlreiche Möglichkeiten, individuell unterschiedliche Preise für technisch identische Produkte, d.h. für Produkte, die bereits alle technischen Komponenten verbaut haben, zu verlangen. Wie? Indem einzelne Funktionen per Software aktiviert oder auch deaktiviert werden können. Ein Beispiel stellen die Autos von Tesla dar, bei denen verschiedene Features wie der Autopilot kostenpflichtig freigeschaltet werden können. Man kann sich also vorstellen, dass in vernetzten Produkten bei der Lancierung eine Art „Leerstellen" für künftige Funktionen eingebaut werden, welche erst später mit neuen Funktionen ausgestattet werden, wenn diese Funktionen entwickelt worden sind und von den Nutzern nachgefragt (und bezahlt) werden.

Förderung einer „Silicon Valley Mentalität"

Damit jedoch Industrieunternehmen das Potenzial solcher neuer Produkte erkennen und ausschöpfen können, dürfte eine Veränderung der Firmenkultur in Richtung einer sogenannten „Silicon Valley Mentalität" von grosser Bedeutung sein.[19] Zusammengefasst bedeutet dies eine Abkehr von der bisherigen Herangehensweise vieler Industrieunternehmen, die darauf basiert, herkömmliche Produkte zu entwickeln, herzustellen, zu verkaufen und—sieht man von Reparaturen einmal ab—bis zum Endes des Produkt-Lebenszyklus unverändert zu belassen. Bei einer solchen Vorgehensweise müssen alle Funktionen von Beginn in ein Produkt integriert werden. Und nicht nur das: die

Entwicklung solcher Produkte orientiert sich am bereits vorhandenen Wissen und Knowhow des Unternehmens.

Im Gegensatz dazu orientieren sich Unternehmen wie Facebook, Google und Co. viel stärker an den Wünschen und Bedürfnissen der Kunden, indem sie riesige Mengen an Daten zum Kundenverhalten analysieren. Durch intelligente und vernetzte Produkte ergeben sich nun auch für Industrieunternehmen ganz neue Möglichkeiten, sich verstärkt an den individuellen Bedürfnissen von Kunden auszurichten—und zwar dynamisch, das heisst auch nach dem eigentlichen „Verkauf". Denn die Integrierung von Software in und die Vernetzung von Produkten ermöglicht es, laufend neue und riesige Mengen an Daten zu sammeln und auszuwerten. Die daraus gewonnenen Erkenntnisse können wiederum verwendet werden, um Produkte während des gesamten Produkt-Lebenszyklus zu verändern, zu verbessern und mit neuen Funktionen zu erweitern.

Dazu dürfte jedoch eine grundlegende Veränderung der Firmenkultur vieler Industrieunternehmen notwendig werden. Und zwar weg von einer eher „ingenieurswissenschaftlichen Denkweise" hin zu einer agilen Herangehensweise des Experimentierens, des Zulassens kreativer Ideen, des Eingehens von Risiken und auch des bewussten in Kauf Nehmens von Fehlentwicklungen.[20] Solche Ansätze sind oftmals bei Unternehmen des Silicon Valleys zu finden, und werden deshalb auch als „Silicon Valley Mentalität" bezeichnet.[21] Dies könnte wiederum Kooperationen notwendig machen, insbesondere für kleinere Firmen, die eine solche Herangehensweise eventuell finanziell überfordern könnte. Um nicht falsch verstanden zu werden: Das „ingenieurwissenschaftliche" und damit das technische Verständnis bleibt allerdings auch in dieser Entwicklung bedeutend. Wie damit umgegangen wird, könnte sich verändern.

Flache und agile Organisationsformen schaffen

Damit ein solcher Wandel hin zu einer digitalen Unternehmenskultur gelingt, dürfte es notwendig sein, Mitarbeiter für den digitalen Fortschritt zu begeistern. Dies bedeutet beispielsweise eine Abkehr von starren Hierarchien hin zu einer agilen Organisationsform. Nur dann dürften Industrieunternehmen auch (weiterhin) attraktiv für „Digital Natives" sein.[22] Zudem sind Entwicklungen im Bereich der Digitalisierung meist sehr schnelllebig. Deshalb stellt „Learning by Doing" ein guter Weg dar, sich mit Themen im Bereich der Digitalisierung auseinanderzusetzen, zumal es zu aktuellen Inhalten oftmals keine passenden Schulungen geben dürfte. Auch dürfte es aufgrund der rasanten Entwicklungen häufig unklar sein, welche Inhalte überhaupt vermittelt werden sollen. Deshalb wird es sehr wichtig sein, dass Mitarbeiter sich mit solchen Themen selbständig auseinandersetzen (können). Dies gilt natürlich in besonderem Masse für das Management. Hierfür dürfte wiederum ein hohes intrinsisches Interesse von Beschäftigten hinsichtlich der Themen der Digitalisierung wichtig sein.

Aus diesen Überlegungen wird auch klar, dass ein Fokus auf intelligente und vernetzte Produkte Fähigkeiten, Technologien und Infrastrukturen benötigt, die in vielen Industrieunternehmen bisher nur unzureichend vorhanden sind. Zudem sind viele dieser Fähigkeiten auf dem Arbeitsmarkt eher knapp, was unter anderem auch an der starken Nachfrage durch Unternehmen des IT-Sektors liegt. Dementsprechend sind die Löhne für Spezialisten mit relevanten Fähigkeit wie beispielsweise AI-Expertinnen, Data-Scientists, Datenbankspezialisten oder Softwareentwicklerinnen sehr hoch. Es dürfte deshalb für Industrieunternehmen notwendig sein, sich darüber klar zu werden, welches Knowhow intern benötigt wird und welches anderweitig hinzugekauft werden kann.

Kernkompetenzen im Hinblick auf die Zukunft neu bewerten

Wie zuvor schon thematisiert, dürfte es wichtig sein, vorhandene Kernkompetenzen weiterhin innerhalb des Unternehmens zu belassen. Durch die Veränderungen hin zu intelligenten und vernetzten Produkten werden sich jedoch die Kernkompetenzen vieler Industrieunternehmen auch verschieben, und zwar tendenziell hin zu IT-Fähigkeiten. Der Zukauf von externem Knowhow und der Einsatz von Freelancern können dabei helfen, fehlende Fähigkeiten übergangsweise zu kompensieren. Auch kann es für etablierte Industrieunternehmen sinnvoll sein, Kooperationen mit IT-Unternehmen einzugehen, um dadurch an komplementäre Kompetenzen zu gelangen.

Jedoch sollten Unternehmen des Industriesektors bei solchen Überlegungen stets bedenken, dass es sich dabei oftmals um Kernkompetenzen der Zukunft handelt, die längerfristig intern im Unternehmen vorhanden sein sollten. Deshalb dürfte es sinnvoll sein, vermehrt IT-Kompetenzen intern aufzubauen und diese mit den bestehenden Kernkompetenzen zu verknüpfen. Um welche Kompetenzen es sich dabei genau handelt, hängt letzten Endes davon ab, in welchen Bereichen ein Unternehmen sein Kerngeschäft sieht. Beispielsweise dürfte es für Industrieunternehmen, die intelligente und vernetzte Produkte anbieten, wichtig sein, Kompetenzen im Bereich Datensicherheit und der Analyse von Daten aufzubauen.

Im Gegensatz dazu könnten die dazu benötigten Technologien, wie beispielsweise Software für Data-Analytics oder Rechenkapazitäten anhand von Cloud-Computing hinzugekauft werden. Auch dürfte die Antwort davon abhängen, ob ein Unternehmen nur intelligente und vernetzte Produkte anbietet und diese in ein fremdes System integriert oder aber sein eigenes System entwickelt. Da die Entwicklung von Systemen meist sehr umfangreich und kostenintensiv ist, könnte es wiederum sinnvoll sein, Möglichkeiten vernetzter Strukturen bzw. Plattformen und gemeinsamer Datenclouds mit anderen (Industrie-)Unternehmen auszuloten. Dadurch könnten Skaleneffekte bei der Entwicklung und Bereitstellung der Hardware und auch beim Sammeln und Auswerten von Daten ausgenutzt werden. Im Idealfall könnten sogar unternehmensübergreifende Plattformen entwickelt werden, angefangen von gemeinsamen Servicelösungen, über Vertriebsplattformen bis hin zu Plattformen zur Vernetzung von Produkten. Eine Herausforderung dürfte dabei sein, solche strategischen Partnerschaften mit anderen Unternehmen einzugehen, die unter Umständen auch Konkurrenten sind.

Integration der Überlegungen in ein Managementkonzept

Die permanente und umfassende Produktivitätssteigerung bleibt, wie wir mehrfach gezeigt haben, eine Herausforderung für jedes Unternehmen. Aufgrund der Globalisierung und der technologischen Entwicklung wird der Druck zur Produktivitätssteigerung weiter zunehmen. Auch Firmen werden tangiert werden, welche mit ihren Produkten und Dienstleistungen bisher in Marktnischen oder in vom internationalen Wettbewerb abgesonderten Bereichen operierten.

Die Positionierung der Produktportfolios im Hinblick auf die Digitalisierung und die Förderung einer „Silicon Valley Mentalität" bedingt flache und agile Organisationsformen, verlangt aber auch neue Gebäudestrukturen, welche die Zusammenarbeit und die Begegnung von Mitarbeitenden aus unterschiedlichen Bereichen fördern. Beispiele gibt es schon viele. Neueren Datums ist der „Novartis Campus" in Basel, welcher eine Art Begegnungszentrum mit Cafés, Restaurants und Parks beinhaltet. Aber auch das von der Hörapparatefirma Phonak in den 1990er Jahren genutzte Gebäude in Stäfa (heute Sonova) erinnerte mit seiner Offenheit und Transparenz eher an ein Begegnungszentrum: Man sah sich von überall her gegenseitig, das „Klima" mit Pflanzen und Musik erschien ansteckend und vermittelte eine Lockerheit der Zusammenarbeit und des Begegnens zwischen jungen Leuten (z.B. von der ETH) und etablierten, erfahrenen Phonakangehörigen. – Dies war zumindest die Wahrnehmung von einem der beiden Autoren, als er 1990 ein Interview mit dem damaligen CEO und Unternehmer, Andy Rihs, führen konnte.

Der Druck wird so für alle Unternehmen steigen, Vorleistungen, Zwischenprodukte und Inputs von dort zu beziehen, wo das Preis-Leistungsverhältnis am besten ist.

Dabei ist es wichtig zu bemerken, dass die Produktivität nicht nur und nicht einmal primär durch „Kostenoptimierungen" erhöht wird oder erhöht werden muss. Werden bessere Produkte und Dienstleistungen angeboten, für welche die Kundinnen bereit sind, einen höheren Preis zu bezahlen, steigt die Produktivität eines Unternehmens genau so, wie wenn es die Kosten senkt. Die Produktivitätssteigerung als Orientierungsgrösse für das strategische Management einer Firma impliziert also, dass umfassend zu analysieren ist, wie das Unternehmen seine Wertschöpfungsintensität erhöhen kann.

Abbildung 81 integriert unsere Überlegungen in diesem Kapitel in ein *strategisches Managementkonzept* mit dem Ziel, die Unternehmensproduktivität permanent zu steigern. Das Konzept basiert auf vier Elementen, welche für die so angestrebte Steigerung der internationalen Wettbewerbsfähigkeit einer Firma entscheidend sind. Demnach erhöht sich die Produktivität eines Unternehmens, wenn es (1) primär diejenigen Tätigkeiten unternehmensintern durchführt, welche *Kernfähigkeiten* des Unternehmens beinhalten, (2) die internen und externen Tätigkeiten im Rahmen *internationaler Wertschöpfungsketten* optimal anordnet, (3) dabei das Produktportfolio im Hinblick auf die *Digitalisierung* realistisch positioniert und (4) die *Formen der Internationalisierung* zwischen den Extremformen „Make" oder „Buy" im internationalen Rahmen optimal nutzt.

Abbildung 81: Dimensionen der unternehmensspezifischen Produktivitätssteigerung

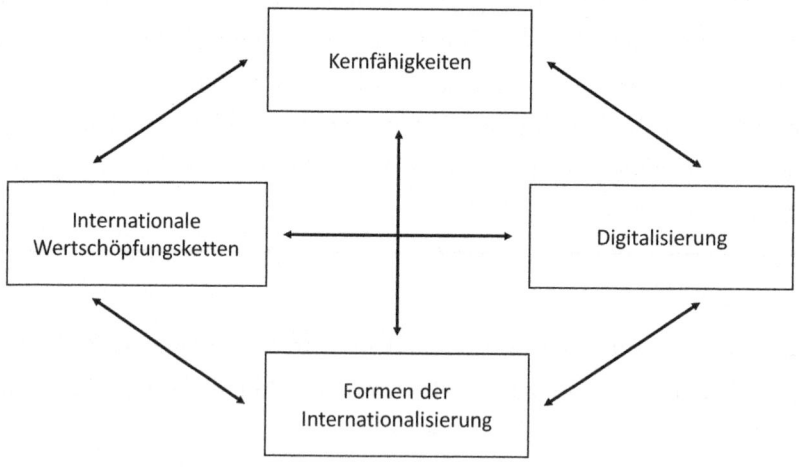

Quelle: Eigene Darstellung.

Die vier Elemente beschreiben zentrale Determinanten der firmenspezifischen Produktivität. Sie können allerdings nicht völlig unabhängig voneinander betrachtet werden, sondern weisen eine gewisse Interdependenz zueinander auf. Deshalb sind sie in Abbildung 81 durch Pfeile verbunden, die in beide Richtungen zeigen. Ein Beispiel: Kommt eine Unternehmung zum Schluss, dass die Entwicklung von intelligenten und vernetzten Produkten einen relativ hohen Stellenwert in ihrem Produktportfolio hat oder haben muss, dann beeinflusst dies die Bestimmung der (angestrebten) Kernfähigkeiten. Je nach Realisierbarkeit, kann dies aber auch wieder die Digitalisierungsstrategie selber beeinflussen. Dies hat wiederum einen Einfluss auf die Anordnung der internationalen Wertschöpfungsketten und die gewählten Formen der Internationalisierung, deren Machbarkeit eine Rückwirkung auf die anderen Determinanten hat.

Je besser die vier Elemente das Wesen eines Unternehmens erfassen und aufeinander abgestimmt werden, desto eher wird es gelingen, eine unternehmensstrategisch fundierte Produktivitätsentwicklung zu erreichen. Das Konzept mit den vier Bausteinen beschreibt die Essenz, auf der die Produktivitätssteigerung eines Unternehmens basiert. Bei einem relativ grossen und heterogenen Unternehmen kann das in Abbildung 81 dargestellte Konzept auch auf einzelne, relativ homogene Produktsparten, Subunternehmen, Divisionen oder Profit-Center angewendet werden.

Kernfähigkeiten bestimmen

Ein Unternehmen stellt aus der hier vermittelten Perspektive eine Institution dar, welche verschiedene Tätigkeiten und Produktionsschritte im Hinblick auf das grosse Ganze – das Endprodukt bzw. die angebotene Dienstleistung – aufeinander abstimmt. Diese Tätigkeiten umfassen verschiedene Schritte in der Wertschöpfungskette, welche von einem einfachen Zwischenprodukt über das Design und die technische Entwicklung eines Produktes bis zu dessen Vermarktung und Reparatur sowie allenfalls Entsorgung reicht. Da diese Koordination immer auch den Einsatz von Ressourcen (Arbeit, Kapitel, Umwelt) bedingt, ist es wichtig, dass Firmen nicht „in den Himmel wachsen" (d.h. zu gross werden), sondern nur diejenigen Schritte und Tätigkeiten unternehmensintern durchführen, welche für den durch die Firma geschaffenen Mehrwert zentral sind. Die anderen erfolgen über ein unternehmensexternes Netzwerk.

Das erste Element des in Abbildung 81 dargestellten Managementkonzepts der firmenspezifischen Produktivitätssteigerung verlangt deshalb, dass Firmen diejenigen Tätigkeiten intern durchführen, welche Fähigkeiten voraussetzen, die den Kern eines Unternehmens ausmachen. In einer pharmazeutischen Firma dürfte dies zum Beispiel die Tätigkeiten im Bereich der Produktentwicklung, der Produktzulassung und des Produktvertriebs umfassen. In der Automobilindustrie dürfte dies – zumindest bisher – Tätigkeiten zum Design, zum Erscheinungsbild sowie im Zusammenhang mit der Verarbeitung und den Serviceleistungen eines Automobils umfassen. In Unternehmen, welche Smartphones herstellen, dürften neben Tätigkeiten im Zusammenhang mit dem Design auch Fähigkeiten in der Software-Entwicklung und Datenverarbeitung zentral sein.

Relativ standardisierte Tätigkeiten, wie das Abnehmen von Telefonen oder die Erstellung der Buchhaltung, setzen in der Regel nicht eine allzu lange Einarbeitungszeit in ein neues Unternehmen voraus und gehören deshalb eher nicht zu den Tätigkeiten, welche unternehmensspezifische Kernfähigkeiten umfassen. Solche Tätigkeiten können deshalb auch eher ausgelagert und zugekauft werden. Anders ist dies bei den oben erwähnten Tätigkeiten, insbesondere im Bereich der F&E, der Produktentwicklung und -zulassung sowie zum Teil auch im Verkauf und der Beratung (zum Beispiel im Hinblick auf verlässliche und langfristige Kundenbeziehungen).

Internationale Wertschöpfungsketten optimal anordnen

Die Internationalisierung von Wertschöpfungsketten beinhaltet die Möglichkeit, verschiedene Tätigkeiten international so anzuordnen, dass das Preis-Leistungsverhältnis optimiert werden kann. Tätigkeiten, welche Kernfähigkeiten des Unternehmens beinhalten, sollten dabei möglichst am Hauptstandort des Unternehmens und unternehmensintern durchgeführt werden. Andere Tätigkeiten, welche man auch als strategisch weniger wichtig bezeichnen könnte, können aus anderen Ländern bezogen und dort unter Umständen auch firmenextern erstellt werden.

Beispiele von solchen ins Ausland verlagerten Tätigkeiten können die Erstellung von standardisierten Zwischenprodukten oder auch der Bezug von Geschäftsdienstleistungen wie Buchhaltung, Programmierung oder Telefondienste umfassen. Dies ist dann von Vorteil, wenn diese Leistungen im Ausland weit günstiger erfolgen und wenn sie relativ standardisiert werden können— und wenn sie eben nicht zur Kernkompetenz einer Firma gehören. Dabei haben wir in diesem Kapitel gesehen, dass die Koordination solcher verlagerter Tätigkeiten und damit die Nutzung internationaler Wertschöpfungsketten immer auch zu einem zusätzlichen Aufwand führt. Dieser Aufwand beinhaltet in der Regel einen hohen Fixkostenanteil.

Für einzelne KMU impliziert dies oft, dass sie die grundsätzlichen Vorteile von internationalen Wertschöpfungsketten nicht nutzen können oder wollen. Allerdings haben sie die Möglichkeit, solche Tätigkeiten entweder über den Markt (z.B. über den Zukauf von standardisierten Zwischenprodukten aus dem Ausland), über Kooperationen mit anderen KMU (gemeinsamer Zulieferbetrieb im Inland oder Ausland) oder über digitale Plattformen zu nutzen. Letztere erlauben den Zukauf von Dienstleistungen aus dem Ausland, ohne dass eine enge Vertrauensbeziehung mit Dritten besteht. Dies ist deshalb möglich, weil die Plattformen Informationen und Bewertungen über die interagierenden Akteure sammeln und so die Unsicherheit über die zu erwartende Qualität reduzieren. Dabei gilt es auch hier, potenzielle Abhängigkeiten von Plattformen und den von ihnen angebotenen Diensten zu berücksichtigen.

Digitalisierung im Produktportfolio stärken

Wir betonten in unseren Analysen die Bedeutung der Digitalisierung auf der Produktebene und relativierten gleichzeitig deren Bedeutung in den Produktionsprozessen. Dies liegt daran, dass Produktionsprozesse von den meisten Firmen schon seit längerer Zeit automatisiert werden, was eine gewisse Vernetzung von Maschinen und Robotern bedingt. Die Herstellung von intelligenten und vernetzten Produkten stellt aber für viele Unternehmen zu einem gewissen Grad Neuland dar – vor allem für Firmen, welche Konsumgüter herstellen. Die Hersteller von Maschinen und Robotern für Produktionsprozesse mussten sich natürlich schon früher mit der Digitalisierung auseinandersetzen, auch wenn bisher oftmals nicht im Zusammenhang von interagierenden Systemen. Auch diese Firmen werden durch die neuen technologischen Entwicklungen herausgefordert (siehe Box „Umbau von ABB in ein Digitales Unternehmen").

Hier gilt es also bewusst zu entscheiden, welches Produktportfolio in Zukunft von dieser technologischen Veränderung tangiert werden dürfte. Besteht die Erwartung, dass eine solche Veränderung für gewisse Produkte ansteht, gilt es die entsprechenden strategischen Entscheide zu fällen, damit das Potenzial dieser Veränderung voll ausgeschöpft werden kann. Dies bedeutet aber, dass Unternehmen, die Plattformen zur Vernetzung von Produkten zur Verfügung stellen, sowohl als Partner wie auch als Konkurrenten für etablierte Industrieunternehmen zunehmend an Bedeutung gewinnen werden. Dabei dürfte aufgrund der obigen Überlegungen eine Unterscheidung zwischen Unternehmen wichtig sein, die eher Plattformen zur Vernetzung von Kapitalgütern (d.h. Maschinen im Produktionsprozess) bereitstellen oder aber Pattformen zur Vernetzung von Konsumgütern anbieten.

Bei Plattformen für *Kapitalgüter* dürften Industrieunternehmen auch in Zukunft eine gewisse Bedeutung haben. Es ist möglich, dass solche Betriebssysteme von den Anbietern von Maschinen zum Teil selber entwickelt und bereitgestellt werden. Diese Vermutung wird durch Statistiken unterstützt. Zumindest ein Blick auf die Liste der Unternehmen mit den meisten Patentanmeldungen im Bereich des „Internet of Things " (IoT) weist auf diesen Zusammenhang hin. Es handelt sich dabei um Patente, welche in den Bereichen „Computing", „Connectivity", „Smart Objects" und „Data Exchange" angemeldet wurden. Abbildung A3 im Anhang zeigt, dass unter den weltweit Top 19 Unternehmen in Bezug auf IoT-Patentanmeldungen Industrieunternehmen wie Samsung (Platz 1), Intel (Platz 5), Sony (Platz 7) oder Siemens (Platz 11) figurieren. Interessant ist auch, dass von den 19 Unternehmen die Hälfte aus Asien stammt, 4 aus Europa und 6 aus den USA. Dazu gibt es aber auch alternative Strategien, wie das Beispiel von ABB (siehe Box) zu illustrieren scheint.

Bei Plattformen zur Vernetzung von *Konsumgütern* könnte es sich dagegen hauptsächlich um Unternehmen aus der digitalen Wirtschaft handeln. Abbildung A4 im Anhang impliziert nämlich, dass fast alle Unternehmen mit grossen Plattformen für Endverbraucher der sogenannten „digitalen Wirtschaft" zugeordnet werden können. Dazu gehören beispielsweise Alphabet (Mutterkonzern von Google), Amazon, Microsoft, Apple, Alibaba und Tencent. Einzige Ausnahme stellt Samsung dar, ein Konzern, der im Jahr 1938 als Industrieunternehmen gegründet wurde und auch bei den Plattformen für Kapitelgütern eine wichtige Rolle spielen dürfte. Abbildung A4 zeigt auch, dass Europa bei Dienstleistungsplattformen eigentlich keine Rolle spielt.

Für Schweizer Industrieunternehmen dürfte es deshalb notwendig werden, zukünftig verstärkt mit nicht-europäischen Plattform-Unternehmen zu kooperieren. Ein wichtiges Thema ist dabei der Schutz von Daten und Geschäftsgeheimnissen. Darauf werden wir in Kapitel 9 noch näher eingehen. Dies impliziert wohl auch, dass die internen Organisationsstrukturen in Richtung flachere und agilere Formen angepasst werden müssen. Die Mitarbeiter und Mitarbeiterinnen müssen Flexibilität und Freiräume erhalten, um ihre Aufgaben innerhalb eines grob vorgegebenen Rahmens zu erledigen. Sie erhalten so auch mehr Eigenverantwortung, mit der sie umgehen können müssen. Die Zusammenarbeit über verschiedene Bereiche hinweg muss möglich sein. Der Output steht im Zentrum und weniger der Input, d.h. weniger wieviel, wo und wann an einer Aufgabe gearbeitet wird. Dies hinterfragt auch die traditionellen Arbeitszeitmodelle, welche unter Umständen die Präsenz mit Stempeluhren erfassen und so sehr inputorientiert sind.

Ebenfalls sind neue Geschäftsmodelle zu prüfen, welche noch mehr den Kundennutzen in den Vordergrund stellen und Produkte als Teil eines umfassenden Dienstleistungspakets verstehen—und nicht umgekehrt. Dazu benötigt eine Firma sehr kundenorientierte Mitarbeiter und Mitarbeiterinnen, welche zusätzlich eine hohe digitale Affinität haben. Man spricht in diesem Zusammenhang auch von der „Silicon Valley Mentalität". Das Arbeitsumfeld entspricht unseres Erachtens sehr stark demjenigen, welches zum Beispiel an der Universität besteht: Doktorierende, Postdocs und Professorinnen, die engagiert an Themen, Versuchen und neuen Entwicklungen arbeiten—zum Teil alleine, zum Teil in Teams. Freizeit und Arbeit fliessen ineinander über.

Formen der Internationalisierung optimal nutzen

Sind die Kernfähigkeiten, die Struktur der internationalen Wertschöpfungsketten und der Grad der Digitalisierung der Produktportfolios bestimmt, muss sich jedes Unternehmen immer auch bewusst entscheiden, durch welche vertragliche Formen die verschiedenen Tätigkeiten und Leistungen international abgestimmt werden sollen. Wie wir bereits diskutiert haben, können Tätigkei-

225

ABB enstand 1988 aus der schweizerischen BBC (1891) und der schwedischen ASEA (1893) und ist mit Sitz in Zürich ein Flaggschiff der schweizerischen Maschinenindustrie in den Bereichen Elektrifizierung, Robotik, Automation und Antriebstechnik. Es beschäftigt rund 100'000 Mitarbeiter in mehr als 100 Ländern. Beobachter argumentieren, dass das Unternehmen relativ spät in die Digitalisierung ihres Produktportfolios investierte. Allerdings scheint ABB in den letzten Jahren auf der Basis von Partnerschaften mit führenden IT-Unternehmen die digitale Transformation zu stärken. Dabei sind insbesondere die Gründung eines digitalen Kompetenzzentrums im Silicon Valley sowie das Eingehen von strategischen Partnerschaften mit IT-Firmen wie Microsoft, IBM und Hewlett Packard Enterprises (HPE) zu erwähnen. Interessant ist, dass ABB nicht – wie einige ihrer Konkurrenten (z.B. Siemens) – auf die Entwicklung eines eigenen Betriebssystems setzt, welches die von ABB produzierten Kapitalgüter im Produktionsprozess einer Firma miteinander kommunizieren lässt. Vielmehr ist die „ABB Ability" Plattform offen und kann so das aktuellste Wissen verschiedener IT-Firmen nutzen. Mit HPE als strategischem Partner setzt ABB auch auf Betriebssysteme, deren Datenaustausch zu einem erheblichen Teil lokal beschränkt werden kann. ABB setzt, wie der Geschäftsbericht 2020 illustriert, auf dezentralisierte Geschäftsmodelle, vereinfachte Organisationsformen, Sicherheit, Nachhaltigkeit, eine digital gebildete Belegschaft sowie eine hohe Kompetenz bei der Software-Entwicklung.[23]

ten unternehmensintern erfolgen oder dann aber von aussen zugekauft werden. Man kann dies als zwei extreme Formen der *Internalisierung* bzw. *Externalisierung* bezeichnen: man macht etwas selber („Make") oder kauft es ein („Buy"). Da wir uns hier auf die internationale Dimension der Internalisierung bzw. Externalisierung von Tätigkeiten konzentrieren, bezeichnen wir diese als unterschiedliche *Formen der Internationalisierung*: Zukauf von einem ausländischen Anbieter oder Herstellung in einer eigenen ausländischen

Tochtergesellschaft.

Zwischen diesen beiden Extremen gibt es aber zahlreiche Zwischenformen der Internationalisierung. So kann man Tätigkeiten im Rahmen von Kooperationen (z.B. in einem internationalen Joint Venture) ausführen. Dies ermöglicht, eigenes Knowhow weiter zu nutzen und es gleichzeitig mit neuen Kompetenzen (der Partnerfirma) zu ergänzen, über die man nicht verfügt. Diese Komplementarität ist ein grosser Vorteil.[24] Joint Ventures stellen aber auch relativ komplexe Formen der Interaktion dar, weil man darauf achten muss, dass das kooperative Verhalten zwischen unabhängigen Firmen gefördert wird. So gilt es zum Beispiel zu verhindern, dass eine asymmetrische Leistung von Inputs der Partner erfolgt.

Eine andere Form der Internationalisierung stellen z.B. Lizenzverträge oder langfristige Lieferverträge dar. Hier ist es wiederum wichtig, dass die Verträge so aufgeschrieben werden, dass Partner einen Anreiz zur Kooperation haben und dass im Falle von nicht-kooperativem Verhalten entsprechende Strafen festgelegt werden. Entscheidend ist zudem, dass solches Verhalten rechtlich spezifiziert wird und dass das für die Vertragsdurchsetzung verantwortliche Rechtssystem verlässlich ist. Da Verträge nie vollständig sind, ist der Aufbau einer Vertrauensbeziehung (wie beim Joint Venture) entscheidend.

Gerade KMU dürften von der breiten Palette der Formen der Internationalisierung profitieren und könnten so durch Kooperationsverträge, langfristige Lieferverträge oder Joint Ventures die Anforderungen internationaler Wertschöpfungsketten sowie der Digitalisierung eher genügen als durch die Extremform des Aufbaus eigener Tochtergesellschaften im Ausland. Das Prinzip gilt auch hier: (1) Tätigkeiten, welche Kernfähigkeiten des Unternehmens umfassen, sollten intern durchgeführt werden, und (2) eng aufeinander abzustimmende Schritte in der Wertschöpfungskette sollten nicht über reine Markttransaktionen („Buy") koordiniert werden.

Fazit

Die unternehmensstrategischen Herausforderungen für schweizerische Firmen, vor allem für kleinere und mittlere Unternehmen (KMU), sind relativ gross. Wir wiesen in diesem Kapitel darauf hin, dass der Druck zur Produktivitätssteigerung aufgrund der Globalisierung sowie technologischer Veränderungen weiter zunehmen wird. Mit dem entworfenen Managementkonzept zur strategischen Produktivitätssteigerung zeigten wir auf, welche vier Bausteine unseres Erachtens entscheidend sein dürften. Aufgrund dieser Betrachtung wird die Produktivität einer Firma durch (1) die Identifizierung der Kernfähigkeiten, (2) die Nutzung von internationalen Wertschöpfungsketten, (3) die digitale Positionierung des Produktportfolios sowie (4) die Wahl der Internationalisierungsformen entscheidend geprägt.

In Anbetracht der zunehmenden Bedeutung von intelligenten und vernetzten Produkten, dürfte die unternehmensspezifische Positionierung in der digitalen Welt wichtiger werden. Dies bedeutet aber auch, dass in Zukunft datenbasierte Geschäftsmodelle, welche auf künstlicher Intelligenz („Artificial Intelligence" (AI)) aufbauen, noch wichtiger werden. Abbildung 82 zeigt, dass die USA klar dominierend sind bei der Anzahl an Patentanmeldungen im Bereich AI, gefolgt von Japan und China. Dabei zeigen wir hier die absolute Zahl an Patentanmeldungen auf. Damit beziehen wir Überlegungen zu „Winner Takes it All"-Märkten im Falle von Plattformen mit ein. Länder mit der absolut grössten Zahl an Patentanmeldungen im AI-Bereich dürften demnach auch mit hoher Wahrscheinlichkeit „Gewinnerunternehmen" für datenbasierte Geschäftsmodelle beheimaten.

Dies gilt es zu berücksichtigen und bei der Internationalisierung und internationalen Zusammenarbeit gezielt zu nutzen. Interessant ist, dass der Blick auf die Produktivität eines Unternehmens und damit auf die strategische Produktivitätssteigerung eine umfassende und fundamentale Betrachtungsweise darstellt. Die vier erwähnten Determinanten stellen einen Orientierungsrahmen dar, der dabei hilft, die unternehmensspezifische Produktivität zu steigern. Die Produktivität ist aber auch eine wichtige Zielgrösse auf gesamtwirtschaftlicher Ebene. Sie setzt sich aus dem Aggregat der Produktivitäten aller Unternehmen zusammen und äussert sich letztlich im Realeinkommen, im Bruttoinlandprodukt pro Kopf und in der gesamtwirtschaftlichen Effizienz. Wir diskutieren im nächsten Kapitel, welche wirtschaftspolitischen Parameter bedeutend sein dürften und angepasst werden sollten, damit die gesamtwirtschaftliche Produktivität und damit der Einsatz knapper Ressourcen

Abbildung 82: Patentanmeldungen im Bereich Artificial Intelligence (AI)

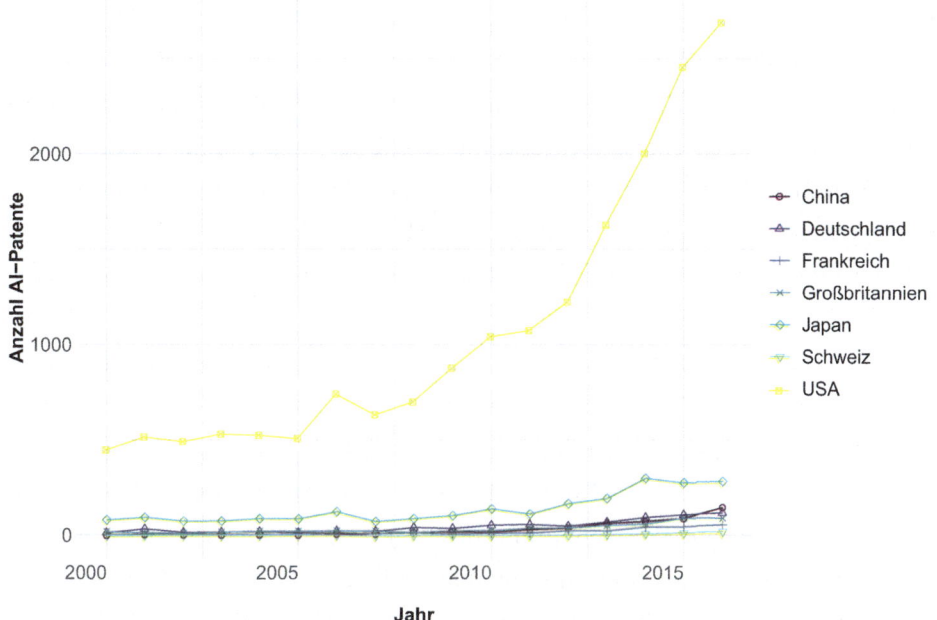

Quelle und Hinweise: Eigene Berechnungen basierend auf Daten des US-Patentamtes (USPTO). Die Einteilung von Patenten in AI-Patente erfolgt anhand der Zuordnung des USPTO.

moglichst hoch ausfällt.

Gibt es eine Alternative zu diesen Produktivitätssteigerungen auf der Ebene der einzelnen Unternehmung und der Volkswirtschaft als Ganzes? Die Antwort ist „ja": Erhöhter Einsatz von Arbeit bzw. Kapital und Umwelt mit entsprechend tieferen Löhnen, Kapitalrenditen und tieferen impliziten Preisen für den Gebrauch von Umweltgütern. Wir erachten dies – zumindest langfristig – weder als realistisches noch als erstrebenswertes Ziel einer Gesellschaft und der von ihr unterstützten sozialen Marktwirtschaft.

Anmerkungen

1. Siehe dazu z.B. die Übersichtsartikel von BERNARD ET AL. (2007) sowie MELITZ/TREFLER (2012).

2. So zeigen BUSTOS/SILVA (2010) oder VERHOOGEN (2008), aber auch unsere eigenen Analysen in Kapitel 4, dass die Qualität von Produkten ein wichtiges Kriterium darstellt, um in internationalen Märkten erfolgreich zu sein. Entsprechend dürfte die Integration von Märkten dazu führen, dass Unternehmen, die qualitativ hochwertige Güter produzieren, insgesamt von einer Nachfrageerhöhung profitieren können. Unternehmen, welche Güter mit geringerer Qualität anbieten, verlieren aufgrund des relativ starken Einbruchs der Nachfrage im Inland trotz Nachfrageerhöhung im Ausland.

3. So hatte beispielsweise die Pharmabranche (NOGA 21) mit einer Wertschöpfung von 715'000 CHF pro vollzeitäquivalenter Beschäftigung im Jahr 2016 die mit Abstand höchste Wertschöpfung des Schweizer Industriesektors, gefolgt von der chemischen Industrie mit 269'000 CHF (NOGA 19-20). Dagegen wiesen die Elektrotechnik (NOGA 27) mit 167'000 CHF und der Maschinenbau (NOGA 28) mit 159'000 CHF eine deutlich geringere Wertschöpfung auf. Und mit 83'000 CHF hatten Unternehmen der Herstellung von Holzwaren (NOGA 16) die geringste Arbeitsproduktivität des Schweizer Industriesektors (die Zahlen stammen vom BFS und zeigen die Arbeitsproduktivität in laufenden Schweizer Franken pro vollzeitäquivalenter Beschäftigung im Jahr 2016, gerundet auf Tausend Schweizer Franken).

4. Eine Zusammenfassung sämtlicher Determinanten der Produktivität von Unternehmen findet sich beispielsweise in SYVERSON (2011).

5. Siehe hierzu Kapitel 6 des Buches. Dort werden auch verschiedene wissenschaftliche Arbeiten genannt, die zeigen, dass der Bezug von Vorleistungen aus dem Ausland die Produktivität von Unternehmen erhöht.

6. Diese Überlegung gilt im Grundsatz auch bei nicht-linearen, komplexeren Kostenverläufen.

7. ANTRAS/HELPMAN (2004) zeigen in einem Modell, wie globale Sourcing Strategien positiv von der Unternehmensgrösse abhängen. Dieser Zusammenhang konnte in verschiedenen Arbeiten empirisch bestätigt werden. Eine Zusammenfassung der Literatur findet sich beispielsweise in BERNARD ET AL.

(2012).

8. Antras (2014) bietet eine exzellente Zusammenfassung der ökonomischen Literatur zur Frage der optimalen Organisationsform von fragmentierten Wertschöpfungsketten.

9. Eine bekannte Plattformen ist beispielsweise www.wonolo.com. Dort haben Unternehmen die Möglichkeit, verschiedenste Arten von Tätigkeiten von Freelancern aus der ganzen Welt durchführen zu lassen.

10. Interessant ist auch eine Umfrage unter zahlreichen schweizerischen Unternehmen in den 1990er Jahren. Daraus resultierte zum Beispiel die Erkenntnis, dass die Verfügbarkeit sowie das Preis-/Leistungsverhältnis von hochqualifizierten, branchenspezifischen Arbeitskräften an einem Standort der wichtigste Faktor von insgesamt 35 erfragten Faktoren für den Standortentscheid eines Unternehmens darstellt (siehe Weder, 1996b). Diese Ergebnisse wurden in einer Umfrage unter Unternehmen der Region Nordwestschweiz aus dem Jahr 2019 bestätigt (Rutzer, 2019). Auch dort gaben die Unternehmen als wichtigsten Standortfaktor hochqualifizierte, branchenspezifische Arbeitskräfte an.

11. Empirische Evidenz dazu findet sich beispielsweise in Bustos (2011) und Lileeva/Trefler (2010).

12. Die verwendeten Zahlen stammen vom BFS und decken sich mit den Analysen in Jäger et al. (2015).

13. Siehe beispielsweise Bustos (2011) oder Desmet/Parente (2010).

14. Siehe Weder/Grubel (1993).

15. In einer empirischen Analyse von US-Unternehmen zeigen Doraszelski/Jaumandreu (2013), dass Investitionen in F&E mit einer höheren Unsicherheit einhergehen als Investitionen in physisches Kapital. Als Mass der Unsicherheit diente dabei die Volatilität der Produktivität.

16. Siehe The New York Times (27.8.2016).

17. Porter/Heppelmann (2014) analysieren, welche unternehmensstrategischen Entscheidungen mit intelligenten und vernetzten Produkte verbunden sind. Unsere Darlegungen orientieren sich an dieser Arbeit.

18. Siehe Computerwoche (2019).

19. Siehe hierzu Herger (2017), der detailliert thematisiert, was seiner Ansicht nach Industrieunternehmen ändern müssen, um weiterhin eine wichtige

Rolle in der neuen digitalen Welt zu spielen.

20. In einem Artikel der THE NEW YORK TIMES (27.8.2016) wird anhand des Beispiels General Electric dargelegt, weshalb sich die Denkweise von Industrieunternehmen grundlegend verändern muss, um im Zeitalter des „Internet of Things" erfolgreich zu sein.

21. Siehe HERGER (2017).

22. Siehe hierzu beispielsweise ein Interview des Handelsblatts am 28.9.2017 mit dem Titel „Kein Bereich der Lufthansa Group bleibt unverändert". In dem Beitrag wird der Leiter des Bereichs Digital Strategie, Innovation und Transformation der Lufthansa zu den Auswirkungen der Digitalisierung interviewt.

23. Quellen: ABB GROUP (2020) sowie MÜLLER (2019).

24. Siehe zum Beispiel BORNER ET AL. (1991), S. 260.

9 Wirtschaftspolitische Implikationen

Der Staat hat die Aufgabe, die Rahmenbedingungen so zu gestalten, dass eine Gesellschaft die knappen Ressourcen möglichst optimal nutzt. „Optimal" heisst, dass die Ressourcen dort eingesetzt werden, wo sie insgesamt den höchsten Mehrwert schaffen. Dies bedeutet, dass Produkte und Dienstleistungen bereitgestellt werden, welche für die Individuen in der Gesellschaft und die Gesellschaft als Ganzes den grössten Nutzen generieren, und dass diese Produkte und Dienstleistungen möglichst ressourcenschonend produziert werden. Der Staat setzt also die Spielregeln fest, innerhalb derer die Akteure einer Volkswirtschaft – zum Beispiel Arbeitnehmer, Kapitalgeber, Immobilienbesitzer und Konsumentinnen – möglichst im Interesse des Gesamtsystems interagieren.

In Kapitel 8 haben wir gesehen, dass die Unternehmen eine zentrale Institution in diesem „Spiel" darstellen. Sie entscheiden letztlich, welche Produkte und Dienstleistungen hergestellt werden und wie dies geschieht. Über den Wettbewerb werden sie gezwungen, die Produktivität laufend zu steigern, indem sie bessere Produkte und Dienstleistungen herstellen und die Produktionsfaktoren (Arbeit, Kapital, Natur) effizienter einsetzen, was ihnen erlaubt, zum Beispiel höhere Löhne zu bezahlen und sich gegenüber der Konkurrenz abzusetzen. Je besser die vom Staat gesetzten Spielregeln, desto mehr führt dies auch zu einer *gesamtwirtschaftlichen Produktivitätssteigerung* mit der Folge von hohen Reallöhnen, einem hohen Bruttoinlandprodukt (BIP) pro Kopf und einer optimalen Verwendung der knappen Ressourcen. Dies lässt sich sowohl theoretisch wie auch empirisch untermauern.

Damit dies alles geschehen kann, muss der Staat dort korrigierend in die Märkte eingreifen, wo diese aufgrund von „natürlichem" Marktversagen nicht funktionieren *können*. Dies ist bei fehlendem Wettbewerb (z.B. Monopole), asymmetrischer Information (z.B. im Finanz- und Versicherungssektor) oder bei Vorliegen von sogenannten Externalitäten (z.B. Umwelt, Grundlagenforschung) der Fall. Der Staat ist dann gefordert, über die Anpassung der Spielregeln gezielt in den Preismechanismus – zum Beispiel über Steuern und Subventionen – einzugreifen. Zudem fällt dem Staat in sozialen Marktwirtschaften die Rolle zu, über die Umverteilung von Einkommen und Vermögen die Un-

© Der/die Autor(en), exklusiv lizenziert durch
Springer Fachmedien Wiesbaden GmbH, ein Teil von Springer Nature 2021
C. Rutzer und R. Weder, *De-Industrialisierung der Schweiz?*
https://doi.org/10.1007/978-3-658-34377-4_9

gleichheit zwischen Individuen in Schranken zu halten. Schliesslich ist er auch Schiedsrichter, indem er (über die Verwaltung und die Gerichte) dafür sorgt, dass die gesellschaftlich festgelegten Spielregeln von den einzelnen Akteuren eingehalten werden. Wichtig ist in diesem Zusammenhang die „alte", aber nach wie vor fundamentale, Erkenntnis, dass die Existenz guter Spielregeln in einer Gesellschaft viel wichtiger ist als die Existenz guter (man könnte nach Adam Smith auch ergänzend sagen „es gut meinender") Akteure. Oder wie dies der Nobelpreisträger in Ökonomie im Jahre 1986, James M. Buchanan, zusammen mit Geoffrey Brennan einmal weise formulierte: „Good games depend on good rules more than they depend on good players".[1]

Die Schweiz ist in internationalen Rankings und Statistiken meistens sehr gut positioniert, was auf eine Kombination der im Lande geltenden Spielregeln und den daraus resultierenden Ergebnissen betreffend Wohlstand und dessen Verteilung zurückzuführen ist. Allerdings gibt es immer Verbesserungsmöglichkeiten – zum Beispiel aufgrund technologischer Veränderungen –, was auch in der Schweiz zu einer permanenten Kritik am Staat und den von ihm verantworteten Spielregeln führt. Zum Teil ist diese Kritik aber auch eine Folge von unterschiedlichen Vorstellungen zur Rolle des Staates in einer Gesellschaft. Sehr sensibel reagieren Bürgerinnen und Bürger in der Schweiz auf eine Einschränkung der direkt-demokratischen Rechte und damit auf die Begrenzung der nationalen Souveränität von aussen. Dies hat mit dem politischen System der Schweiz zu tun, welches dem Volk einen viel grösseren Einfluss auf politische Entscheide gibt als dies in praktisch allen anderen Ländern der Welt der Fall ist.

Ein Bereich, in dem die Kritik in der Schweiz zunimmt und der – wie wir in diesem Buch an mehreren Stellen betont haben – im Hinblick auf die weitere industrielle Entwicklung des Landes entscheidend ist, stellt die *Digitalisierung* dar. Dies hat auch mit den Erfahrungen der COVID-19 Pandemie in der Schweiz zu tun, wie zwei Schlagzeilen in im Frühjahr 2021 erschienenen Zeitungsbeiträgen illustrieren: „Corona-Krise deckt Schwächen bei der Digitalisierung auf" sowie „Politiker fordern Krisenstab für Digitalisierung".[2] Dabei wird erstens bemängelt, dass der Staat – insbesondere das Bundesamt für Gesundheit (BAG) – zu wenig auf digitale Instrumente und die IT setzt, um die Pandemie zu bewältigen, was, wie vermutet wird, an der fehlenden Kompetenz in den staatlichen Ämtern liegt. Zweitens wird aber auch kritisiert, dass die Unternehmen zu wenig in diesem Bereich investieren, dass ein Fachkräftemangel herrsche und der Staat im Rahmen eines „Befreiungsschlages" eine führende Rolle mit der Schaffung eines *Departements für Digitalisierung* übernehmen müsse.

In diesem Kapitel widmen wir uns nun den wirtschaftspolitischen Implikationen, die sich aus den Ergebnissen unserer Analysen in diesem Buch ableiten lassen. Hierzu wollen wir im ersten Abschnitt zunächst konzeptionelle Überlegungen zur Rolle des Staates in einer dynamischen Volkswirtschaft anstellen. Im zweiten Abschnitt beleuchten wir die wirtschaftspolitische Position der Schweiz im internationalen Vergleich. Im dritten Abschnitt widmen wir uns den wirtschaftspolitischen Folgerungen aus der zunehmenden Bedeutung globaler Wertschöpfungsketten. Im vierten Abschnitt fragen wir uns, welche wirtschaftspolitischen Implikationen die zunehmende Digitalisierung hat. Im fünften Abschnitt fassen wir die Überlegungen in einem Fazit zusammen.

Konzeptionelle Übersicht: Wie der Staat Unternehmen beeinflusst

„Der Staat soll gute Spielregeln schaffen", stellten wir einleitend zu diesem Kapitel fest. Wer ist nun aber „der Staat"? „Bundesbern", ist man geneigt zu antworten – oder die kantonalen Regierungen, wenn es um kantonale Angelegenheiten geht. Wer kontrolliert aber den Staat? Antwort: „Das Volk". Mit anderen Worten: Der Staat ist natürlich ebenfalls Teil des wirtschaftlich-gesellschaftlichen Systems. Die von ihm bestimmten wirtschaftspolitischen Eingriffe und Massnahmen werden in der Regel in einem demokratisch gesteuerten Prozess unter der Teilnahme zahlreicher Akteure bestimmt.

Auch hier handelt es sich also um ein Spiel auf der Basis von Spielregeln, welche durch das politische System in einer Volkswirtschaft festgelegt sind. In der Schweiz enthält diese Interaktion zwischen gewählten Politikern, den sie beeinflussenden Parteien und Interessengruppen sowie die von den wirtschaftspolitischen Massnahmen betroffenen Akteure ein starkes direktdemokratisches Element. Dies erlaubt dem „Volk", das heisst den einzelnen

Bürgern und Bürgerinnen in der Schweiz, über das Initiativ- und Referendumsrecht eine direkte Kontrolle der politischen Akteure, was in den meisten anderen Ländern nur indirekt über die Wahl und Abwahl der politischen Vertreterinnen möglich ist.

Dies bedeutet nun aber, dass die Spielregeln, welche für die Unternehmen und die mit ihnen eng interagierenden Akteure gelten, das Resultat eines Spiels im politischen System sind, welches selber aufgrund von Spielregeln funktioniert. Wenn wir uns nun also die Frage stellen, welche wirtschaftspolitischen Massnahmen in einem Land verändert, welche Spielregeln angepasst und welche Rahmenbedingungen reformiert werden sollten, dann landen wir am Schluss oft bei der Frage (und der grossen Herausforderung), wie diese gut gemeinten Anpassungen implementiert werden können. Unter Umständen kommt man dann zum Schluss, dass auch das politische System verändert werden muss, weil die momentan existierenden Spielregeln im *bestehenden politischen System* nicht zu dem führen, was aus Sicht der Gesellschaft erwünscht ist. Die Frage stellt sich dann, wie das politische System in die vorgeschlagene Richtung angepasst werden kann. Eine Veränderung der Spielregeln im politischen System ist ja nur möglich, wenn innerhalb der existierenden Spielregeln eine Unterstützung durch die Mehrheit der politischen Akteure möglich ist.

Diese grundsätzlichen Überlegungen gilt es im Folgenden im Auge zu behalten. Dabei ist unser Ziel hier bescheidener. Wir bewegen uns quasi auf der Ebene der „Wandtafelökonomie".[3] Wir überlegen uns, welchen wirtschaftspolitischen Herausforderungen die Schweiz vor dem Hintergrund der in den vorherigen Kapiteln besprochenen Entwicklungen gegenübersteht. Wir schlagen schliesslich Anpassungen in den Eingriffen des Staates bzw. in den Spielregeln vor, welche für die Unternehmen und die mit ihnen interagierenden Akteure bedeutend sind.

Dass solche Anpassungen in der Realität überhaupt möglich sind, basiert auf unserer Überzeugung (und unserem Optimismus), dass bessere Informationen über wichtige Zusammenhänge in der Politik aufgenommen werden und dass so gute Vorschläge im politischen Prozess umgesetzt werden können. Dies ist unseres Erachtens auch eine wichtige Funktion der Wirtschaftswissenschaften, welche sich schwerpunktmässig mit der Interaktion von Akteuren in

Märkten auseinandersetzt und sehr grundsätzlich und öffentlich darüber nachdenkt, welche Aufgabe der Staat in diesem Gesamtsystem hat. Das politische System der Schweiz hat unseres Erachtens diesbezüglich gewisse Vorteile, weil die Stimmbürger und Stimmbürgerinnen auf solche Informationen bzw. Argumente reagieren, während Politiker unserer Erfahrung nach oft stärker einer (Partei-)Ideologie folgen.

Vor diesem „Wandtafelhintergrund" gilt für das wirtschaftspolitische Handeln des Staates die in der wirtschaftswissenschaftlichen Theorie wohl begründete Maxime, dass Staatseingriffe vor allem dann gerechtfertigt erscheinen, falls ein Marktversagen vorliegt.[4] Dies ist dann wahrscheinlich, wenn privatwirtschaftliche Handlungen über Märkte zu einem aus gesellschaftlicher Sicht als schlecht empfundenen Ergebnis führen. Dies ist, wie einleitend erwähnt, typischerweise bei Vorliegen von Externalitäten, Marktmacht oder Informationsasymmetrien der Fall. In diesen Situationen kann durch Eingreifen des Staates in das Marktgeschehen ein aus gesellschaftlicher Sicht besseres Ergebnis erwartet werden. Es stellt sich dann die Frage, welche Art und Qualität des Staatseingriffs ein besseres Marktergebnis zur Folge hat.

Ausgehend vom Unternehmen gibt es zahlreiche Ansatzpunkte, wie und wo der Staat das Wirtschaftsgeschehen beeinflussen kann. Das einzelne Unternehmen kann deshalb ins Zentrum gestellt werden, weil es als wichtige Institution in einer Volkswirtschaft Wertschöpfung zum Wohl (oder allenfalls Schaden) der daran beteiligten und mit ihm interagierenden Akteure schafft. Die Produktivität aller Unternehmen zusammen bestimmt schliesslich auch die Produktivität des Gesamtsystems, d.h., den von einem System geschaffenen Leistungen (Güter, Dienstleistungen) relativ zu den davor verwendeten Ressourcen (Arbeit, Kapital, Umwelt).

Abbildung 84 stellt die Auswirkungen der Wirtschaftspolitik des Staates auf die Unternehmen schematisch dar. Dabei beeinflusst der Staat die Unternehmen auch indirekt über die Gestaltung der Bedingungen, unter denen Unternehmen mit ihren Kundinnen interagieren („Nachfragebedingungen"). Ebenso hat der Staat einen Einfluss auf die Verfügbarkeit und das Verhalten von Arbeitnehmern, Kapitalgeberinnen und Ressourceninhabern, deren Angebote Unternehmen als Produktionsfaktoren nutzen („Faktorbedingungen").

Wir wollen nun kurz die einzelnen Elemente der Abbildung erklären.

Abbildung 83: Auswirkungen staatlicher Tätigkeit auf Unternehmen

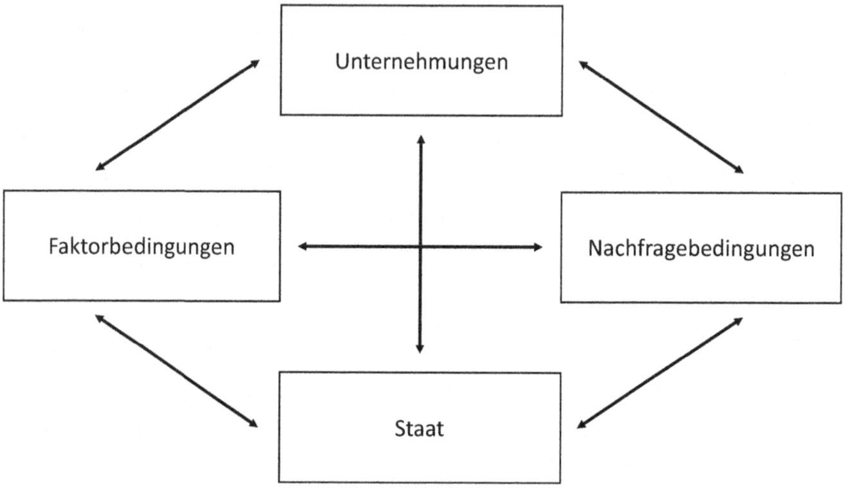

Unternehmungen

Faktorbedingungen

Nachfragebedingungen

Staat

Quelle: Eigene Darstellung.

Staat

Mit Staat sind die Behörden auf regionaler, nationaler oder internationaler Ebene gemeint. Die Bedeutung internationaler „Behörden" für Unternehmen in einem Land hängt dabei auch von Abkommen ab, welche die nationalen Behörden mit internationalen Institutionen oder anderen Ländern abgeschlossen haben. Internationale Abkommen und Regulierungen haben dabei an Bedeutung gewonnen und dürften in Zukunft noch wichtiger werden. Beispiele sind die Welthandelsorganisation mit dem multilateralen Handelssystem (WTO), regionale Freihandelsabkommen (wie z.B. das Abkommen zwischen der Schweiz und China) oder die bilateralen Verträge zwischen der Schweiz und der EU, die den gegenseitigen Markzugang regeln. Auch wenn es keine internationalen Abkommen gibt, haben ausländische Behörden einen Einfluss auf die Unternehmen in einem Land, zum Beispiel auf ihre Exporte oder grenzüberschreitenden Investitionen.

Der so definierte Staat beeinflusst die Unternehmen direkt über Unternehmenssteuern, Abgaben, Infrastrukturen oder auch Subventionen. Bauverordnungen, welche sich aus Erlassen der Gemeinden, der Kantone und des Bundes ergeben, sind ebenfalls wichtig. Aber auch die Möglichkeiten für Unternehmen, internationale Wertschöpfungsketten zu nutzen, werden durch staatliche Regulierungen beeinflusst. Ebenso die Möglichkeit, Vorleistungen aus dem Ausland beziehen zu können. Auch dürfte der regulatorische Rahmen einen grossen Einfluss darauf haben, ob Unternehmen in neue Technologien investieren. Staatliches Handeln beeinflusst die Firmen direkt, kann sie aber auch indirekt über die Stakeholders (Anspruchsgruppen) tangieren, mit denen die Unternehmen interagieren.

Faktorbedingungen

Eine Gruppe von Stakeholdern sind die lokal verfügbaren Produktionsfaktoren (spezialisierte Arbeitskräfte, Kapitalbesitzer, Immobilienbesitzer), welche als Inputs in den Produktionsprozess der Unternehmen eingehen. Auch Vorleistungen, das heisst Angebote von anderen Firmen, gehören dazu. Dazu gehört aber auch die ganze Umgebung und die Bedingungen, unter denen diese Faktoren, zu denen die Unternehmen Zugang haben, operieren. Die Unternehmen beziehen diese Faktoren nicht nur, sondern sie beeinflussen sie auch durch unternehmensspezifische Ausbildung (z.B. Anbieten von Lehrstellen), Weiterbildung und „Learning by Doing".

Der Staat beeinflusst in verschiedener Weise die Faktorbedingungen für die Unternehmen. Dazu gehört zum Beispiel die Bildungspolitik von der Grundausbildung bis zur universitären, relativ spezialisierten Ausbildung. Während in der Schweiz und in vielen anderen europäischen Ländern die universitäre Ausbildung zu einem grossen Teil vom Staat finanziert wird, erfolgt die Finanzierung in den USA mehrheitlich privat. Der Staat beeinflusst so auch die Verfügbarkeit von gut ausgebildeten Arbeitskräften in verschiedenen Bereichen.

Auch die Einkommenssteuern und die Lebensqualität beeinflussen die Attraktivität eines Landes für international mobile Expertinnen. Die Immigrations- und Grenzgängerpolitik haben ebenfalls einen Einfluss auf die Faktorbedingungen für Unternehmen (in der Schweiz ist diese Politik zentral), aber auch die zahlreichen Arbeitsmarktregulierungen fallen in diesen Bereich.

Nachfragebedingungen

Die Nachfrager nach Produkten und Dienstleistungen – die Firmenkunden und -kundinnen – sind zentrale Stakeholder von Unternehmungen. Vor allem die lokalen Nachfrager haben oft einen grossen Einfluss darauf, in welchen Bereichen Firmen innovative neue Angebote entwickeln. Verschiedenste Arten von Produktmarktregulierungen, wie beispielsweise Zulassungsbestimmungen von Medikamenten oder Automobilen, oder die Besteuerung und Subventionierung von Verkehrsträgern (Auto, Bahn, Flugzeug) beeinflussen das Verhalten der Nachfrager und damit das Produkt- und Dienstleistungsportfolio von Unternehmen. Dazu gehören auch Haftungsregeln.

Dabei spielt auch die Marktgrösse eine Rolle, in welche Bereiche Firmen investieren. Die Grösse des Marktes wird aber auch durch internationale Handelsabkommen beeinflusst. Und zwar in mehrfacher Hinsicht. Erstens verändern Handelsabkommen die in einem Land herrschenden Nachfragebedingungen, indem ausländische Firmen einen Marktzugang erhalten und so die Marktsegmente (quantitativ und qualitativ) beeinflussen. Zweitens erhalten inländische Firmen auch Zugang zu ausländischen Märkten, was somit die Nachfragebedingungen (im In- und Ausland) für die inländischen Firmen ebenfalls beeinflusst.

Unternehmen

Die Unternehmen müssen in diesem Umfeld, welches durch den Staat direkt oder indirekt beeinflusst wird, laufend nach Möglichkeiten suchen, ihre Produktivität zu steigern. So können sie im Wettbewerb mit ihren in- und ausländischen Konkurrenten um „Faktoren" und „Nachfrager" bestehen. Der Staat muss den Unternehmen Leitplanken setzen (z.B. durch Arbeitnehmerschutz, Konsumentenschutz). Gleichzeitig soll er ihnen auch Freiräume überlassen, um innovative Lösungen für Kundinnen zu finden oder den laufend zunehmenden Anforderungen von Arbeitnehmenden zu genügen. Dadurch kann die unternehmerische Produktivität gesteigert werden.

240

Das diesbezügliche Verhalten der Unternehmen wird aber nicht nur durch den Staat direkt und über die Faktor- und Nachfragebedingungen indirekt beeinflusst. Die Unternehmen selber haben durch ihre Angebote und ihre Strategien auch Auswirkungen auf ihre Kundinnen und ihre Arbeitnehmer. Und schliesslich beeinflussen sie mit ihrem Verhalten, ihrer Beratung und auch durch Lobbying den Staat. Die Wirtschaftspolitik des Staates wird zudem auch durch Arbeitnehmer (und ihre Vertreterinnen) sowie Konsumentinnen (und ihre Vertreter) beeinflusst. Und die Faktorbedingungen beeinflussen über das vorhandene Knowhow wiederum die Nachfragebedingungen und umgekehrt. Die in Abbildung Abbildung 84 gezeigten Pfeile laufen deshalb immer in beide Richtungen.

Schaffung eines dynamischen Umfeldes

Der dargelegte konzeptionelle Rahmen impliziert, dass der Staat sich darauf konzentrieren sollte, ein dynamisches Umfeld zu generieren, in dem produktive Firmen prosperieren und weniger produktive Firmen auch untergehen können. Der Staat schafft dabei ein stabiles soziales Sicherheitsnetz, damit Individuen in dieser Dynamik nicht überfordert werden. Zudem muss er sich typischerweise darauf konzentrieren, Externalitäten zu reduzieren (indem er umweltschädigendes Verhalten bestraft und Grundlagenforschung belohnt), den Wettbewerb zu garantieren (z.B. durch offenen Marktzugang und Beschränkung der Marktkonzentration) und Märkten mit hoher Informationsasymmetrie (Finanz- und Versicherungsbereich) vorausschauend zu regulieren.

Der Staat hat somit in einer Marktwirtschaft einen grossen und vielfältigen Einfluss auf Wirtschaft und Gesellschaft eines Landes. Gleichzeitig ist der Einfluss aber auch begrenzt, weil er nur dir Leitplanken setzt aber nicht alles im Detail regelt. Aus der Perspektive der internationalen Arbeitsteilung sollte *ein* Ziel einer guten Wirtschaftspolitik darin bestehen, einen möglichst guten Rahmen für wertschöpfungsintensive Tätigkeiten zu gewährleisten. Denn solche Tätigkeiten dürften grundlegend für den Wohlstand eines Landes sein, wie unsere Ergebnisse des ersten Teils des Buches nahelegen.

Wie aus dem zweiten Teil des Buches hervorgeht, befinden wir uns in einer Zeit der wirtschaftlichen Umbrüche. Die Zunahme internationaler Wertschöpfungsketten ermöglicht es, einzelne Tätigkeiten in andere Länder zu verlagern. Gleichzeitig dürfte die zunehmende Digitalisierung viele Tätigkeiten verändern und neue Tätigkeiten hervorbringen. Dadurch verändert sich die Wertschöpfungsintensität von einzelnen Tätigkeiten und es entstehen neue Möglichkeiten, Tätigkeiten „international zu handeln".

Damit ein reiches Land wie die Schweiz weiterhin einen hohen Wohlstand erwirtschaften kann, ist es deshalb notwendig, die Wirtschaftspolitik an diese Veränderungen anzupassen. Dabei wird es insbesondere darum gehen, den Firmen Anpassungsmöglichkeiten zu lassen, die einzelnen Akteure aber auch nicht zu überfordern. Mit den nachfolgenden Überlegungen wollen wir dazu einige Impulse geben, wie diese Herausforderungen bewältigt werden können. Das hier vorgestellte und in Abbildung 84 veranschaulichte Konzept der wirtschaftspolitischen Auswirkungen dient dabei als Grundlage für diese Überlegungen.

Wirtschaftspolitische Positionierung der Schweiz im internationalen Vergleich

Ruft man sich nochmals die Ergebnisse in den Teilen I und II des Buches in Erinnerung, so steht die Schweizer Volkswirtschaft als Ganzes und der Industriesektor im Speziellen hervorragend da. Dies dürfte nicht zuletzt das Resultat einer insgesamt erfolgreichen Wirtschaftspolitik der letzten Jahrzehnte sein, was schlussendlich zu sehr guten wirtschaftlichen Rahmenbedingungen bzw. Spielregeln in der Schweiz führte. Diese sind wiederum eine Folge des politischen Systems der Schweiz, welches die Interaktion der politischen Akteure in diese Richtung leitete und diese Wirtschaftspolitik überhaupt möglich machte.

Hohe Qualität öffentlicher Güter und tiefe Regulierungsdichte

Diese sehr guten Rahmenbedingungen widerspiegeln sich auch in Erhebungen des World Economic Forums (WEF).[5] Wir zeigen hierzu einzelne Werte des Jahres 2017 in Abbildung 84. Dabei können die auf der linken Seite angeordneten Faktoren als Proxies für die Qualität der öffentlichen Güter eines Landes gesehen werden. Bei der Qualität der Infrastruktur, wie auch der Qualität des

Ausbildungssystems belegt die Schweiz den besten Platz unter 141 weltweit erfassten Ländern. Auch bei der Qualität öffentlicher Institutionen liegt die Schweiz weit vorn auf Platz 4, und somit vor grossen Industrieländern wie Japan (Rang 15), Deutschland (19), den USA (20) und Frankreich (32).

Abbildung 84: Die Wirtschaftspolitik im internationalen Vergleich

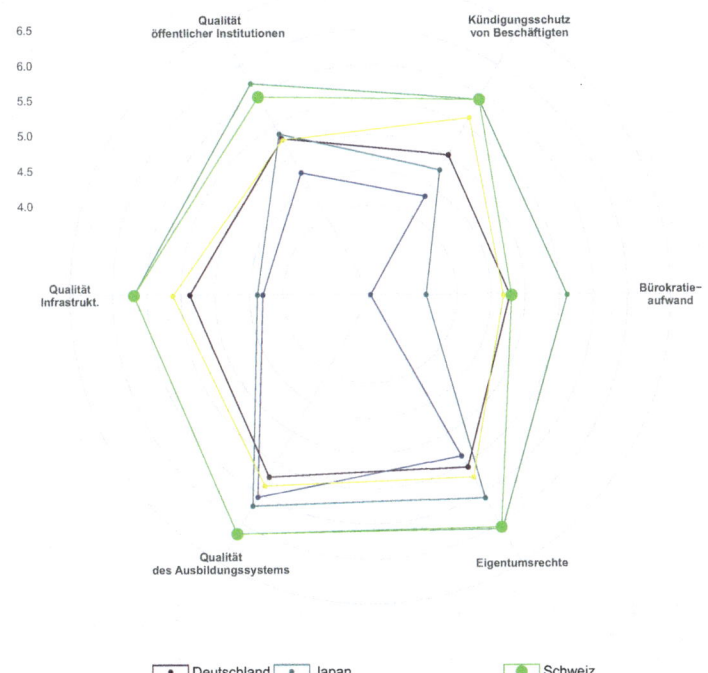

Deutschland	Japan	Schweiz
Frankreich	Maximal zu erreichender Wert	USA

Quelle und Hinweise: Die Daten stammen vom World Economic Forum und beinhalten jeweils Werte von 1 bis 7 (maximal zu erreichender Wert) für das Jahr 2017. Insgesamt beinhaltet der Datensatz 141 Länder. Der maximal zu erreichende Wert gibt den Wert des Landes mit dem höchsten Wert an. Weitere Angaben zu den aufgeführten Variablen finden sich im Anhang von WORLD ECONOMIC FORUM *(2017).*

Auch bei Erhebungen, die als Proxies für verschiedene Arten von Regulierung gesehen werden können, liegt die Schweiz im internationalen Vergleich weit vorn. Beispielsweise belegt sie Platz eins beim Kündigungsschutz für Beschäftigte, was eine sehr „liberale" Regulierung im Bereich des Arbeitsmarktes nahelegt. Die Firmen haben die Möglichkeit, Personal zu entlassen, wenn es schlecht geht, was sich positiv auf das Einstellen von Personal auswirkt, wenn es gut geht. Bei der Sicherung der Eigentumsrechte liegt die Schweiz auf Platz zwei. Auch beim bürokratischen Aufwand, der sich daran bemisst, wie zeit- und kostenintensiv der Aufwand für Unternehmen ist, staatliche Regulierungen umzusetzen und zu befolgen, belegt die Schweiz immerhin noch Platz sechs und liegt damit vor Deutschland (7), den USA (12), Japan (59) und dem französischen Staat, der auf Platz 115 liegt und seinen Unternehmen einen hohen bürokratischen Aufwand aufbürdet. Diese Indikatoren deuten daraufhin, dass der Schweizer Staat den Unternehmen eine relativ hohe Bewegungsfreiheit lässt.

Ausgezeichnete Faktorbedingungen

Die sehr guten staatlichen Institutionen der Schweiz dürften wiederum ein Grund sein, weshalb am Standort Schweiz die Faktorbedingungen – quasi die Inputseite von Unternehmen – ebenfalls eine hohe Qualität aufweisen. Wie Abbildung 85 basierend auf Erhebungen des WEF zeigt, belegt die Schweiz im Jahr 2017 den ersten Platz bei der Attraktivität für ausländische Talente und liegt ebenfalls auf Platz eins bei einem an den Bedürfnissen der Wirtschaft ausgerichteten Finanzsystem. Und auch bei der Qualität des Humankapitals der Beschäftigten liegt die Schweiz (Rang 1) vor den USA (Rang 5), Deutschland (16), Frankreich (26) und Japan (31). Zudem liegt die Schweiz bei der Qualität der lokalen Zulieferern auf Platz 1 und bei der Anzahl an lokalen Zulieferern auf Platz 2.

Diese Rahmenbedingungen ermöglichen schlussendlich die Ausübung sehr wertschöpfungsintensiver Tätigkeiten am Standort Schweiz. Dies hat natürlich auch zur Konsequenz, dass weniger produktive Schweizer Unternehmen bzw. Branchen unter Druck kommen. Mit dem Boom der High-Tech Branchen steigen die Faktorpreise. Die Personenfreizügigkeit mit der EU dämpft diese Entwicklung etwas und erlaubt so auch weniger wertschöpfungsintensiven, international tätigen Unternehmen und Branchen das „Überleben" am Standort Schweiz. Allerdings steigen durch die Immigration die Preise für Wohnungen und Häuser, was den Zustrom von Immigranten mit einer eher tiefen Qualifikation und damit eher tieferen Löhnen in Grenzen hält.

Abbildung 86 zeigt die Positionierung der Schweiz im internationalen Fak-

Abbildung 85: Faktorbedingungen von Schweizer Unternehmen im internationalen Vergleich

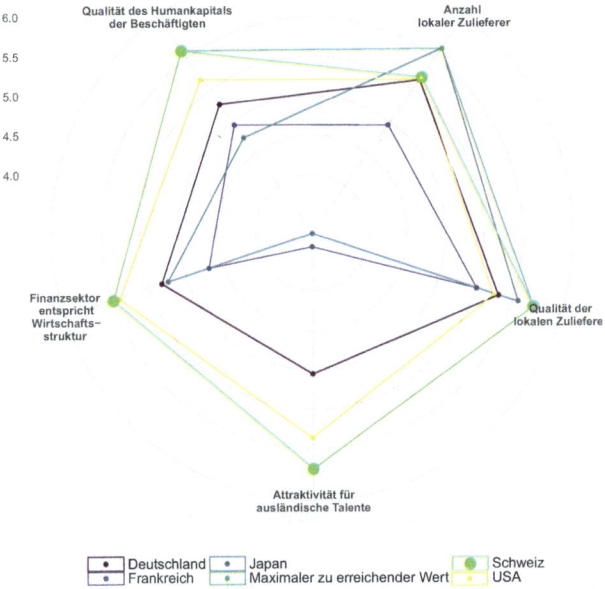

Quelle und Hinweise: Die Daten stammen vom World Economic Forum und beinhalten jeweils Werte von 1 bis 7 (maximal zu erreichender Wert) für das Jahr 2017. Insgesamt beinhaltet der Datensatz 141 Länder. Der maximal zu erreichende Wert gibt den Wert des Landes mit dem höchsten Wert an. Weitere Angaben zu den aufgeführten Variablen finden sich im Anhang von WORLD ECONOMIC FORUM *(2017).*

toraustausch auf. Dabei messen wir den Austausch in Form des Einkommens, welches ein Inland (z.B. die Schweiz) von im Ausland eingesetzter Arbeit und dort investiertem Kapital erhält und das es an das Ausland bezahlt für Arbeit und Kapital, das vom Ausland dem Inland zur Verfügung gestellt wird. Die Summe dieses Einkommens wird normiert, indem es durch das Bruttoinlandprodukt dividiert wird. Diese „Faktoraustauschintensität" misst also, wie intensiv der Faktoraustausch (dazu gehört zum Beispiel auch das Einkommen von Grenzgängern) für ein Land ist. Sie kann somit auch als Mass interpretiert werden, wie offen *de facto* der internationale Faktoraustausch zwischen einem bestimmten Land und dem Rest der Welt ist.

Abbildung 86 berücksichtigt, dass grosse Länder tendenziell etwas tiefere Faktoraustauschintensitäten haben. Dies liegt daran, dass in grossen Ländern

Abbildung 86: Internationaler Faktoraustausch der Schweiz im internationalen Vergleich

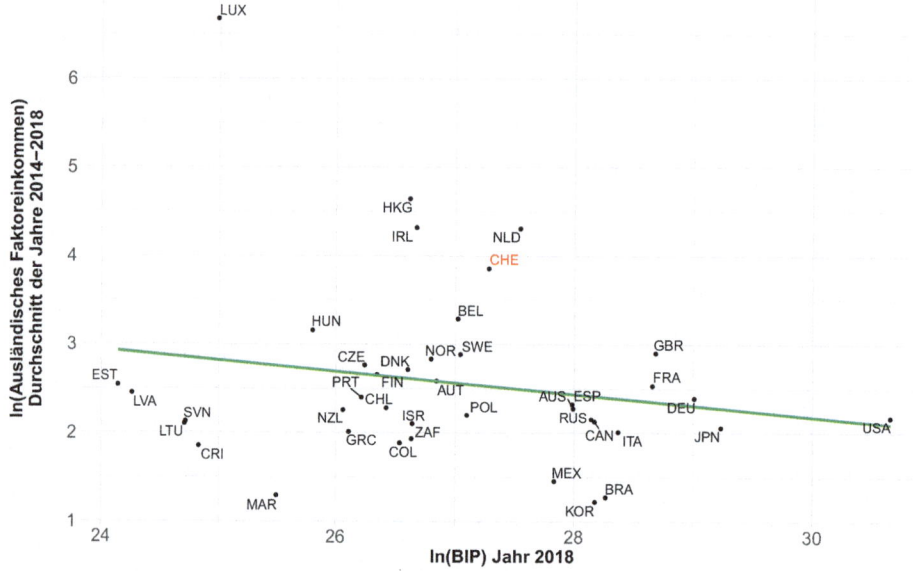

der Anteil des wirtschaftlichen Austausches mit dem Rest der Welt in Form von Gütern, Dienstleistungen, Kapital und Arbeit tiefer liegt, weil diese Länder grössere Binnenmärkte haben. Auch bei offenen Märkten werden sie ceteris paribus tiefere Faktoraustauschintensitäten aufweisen. Dieser theoretisch erwartete Zusammenhang wird durch die nach rechts fallende grüne Linie bestätigt. Diese Regressionsgerade stellt die durchschnittliche Faktoraustauschintensität in Abhängigkeit der Landesgrösse (gemessen durch das Bruttoinlandprodukt) dar. Da die Schweiz ganz klar oberhalb dieser Linie liegt, impliziert Abbildung 86, dass die Schweiz einen relativ intensiven bzw. überdurchschnittlichen Faktoraustausch mit dem Rest der Welt pflegt. Wir interpretieren dies als weiteres Indiz für die sehr guten Faktorbedingungen in diesem Land.

Sehr gute Nachfragebedingungen

Die Schweiz gehört seit Beginn des zwanzigsten Jahrhunderts zu den reichsten Ländern der Welt, wenn man dies am BIP pro Kopf bzw. am Realeinkommen der Bewohner und Bewohnerinnen dieses Landes misst. Das hohe Realeinkommen hat dabei aber auch die Nachfragebedingungen in der Schweiz beeinflusst. Personen mit einem hohen Realeinkommen fragen in der Regel qualitativ hochstehende Produkte und Dienstleistungen nach. Dies dürfte die lokalen Firmen in der Erfindung und Herstellung von Produkten und Dienstleistungen im oberen Qualitätsbereich motiviert haben. Die inländische Nachfrage hat so die Spezialisierung auf qualitativ hochstehende Güter und High-Tech Branchen beeinflusst.[6]

Es ist, wie in den vorherigen Kapiteln erörtert, zu erwarten, dass die internationale Konkurrenz und die Entwicklung der ausländischen Nachfrage diese Spezialisierung zusätzlich gefördert hat. Steigt das Realeinkommen auch im Ausland, nimmt die dortige Nachfrage nach qualitativ hochstehenden Produkten und Dienstleistungen ebenfalls zu. Dies würde auch erklären, weshalb sich die Terms of Trade der Schweiz – die Preise der Exporte relativ zu den Preisen der Importe – in den letzten rund 50 Jahren trendmässig verbessert haben (siehe Teil I, Kapitel 5). Die Nachfragebedingungen, denen die inländischen Firmen ausgesetzt sind, beziehen sich also nicht nur auf die inländische Nachfrage, sondern schliessen in einem weiteren Sinn auch den Zugang zu ausländischen Märkten mit ein. Zudem wird die Grösse der für die inländischen Firmen relevanten inländischen Nachfrage durch den Zugang von ausländischen Firmen im Inland tangiert.

Die Nachfragebedingungen für die inländischen Firmen werden also durch den internationalen Handel von Gütern und Dienstleistungen beeinflusst – sowohl durch die Konkurrenz von ausländischen Firmen im Inland wie auch den Zugang der inländischen Firmen auf den ausländischen Güter- und Dienstleistungsmärkten. In Bezug auf die Schweiz stellt sich hier also die Frage, wie gut der schweizerische Binnenmarkt zugänglich für ausländische Firmen ist und wie offen die ausländischen Märkte für Schweizer Firmen sind.

Abbildung 87 zeigt in Analogie zu Abbildung 86 die Integration der Schweiz im internationalen Güter- und Dienstleistungshandel auf. Wir berechnen für jedes Land die Summe der Werte von Exporten und Importen von Gütern und Dienstleistungen und normieren dies wiederum mit dem Bruttoinlandprodukt. Wiederum erwarten wir einen negativen Zusammenhang zwischen der so gemessenen Handelsintensität und der Landesgrösse, was durch die schwarze Regressionslinie bestätigt wird. Die Schweiz weist in dieser Betrachtung eine durchschnittliche bis leicht überdurchschnittliche Integration in die internationalen Güter- und Dienstleistungsmärkte auf. Wir können davon ausgehen, dass die Nachfragebedingungen in der Schweiz gut sind und dass trotz des nur beschränkten Zugangs zum Binnenmarkt der EU die Absatzmärkte für Schweizer Firmen relativ offen sind (im Ausland wie im Inland).

Abbildung 87: Internationaler Güter- und Dienstleistungsaustausch der Schweiz im internationalen Vergleich

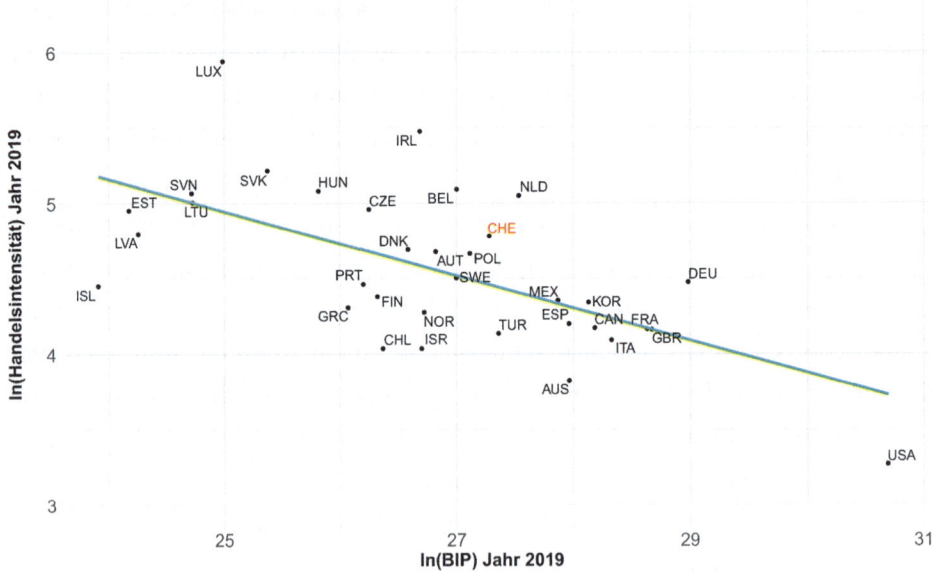

Daten und Hinweise: Eigene Berechnungen anhand Daten der Weltbank. Die Handelsintensität beinhaltet den prozentualen Anteil der Summe der Exporte und Importe von Gütern und Dienstleistungen eines Landes am BIP. Alle Werte sind in laufenden US-Dollar gemessen.

Interessant wäre, hier noch etwas tiefer zu gehen, indem die Regulierungen für Produkte und Dienstleistungen in der Schweiz mit denjenigen im Ausland verglichen werden. Wir kommen unten noch auf diese Frage zurück, können aber hier bereits darauf hinweisen, dass die Produkthaftungsregeln und die umweltpolitisch motivierten Anforderungen an Produkte in der Schweiz vergleichbar mit denjenigen in den umliegenden Ländern sind. Für viele Produkte gilt das Prinzip der gegenseitigen Anerkennung. Eine Ausnahme stellt der Agrarbereich und damit ein Teil des Nahrungsmittelbereichs dar. Hier besteht ein erheblicher Protektionismus für ausländische Güter in Form von Zöllen, aber auch durch spezielle Produktanforderungen. Inländische Firmen werden dabei von der ausländischen Konkurrenz geschützt (was ihre Innovationsfreude oft nicht gerade begünstigt). Zum Teil müssen sie aber auch höhere Qualitätsanforderungen in Bezug auf Tierhaltung und Lebensmittelsicherheit erfüllen, womit sie in der Herstellung gefordert sind, was von der schweizerischen Gesellschaft auch gewünscht wird.

Die sehr guten Faktor- und Nachfragebedingungen sowie die hohe Qualität der öffentlichen Güter und eine tiefe Regulierungsdichte dürften eine wesentliche Voraussetzung für den in der Schweiz zu beobachtenden Strukturwandel innerhalb des Industriesektors hin zu High-Tech und qualitativ hochwertigen Gütern gewesen sein. Und wie wir in den Kapiteln 4 und 5 darlegten, dürfte davon die Schweiz als Ganzes profitiert haben und die Bevölkerung wohlhabender geworden sein.

Zunehmende Konzentration

Ein solcher Strukturwandel bringt jedoch auch Herausforderungen mit sich. So werden dadurch Arbeitsplätze in traditionellen Industriebranchen gefährdet. Solange jedoch der Arbeitsmarkt eine hohe Flexibilität aufweist und die Beschäftigten ausreichende Fähigkeiten mitbringen, dürfte dieses Problem eher gering sein. Beide Aspekte scheinen für die Schweiz gegeben zu sein, wie die oben erwähnten Abbildungen 84 und 85 zur Wirtschaftspolitik und zu den Faktorbedingungen nahelegen. Auch die niedrigen Arbeitslosenzahlen decken sich mit dieser Einschätzung.[7] Der Strukturwandel dürfte in der Schweiz so bisher zu relativ geringen Friktionen geführt haben.

Die zunehmende Spezialisierung auf High-Tech Industriegüter führt in der Tat dazu, dass die Industriewertschöpfung und -exporte der Schweiz verstärkt von einigen wenigen Branchen erwirtschaftet werden, wie Abbildung 88 an-

Abbildung 88: Zunahme der Konzentration wirtschaftlicher Tätigkeit im Schweizer Industriesektor

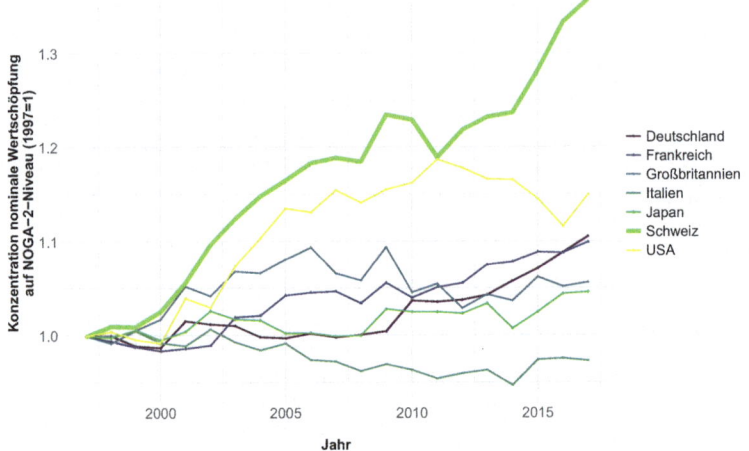

Hinweise: Für die Messung der Konzentration wird der Herfindahl-Index verwendet: $H = \sum_{i=1}^{N} x_i^2 / (\sum_{i=1}^{N} x_i)^2$, wobei x_i die Wertschöpfung einer jeden Branche anhand der NOGA Klassifikation auf zwei-Steller Niveau beinhaltet. Dabei wurden nur Daten des Industriesektors (NOGA 10-33) berücksichtigt. Die Daten entstammen der OECD-STAN Datenbank.

hand des Herfindahl-Konzentrationsmasses zeigt.[8] Zudem konzentrieren sich wirtschaftliche Tätigkeiten im Schweizer Industriesektor vermehrt auf grosse Unternehmen, wie Abbildung 89 zeigt. Diese Entwicklung ist, wie wir in den Teilen I und II dieses Buches gezeigt haben, aufgrund der Handelstheorie zu erwarten. Bei offenen Märkten und flexiblen Strukturen spezialisieren sich Länder auf die Branchen und, innerhalb der Branchen, auf diejenigen Unternehmen und Bereiche, in denen sie relativ am produktivsten sind – oder anders ausgedrückt, wo sie die stärksten komparativen Vorteile haben. Diese Spezialisierung führt zu einem höheren Realeinkommen.

Diese Spezialisierung und damit die Konzentration der wirtschaftlichen Tätigkeit hat allerdings auch einen Preis. Sie birgt die Gefahr von Klumpenrisiken. Die Abhängigkeit des Wohlstandes von einigen wenigen Wirtschaftszweigen steigt und damit auch die Anfälligkeit eines Landes gegenüber unerwarteten weltwirtschaftlichen Umbrüchen. So zeigten wir in einer Analyse für das Staatssekretariat für Wirschaft (SECO) im Rahmen der Strukturbericht-

Abbildung 89: Zunahme der Konzentration wirtschaftlicher Tätigkeit auf grosse Unternehmen im Schweizer Industriesektor beobachtbar

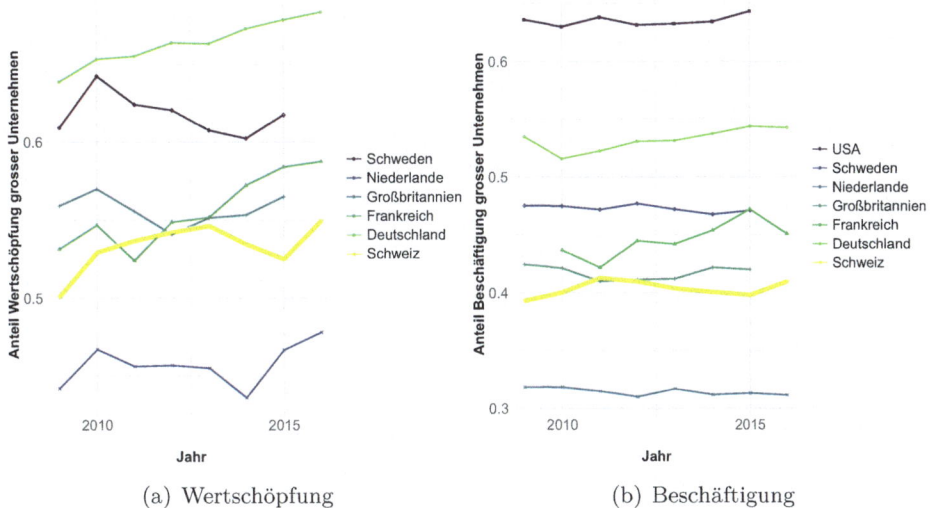

(a) Wertschöpfung

(b) Beschäftigung

Daten und Hinweise: Die Daten entstammen der OECD Datenbank „Structural Business Statistics". Dabei werden nur Unternehmen des Industriesektors (NOGA 10-33) berücksichtigt. Ab einer Beschäftigung von mehr als 249 Personen in einem Land wird ein Unternehmen als gross bezeichnet. Alle anderen als kleine und mittlere Unternehmen.

erstattung, dass eine stärkere Konzentration der Exporte zwar wie erwartet die Wachstumsrate des BIPs pro Kopf erhöht, aber auch mit einer höheren Volatilität (d.h. Schwankung) der Wachstumsrate des BIPs pro Kopf einhergeht.[9]

Dabei erscheint folgende Analogie zwischen der Spezialisierung einer Volkswirtschaft auf Branchen und der Investition eines Portfolios von Wertpapieren hilfreich: Obwohl einige Wertpapiere eine geringere durchschnittliche Rendite aufweisen, kann es aus Sicht der Vermögensanlage dennoch sinnvoll sein, diese im Portfolio zu haben, um allfällige Risiken breiter zu streuen. Dies dürfte bei einem breit aufgestellten Industriesektor kaum anders sein. Anders gesagt: Es könnte im Hinblick auf die Stabilität einer Wirtschaft wertvoll sein, eine relativ breite Wirtschaftsstruktur mit (neben den Grossunternehmen) zahlreichen kleinen und mittleren Firmen zu haben. Ähnlich wie beim Wertpapierportfolio gäbe es dann einen sogenannten Trade-off zwischen Ertrag (höheres Realeinkommen) und Risiko (Schwankungen im Realeinkommen durch abrupte Strukturveränderungen).

Auch wenn dieser Zusammenhang einleuchtend erscheint, stellt sich die Frage, ob es aus ökonomischer Sicht überhaupt sinnvolle Möglichkeiten gibt, die Spezialisierung und damit die Abhängigkeit zu vermindern. Eine aktive Industriepolitik im Sinne des Schutzes einzelner Branchen und der Förderung anderer Branchen ist hierbei kaum zielführend. Den staatlichen Institutionen fehlen die Informationen, um in einer globalisierten und dynamischen Volkswirtschaft wie der Schweiz die richtigen Akzente setzen zu können. Dieser Sachverhalt wird beispielsweise in einer Arbeit des SECO ausführlich diskutiert.[10] Dabei wird auch die Wirtschaftspolitik der Schweiz mit der von anderen Industrieländern verglichen. Das Resümee dabei lautet, dass die Schweiz mit grosser Wahrscheinlichkeit auch deswegen wirtschaftlich erfolgreich ist, weil sie eben keine aktive Industriepolitik betreibt.[11]

Man kann diese Analyse auch so interpretieren, dass eine aktiv gesteuerte und so etwas weniger spezialisierte Wirtschaftsstruktur wie erwartet das Realeinkommen reduziert. Ob in der Praxis dadurch die Anpassungsfähigkeit an Strukturveränderungen in der Weltwirtschaft erhöht wird und so die Schwankungen im Realeinkommen vermindert werden können, ist unseres Erachtens nicht so klar. Die Gefahr besteht nämlich, dass einmal geschützte Bereiche (wie in der Textilindustrie in vielen Ländern beobachtbar) irgendwann aus finanziellen oder politischen Gründen nicht mehr geschützt werden können (man denke an die amerikanische Textilindustrie), was dann zu abrupten Strukturanpassungen führt. Umgekehrt stellt sich die Frage, ob das Klumpenrisiko von relativ spezialisierten Volkswirtschaften nicht dadurch gemindert werden kann, indem für sehr flexible Arbeitsmärkte, für anpassungsfähige Individuen (z.B. über die Ausbildung) und ein gut ausgebautes Sozialversicherungsnetz (welches die Strukturanpassung möglichst nicht behindert) gesorgt wird.

Eine Möglichkeit, den Druck auf wirtschaftlich weniger produktive Branchen etwas zu reduzieren, besteht darin, den Zugang der Schweiz für ausländische Fachkräfte zu erhalten, um dadurch den Lohndruck abzuschwächen und der zunehmenden Konzentration entgegenzusteuern. Denn Immigration von

Fachkräften trägt dazu bei, dass sich das Arbeitsangebot in der Schweiz erhöht, was die Lohnentwicklung abschwächt. Entsprechend steigt der Druck auf weniger produktive Firmen und Branchen weniger stark, was den Strukturwandel verlangsamt. Auch hier ist aber darauf hinzuweisen, dass eine solche offene Migrationspolitik bei einer florierenden Wirtschaft nicht ohne Kosten ist. Die Immigration kann zu steigenden Immobilienpreisen, einer Überbeanspruchung öffentlicher Güter und einem Gefühl der Überfremdung führen.

Strukturneutrale Wirtschaftspolitik als Prinzip

Vor dem Hintergrund der zunehmenden Konzentration in der Schweiz und des damit zusammenhängenden grundsätzlichen Trade-offs zwischen Realeinkommenserhöhung und der Anfälligkeit der Wirtschaft gegenüber unerwarteten weltwirtschaftlichen Strukturveränderungen ist die Einhaltung des folgenden Prinzips zentral: Rahmenbedingungen und Regulierungen sollten so ausgestaltet werden, dass es zu keiner Diskriminierung – das heisst einer ungleichen Behandlung – von Unternehmen verschiedener Branchen und innerhalb von Branchen kommt. Mit anderen Worten, man sollte den Konzentrationsprozess auch nicht zusätzlich fördern.

Am Standort Schweiz mit zahlreichen KMU ist es beispielsweise wichtig, dass wirtschaftspolitische Massnahmen zu keiner Schlechterstellung von KMUs gegenüber grossen, oftmals multinationalen Unternehmen führen. Mit anderen Worten: nur, weil grosse Unternehmen produktiver sind, sollte man sie in der Wirtschaftspolitik nicht speziell fördern oder die anderen benachteiligen, auch wenn eine solche Diskriminierung in Anbetracht des Standortwettbewerbs um grosse, wertschöpfungsstarke Unternehmen nachvollziehbar erscheint.

Das Zauberwort heisst hier „strukturneutrale Wirtschaftspolitik". Ein Beispiel dürfte die in der Schweiz geltende Sonderbesteuerung von internationalen Konzernen sein.[12] Schafft ein Unternehmen positive Externalitäten für die Gesellschaft (z.B. über ihre Grundlagenforschung), ist dies in der Besteuerung dieses Unternehmens selbstverständlich zu berücksichtigen. Aufzupassen gilt es aber, dass man mit der Steuerpolitik alle Firmen – ob gross oder klein, ob produktiv oder weniger produkiv, ob aus der Branche X oder der Branche

Y – gleich behandelt. Mit anderen Worten, die Besteuerung von produktiven Firmen sollte diese gegenüber den anderen weder bevorteilen noch benachteiligen.[13] Betreffend Umwelt bedeutet dies, dass z.B. CO_2-Emissionen überall gleich besteuert werden sollen und keine Rücksicht auf Branchen oder einzelne Firmen genommen werden soll.

Wirtschaftspolitische Herausforderungen zunehmender globaler Wertschöpfungsketten

Die vorherigen Darlegungen legen nahe, dass die Schweiz in der Vergangenheit eine insgesamt sehr gute Wirtschaftspolitik verfolgt hat. Aber die Weltwirtschaft verändert sich derzeit rasant. Eine grosse Herausforderung stellt dabei, wie wir zeigten, die zunehmende internationale Aufteilung von Wertschöpfungsketten dar. Dadurch werden nicht nur ganze Produkte, sondern verstärkt auch der Output einzelner Tätigkeiten international „gehandelt" („trade in tasks"). Dies kann eine Anpassung der Wirtschaftspolitik erfordern.

Eine gute Wirtschaftspolitik von Industrieländern muss verschiedenen Kriterien genügen. Zwei Aspekte standen aber schon immer relativ hoch auf der Prioritätenliste. Erstens gilt es Bedingungen zu schaffen, welche die *Bildung von Humankapital und Knowhow* in einem Land fördern. Dazu gehören die Ausbildungspolitik, aber auch zahlreiche Anreize, welche die Investition von Individuen und Firmen in die Aneignung und die Schaffung von Wissen fördern.[14] Der Grund liegt darin, dass Wissen den Charakter eines (teilweise) öffentlichen Gutes hat und dass somit ohne staatliche Förderung von den einzelnen Akteuren zu wenig in Ausbildung und Knowhow investiert würde. Dazu kommt auch ein Umfeld, welches die Akkumulation des physischen Kapitals fördert, was vorübergehend das Wachstum in einer Volkswirtschaft erhöht.[15] Schliesslich sind auch Institutionen wichtig, welche die Rechtssicherheit, den Zusammenhalt sowie das Vertrauen fördern und unter dem Begriff „Gesellschaftskapital" subsumiert werden können.

Zweitens gehört dazu eine relativ *offene Handelspolitik*, welche – wie in Kapitel 4 erörtert – eine Spezialisierung der Länder nach ihren komparativen Vorteilen erlaubt und auch für einen Wettbewerb in den zahlreichen Bereichen einer Volkswirtschaft sorgt. Offene Märkte können so auch die Bedeutung einer aktiven Wettbewerbspolitik mindern. Das Ziel des relativ offenen Handels für Güter wurde zum einen über das GATT (das 1995 Teil der gegründeten World Trade Organization (WTO) wurde) und zum anderen über verschiedene bilaterale oder regionale Freihandelsabkommen verfolgt. Dabei ging es um die Reduktion von tarifären und nicht-tarifären Handelshemmnissen. In den letzten Jahren wurde auf multilateraler Ebene auch der Dienstleistungshandel (General Agreement of Trade in Services (GATS)) sowie der Austausch von Knowhow (Trade-Related Aspects of International Property Rights (TRIPS)) in die WTO aufgenommen. Regionale Abkommen widmen sich vermehrt der Liberalisierung des Dienstleistungshandels.

Förderung der Schaffung von Humankapital und Knowhow

Wie wir oben darlegten, ist ein Staatseingriff dann gerechtfertigt, falls es zu einem Marktversagen kommt. Ein Thema stellen in diesem Zusammenhang positive Externalitäten dar, die sich insbesondere bei der Akkumulation von Wissenskapital ergeben. Deshalb subventionieren viele Staaten privatwirtschaftliche Innovationen und finanzieren Grundlagenforschung oder auch die (tertiäre) Ausbildung von Beschäftigten. Eine solche Politik dürfte aus nationaler Sicht durchaus sinnvoll sein, solange es sich dabei um international immobile Produktionsfaktoren handelt. Natürlich hat die Bildung auch eine staatspolitische Funktion, in dem sie Bürgerinnen und Bürger in einer Demokratie befähigt bessere Entscheide zu fällen. An gewisse Grenzen kam diese Politik schon immer, wenn man an die Emigration von mit Steuergeldern gut ausgebildeten Fachkräften denkt.[16]

Aufgrund zunehmender internationaler Wertschöpfungsketten werden vormals immobile Faktoren von Unternehmen zunehmend über Grenzen hinweg eingesetzt. Beispiele sind Patente und Technologien, die Unternehmen an einem Standort entwickeln, jedoch an einem anderen Standort im Ausland verwenden. Man denke hier an Technologien multinationaler Unternehmen, die zwar in Industrieländern entwickelt wurden, nun aber innerhalb einer Wertschöpfungskette in China zum Einsatz kommen. Und man denke an Tätigkeiten von Arbeitskräften, welche ihre Leistung nun über neue Formen der Kommunikation im Ausland anbieten können.[17]

Aus nationaler Sicht könnte es also wirtschaftspolitisch vorteilhaft sein, nur noch die Schaffung von solchem Wissen zu fördern, welches national erhalten bleibt. Mit anderen Worten: Man könnte zum Beispiel beschliessen, vor allem solche Produktionsfaktoren zu subventionieren, die nicht nur hohe Externalitäten aufweisen, sondern auch international eher wenig mobil sind.[18] Dies bedeutet, dass man aufgrund globaler Wertschöpfungsketten eine zweite Dimension bei der Bewertung von Subventionen berücksichtigt, nämlich die Mobilität von Produktionsfaktoren. Betrachtet man unter den beiden Prämissen „Grad der positiven Externalität" und „internationale Mobilität" verschiedene in Abbildung 90 aufgeführte Produktionsfaktoren, so dürften aus nationaler Sicht staatliche Unterstützungsmassnahmen für die Akkumulation von Humankapital, also die Ausbildung von Beschäftigten, am gewinnbringendsten sein.

Abbildung 90: Einordnung von Inputfaktoren nach Externalität und internationaler Mobilität

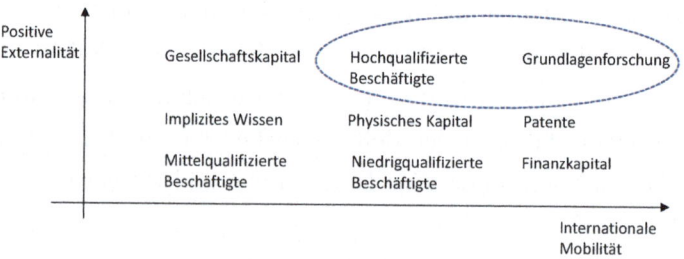

Hinweise: Abbildung auf der Basis von BALDWIN *(2016), S. 229.*

Anders gelagert dürft es bei F&E-Investitionen sein, deren Output sich beispielsweise in Patenten manifestiert. Als Unternehmen noch grösstenteils von einem Land aus agierten, dürfte es durchaus sinnvoll gewesen sein, Innovationen mit staatlichen Subventionen zu unterstützen. Eine solche Politik erscheint jedoch in Zeiten international mobiler Technologien mehr und mehr diskussionswürdig, ausser man will die Nutzung des Wissens im Ausland unterstützen oder erhofft sich so eine bessere Wettbewerbsposition der inländischen Firmen im Ausland und dadurch höhere Gewinne dieser Firmen als Folge einer „strategischen Industriepolitik".

> ## Der Innovationsstandort Schweiz profitiert stark von hochqualifizierten Grenzgängern
>
> Für die Schweiz dürften im Allgemeinen Grenzgänger, und hier insbesondere auch hochqualifizierte Beschäftigte, von grosser Bedeutung sein. In einer Analyse zeigen wir, dass in den letzten Jahren etwa 10 Prozent der Schweizer Patente von Grenzgängern entwickelt wurden.[19] Grenzgänger haben demnach eine hohe Bedeutung für den Innovationsstandort Schweiz. Auch zeigt diese Analyse beispielhaft die hohe Attraktivität des Schweizer Arbeitsmarktes für hochqualifizierte Beschäftigte auf, wozu auch Ärzte, Manager, Ingenieure und andere gehören. Zudem deuten die Ergebnisse darauf hin, dass Beschäftigte oftmals eher wenig mobil sind und, statt zu emigrieren, es bevorzugen, in ihrem Heimatland zu bleiben und von dort aus ihre Leistung anzubieten. Wegen des hohen Reallohnes ist diese Art von Beschäftigung speziell für Grenzgänger interessant: Höherer Lohn in der Schweiz, tiefere Lebenskosten im Heimatland. Für die Wirtschaftspolitik der Schweiz wird es somit wichtig sein, weiterhin attraktive Rahmenbedingungen für Grenzgänger zu gewährleisten.[20] Dadurch können viele grenznahe Regionen vom Zugang zu (eher wenig mobilen) Arbeitskräften aus dem ausländischen „Hinterland" profitieren.[21]

Konkret für die Schweiz bedeutet dies, dass beispielsweise die in der Unternehmenssteuerreform III angedachten steuerlichen Entlastungsmassnahmen zur Förderung von Innovationen nicht unbedingt zielführend sein müssen. Und zwar dann nicht, wenn diese Entlastungsmassnahmen vor allem grosse, international agierende Unternehmen begünstigen, die ihre Technologien weltweit einsetzen. Wohl gemerkt, dies soll kein Argument gegen F&E und Innovationen am Standort Schweiz sein. Aber die Aktivitäten rund um die F&E sollten deshalb in der Schweiz stattfinden, weil es hierzulande hervorragend ausgebildete Beschäftigte gibt und nicht aufgrund staatlicher Subventionen. Denn die dazu benötigten staatlichen Mittel könnten anderweitig besser eingesetzt werden. Zum Beispiel in der Bildungspolitik auf Hochschulebene, weil die dadurch internalisierten positiven Externalitäten eher national beschränkt bleiben dürften, und zwar aufgrund des Hanges von jungen Leuten, dort einen Job zu finden, wo sie ausgebildet wurden.

Eine weitere Form von Wissenskapital stellt die Grundlagenforschung dar, deren Ergebnisse in Zeiten weltweit verfügbarer digitaler Inhalte ebenfalls international mobiler sind und heute als globales öffentliches Gut gesehen werden können. Forschungseinrichtungen der Schweiz haben dabei ein hohes internationales Renommee, allen voran die ETH-Zürich. Obwohl diese Institutionen sich zum Teil auch über ausländische Forschungsförderungsfonds finanzieren, basieren diese Hochschulen und Universitäten zu einem grossen Teil auf schweizerischen Steuergeldern der Kantone und des Bundes. Man könnte sich nun fragen, ob es für ein kleines Land wie die Schweiz sinnvoll sein könnte, bei Grundlagenforschung vermehrt als „Trittbrettfahrer" aufzutreten – oder zumindest nicht als Sponsor eines globalen öffentlichen Gutes. Die dabei freiwerdenden Mittel könnten dann verstärkt für Lehre und angewandte Forschung verwendet werden, was direkt dem hiesigen Standort zu Gute kommen dürfte. Konsequent weitergedacht hätte dies aber zur Folge, dass die Grundlagenforschung zukünftig verstärkt supranational finanziert werden müsste – und die Frage ist, von wem.

Obwohl dieses Argument durchaus plausibel erscheint, gibt es gute Gegenargumente. Erstens könnte es sein, dass bereits die Grundlagenforschung – und nicht erst die „angewandte Forschung" – den lokal ansässigen Firmen nützt. In diesem Fall profitieren inländische Firmen, welche im Inland Löhne und Steuern bezahlen, von der Existenz der vom Staat unterstützten Grundlagenforschung. Zudem erhalten die Verwaltungen die Möglichkeit, konkrete Fragen durch lokal gut informierte, aber auf internationalem Niveau forschende Universitätsangehörige analysieren zu lassen, was die Qualität der Wirtschaftspolitik erhöhen könnte. Das öffentliche Gut wäre also primär national, und nicht global geprägt.

Zweitens stellt die Grundlagenforschung möglicherweise eine notwendige Bedingung für eine gute Lehre und damit für die Schaffung von qualitativ hochstehendem Humankapital am Standort dar. Fliesst die Grundlagenforschung so in die Lehre (vor allem auf Master- und Doktoratsebene) ein, hat sie wiederum eine sehr starke nationale Komponente und stellt kein globales öffentliches Gut dar. Eine solche etwaige enge Zusammengehörigkeit der beiden Faktoren „Hochqualifizierte Beschäftigte" und „Grundlagenforschung" verdeutlicht das gestrichelte Oval in Abbildung 90. In beiden Fällen bliebe die Grundlagenforschung eine wichtige nationale Aufgabe. Sie wäre aus dieser Optik in der Baldwin'schen Darstellung (Abbildung 90) nicht oben rechts, sondern eher oben mittig einzuordnen.

So oder so dürfte im Zeitalter zunehmender internationaler Wertschöpfungsketten der Schlüssel einer guten Wirtschaftspolitik in der Aus- und Weiterbildung von *Personen* liegen. Denn Personen sind, wie erwähnt, aufgrund persönlicher Bindungen in der Regel weniger stark international mobil.[22] Gleichzeitig stellen sehr gut ausgebildete Beschäftigte die Grundlage für wertschöpfungsintensive Tätigkeiten dar. Dabei weisen insbesondere hochqualifizierte Beschäftigte ein hohes Potenzial an positiven Externalitäten auf (man denke zum Beispiel an die Entstehung des Silicon Valleys). Sehr gut ausgebildete Beschäftigte ermöglichen auch, neue Wirtschaftsbereiche zu erschliessen, und helfen, einen Strukturwandel zu bewältigen. Dieser Aspekt dürfte in Zukunft noch bedeutender werden (z.B. durch die von der Digitalisierung ausgelösten disruptiven Entwicklungen).

Nehmen wir das Beispiel der Pharmaindustrie. Sollte es unerwarteter Weise zu einem relativ starken Marktaustritt von Pharmafirmen am Standort Schweiz kommen – zum Beispiel, weil die Branche technologisch umgewälzt wird und zahlreiche Firmen den Anschluss verpassen oder gar ausscheiden –, könnten spezifisches Know-How, Technologien und Patente ihre Bedeutung hinsichtlich der Generierung von Wertschöpfung und damit auch von Arbeitsplätzen am Standort Schweiz verlieren. Anders ist dies hingegen für die bisher in den Pharmafirmen Beschäftigten und deren Humankapital. Diese können zumindest teilweise in anderen, insbesondere auch neu entstehenden, Wirtschaftsbereichen eingesetzt werden und somit weiterhin am Standort Schweiz Wohlstand generieren.

In diesem Zusammenhang besteht ein wichtiger Vorteil darin, dass die Schweiz ein exzellentes Bildungssystem besitzt, und zwar auf allen Ebenen der Ausbildung von Grundschulen über die Lehrlingsausbildung bis zu den Hochschulen. Das System ist relativ durchlässig, indem auch Personen mit Lehrabschlüssen bei entsprechender Qualifikation später noch einen (allenfalls universitären) Hochschulabschluss anstreben können. So erlaubt das Bildungssystem recht individuelle Ausbildungswege und verhindert durch diese Flexibilität „Einbahnstrassen". Die grosse Herausforderung dürfte darin bestehen, die richtigen Bildungsinhalte und Kompetenzen im Zeitalter zunehmender Digitalisierung zu vermitteln. Zudem dürfte es auch wichtig sein, lebenslanges Lernen noch stärker in den Vordergrund zu rücken und Bildungsstrukturen verstärkt danach auszurichten. Auf diesen Aspekt werden wir im dritten Abschnitt dieses Kapitels eingehen.

Offene Handelspolitik – auch im Dienstleistungshandel

Kommen wir zur Handelspolitik. Ziel einer modernen Handelspolitik sollte sein, ein Umfeld zu schaffen, sodass globale Wertschöpfungsketten möglichst reibungslos funktionieren können. Dies bedingt sowohl den Zugang zu vom Ausland generierten Vorleistungen, Zwischenprodukten und Dienstleistungen wie auch die Möglichkeit, entsprechende Güter und Dienstleistungen im Ausland anzubieten. Dass messbare Formen der Beschränkung des Dienstleistungshandels effektiv einen negativen Effekt auf das Volumen des Dienstleistungshandels haben, zeigt Abbildung 91 für das Jahr 2020 und 42 Industrieländer.

Drei Punkte sind unseres Erachtens zentral im Hinblick auf die Fähigkeit der Firmen in einem Land, die Vorteile von internationalen Wertschöpfungsketten zu nutzen:

Erstens gilt es, in den bilateralen, plurilateralen und multilateralen Handelsabkommen insbesondere auch den Zugang zu Märkten für Dienstleistungen und Daten zu ermöglichen. In den vergangenen Abkommen lag der Fokus auf dem Industriegüterhandel, so zum Beispiel auch in dem seit dem 1. Januar 1973 gültigen Freihandelsabkommen zwischen der Schweiz und der Europäischen Union oder in den Abkommen zwischen der Schweiz und der EU in den Bilateralen Verträgen I. Dabei dürfte ein diskriminierungsfreier Handel von Dienstleistungen und Daten im Zeitalter der Digitalisierung auch für den

Abbildung 91: Künstliche Marktzugangsbarrieren weisen einen negativen Zusammenhang mit Dienstleistungshandel auf

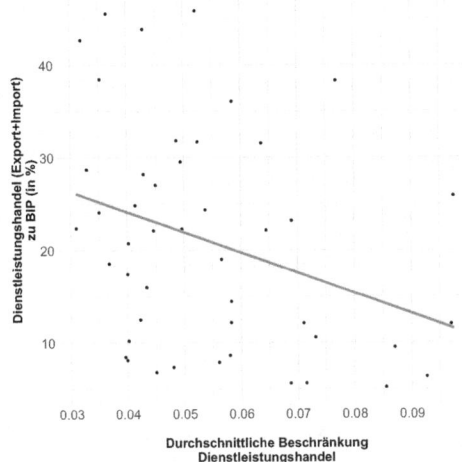

Quelle und Hinweise: Eigene Berechnungen basierend auf Daten der OECD zu Beschränkungen im Dienstleistungshandel für das Jahr 2020 und 42 Industrie- und Schwellenländer. Dabei werden Werte zwischen 0 (komplett freier Zugang) und 1 (komplette Beschränkung) verwendet. Der Zugang wird dabei jeweils auf Basis der Meistbegünstigten Klausel ermittelt und nicht anhand von präferenziellen Freihandelsabkommen. Mehr Informationen finden sich unter https://stats.oecd.org/Index.aspx?DataSetCode=STRI.

Industriesektor immer wichtiger werden. Auf den freien Datenverkehr gehen wir im dritten Abschnitt dieses Kapitels näher ein.

Zweitens geht die Realisierung von internationalen Wertschöpfungsketten meist mit dem Aufbau neuer Unternehmensstandorte in unterschiedlichen Ländern einher, oder zumindest mit einer engen Zusammenarbeit zwischen Unternehmen aus verschiedenen Ländern. Dies wiederum bedarf neuer Regelungen zwischen Ländern zu ausländischen Direktinvestitionen (FDI) und der Anerkennung oder Angleichung von Standards und Eigentumsrechten (Property Rights), damit länderübergreifende Tätigkeitsschritte in eine Wertschöpfungskette integriert werden können.

Drittens benötigen internationale Wertschöpfungsketten eine sehr gut ausgebaute Infrastruktur, die den internationalen Austausch von Inputfaktoren ermöglichen. Dazu zählen Autobahnen, Bahnstrecken, Flughäfen, Seehäfen – aber auch grenzüberschreitende Datenverbindungen. Entscheidend ist dabei die Kompatibilität dieser Infrastrukturen der einzelnen Länder.

Was also ist zu tun? Zunächst einmal dürfte eine Orientierung in Richtung Dienstleistungshandel, wie gezeigt, wegen der Entwicklungen im Bereich des „Internet of Things" für den Schweizer Industriesektor immer wichtiger werden. Dementsprechend könnten sich Barrieren im Dienstleistungshandel negativ auf den Industriesektor auswirken. Aufgrund geringerer Informations- und Kommunikationskosten (IKK) verschwinden natürliche Handelsbarrieren für Dienstleistungen zusehends. Der Fokus sollte also verstärkt auf den Abbau künstlicher Marktzugangsbarrieren gerichtet werden.

Abbildung 92: Die Schweiz hat überdurchschnittlich hohe Beschränkungen beim Dienstleistungshandel

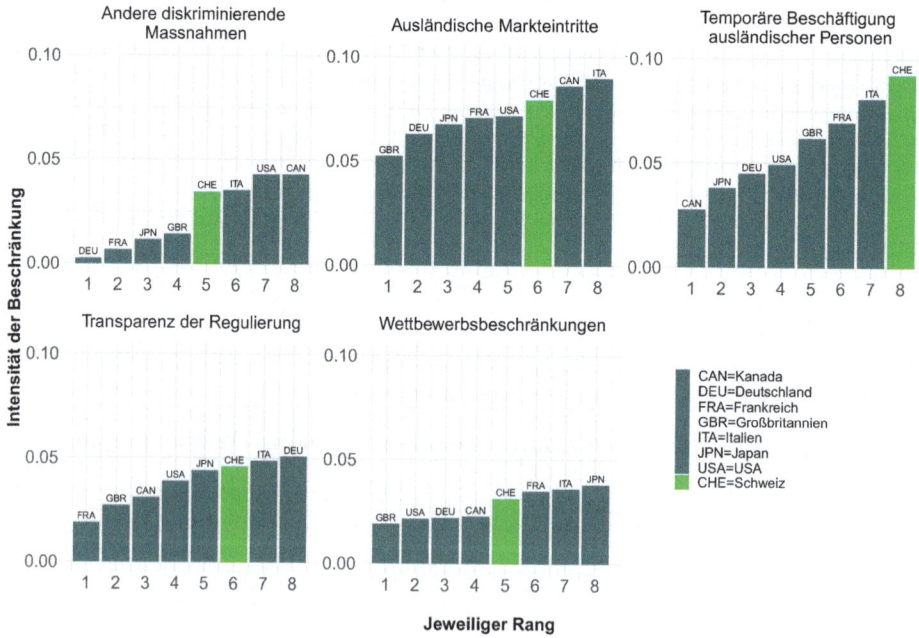

Quelle und Hinweise: Eigene Berechnungen basierend auf Daten der OECD zu Beschränkungen im Dienstleistungshandel für das Jahr 2020. Die Länderliste umfasst die G7-Länder und die Schweiz.

Dabei ist nun interessant, dass die Schweiz gemäss Einschätzungen der OECD ein relativ hohes Mass an Beschränkungen im Dienstleistungshandel aufweist. Abbildung 92 vergleicht die Schweiz anhand verschiedener Grössen zur Beschränkung des Dienstleistungshandels mit den G7-Ländern. Die Schweiz weist demnach vergleichsweise hohe Zugangsbarrieren für ausländische Dienstleistungen auf. So fällt auf, dass bei der *temporären* Beschäftigung ausländischer Personen die Schweiz an letzter Stelle der betrachteten Länder liegt. Aber auch beim Zutritt ausländischer Dienstleistungsfirmen und der Transparenz der Regulierungen schneidet die Schweiz relativ schlecht ab. Solche Beschränkungen dürften zunehmend auch den Industriesektor tangieren.

Wie immer führen Zugangsbarrieren zu geringerem Wettbewerb, zu höheren Preisen und in der Regel auch zu tieferer Qualität – hier nun im Dienstleistungsbereich. Und da Dienstleistungen als Teil der Wertschöpfungskette von Industrieprodukten immer wichtiger werden, könnte dies den Schweizer Industriesektor negativ tangieren. Als Beispiel ziehen wir den IT-Sektor (NOGA 62-63) heran, da dessen Güter als Input für den Industriesektor aufgrund der zunehmenden Digitalisierung von grosser Bedeutung sein dürfte. Wie Abbildung 93 zeigt, entwickeln sich die Angebotspreise für IT-Dienstleistungen (und nicht der Konsumentenpreisindex für IT-Dienstleistungen in einem Land) sehr heterogen. Allen voran sind die Preise des Schweizer IT-Sektors am stärksten gestiegen.

Dies kann verschiedene Gründe haben. Beispielsweise könnte sich die Nachfrage nach IT-Dienstleistungen in der Schweiz stärker erhöht haben als in anderen Ländern. Betrachtet man jedoch die rechte Darstellung der Abbildung 93, so zeigt sich auch eine starke Zunahme der relativen Beschäftigten im Schweizer IT-Sektor, was auf eine Ausdehnung des Angebots hindeutet. Eine andere Erklärung wäre folgende: Bezieht man Werte zu ausländischen IKT mit ein (siehe Abbildung 65 des vorherigen Kapitels), so importieren Schweizer Industrieunternehmen relativ wenig IKT-Vorleistungen aus dem Ausland. Geht man davon aus, dass die Schweiz im internationalen Vergleich hohe Zugangsbarrieren für Dienstleistungen aufweist, so deutet diese eher auf einen mangelnden Wettbewerb hin, was zu hohen IT-Preisen in der Schweiz führen könnte.

Die Folge der hohen IT-Preise: Schweizer Unternehmen des Industriesektors müssen gegenüber Unternehmen anderer Industrieländer höhere Ausgaben für IKT aufbringen. Dies gilt natürlich nur dann, wenn Schweizer Unter-

Abbildung 93: Preisindex und Beschäftigung im Bereich IT-Dienstleistungen

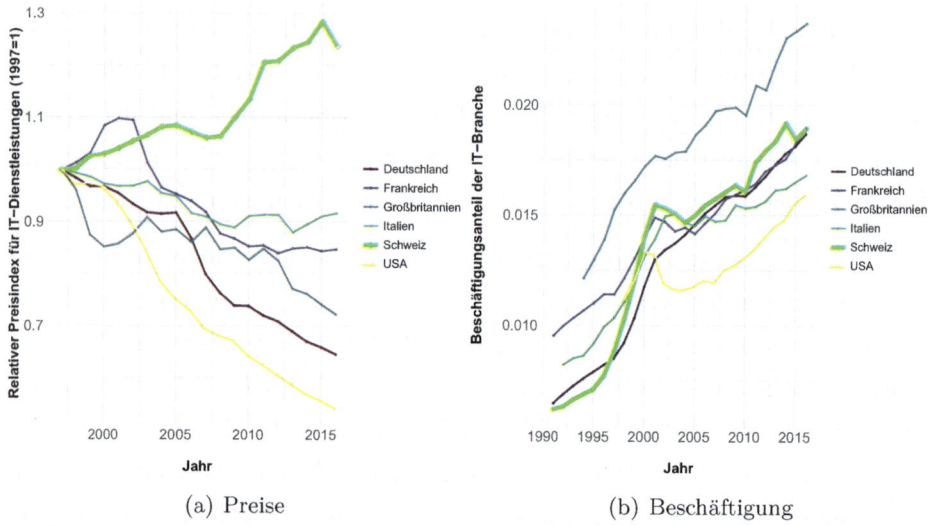

(a) Preise
(b) Beschäftigung

Quelle und Hinweise: Eigene Berechnung anhand der OECD-STAN Datenbank. Die linke Abbildung zeigt den Produzenten-Preisindex für IT-Dienstleistungen (NOGA 62-63) relativ zum Produzenten-Preisindex der gesamten Ökonomie (NOGA 01-99). Die rechte Abbildung zeigt die Anzahl der Beschäftigten der IT-Branche relativ zu allen Beschäftigten eines Landes.

nehmen, wie auch solche anderer Länder, zahlreiche IT-Dienstleitungen von externen Anbietern beziehen. Man könnte also die Hypothese wagen, dass die hohen Preise für Schweizer IT-Dienstleistungen ein Grund sein könnten, dass Schweizer Industrieunternehmen bei der Digitalisierung eher zurückhaltend sind (siehe hierzu Kapitel 7 in Teil II des Buches). Um diese Behauptung zu bestätigen, wäre jedoch eine explizite Befragung von Industrieunternehmen notwendig bzw. detailliertere Daten.

Vor diesem Hintergrund erscheint die wirtschaftspolitische Empfehlung ziemlich klar: Der Zugang für ausländische Dienstleistungen zum Schweizer Markt ist zu erleichtern. Zumindest ist auf jeden Fall genauer abzuklären, warum die Schweiz in den Analysen der OECD relativ schlecht abschneidet und inwiefern diese Feststellung den internationalen Handel von Vorleistungen im Dienstleistungsbereich für Industrieunternehmen tangiert. Dabei ist insbesondere zu analysieren, ob es sich um Dienstleistungen im Bereich

Informations-Technologie, Kommunikations-Technologie und Digitalisierung im Allgemeinen handelt. Richard Baldwin drückt diesen Zusammenhang allgemein, und ohne Bezug zur Schweiz, folgendermassen aus: „Trying to promote manufactured exports without liberalizing the import of services may be self-defeating".[23]

Neben besserem Zugang ausländischer Dienstleistungen zum Schweizer Markt, dürften umfassende Freihandelsabkommen mit anderen Ländern zunehmend wichtiger werden. Hier war die Schweizer Wirtschaftspolitik in der Vergangenheit sehr erfolgreich (mit zahlreichen Freihandelsabkommen alleine oder zusammen mit den EFTA-Ländern), ist aber weiter gefordert. Fortschritte auf der Ebene der multilateralen Liberalisierung im Rahmen des erwähnten GATS wären für ein kleines Land wie die Schweiz sehr interessant. Zu prüfen ist, inwiefern gegenseitige Anerkennungen von Regulierungen ausreichen oder aber einheitliche Standards (z.B. in der Haftung oder im Umweltbereich) angestrebt werden müssen. In die Richtung einer Harmonisierung geht beispielsweise der Entwurf des „Transatlantic Trade and Investment Partnership" (TTIP) Abkommens zwischen der EU und den USA, das aber gerade wegen diesen Harmonisierungen stark umstritten war.

Eine Herausforderung von weitreichenden Handelsabkommen, welche auch gemeinsame Standards etablieren, liegt genau darin, dass solche Abkommen in der Regel die Souveränität der beteiligten Länder einschränken. Es entsteht damit ein Trade-off, den es zu bewerten gilt. Zudem ist zu berücksichtigen, dass der Abschluss solcher Abkommen zwischen Drittländern die Firmen in der Schweiz schlechter stellt.[24] Sobald einige Länder gegenseitig solche Abkommen vereinbaren und damit sehr gute Voraussetzungen für internationale Wertschöpfungsketten schaffen, werden Schweizer Unternehmen diskriminiert und büssen so an internationaler Wettbewerbsfähigkeit ein. Ein Beispiel stellt die Diskussion über mögliche negative Auswirkungen des TTIP auf die Schweizer Wirtschaft dar.[25] Vor diesem Hintergrund gilt es, insbesondere auch die Bedeutung und allfällige Anpassungen der bilateralen Verträge zwischen der Schweiz und der EU hervorzuheben.

Wie wir in Teil II des Buches darlegten, ist der Anteil an Exporten von Vorleistungen Schweizer Industrieunternehmen in die EU relativ zu den Gesamtexporten in die EU hoch und bewegt sich auf dem Niveau anderer EU-Länder. Exporte von Vorleistungen basieren in der Regel auf langjährigen Geschäftsbeziehungen und dürften sehr spezialisierte und individuell zugeschnittene Produkte und Dienstleistungen beinhalten, welche auch eine geringere Preiselastizität ausweisen.[26] Dies bedeutet, dass bei einem Verlust dieser Beziehungen es nicht einfach sein dürfte, neue Beziehungen aufzubauen. Die bilateralen Verträge zwischen der Schweiz und der EU sind also auch aus dieser Sicht bedeutend.

Wirtschaftspolitische Herausforderungen der Digitalisierung

Aufgrund der fortschreitenden Digitalisierung dürfte vermehrt Wertschöpfung auf der Basis von Daten generiert werden – und zwar durch die Schaffung der Verfügbarkeit und die intelligente Nutzung von Daten in ganz unterschiedlichen Bereichen. Deshalb ist es wichtig, dass die Schweizer Wirtschaftspolitik sehr gute Rahmenbedingungen für eine sogenannte „datenbasierte Ökonomie" schafft, damit weiterhin wertschöpfungsintensive Tätigkeiten am hiesigen Standort ausgeübt werden können. Dazu wollen wir im Folgenden einige Überlegungen anstellen.

Als Grundlage dienen uns die eingangs des Kapitels dargelegten konzeptionellen Überlegungen zu den Auswirkungen staatlicher Aktivitäten auf Faktorbedingungen, Unternehmen und Nachfragebedingungen, zusammengefasst in Abbildung 84. Wir beginnen mit den (1) Faktorbedingungen und fokussieren uns dort zuerst auf Daten und dann auf das Humankapital. Wir widmen uns anschliessend (2) den Unternehmen und dort speziell den Unternehmensgründungen, weil diese in einer „digitalisierten Wirtschaft" noch bedeutender sein dürften. Schliesslich stellen wir Überlegungen zu den (3) Nachfragebedingungen an, wo wir unter anderem auf die Digitalisierung staatlicher Institutionen und deren Einfluss auf die gesamtwirtschaftliche Nachfrage eingehen.

Faktorbedingungen: Daten

Daten stellen einen der wichtigsten Inputfaktoren in einer digitalisierten Wirtschaft dar. Deshalb sollte der Staat eine sehr gute Dateninfrastruktur bereit stellen. Dazu zählt beispielsweise die vom Bundesrat im Jahr 2017 beschlossene Einführung der 5G-Technologie für Mobilfunknetze.[27] Im Jahr 2019 startete dann die Einführung von 5G in der Schweiz. Im April 2021 informierte Swisscom, dass sie 5G in der Schweiz mit einer Abdeckung von 96% anbietet.[28] Im Vergleich zur 4G-Technologie bieten Datenübertragungen mit 5G eine viel höherer Geschwindigkeit.[29] Damit ist die 5G-Technologie insbesondere für das „Internet of Things" essenziell. Mit dem Beschluss, die 5G-Technologie einzuführen, schaffte der Schweizer Staat die technische Grundlage für die zukünftige digitale Welt.

Aus unternehmerischer Sicht ist nicht nur die Übertragung, sondern auch die Verfügbarkeit einer relativ grossen Datenmenge als Inputfaktor in den Produktionsprozess zentral.[30] Wirtschaftspolitisch stellt sich die Frage, was getan werden kann, damit man Firmen beim Zugang zu hohen Datenvolumina (im Vergleich zur ausländischen Konkurrenz) nicht behindert und dass in einer Gesellschaft genügend Anreize bestehen, potenziell gewinnbringende Daten zu sammeln und zur Verfügung zu stellen.

In Kapitel 7 legten wir dar, dass Daten mit steigenden Skalenerträgen einhergehen. Beispielsweise lassen sich Algorithmen des sogenannten „Machine Learnings" besser trainieren, je mehr Daten zur Verfügung stehen. Die aus solchen Algorithmen gewonnenen Erkenntnisse bilden wiederum die Grundlage für verschiedenste datenbasierte Geschäftsmodelle. Beispiele sind die personalisierte Werbung oder auch die Treffsicherheit von Internetsuchmaschinen. Weil Unternehmen aus grossen Ländern wie China oder den USA prinzipiell eine viel grössere Menge an Daten zur Verfügung steht, dürften sie bei datenbasierten Geschäftsmodellen einen Vorteil gegenüber Unternehmen in kleineren Ländern wie der Schweiz haben. Bezogen auf den Industriesektor könnte die Beschränktheit des Schweizer Heimmarktes insbesondere beim „Internet of Things" einen gewissen Nachteil für die inländischen Firmen darstellen. Denn ein kleiner Heimmarkt und damit eine geringere Menge an Daten erschweren es, intelligente Produkte mit Hilfe von „Machine Learning" zu „trainieren".

Zudem haben Daten eine wichtige ökonomische Eigenschaft: sie rivalisieren nicht im Konsum. Das heisst, Daten verbrauchen sich nicht und die Qualität verschlechtert sich auch nicht durch die Benutzung, da die Informationen in digitaler Form vorliegen. Sie haben also eine ähnliche Eigenschaft wie die Grundlagenforschung in einer Gesellschaft. Diesen Umstand sollte die Schweizer Wirtschaftspolitik verstärkt berücksichtigen. Eine Möglichkeit wäre, die Rahmenbedingungen so zu verändern, dass Schweizer Unternehmen (dazu gehören auch Spitäler) eher bereit sind, Daten miteinander zu teilen, um auf eine grössere Menge an Daten zurückgreifen zu können. Damit aber Unternehmen überhaupt bereit sein könnten, ihre kostbaren Daten mit anderen Unternehmen zu teilen, bedarf es klarer staatlicher Regeln bezüglich Eigentum der Daten und der Datensicherheit. Beispielweise sollte klar geregelt werden, was im Konkursfall oder einer Übernahme mit den Daten von Unternehmen geschieht. Ja, man könnte sich gar überlegen, das Sammeln und das anschliessende Zur-Verfügung-Stellen von Daten zu subventionieren (durch finanzielle Unterstützung oder Abzugsmöglichkeiten bei den Steuern) oder zur Pflicht zu machen (z.B. im Gesundheitswesen).

In diesem Kontext dürfte es auch wichtig sein, zusammen mit anderen Ländern klare Regeln hinsichtlich des Umgangs mit Daten anzustreben.[31] Im besten Fall wäre sogar ein freier Markt für Daten erstrebenswert, mit einheitlichen Standards und diskriminierungsfreiem, grenzüberschreitendem Datenverkehr. Aus Schweizer Sicht dürfte ein freier Markt für Daten besonders mit Ländern gleicher Sprache interessant sein, also Deutschland, Österreich, Italien und Frankreich. Dadurch wäre es für Unternehmen einfacher, an grosse Mengen von Daten in gleicher Sprache zu gelangen und diese auszuwerten (Auswertung durch „Machine Learning"). Wie zuvor bereits erwähnt, dürfte es dabei sehr wichtig sein, Aspekte der Datensicherheit und der Frage, wem Daten gehören, zu klären. Bestrebungen für einen freien Datenmarkt gibt es bereits von Seiten der EU. Ein Beispiel sind Abkommen zu internationalem Roaming, wodurch bei mobilem Zugang zum Internet innerhalb der EU nicht mehr zwischen Heimland und anderem EU Land unterschieden wird.

Die Bedeutung solcher Abkommen dürfte durch das „Internet of Things" weiter zunehmen. Beispielsweise dürften selbstfahrende Autos grosse Mengen an Daten austauschen. Ohne einheitliche Standards und freien Datenverkehr wären grenzüberschreitende Fahrten kaum denkbar, oder zumindest mit hohen Kosten verbunden und würden dann wohl auf eine geringe Nachfrage stossen. Neben einem Abkommen mit der EU dürfte es auch von grosser Bedeutung sein, Abkommen mit den USA und China zum Umgang mit Daten anzustreben. Aufgrund der Analysen in Kapitel 7 ist zu erwarten, dass Unternehmen dieser beiden Länder bei datenbasierten Geschäftsmodellen führende Rollen einnehmen werden. Im Zeitalter des „Internet of Things" könnte es deswegen verstärkt zum Austausch von Daten zwischen Schweizer Industrieunternehmen und IT-Unternehmen dieser Länder kommen.

Ein freier Markt für Daten könnte für die Schweiz auch zu einem komparativen Vorteil führen. Wichtig ist dabei zu bemerken, dass der Zugang zu Daten gleichzeitig voraussetzt, dass diejenigen, welche diese Daten zur Verfügung stellen, in ihrer Privatsphäre geschützt werden. Kriterien wie Anonymität, aber auch Rechtssicherheit und Neutralität sind zu garantieren. Ebenfalls stellt sich die Frage des Eigentums und damit der Entschädigungsregeln. Die Schweiz geniesst international grosses Vertrauen bezüglich dieser Kriterien. Beispielsweise war der Schutz der Privatsphäre ein wesentliches Ziel des Bankgeheimnisses. Dieses kam allerdings von Staaten unter Druck, weil es durch reiche, ausländische Personen missbraucht wurde, die Besteuerung ihrer Einkommen und Vermögen zu verhindern.[32] Werden die genannten Aspekte mit klaren Regeln zu Datenschutz und Datensicherheit kombiniert, so könnte die Schweiz ein Standort für internationale Datenzentren werden.

In diesem Fall wären viele Schweizer Unternehmen wohl auch eher bereit, „Cloud Computing" einzusetzen, als wenn die Daten auf Servern in anderen Ländern gespeichert sind. Und wie die Auswertungen in Kapitel 7 zeigen, sind Schweizer Unternehmen des Industriesektors beim Einsatz von „Cloud Computing" verglichen zu ausländischen Unternehmen eher zurückhaltend. Da „Cloud Computing" jedoch eine Schlüsseltechnologie für vernetzte Produkte darstellt, könnte der Schweizer Industriesektor von solchen Datenzentren profitieren.

Faktorbedingungen: Humankapital

Der schweizerische Arbeitsmarkt gilt, wie der internationale Vergleich in Abschnitt zwei aufzeigte, als sehr flexibel. Die Digitalisierung führt nun dazu, dass diese Flexibilität auf individueller Ebene sehr gefordert sein wird. Aufgrund der, wie man manchmal sagt, Verschmelzung der „materiellen Welt" und der „digitalen Welt" dürften Beschäftigte vermehrt dazu angehalten sein, ihre Fähigkeiten anzupassen. Beispiele sind Ingenieure, die Programmierkenntnisse benötigen, um mit grossen Mengen an Daten umzugehen, oder in digitalen Geschäftsmodellen denkende Manager. Zudem dürften auch IT-Spezialisten jeglicher Art vermehrt nachgefragt werden.

Damit Beschäftigte entsprechende Fähigkeiten erlernen, sind die Ausbildungsinstitutionen auf allen Ebenen gefordert, die Ausbildungsinhalte anzupassen – was zum Teil auch geschieht. Hierzu könnte es wichtig sein, den Unterricht verstärkt an den Erfordernissen einer digitalen Welt und eines digitalen Arbeitsmarktes zu orientieren. Aufgrund der zunehmenden digitalen Durchdringung aller Lebensbereiche, wird es wichtig sein, dass Schüler und Studentinnen lernen, wie verschiedenste inhaltliche Themen mit digitalen Werkzeugen erschlossen werden können. Beispielsweise könnte Programmieren als grundlegende Methodik vermittelt werden, die dann in anderen Fächern als Analyseinstrument für verschiedenste inhaltliche Fragestellungen Anwendung findet. Beispiele sind numerische Berechnungen in der Mathematik, Physik oder Chemie, die Schüler mit selbst geschriebenen Programmen vornehmen, oder auch die Verwendung von „Machine Learning" in der Analyse von Texten im Studium der Geisteswissenschaften. Mann muss dabei nicht so weit gehen, dass man Studenten dazu „zwingt", diese Werkzeuge zu erlernen. Eine Aufklärung im Hinblick auf die Arbeitsmarktfähigkeit wäre aber auf jeden Fall legitim oder gar eine Pflicht.

Dabei dürfte es neben einer verstärkten Auseinandersetzung mit digitalen Werkzeugen auch darum gehen, mehr junge Menschen für IT-Berufe zu begeistern. Denn bereits heute weist die Schweiz einen enormen IKT-Fachkräftemangel auf. Beispielsweise kommt eine Studie des Unternehmens „CA Technologies" basierend auf einer Umfrage unter mehr als 1200 IT-Führungskräften zu der Schlussfolgerung, dass der IT-Fachkräftemangel in der Schweiz gravierender sei als in anderen Ländern Europas.[33] Betrachtet man den Anteil von IKT-Absolventen an allen Absolventen der tertiären Ausbildungsstufe, so belegt die Schweiz mit einem Anteil von etwas mehr als 2% im Jahr 2018 im Vergleich zu anderen OECD-Ländern einen der hinteren

Ränge, wie Abbildung 94 zeigt. Deshalb dürfte in der Schweiz auch zukünftig mit einem IKT-Fachkräftemangel zu rechnen sein, zumal die Nachfrage weiter ansteigen dürfte. Das darf nicht als Plädoyer verstanden werden, mit staatlicher Hilfe komparative Vorteile für die Zukunft zu schaffen. Es geht darum, in der vom Staat ohnehin beeinflussten Ausbildung Optionen für die Lernenden mit Blick in die Zukunft zu schaffen. Zudem werden IT- und allgemein digitale Kenntnisse in jedem Wirtschaftsbereich verstärkt benötigt und nicht nur im Bereich der (klassischen) Softwareentwicklung.

Abbildung 94: Anteil IKT-Absolventen im Jahr 2018

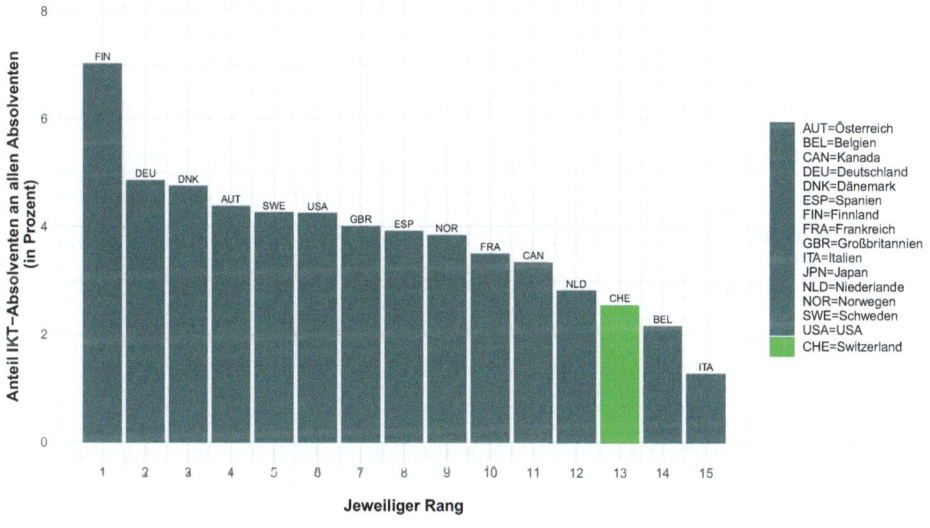

Quelle und Hinweise: Eigene Berechnung anhand von OECD-Daten zu Absolventen. Der Anteil zeigt dabei die IKT-Absolventen relativ zu allen Absolventen des tertiären Bildungsbereiches im Jahr 2018. Der tertiäre Bildungsbereich beinhaltet die ISCED Stufen 5 bis 8 (höhere Berufsbildung bis Doktorat).

Bei den bisherigen Überlegungen handelt es sich um die relativ breite Grundausbildung auf verschiedenen Ebenen. Der Staat nimmt hier auf der Primär-, Sekundar- und Tertiärstufe eine wichtige Rolle ein. Die entsprechenden Institutionen, dazu gehören auch die Universitäten, dürften ihr Lehrangebot entsprechend (langsam) anpassen. Auf Universitätsniveau geschieht dies unter anderem durch den Wettbewerb um Studierende, welche auf die veränderte Nachfrage im Arbeitsmarkt reagieren dürften. Im Lehrlingsbereich sind es die Unternehmen und die Verbände, welche Anpassungen vornehmen. Da Lehrlinge und Hochschulabsolventen jedoch nur einen kleinen Teil der Beschäftigten ausmachen und da zudem Fähigkeiten und Wissen immer schneller adaptiert werden muss, dürfte es vermehrt auch notwendig werden, dass Beschäftigte mit teilweise langer Berufserfahrung neue Fähigkeiten erlernen.[34] Dabei dürfte es sich zunehmend um Fähigkeiten handeln, die nur unzureichend im Rahmen klassischer Fort- und Weiterbildungsmassnahmen vermittelt werden können. Stattdessen dürften vermehrt Umschulungen und das Erlernen komplett neuer Fähigkeiten notwendig werden. Solche Veränderungen sind oftmals sehr zeitintensiv und dürften aufgrund von Externalitäten und möglichem Free-Rider Problem in den meisten Fällen nicht von Unternehmen übernommen werden.

Eine breite Diskussion über die Rolle des Staats bei solchen Umschulungen ist deshalb wichtig, zumal in naher Zukunft zahlreiche Beschäftigte davon betroffen sein könnten. Gleichzeitig werden von Unternehmen Arbeitskräfte mit neuen Fähigkeiten benötigt, die derzeit nur unzureichend auf dem Arbeitsmarkt vorhanden sind. Eine Möglichkeit wäre ein Stipendiensystem einzuführen, worauf sich Berufstätige bewerben können, um an einer längeren Weiterbildung bzw. Umschulung teilzunehmen. Die Finanzierung könnte dabei (teilweise) vom Staat übernommen werden. Ein solches System würde es Beschäftigten ermöglichen, ihre Fähigkeiten über das gesamte Erwerbsleben hinweg der geänderten Nachfrage anzupassen. Dazu wäre es auch wichtig, dass Ausbildungsinstitute, wie beispielsweise Universitäten oder Fachhochschulen, relevante Programme anbieten und dynamisch an die aktuellen Anforderungen anpassen. Ein Schritt in diese Richtung wurde bereits durch die Einführung weiterführender und berufsbegleitender Masterprogramme gemacht. Die Rolle des Staates beschränkt sich auch hier darauf, Externalitäten zu internalisieren. Einzelne Firmen dürften nämlich in einem „freien Markt" zu geringe Anreize haben, in die Weiterbildung zu investieren.

Auf allen Ebenen ist eine grosse Flexibilität und Offenheit der Ausbildungsprogramme sinnvoll, wie beispielsweise die Möglichkeit, einzelne Veranstaltungen belegen zu können, und nicht, wie bisher üblich, nur ein komplettes Programm. So wäre es auch interessant, einzelne Fähigkeiten, welche aufgrund der Digitalisierung in zahlreichen Berufen verlangt werden, vom Staat zu zertifizieren. Die Unternehmungen wissen dann, was sie von einzelnen Bewerbern und Bewerberinnen auf Stellen erwarten können. Auch dies ist zum Teil im Gange, sollte aber zielorientiert weiter entwickelt werden. Diese Strategie setzt aber auch voraus, dass die Lernenden wissen, was sie für ihre künftigen Tätigkeiten und Berufe an Fähigkeiten aufweisen müssen. Hier besteht ein wichtiger Bedarf zur Aufklärung, angefangen vom Elternhaus über die Primar- und Sekundarschule bis hin zur Berufsberatung.

Eine weitere Möglichkeit, wie Industrieunternehmen an Expertise gelangen können, stellen externe Mitarbeiter dar. Dadurch ist es möglich, hochspezialisierte Experten für einzelne Projekte oder Problemstellungen zu gewinnen. Die Wirtschaftspolitik kann einiges dafür tun, die Rahmenbedingungen zu verbessern, damit auf dem Arbeitsmarkt ein möglichst grosses Angebot an sogenannten „Freelancern" zur Verfügung steht.[35] Dabei gilt es Regulierungen so auszugestalten, sodass zum einen die Flexibilität von Freelancern erhalten bleibt, gleichzeitig aber eine hohe soziale Sicherheit gewährleistet ist.

Derzeit sind in den meisten Ländern, so auch in der Schweiz, die sozialen Sicherungssysteme hauptsächlich auf permanent als Angestellte beschäftigte Personen ausgerichtet. Solche Beschäftigungsverhältnisse zeichnen sich durch ein stetiges Einkommen, klare Regeln zwischen Arbeitgebern und Angestellten und eine zu erwartende gesicherte Rente aus. Soziale Sicherungssystem, die nach solchen herkömmlichen Beschäftigungsverhältnissen ausgerichtet sind, dürften den Erfordernissen des zukünftigen Arbeitsmarktes immer weniger entsprechen. Deshalb dürfte es sinnvoll sein, über eine Neuausrichtung der sozialen Sicherungssysteme nachzudenken. Dabei wird es auf lange Sicht wichtig sein, ein System zu etablieren, das nicht zwischen Angestellten und anderen Beschäftigungsverhältnissen unterscheidet und alle an gewisse Versicherungssysteme koppelt, die bei Strukturveränderungen ein minimales Mass an sozialer Sicherung garantieren. Wichtig ist dabei, dass die Eigenverantwortung der Individuen dabei nicht untergraben wird – d.h. Individuen wegen der Existenz eines gut ausgebauten Sozialversicherungssystems nichts für ihre Arbeitsmarktfähigkeit tun.

Unternehmungen: Neugründungen

Wie wir im vorherigen Kapitel dargelegt haben, dürften einige Unternehmen, die bisher in herkömmlichen Industriebereichen erfolgreich sind, durch die Digitalisierung mit grossen Herausforderungen konfrontiert werden. Es ist unwahrscheinlich, dass solche Unternehmen eine Vorreiterrolle bei bahnbrechenden digitalen Entwicklungen einnehmen. Deshalb sind Firmengründungen wichtig, die bewusst auf neue Geschäftsmodelle setzen und dabei nicht von bereits etablierten Unternehmensstrukturen, Prozessen und Produkten eingeengt sind. Durch solche Neugründungen entstehen neue Formen von Wirtschaftstätigkeiten und Arbeitsplätzen. Zudem können Kooperationen zwischen Neugründungen und etablierten Unternehmen dazu führen, dass sich etablierte Unternehmen schneller und besser an neue, disruptive Entwicklungen anpassen können.

Solche Kooperationen dürften insbesondere auch für Industrieunternehmen im Zeitalter des „Internet of Things" wichtig sein, da damit jeweils das „Beste beider Welten" vereint werden kann. Auf der einen Seite sind Startups flexibel und wachstumsorientiert. Sie bringen neue Ideen und Verständnis für digitale Trends mit. Etablierte Unternehmen hingegen tendieren eher dazu, Verluste und Risiken zu vermeiden und sind deshalb besser in der Weiterentwicklung von sich bisher bewährenden Produkten und Prozessen. Auch weisen etablierte Unternehmen eine hohe Expertise im Umgang mit Komplexität auf, was beispielsweise wichtig ist, um eine grosse Anzahl an Konsumenten bedienen zu können.[36] Umgekehrt sind Start-ups geneigt, hohe Risiken einzugehen und Neues auszuprobieren. Selbst wenn Start-ups Konkurs gehen, so haben ihre Mitarbeiter sich oftmals wertvolles Know-How angeeignet, welches auch für etablierte Unternehmen sehr wertvoll sein dürfte.

Obwohl Neugründungen in Zeiten technologischer Disruptionen wichtig sind, erscheinen sie in der Schweiz im Vergleich zu anderen Ländern nur unterdurchschnittlich vertreten. Dies wird zumindest durch Abbildung 95 suggeriert. Dies erstaunt vor dem Hintergrund der zahlreichen Pioniere, welche – wie wir in Kapitel 2 zeigten – letztlich für den Erfolg der heutigen (grossen) Unternehmen entscheidend waren. Es erstaunt auch vor dem Hintergrund der in der Schweiz im Vergleich zu anderen Ländern sehr guten Rahmenbedingungen für unternehmerische Aktivitäten, wie wir im zweiten Abschnitt dieses Kapitels aufzeigten.[37]

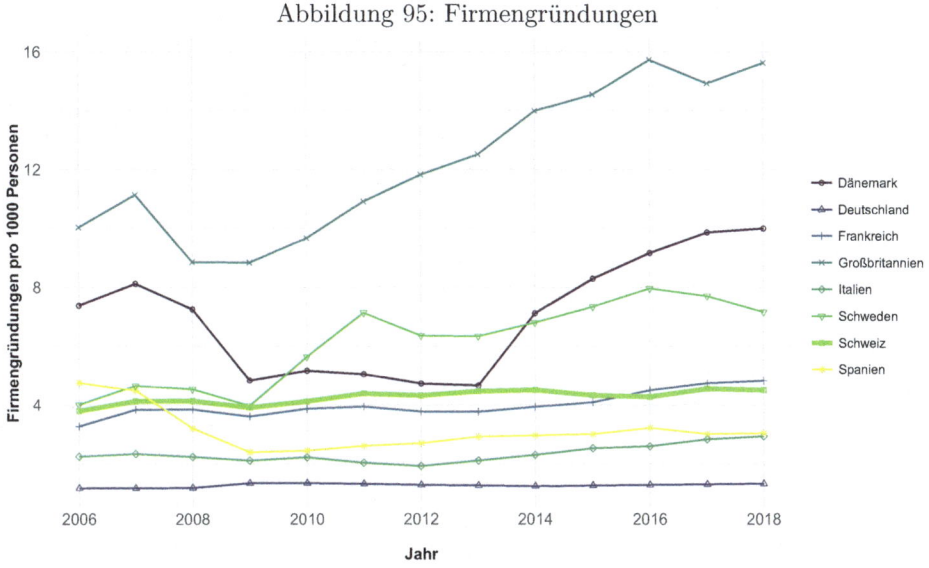

Abbildung 95: Firmengründungen

Quelle und Hinweise: Eigene Berechnung anhand von Weltbank Daten zu „Doing Business". Werte für die USA sind in den Daten nicht enthalten. Die Daten zeigen die Firmengründungen pro 1000 Personen im Alter von 15-64.

Ein wichtiger Grund für die relativ geringe Zahl an Neugründungen dürfte das hohe Schweizer Lohnniveau sein, wodurch die Opportunitätskosten einer Unternehmensgründung sehr hoch sind. Es könnte also am Erfolg der grossen, international orientierten Schweizer Firmen liegen, welche aufgrund ihrer hohen Produktivität und Stabilität ausgezeichnete Arbeitsplätze bieten. In einer Umfrage von „Global Entrepreneurship Monitor" schlägt sich dies beispielsweise in einer vergleichsweise geringen Zahl an Personen nieder, die in der Schweiz Unternehmertum mit guten Karrieremöglichkeiten assoziieren (siehe Abbildung 96).

Aber nicht nur solche „harten Faktoren" dürften eine Rolle spielen, sondern auch die persönliche Einstellung der Bevölkerung. Demnach könnten in der Schweiz (und anderen europäischen Ländern) – mehr als dies zum Beispiel in den USA der Fall ist – Unternehmern und Unternehmerinnen, welche in

Abbildung 96: Subjektive Einstellung der Bevölkerung zu Unternehmertum

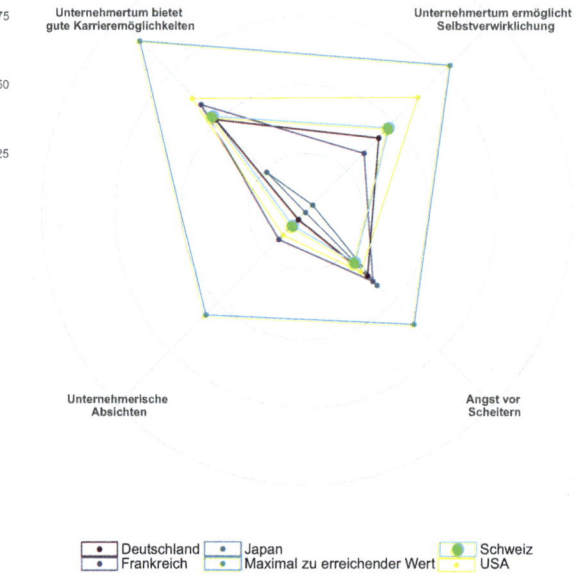

Quelle und Hinweise: Daten stammen vom Global Entrepreneurship Monitor und basieren auf einer weltweiten Umfrage von 200.000 Personen im Alter zwischen 16 und 65, mit dem Ziel, die Einstellung zu Selbständigkeit und Unternehmertum international vergleichbar zu erfassen. Die Werte stammen aus dem Jahr 2017 und zeigen den prozentualen Anteil der befragten Personen, die auf die jeweilige Frage mit „ja" geantwortet haben.

Konkurs geraten, ein soziales Stigma anhaften, indem sie verantwortlich gemacht werden für den Konkurs, obwohl zum Beispiel unerwartete wirtschaftliche Veränderungen dafür verantwortlich sind. Entsprechend grösser wäre in diesem Fall die Angst vor dem Scheitern und damit auch das Zögern, neue Firmen zu gründen.

Diese Überlegungen können möglicherweise die in Abbildung 95 gezeigte eher unterdurchschnittliche Zahl der Unternehmensgründungen in der Schweiz (zum Teil) erklären. Interessant ist die Beobachtung, dass die Überlebensrate der in der Schweiz erfolgten Neugründungen im Mittelfeld liegt. Dies wird in Abbildung 97 dargestellt. Interessant wäre, die Firmenaustritte ebenfalls zu betrachten, wofür uns leider keine guten, international vergleichbaren Daten zur Verfügung stehen.

Abbildung 97: 3-Jährige Überlebensrate von Neugründungen des Jahres 2014

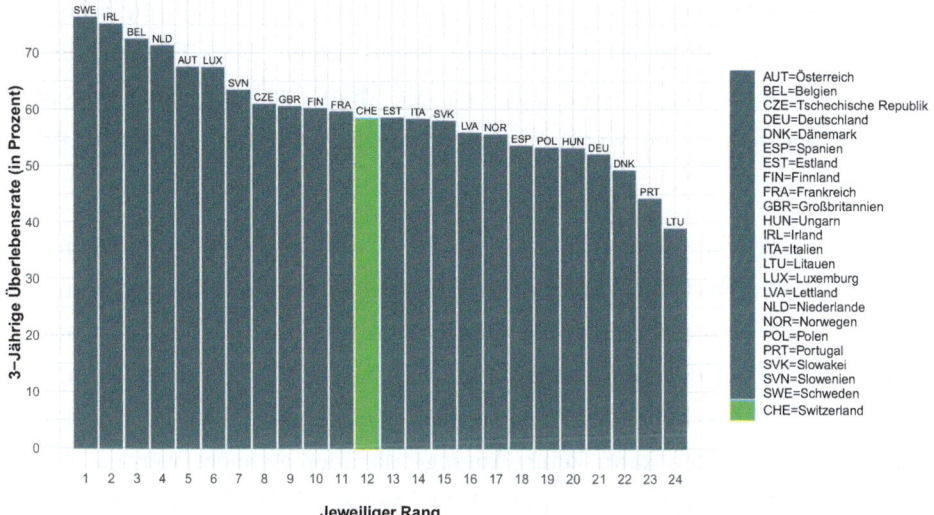

Quelle und Hinweise: Eigene Berechnung anhand von Daten des BFS (Schweiz) und EU-ROSTAT (alle anderen Länder). Werte für die USA sind in den Daten nicht enthalten. Die Daten zeigen die dreijährige Überlebensrate der im Jahr 2014 gegründeten Unternehmen, also wie viele dieser Unternehmen 2017 noch existierten.

Was kann die Wirtschaftspolitik tun? Es dürfte wichtig sein, die Bevölkerung noch mehr für das Unternehmertum zu sensibilisieren und dessen Image in eine positive Richtung zu lenken. Eine Möglichkeit wäre, das Thema stärker in Bildungsplänen der Schulen und Hochschulen zu integrieren – eventuell auch durch aktive Unterstützung bei Gründungen.[38] Zudem dürfte es auch wichtig sein, dass die öffentliche Meinung und insbesondere auch die Politik das Scheitern von Unternehmensgründungen als selbstverständlich, ja sogar als etwas Positives im Sinne von „die Person hat etwas riskiert" ansieht. Dies ist in den USA zum Beispiel der Fall; es gehört quasi dazu, dass Unternehmer auch einmal nicht erfolgreich sind und ein Unternehmen „in den Sand setzen".

Nur so dürfte es gelingen, mehr (junge) Menschen dazu zu bewegen, Unternehmen zu gründen und etwas Neues zu wagen. In Europa – auch in der Schweiz – hört man zu oft, dass Unternehmen, welche Arbeitnehmer entlassen, sozial unverantwortlich handeln. Die Medien berichten gerne von Massenentlassungen und Gewerkschaften kritisieren dann sofort das „unfähige" Management. Dass bei solchen Entlassungen oder gar Konkursen ein gutes Sozialversicherungsnetz besteht, welches die vom Konkurs negativ betroffenen Arbeitnehmer temporär schützt, ist wichtig. Das ist die Aufgabe des Staates und dazu sollte die Gesellschaft Sorge tragen. Dass Firmen kleiner werden oder austreten, schafft aber erst die Möglichkeit für neue und produktivere Firmen, in den Markt einzusteigen. Dies sollte man immer im Auge behalten.[39]

Gleichzeitig könnte versucht werden, die Attraktivität von Unternehmertum mit „harten Faktoren" zu erhöhen. Ein Beispiel ist die Höhe von „Venture Capital". Basierend auf Zahlen der OECD, lag die Höhe des Venture Capital Anteils am BIP in der Schweiz im Jahr 2016 bei 3.7 %. Verglichen mit den USA (35.9 %) oder Israel (37.7 %) stellt dies ein eher kleiner Betrag dar.[40] Anhand dieser Zahlen kann keine Aussage darüber gemacht werden, ob es zu wenig verfügbares Venture Capital in der Schweiz gibt (knappes Angebot) oder ob einfach die Nachfrage gering ist, aber eigentlich ausreichend Venture Capital zur Verfügung stehen würde. Dennoch ist es bei der Höhe des geflossenen Venture Capitals kein Wunder, dass in den USA oder auch in Israel die Tech-Startup Szene boomt. Dagegen fehlt in der Schweiz ein Tech-Cluster wie das Silicon Valley in den USA oder auch das weit weniger bekannte Silicon Wadi in Israel. Ein solcher Cluster könnte wiederum bedeutend für den Austausch von Ideen, der Verfügbarkeit von Venture Capital und nicht zuletzt für einen grossen Pool an qualifizierten Personen sein.

Da digitale Technologien in allen Wirtschaftsbereichen an Bedeutung gewinnen werden, könnte es für die Schweiz zielführend sein, technologiespezifische Cluster zu initiieren, die aus Unternehmen herkömmlicher Wirtschaftsbereiche und aus Unternehmen mit Schwerpunkt neuer digitaler Technologien bestehen. Was heisst das konkret? Ausgehend von bisher schon existierenden Clustern herkömmlicher Wirtschaftszweige könnten inhaltlich spezifische, regionale Digital-Cluster angestrebt werden, wie beispielsweise ein Cluster für Fintech in Zürich oder ein Cluster für digitale Life-Science in Basel. Dazu gibt es bereits schon zahlreiche – auch private – Initiativen: das trinationale BioValley Basel im Bereich Life Sciences, der Business Parc in Reinach

Obwohl sich die Möglichkeiten für junge Unternehmen in der Schweiz, in ein neues Business einzusteigen, verbessert haben, scheint es für Start-ups im Life Science Bereich nach wie vor eine grosse Herausforderung zu sein, genügend Risikokapital zu mobilisieren. Pascal Gantenbein und Nils Herold von der Universität Basel kamen in einer Analyse in 2014 zum Schluss, dass Venture Capital die wichtigste Art von Mitteln für Start-ups in der Schweiz darstellt. Trotz der hohen wirtschaftlichen und technologischen Bedeutung sei der Life Science Bereich mit „severe challenges in attracting enough venture capital for its own development" konfrontiert. In einem internationalen Vergleich der Schweiz zeigen Pascal Gantenbein, Axel Kind und Christophe Volonthé in einer 2019 erschienenen Publikation, dass die Schweiz bei der Verfügbarkeit von Venture Capital über alle Branchen (relativ zum BIP) im Mittelfeld liegt. Interessant ist, dass Länder mit einem hohen Grad von „Individualismus" (man könnte auch sagen „Unternehmergeist") eine höhere Ausstattung bzw. einen höheren Einsatz von Venture Capital aufzeigen; die USA liegt dabei in beiden Indikatoren am Höchsten. Die Schweiz befindet sich auch hier im Mittelfeld. Mit anderen Worten, der Grad der Venture Capital Ausstattung passt zum Grad des durchschnittlichen Unternehmergeistes in der Schweiz.[41]

oder das neu entstehende „uptown Basel" in Arlesheim im Hinblick auf ein „Kompetenzzentrum Industrie 4.0". Offen ist hier immer, welche Rolle der Staat und private Sponsoren wirklich spielen können oder müssen. Aufgrund von positiven Spillovers bzw. von Netzwerkeffekten ist zu erwarten, dass dezentral entscheidende Firmen alleine zumindest am Anfang zu wenig in diese Bereiche investieren.

Schliesslich stellt die Zusammenarbeit zwischen (kleineren) Unternehmen auch eine Chance dar, um die mit der Digitalisierung entstehenden hohen Fixkosten auf mehrere Teilnehmer zu verteilen. Durch die Verschmelzung der digitalen mit der materiellen Welt, und der damit einhergehenden Entwicklung von Systemen intelligenter und vernetzter Produkte, könnten nämlich die *einzelnen* Unternehmen aufgrund der damit verbundenen Kosten überfordert werden. Kooperationen und strategische Partnerschaften mit anderen könnten hier helfen. Deshalb sollte ein Ziel moderner Wirtschaftspolitik sein, vernetztes Denken zwischen Unternehmen zum Beispiel durch die Wettbewerbspolitik nicht zu behindern. Die Wirtschaftspolitik kann hier aber in verschiedenster Weise auch unterstützend wirken.

Zu denken ist an Info-Events, die Vermittlung von Mentorenprogrammen zwischen verschiedenen Unternehmen oder auch eine Beteiligung an Tech-Cluster durch Hochschulen und andere Institutionen.[42] Dabei dürfte es insbesondere wichtig sein, Ansätze zu fördern, die den Austausch, die Kooperation und auch finanzielle Beteiligung von etablierten Unternehmen an Start-ups verbessert. Der Staat hat hier aber nur begrenzte Möglichkeiten. Er kann dabei wohl nur unterstützend wirken und sollte insbesondere dafür besorgt sein, dass private Entwicklungen aufgrund der Steuerpolitik und infolge von Regulierungen nicht behindert werden. Beispielsweise sollten bei der Besteuerung sowohl Gewinne wie auch Verluste intertemporal berücksichtigt werden.[43]

Nachfragebedingungen: Datenübertragung und Datensicherheit

Die Wirtschaftspolitik beeinflusst die Unternehmen über die Ausgestaltung der Nachfragebedingungen entscheidend – sei dies, weil der Staat selber ein wichtiger Nachfrager von Gütern und Dienstleistungen ist, oder sei es über die Produkteregulierungen und über die Gestaltung des Zugangs zu ausländischen Märkten. Zentral für diese Betrachtung vor dem Hintergrund der Digitalisierung ist, wie wir in Kapitel 7 darlegten, die Einschätzung, dass intelligente und vernetzte Produkte zukünftig im Industriesektor eine bedeutende Rolle spielen werden und dass dabei die heimische Nachfrage eine erhebliche Bedeutung haben dürfte.

Der Heimmarkt inspiriert beispielsweise Unternehmen zu neuen Geschäftsideen oder zeigt ungelöste Probleme auf. Der Staat nimmt wiederum als Nachfrager und durch seine Wirtschaftspolitik Einfluss auf die Qualität und Zusammensetzung der heimischen Nachfrage.[44] Und da der Schweizer Markt eher klein ist, kommt der Wirtschaftspolitik eine wichtige Bedeutung zu, die

Nachfrage über den Zugang zu ausländischen Märkten auf der Basis von multilateralen (WTO) oder regionalen Abkommen (insbesondere mit der EU) positiv zu beeinflussen.

Speziell für intelligente und vernetzte Produkte dürften Regulierungen bezüglich des Austauschs und Speicherns von Daten eine hohe Relevanz besitzen. Dabei gelten prinzipiell die gleichen Überlegungen wie zuvor, als wir auf Daten als Inputfaktoren für Unternehmen eingegangen sind. So ist der Ausbau und die Qualität der Infrastruktur für die Übertragung von Daten in einem Land sehr bedeutend und, weil sie zum Teil den Charakter eines öffentlichen Gutes hat, eine wichtige Aufgabe des Staates. Aus der Perspektive der Nachfragebedingungen sind nun alle Infrastrukturen und Regulierungen entscheidend, welche die Ausgestaltung intelligenter und vernetzter Produkte sowie ihre Verwendung durch die Nachfrager – Konsumenten und Unternehmen – beeinflussen.

Ist die Übertragung von Daten schwierig, fragen Konsumenten solche Produkte im Inland weniger nach. Dies führt dazu, dass inländische Firmen weniger in diesen Bereich investieren und unter Umständen – wenn im Ausland die Infrastruktur viel besser ist – gegenüber ihren ausländischen Konkurrenten einen Wettbewerbsnachteil haben und so in den Rückstand geraten. Auch die Datensicherheit ist zum Beispiel für die Konsumenten sehr bedeutend. Nur so sind sie willens, die neue Generation von Produkten überhaupt auszuprobieren. Die Wirtschaftspolitik sollte also Regulierungen so gestalten, dass eine hohe Datensicherheit gewährleistet ist und dass gleichzeitig aber auch die Möglichkeit des Austausches und der Nutzung von Daten nicht unnötig eingeschränkt wird. Je schneller der Staat hier ein optimales Umfeld generiert, desto eher werden inländische Firmen innovative vernetzte Produkte entwickeln. Gelingt dies im internationalen Vergleich frühzeitig, können die inländischen Firmen hier einen „First-Mover Advantage" nutzen, indem der inländische Markt weltweite Trends antizipiert.

Des Weiteren sollte sich die Wirtschaftspolitik bei Regulierungen und Gesetzen nicht von Einflüssen einzelner Interessensgruppen beeinflussen lassen, welchen es vor allem darum geht, ihre Renten zu verteidigen und mögliche neue Entwicklungen im Bereich der Digitalisierung zu behindern. Ein Beispiel ist die Debatte um eine Einschränkung oder gar ein Verbot der Fahrdienst-App „Uber".[45] Ein Verbot kann aus Sicht der Schweizer Taxifahrer zwar nachvollzogen werden und hätte wohl kaum grosse Auswirkungen auf die Wohlfahrt der Schweizer Bevölkerung. Dabei gilt es aber zu bedenken, dass Verbote sich insgesamt negativ auf die Offenheit der Bevölkerung für neue, innovative Produkte und Dienstleistungen auswirken werden. Denn für Güter und Dienstleistungen, die man nicht kennt, gibt es auch keine Nachfrage. Es stellt sich hier auch die Frage, ob das bestehende Taxigewerbe nicht zum Teil dereguliert werden sollte.

Will die Wirtschaftspolitik den Schweizer Industriesektor bei der Transformation hin zu intelligenten und vernetzten Produkten unterstützen, so sollte bei einzelnen Regulierungen auch die Auswirkungen auf die Innovationsaffinität der Nachfrage im Heimmarkt insgesamt bedacht werden. Auch werden Regulierungen und Gesetze, die neue Entwicklungen im Bereich der Digitalisierung nicht behindern, einen Beitrag dazu leisten, dass Schweizer Nachfragerinnen Berührungsmöglichkeiten mit neuen Technologien erst haben. Eine hohe Nachfrage im Heimmarkt dürfte wiederum Schweizer Industrieunternehmen Anreize geben, vermehrt intelligente und vernetzte Produkte zu entwickeln. Insgesamt scheint hier die Schweizer Wirtschaftspolitik aber bereits gut aufgestellt zu sein. Wie Abbildung 98 zeigt, belegt die Schweiz bei einer Umfrage des WEF unter CEOs zur Zukunftsorientierung staatlicher Institutionen einen der vordersten Ränge unter den OECD-Ländern.

Nachfragebedingungen: Digitalisierung staatlicher Institutionen

Die Digitalisierung staatlicher Institutionen ist unseres Erachtens deshalb wichtig, weil sie den Bürgern und Bürgerinnen sowie den Unternehmen im Austausch mit dem Staat ein klares „digitales Signal" aussendet. Es geht um Effizienz, aber auch um das Signal an alle, die neuen technischen Möglichkeiten zu nutzen. Durch die Digitalisierung staatlicher Institutionen dürfte sich die Effizienz von Abläufen innerhalb der Verwaltung erhöhen, was zu Kosteneinsparungen führt, Abläufe beschleunigt und deren Qualität zum Teil erhöht. Dies dürfte in einer zunehmend komplexeren Welt von grosser Bedeutung sein.[46]

Abbildung 98: Zukunftsorientierung des Staates

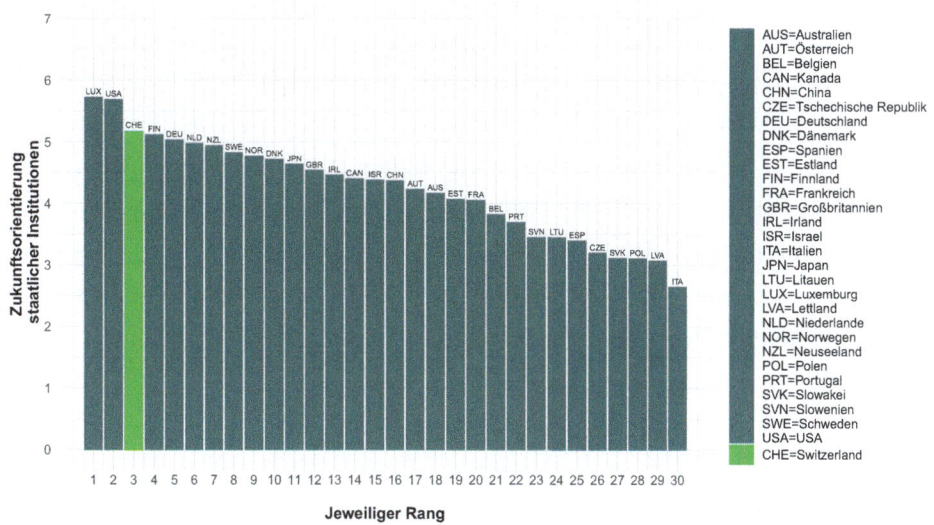

Quelle und Hinweise: Die Werte stammen vom Global Competitiveness Report 2018 des WEF und basieren auf einer Umfrage unter CEOs zur Zukunftsorientierung von Staaten. Dabei wurden vier Fragen gestellt (siehe WORLD ECONOMIC FORUM (2018), S. 634) und für jede Frage konnte ein Score zwischen 1 und 7 (sehr gut) angegeben werden. Der Wert berechnet sich dann als Durchschnitt über alle vier Fragen.

Zudem kann die Digitalisierung der Verwaltung den Informationsaustausch zwischen Staat und Unternehmen grundlegend verändern. Denn durch digitalisierte Prozesse in der Verwaltung ist es zunehmend möglich, den Datenaustausch zwischen Unternehmen und staatlichen Organisationseinheiten zu automatisieren, was zu hohen Effizienzgewinnen auf beiden Seiten führen dürfte. Beispiele sind die vielen wiederkehrenden statistischen Erfassungen, die automatisch erfolgen könnten. Ein weiteres Beispiel stellt die digitale Erfassung der Mehrwertsteuer dar, die in der Schweiz seit Anfang 2021 vollständig digital erfolgen kann.[47] Der automatisierte Austausch vieler Informationen mit staatlichen Institutionen dürfte wiederum zusätzliche Anreize für Unternehmen schaffen, Prozesse zu digitalisieren und zu automatisieren. Denn je mehr Unternehmen von digitalen und automatisierten Prozessen profitieren, desto eher dürften sie bereit sein, die damit verbundenen Fixkosten und Anpassungen zu tragen. Ähnliche Überlegungen gelten für die Bürger und Bürgerinnen in der Schweiz, welchen so in der Beziehung zum Staat neue Möglichkeiten gegeben werden.[48]

Finden dagegen solche Entwicklung nicht statt, so dürfte dies zu Wettbewerbsnachteilen gegenüber Unternehmen anderer Länder führen, die ihre öffentliche Verwaltung verstärkt digitalisieren. Dabei scheint die Schweizer Verwaltung im internationalen Vergleich bei der Digitalisierung eher im Mittelfeld platziert zu sein. Betrachtet man beispielsweise den E-Government Index der Vereinten Nationen (UN), so reiht sich die Schweiz hinter anderen Industrieländern wie den USA, Grossbritannien, aber auch der aufstrebenden Wirtschaftsmacht China ein, wie Abbildung 99 zeigt.

Abbildung 99: E-Government Index

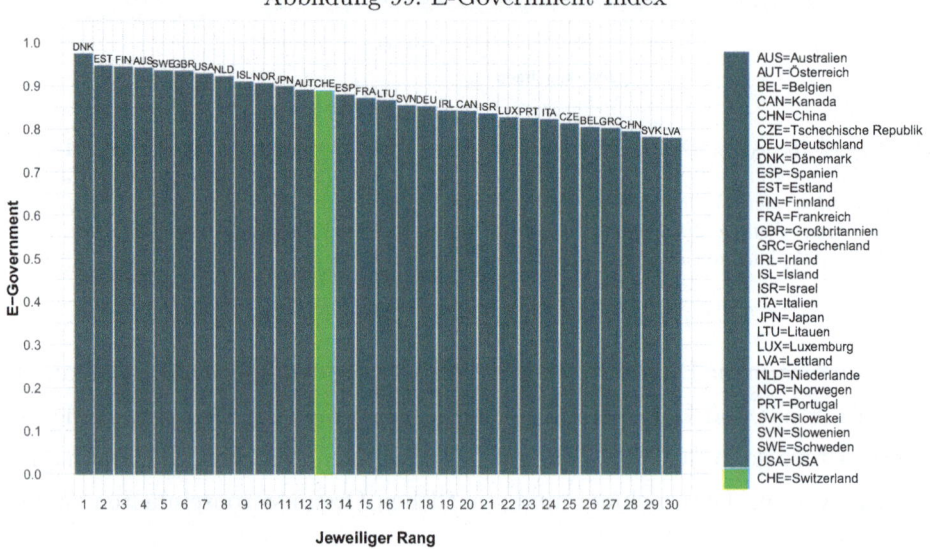

Quelle und Hinweise: Der Index zu E-Government stammt von der UN und hat eine Skala von 0 zu 1 (sehr gut). Die Werte beziehen sich auf das Jahr 2020. Nähere Informationen zur Zusammensetzung des Index findet sich unter https://publicadministration.un.org.

Bei der Digitalisierung der Schweizer Verwaltung dürfte es – wie auch die einleitende Kritik im Rahmen der Bewältigung der Covid-19 Pandemie aufzeigte – nicht ausgeschöpfte Potenziale geben. Beispielsweise wäre die Lancierung einer nationalen Datenverwaltung wünschenswert, die die föderale, kantonale und kommunale Erfassung von Daten vereint. Dies wiederum würde den administrativen Aufwand der Erfassung von Daten auf Seiten des Staates und von Privatpersonen reduzieren. Gleichzeitig dürfte sich dadurch die Qualität öffentlicher Daten erhöhen.[49]

Auch im Gesundheitswesen besteht zwischen den Spitälern wie auch zwischen Patienten, Ärzten und Spitälern ein erheblicher Handlungsbedarf. Es erstaunt zum Beispiel, dass sämtliche Daten einer Patientin (zu vergangenen Krankheiten, Behandlungen, Impfungen, Allergien und vielem mehr) nicht zentral abgespeichert sind. So können Ärzte nicht darauf zugreifen und müssen bei jeder Behandlung wieder die ganze Krankengeschichte von Neuem erfassen. Das Potenzial für Fehler ist hoch, weil sich zum Beispiel die Patienten nicht an alles erinnern (können). Die Digitalisierung öffentlicher Institutionen dürfte schliesslich auch zu einer besseren Wirtschaftspolitik führen. Denn bessere und mehr öffentliche Daten ermöglichen auch bessere Analysen. Damit kann die Wirtschaftspolitik vermehrt auf fundierte statistische Erkenntnisse zurückgreifen.

Schliesslich dürfte eine hohe digitale Durchdringung staatlicher Institutionen dazu führen, dass beim Staat beschäftigte Personen die Chancen und Probleme neuer technologischer Entwicklungen selber besser einschätzen können. Dies wiederum dürfte einen Einfluss darauf haben, wie Regulierungen zu Themen der Digitalisierung ausgestaltet werden. Fortschrittsfreundliche Regulierungen dürften für eine erfolgreiche Transformation hin zu einer digitalen Wirtschaft und Gesellschaft wichtig sein. Was damit gemeint ist, lässt sich am Beispiel der Regulierungen hinsichtlich künstlicher Intelligenz verdeutlichen, wenn man das Vorgehen verschiedener Länder betrachtet. So gehe es – laut Fabian Westerheide vom Bundesverband Deutscher Start-ups – der Deutschen Politik hauptsächlich darum, die Folgerisiken künstlicher Intelligenz durch staatliche Regulierung einzudämmen. Die Ausgestaltung von Regulierungen anderer Länder wie der USA oder China fokussiere sich hingegen eher darauf, Chancen und Möglichkeiten für künstliche Intelligenz zu eröffnen.[50]

Dieser Unterschied zeigt sich exemplarisch bei der Zulassung autonomer Fahrzeuge. Während in den USA bereits selbstfahrende Autos teilweise im Strassenverkehr zugelassen sind – bei entsprechender umfassender Haftung des Herstellers – , wird in Ländern der EU das autonome Fahren durch die

Politik ausgebremst, indem sehr hohe regulatorische Hürden gesetzt werden.[51] Hier stellt sich auch die grundsätzliche Frage, ob in diesem neuen technologischen Bereich von Anfang an reguliert werden soll (was eher die europäische Strategie zu sein scheint) oder ob alternativ den Firmen im bestehenden regulatorischen Umfeld ein relativ grosser Spielraum gewährt werden soll, bei entsprechend hoher Haftung, wenn etwas schief geht (was eher die Strategie in den USA zu sein scheint).

Eine weitere Möglichkeit bestünde darin, einen sogenannten *regulatorischen Sandkasten* („Regulatory Sandbox") zu bauen, in dem Firmen „spielen" können – das heisst Innovationen ohne enge staatliche Regulierungen ausprobieren können. Das Verhalten und die Ergebnisse werden gut beobachtet. Die konkret gemachten Erfahrungen dienen als Basis für zielorientierte Regulierungen, *nachdem* man die Technologie und deren Auswirkungen kennengelernt hat. Man könnte hier auch von „kontrollierten Experimenten" sprechen, die in der neueren politik-orientierten Forschung der Wirtschaftswissenschaften an Verbreitung gewinnen und 2019 zum Nobelpreis in Ökonomie an drei Wissenschaftler in diesem Bereich führten (und zwar an Abhijit Banerjee (MIT), Esther Duflo (MIT) und Michael Kremer (Harvard)).

Nachfragebedingungen: Gegenseitig offene Märkte

Offene Märkte haben den Vorteil, dass inländische Unternehmen mit ihren Produkten und Dienstleistungen sowie inländische Arbeitskräfte und Kapitalbesitzer Zugang zu ausländischen Märkten haben. Die inländische Nachfrage wird so vergrössert durch die ausländische. Gleichzeitig fördert der Zugang von ausländischen Firmen, Arbeitskräften und Kapital im Inland den Wettbewerb und erhöht auch die Vielfalt des Angebotes auf allen Ebenen. Wir haben wenig Zweifel, dass die Schweiz die bisher gelebte Offenheit in Bezug auf den internationalen Austausch von Gütern, Dienstleistungen, Arbeit und Kapitel (siehe zweiter Abschnitt) fortführen wird.

Eine Herausforderung für die Schweiz stellt jedoch das zunehmende Verlangen von Ländern – allen voran von der EU – dar, diesen Austausch an eine Harmonisierung von Vorschriften zu knüpfen, welche sowohl die Produkte wie auch die Produktionsprozesse betreffen. Dies geht zulasten der Souveränität der Mitgliedsländer von internationalen Handelsabkommen, unabhängig davon, ob diese Harmonisierung regional- oder weltwirtschaftlich sinnvoll ist. Wie einleitend erwähnt, reagieren die Schweizer Stimmbürger und -bürgerinnen besonders sensibel auf solche Einschränkungen, was mit dem direktdemokratischen politischen System der Schweiz zusammenhängt. Zudem ist es in der Regel so, dass in Abkommen mit der EU nicht die schweizerischen Standards übernommen werden, sondern von der Schweiz erwartet wird, die Standards der EU anzuwenden. Das ist aufgrund der Grösse der EU nicht erstaunlich, erhöht aber die „politischen Kosten" in der Schweiz relativ zu denjenigen z.B. in Frankreich eines gemeinsamen Abkommens.

Zudem besteht in der EU das Prinzip, dass die sogenannten vier Freiheiten (internationaler Austausch von Gütern, Dienstleistungen, Arbeit und Kapital) alle gleich und voll garantiert werden sollten. Dies ist für ein kleines Land wie die Schweiz mit einem hohen Ausländeranteil von 25% der Bevölkerung und einem sehr hohen Anteil von Grenzgängern nicht einfach, da man bei Bedarf (zum Beispiel im Falle unerwartet starker Zuströme) die Zuwanderung aus verschiedenen Gründen gerne beschränken können möchte. Schliesslich hat die Einführung der Personenfreizügigkeit mit der EU dazu geführt, dass es für Arbeitskräfte aus Drittländern (USA, Asien) und die sie gerne rekrutierenden Firmen schwieriger geworden ist, entsprechende Bewilligungen zu erhalten.

Aufgrund der Überlegungen in diesem Buch sollte die Schweiz sich auf multilateraler Ebene sehr stark für eine Liberalisierung der Märkte insbesondere im sogenannten Dienstleistungsbereich einsetzen. Es geht also um die Vertiefung des sogenannten GATS-Abkommens (General Agreement on Trade in Services). Unsere Ausführungen zeigten nämlich, dass es bei der Nutzung internationalisierter Wertschöpfungsketten wie auch der Digitalisierung oft um den Dienstleistungshandel geht. Denkt man an den Austausch und die Auswertung von Daten, scheint auch hier die multilaterale Ebene die richtige Regulierungsebene zu sein. Es dürfte (nicht nur) für schweizerische Unternehmen und die von ihr herzustellenden intelligenten und vernetzten Produkte wichtig sein, dass die Standards zum Datenaustausch bzw. zur Kommunikation weltweit dieselben sind. Dafür muss sich die Schweiz als kleines, offenes Land stark einsetzen.

Das Verhältnis zur EU bleibt jedoch wichtig. Wie die langen Diskussionen um das Rahmenabkommen zeigten, sollte die Strategie darin bestehen, den Austausch auf der Basis der gegenseitigen Anerkennung von Produkten und Produktevorschriften zu regeln und möglichst wenig (nur dort, wo wirklich notwendig) zu harmonisieren. Falls die EU dies nicht akzeptieren kann, muss die Schweiz damit leben und etwas höhere Kosten für die eigenen Firmen in Kauf nehmen. Dies könnte die hohen Reallöhne in der Schweiz etwas unter Druck bringen, was aber auch den Immigrationsdruck etwas verringert. Die Schweiz ist kein Mitglied der EU und beide Seiten müssen die daraus folgenden Unterschiede und Marktzugangsbeschränkungen akzeptieren. Die Schweiz tut gut daran, ihre diversen Freihandelsabkommen – zu einem grossen Teil über die EFTA – zu erweitern und zu vertiefen. Allenfalls könnte dabei zusammen mit Grossbritannien auch an einer Alternativen zur EU in Europa gearbeitet werden.[52]

Eine weitere interessante Möglichkeit für die Schweiz besteht darin, die Schweizer Wirtschaft graduell in eine „grüne Wirtschaft" umzubauen. Mit anderen Worten, man könnte den Firmen und Konsumentinnen über entsprechende Lenkungsabgaben, welche sich an den CO_2-Emissionen von Produktionsprozessen, Produkten, Dienstleistungen und Transporten orientieren, ein langfristiges Signal abgeben, im Verhalten negative Effekte (Externalitäten) auf die Umwelt zu berücksichtigen. Solche vermehrt umweltfreundliche Nachfragebedingungen in der Schweiz, allenfalls gekoppelt mit einer CO_2-Steuer auf Importe, könnten den inländischen Firmen – falls umsichtig dosiert – einen langfristigen Wettbewerbsvorteil in umweltfreundlichen High-Tech Produkten verschaffen. Es scheint, dass dies sehr gut zur heutigen internationalen Positionierung von verschiedenen schweizerischen Branchen im High-Tech Bereich und Qualitätssegment passen würde. Zudem dürften sich die Nachfragebedingungen in den meisten Ländern in Zukunft mehr oder weniger verzögert in diese Richtung entwickeln.[53]

Fazit

Im internationalen Vergleich verfügt die Schweiz über hervorragende staatliche Institutionen. Dies wiederum dürfte eine Erklärung dafür sein, weshalb viele wertschöpfungsintensive Tätigkeiten am Standort Schweiz beheimatet sind. Wir haben in diesem Kapitel aber zahlreiche Anknüpfungspunkte aufgezeigt, welche Herausforderungen trotz allem bestehen und wie die Wirtschaftspolitik noch verbessert werden könnte. Die Teile I und II dieses Buches implizieren nämlich, dass die Schweiz in den traditionellen Produkten und Geschäftsmodellen bis heute extrem erfolgreich war und immer noch ist. Eine gewisse Gefahr besteht, dass die aufgrund der neuen Technologien entstehenden Möglichkeiten (Stichwort „intelligente, vernetzte Produkte") vor diesem Hintergrund von einigen Firmen relativ spät oder allenfalls zu spät wahrgenommen werden.

Auf Branchen- wie auch Unternehmensebene zeigt sich eine zunehmende Konzentration wirtschaftlicher Tätigkeiten. Da dies gewisse Klumpenrisiken birgt, ist darauf zu achten, dass in der Wirtschaftspolitik aufgrund der hohen Wertschöpfung einzelner Branchen (insbesondere der Life Science Branche) oder Unternehmen (insbesondere der multinationalen Unternehmen) diese Bereiche nicht zusätzlich gefördert werden. Man sieht ihre Bedeutung und will sie auf keinen Fall verlieren. Die Strukturneutralität der Wirtschaftspolitik ist dabei ein zentraler Leitgedanke. Dies gilt es bei der Steuerpolitik, aber auch bei internationalen Abkommen im Auge zu behalten.

Bei der Digitalisierung kann die Wirtschaftspolitik der Schweiz durch eine Reihe von Massnahmen Verbesserungen erzielen. Unseres Erachtens sollte der Staat einen Digitalisierungsschub in der Verwaltung anstreben. Des Weiteren gilt es, bei der Datenübertragung die Entwicklung internationaler Standards (die über die EU und auch über Europa hinausgehen) zu unterstützen. Innerhalb der Schweiz muss der Staat dafür sorgen, dass die Infrastruktur für die Datenübertragung exzellent wird. Die Anforderungen für die Datensicherheit sollten dabei vom Staat geprägt werden und den hohen Standards genügen. Hier kann die Schweiz durchaus den Anspruch eines „Swiss Finish" anstreben.

Da die Datenmenge in der kleinen Schweiz immer begrenzt sein wird, sollte zum Beispiel im Gesundheitswesen rasch dafür gesorgt werden, dass Daten über alle Spitäler, Kantone und Arztpraxen einheitlich und in hoher Qualität erfasst und für die Forschung in anonymisierter Form zur Verfügung gestellt werden. Die Verfügbarkeit von Daten wird, wie in diesem Buch gezeigt, immer

Die regulatorischen Veränderungen, welche in der 1991 erschienenen Publikation „Internationale Wettbewerbsvorteile: Ein strategisches Konzept für die Schweiz" (Michael E. Porter, Silvio Borner, Michael Enright und Rolf Weder) vorgeschlagen wurden, sind zu einem grossen Teil realisiert worden.[54] So hat das neue Wettbewerbsrecht, auch mit der Schaffung der Wettbewerbskommission (WEKO), zu einer spürbaren Verstärkung des Wettbewerbs in der Schweiz in verschiedenen Bereichen geführt. Dasselbe gilt für das öffentliche Beschaffungswesen, welches im Rahmen der WTO und auch der bilateralen Verträge mit der EU wettbewerblicher ausgestaltet wurde. Dazu kommt die Öffnung von zahlreichen Märkten (z.B. des Käsemarktes) oder die Einführung der gegenseitigen Anerkennung von Produktvorschriften (z.B. im Rahmen des Cassis-De-Dijon-Prinzips). Ebenso implizierte der Abschluss der bilateralen Verträge mit der EU und speziell das Personenfreizügigkeitsabkommen, dass der in den 1980er Jahren noch vorhandene Bias in Richtung Immigration von tiefqualifizierten Arbeitskräften, beseitigt wurde. Andere Vorschläge, wie das vermehrte Setzen von preislichen Anreizen für umweltverträglicheres Verhalten von Individuen und Unternehmen, wurden bisher aber noch zu wenig umgesetzt. Es ist zu hoffen, dass die hier gemachten Vorschläge in Richtung des „digitalen Umbaus" schweizerischer Industriefirmen und wirtschaftlicher Rahmenbedingungen ähnlich vorangebracht werden, sodass man in 20 Jahren schreiben kann: „Der Wandel der Schweiz hin zu einem fortschrittlichen, digitalen Wirtschaftsstandort ist trotz anfänglicher Schwierigkeiten erfolgreich verlaufen".

mehr zu einem wichtigen Standortfaktor für zahlreiche Firmen in verschiedenen Branchen. Im Gesundheitswesen ist dies die Life-Science bzw. die Pharmazeutische Industrie. Aber auch in anderen Branchen – zum Beispiel in der Fahrzeugindustrie, der Maschinenindustrie oder auch in der Nahrungsmittelindustrie – kann es Sinn machen, dass Daten auf der Basis eines sicheren, den Persönlichkeitsschutz garantierenden und verlässlichen Systems gesammelt und, allenfalls gegen Gebühr, verfügbar gemacht werden. Die Schweiz wird so auch zu einem interessanten Partner für internationale Abkommen mit Fokus auf den Datenaustausch, da sie selber etwas zu bieten hat.

Aufgrund der Dynamik der neuen Technologien gilt es, sowohl den Eintritt von „neuen Firmen" wie auch den Austritt von „alten Firmen" nicht zu behindern. Wir sehen hier das Problem weniger bei einer limitierten Verfügbarkeit von (Venture) Capital, sondern vielmehr in der Einstellung („Mindset") in der Schweiz bezüglich Erfolg und Misserfolg von Unternehmern und Unternehmerinnen. Wichtig ist vor allem, dass man als Innovator und Gründerin von Start-ups scheitern darf und dass das Verhältnis von Risiko und Gewinn auch bei der Besteuerung richtig bewertet wird.

Ebenfalls erscheint uns das in den letzten Jahren gestiegene Umweltbewusstsein in der Schweiz als Gelegenheit, den Umbau der Wirtschaft in eine „Grüne Wirtschaft" mit wohldosierten Anreizen zu fördern. Wie in der Box „Reformvorschläge vor 30 Jahren und ihre Umsetzung" erwähnt, wurde dieses schon früher begründete Anliegen bisher noch zu wenig umgesetzt. Durch wohl dosierte und (im internationalen Verbund) graduell zu erhöhende Lenkungsabgaben (z.B. eine CO_2-Steuer) könnte bei der Entwicklung neuer (vernetzter) Produkte über die Veränderung der inländischen Nachfrage ein gewisser „First-Mover Advantage" entstehen, der nicht nur der Umwelt, sondern langfristig auch den inländischen Firmen zugute kommt. Allerdings wäre für eine solche Strategie, zumindest am Anfang, wohl eine CO_2-Steuer auf Importe nötig.

Da dieser Umbau wie auch die Digitalisierung vermehrt Humankapital im technischen Bereich benötigen wird, sollte die Schweiz eine Ausbildungsoffensive in den sogenannten MINT-Fächern (Mathematik, Ingenieurswissenschaften, Naturwissenschaften und Technik) lancieren. Es geht darum, junge Leute am Standort Schweiz für diese Themen, welche in der Arbeitswelt in Zukunft noch mehr nachgefragt werden dürften, zu motivieren. Die Möglichkeiten erscheinen unbegrenzt. Vor allem junge Schülerinnen und Studentinnen stellen ein in der Schweiz im internationalen Vergleich bisher schlecht genutztes Potenzial dar. Gelingt es, hier ein Umdenken zu bewirken, könnte die Schweiz wohl auch bei der Gender-Diskussion einen Quantensprung machen.[55]

In Zukunft wird es auch darum gehen, bei internationalen Handels- und Wirtschaftsabkommen – insbesondere gegenüber unseren Nachbarländern und der EU als Ganzem – unseren Partnern die speziellen Eigenschaften der Schweiz und ihrer Bevölkerung noch klarer zu machen, die insbesondere im direktdemokratischen politischen System, in der Geschichte und im grossen Wunsch nach Unabhängigkeit liegen. Nur so besteht die Chance, dass die Schweiz nicht immer als „Rosinenpickerin", „Eigenbrötlerin" oder als „stur" interpretiert wird. Versteht man nämlich, dass auch innerhalb der Schweiz zum Beispiel das Prinzip der Subsidiarität viel stärker verankert ist als dies in jedem anderen europäischen Land (allen voran in Frankreich) der Fall ist, kann man die Kritik der Schweiz gegenüber der EU und der von der EU angebotenen Abkommen verstehen. Gleichzeitig muss in der Schweiz noch mehr zur Kenntnis genommen werden, dass die Erhaltung einer grossen Unabhängigkeit auch ihren Preis hat.

Schliesslich sollten wir in der Schweiz Sorge tragen hinsichtlich unseres gut ausgebauten Sozialversicherungssystems. Die Qualität dieses Systems haben wir gerade während der Corona-Pandemie schätzen gelernt. Es geht mit den Mitteln haushälterisch um, lässt aber diejenigen, die wirklich unterstützungsbedürftig sind, nicht im Stich. Es ist durchaus zu erwarten, dass aufgrund der disruptiven Kraft der neuen Technologien im Zusammenspiel mit der Globalisierung dieses System in Zukunft noch gefordert sein wird. Wichtig ist dabei immer, dass das System die Eigenverantwortlichkeit der Betroffenen nutzt.

Bei all unseren Vorschlägen darf aber nicht vergessen werden, dass der Staat in dem hier geschilderten Spiel nur eine beschränkte Rolle haben kann. Er kann umverteilen, eine gewisse Solidarität fördern und die Akteure vorausschauend fordern. Er darf aber nicht im Detail vorschreiben, was sie tun und lassen sollen. Er muss Leitplanken setzen, innerhalb derer ein möglichst grosser Freiraum besteht, Lösungen im eigenen Interesse auf innovative Weise zu finden, welche schliesslich im Ergebnis auch im gemeinschaftlichen Interesse liegen. Die Realität zeigt, dass die Gesellschaft und die Politik hier oft viel zu stark eine Feinsteuerung anstreben und damit möglichst alles im Detail regeln möchten. Weniger wäre oft mehr.

Anmerkungen

1. Siehe BRENNAN/BUCHANAN (1985), S. 150. Mit anderen Worten: wenn wir davon ausgehen, dass Akteure mehrheitlich eigennützig handeln, benötigt es vor allem gute Spielregeln, welche das Verhalten im Hinblick auf das definierte Ziel koordiniert – und weniger eine Bekehrung der Akteure zu gemeinschaftlichem Verhalten.

2. Der erste Beitrag ist in der *Sonntagszeitung* am 28.3.2021 erschienen, der zweite in der *Basler Zeitung* am 29.3.2021.

3. Zum Begriff und zu dieser Art von Diskussion siehe auch BORNER ET AL. (1991), S. 325 ff.

4. Diese grundlegenden Überlegungen zur Wirtschaftspolitik finden sich in jedem Einführungsbuch der Volkswirtschaftslehre, wie beispielsweise MANKIW/TAYLOR (2014).

5. Das World Economic Forum veröffentlicht jedes Jahre seinen „World Competitiveness Report" (WORLD ECONOMIC FORUM, 2017), worin Länder anhand verschiedenster Faktoren bezüglich ihrer Wettbewerbsfähigkeit verglichen werden.

6. Zur Rolle der Nachfrage in der Beeinflussung der Handelsstruktur siehe beispielsweise DINGEL (2016) oder WEDER (1996a).

7. Nach Angaben des BFS lag die Arbeitslosenquote der Schweiz im Februar 2020, also vor der Corona-Krise, bei 2.5%. Siehe `https://www.amstat.ch`.

8. Dieses Ergebnis deckt sich auch mit einer Studie von EBERLI ET AL. (2015) zu den Produktivitätswachstumsbeiträgen einzelner Branchen der Schweiz.

9. ERHARDT ET AL. (2017).

10. In SECO (2014) wird ausführlich die Möglichkeit einer aktiven Industriepolitik für die Schweiz eruiert.

11. Hierzu gibt es eine grosse Literatur, z.B. im Bereich der „Strategischen Handelspolitik". Theoretisch gibt es zahlreiche Möglichkeiten (z.B. in der Flugzeugindustrie). In der Praxis und insbesondere auch für kleine Länder sind diese Möglichkeiten aber beschränkt.

12. Die Sonderbesteuerung internationaler Konzerne in der Schweiz wird beispielsweise in CHATAGNY ET AL. (2017) thematisiert.

13. Die hier dargelegte Logik basiert auf den gleichen, im ersten Teil des

Buches thematisierten Zusammenhängen, wonach aufgrund des Werbens um Fachkräfte alle Unternehmen einer Volkswirtschaft auf dem Arbeitsmarkt in Konkurrenz zueinander stehen.

14. Siehe z.B. Romer (1990).

15. Siehe SOLOW (1956).

16. Dieses Thema hat an Bedeutung zugenommen, wenn man an die grosse Zahl von Universitätsabsolventinnen und vom Staat teuer ausgebildeten Ärzten denkt, welche aus osteuropäischen Ländern in westeuropäische Länder emigrieren.

17. Siehe BALDWIN (2019), der überzeugt ist, dass diese Art von Leistungen in Zukunft stark zunehmen werden. Skeptiker gehen dagegen davon aus, dass viele Tätigkeiten von Individuen nicht so einfach über nationale Grenzen hinaus austauschbar sind oder dass die Staaten diesen Austausch begrenzen werden. Eine kurze Betrachtung dazu vor dem Hintergrund der Ricardianischen Handelstheorie findet sich in Weder WEDER (2020).

18. Siehe BALDWIN (2016) oder BALDWIN/EVENETT (2015) für eine wissenschaftliche Analyse.

19. Unter `https://innoscape.ch/de/publikationen/grenzgaenger_innovationen_schweiz` findet sich die Analyse als interaktiver Bericht, die Teil des von uns geleiteten Innoscape-Projektes ist. Innoscape hat zum Ziel, die *Inno*vation-land*scape* der Schweiz aus verschiedenen ökonomischen Blickwinkeln zu analysieren und dabei wirtschaftspolitische Implikationen abzuleiten. Weitere Informationen und interaktive Inhalte finden sich unter `https://innoscape.ch`.

20. Beispielsweise zeigen BEERLI ET AL. (2021), dass durch die Zunahme an hochqualifizierten Grenzgängern die Löhne der heimischen hochqualifizierten Beschäftigten zugenommen haben.

21. Zur Bedeutung von Hinterlandeffekten siehe JONES (2000), S. 35 ff.

22. Darauf hat übrigens vor mehr als 200 Jahren schon David Ricardo hingewiesen, als er die Grundlage für die moderne Handelstheorie schuf. Siehe JONES/WEDER (2017), S. 229.

23. Siehe BALDWIN (2016), S. 160.

24. Man spricht in diesem Zusammenhang von Trade-Diversion Effekten.

25. Siehe beispielsweise `https://www.tagesanzeiger.ch/wirtschaft/`
`\protect\discretionary{\char\hyphenchar\font}{}{}die-schweiz-`
`an-der-seitenlinie\protect\discretionary{\char\hyphenchar\fon`
`t}{}{}/story/11903352` oder `https://www.nzz.ch/wirtschaft/ttip-`
`wirft-ihren-schatten-der-schweiz-droht-heftige-\protect\discret`
`ionary{\char\hyphenchar\font}{}{}diskriminierung-ld.85673`. Abruf
jeweils am 17.10.2018.

26. In einer Arbeit von ANTRAS (2014) wird beispielsweise dargelegt, wie
spezialisierte Vorleistungen und die unzureichende Möglichkeit unvorhersehbare Entwicklungen vertraglich regeln zu können bzw. Vertragsbestandteile
durchsetzen zu können (sogenannte unvollständige Verträge) internationale
Wertschöpfungsketten beeinflussen. Zudem zeigen RAUCH (1999) empirisch,
dass Exporte von Vorleistungen oftmals auf langjährigen Geschäftsbeziehungen basieren.

27. Für nähere Informationen siehe `https://www.bakom.admin.ch` und dort
unter „Mobile Kommunikation: Auf dem Weg zu 5G". Abruf 18.4.2021.

28. `https://www.swisscom.ch/de/about/netz/5g.html`. Abruf 18.4.2021.
Allerdings wurde im Frühjahr 2021 von Brancheninsidern bemängelt, dass der
Ausbau des 5G-Netzes ins Stocken geraten sei. Ein Beitrag in der Sonntagszeitung vom 9. Mai 2021 („Das Handynetz kommt an den Anschlag – auch
auf dem Land") kommt zum Schluss, dass es in der Schweiz etwa dreimal so
viele Antennen geben müsse, damit das 5G-Netz das künftige Datenwachstum
bewältigen könne. Zahlreiche Antennenprojekte seien zudem durch Einsprachen blockiert. Der Ausbau lief also im Frühjahr 2021 (auch) in der Schweiz
nicht friktionslos.

29. Siehe beispielsweise `https://www.computerwoche.de/a/5g-das-mues`
`sen-sie-wissen,3225528`. Demnach kann die 5G-Technologie um bis zu 100
mal schneller Daten übertragen als die 4G-Technologie.

30. Siehe beispielsweise CIURIAK (2018b) für eine Zusammenfassung wichtiger
Implikationen, die sich aus einer datengetriebenen Ökonomie ergeben.

31. Siehe beispielsweise CIURIAK (2018a).

32. Das Bankgeheimnis gilt nach wie vor innerhalb der Schweiz, aber *de facto*
nicht mehr international.

33. Siehe `https://www.computerworld.ch/business/politik/mangel-an-it-fachkraeften-in-schweiz-akuter-in-europa-1443709.html`. Abruf 7.11.2018.

34. In einer viel beachteten wissenschaftlichen Arbeiten kommen FREY/OSBORNE (2017) zum Schluss, dass bis zu 47% der Beschäftigten in den USA ihre Arbeitsplätze verlieren könnten, da deren Fähigkeiten aufgrund der zunehmenden Digitalisierung nicht mehr benötigt werden. Arbeiten zu Beschäftigungseffekten in Europa zeichnen ein etwas weniger dramatisches Bild. Aber auch dort zeigt sich, dass die Digitalisierung zu signifikanten Veränderungen der nachgefragten Fähigkeiten führen dürfte. Siehe beispielsweise DENGLER/-MATTHES (2015) oder BONIN ET AL. (2015).

35. Im „World Development Report" des Jahres 2019 der Weltbank geht es unter anderem um solche Veränderungen der Arbeitswelt aufgrund der Digitalisierung (WORLD BANK, 2019). Dabei wird auch diskutiert, wie Regulierungen und Sozialsysteme an die neuen Erfordernissen der Arbeitswelt angepasst werden können, die sich verstärkt verstärkt in Richtung Selbständigkeit und Freelancing entwickelt.

36. Siehe hierzu ein Artikel des Internetmagazins WIRED (2016).

37. Eine Studie für den Bundesrat befasst sich ausführlich mit dem Thema Firmengründungen und vergleicht dabei auch die Schweiz mit anderen Ländern (DER BUNDESRAT, 2017). Demnach weist die Schweiz sehr gute Rahmenbedingungen für unternehmerische Aktivitäten auf. Daten anderer Quellen, wie beispielsweise die der Weltbank zu „Doing Business", bestätigen diese Schlussfolgerungen.

38. Siehe hierzu beispielsweise ein Gastkommentar in der NZZ mit dem Titel „Die Schweiz braucht mehr Unternehmergeist" (NZZ, 22.8.2018).

39. LEWRICK ET AL. (2018) zeigen, dass dieser Prozess eine wichtige Grundlage für die Produktivitätssteigerung in der Schweiz darstellt, was wiederum die Basis für steigende Reallöhne schafft.

40. Siehe OECD (2017).

41. Quellen: GANTENBEIN/HEROLD (2014) und GANTENBEIN ET AL. (2019).

42. Die Stanford University hatte grossen Anteil an der Entstehung des Silicon Valleys, indem die Hochschule Studenten bei der Gründung von Klein-

unternehmen unterstützte, beispielsweise indem ungenutzte Flächen günstig verpachtet wurden. Siehe beispielsweise `www.fluter.de/warum-sitzt-die-it-im-silicon-valley`.

43. Im Kanton Zürich gab es eine interessante Diskussion zur Besteuerung von Startups. Siehe beispielseise MÜLLER (2016).

44. Siehe hierzu beispielsweise LINDER (1961) und WEDER (1996a).

45. Über die App „Uber" können private Personen ohne Lizenz Taxidienste anbieten. In der Schweiz und anderen Ländern ist eine heftige Diskussion ausgebrochen, inwiefern dies erlaubt sein sollte. Siehe beispielsweise NZZ (9.8.2017).

46. In einem Whitepaper analysiert PricewaterhouseCoopers, welche Konsequenzen sich durch eine fortschreitende Digitalisierung der öffentlichen Hand ergeben könnten (ULBRICH/SCHÄRER, 2018). Dabei werden auch verschiedene Gründe dargelegt, weshalb in Zukunft mit einer zunehmenden Digitalisierung des öffentlichen Sektors zu rechnen ist.

47. Siehe `https://www.estv.admin.ch/estv/de/home/mehrwertsteuer/dienstleistungen/mwst-online-abrechnen.html` (Abruf am 25.4.2021).

48. Es geht nicht darum, die Einwohner und Einwohnerinnen eines Landes zum „digitalen Austausch" mit dem Staat zu zwingen. Der Staat muss Rücksicht auf z.B. die ältere Generation nehmen, indem er auch den traditionellen Austausch ermöglicht. Jüngere Personen werden aber die neuen Möglichkeiten gerne nutzen. Diese, wie auch der Staat selber, lernen dazu und die Verwendung dieser neuen Technologie wird zur Selbstverständlichkeit.

49. Wie LOISON/BRENNER (2018) betonen, gibt es derzeit für die Schweiz von staatlicher Seite keine einheitliche Datenerfassung. Dadurch ist die Erfassung von Daten mit höherem Aufwand verbunden, bei gleichzeitig schlechterer Datenqualität.

50. Siehe `http://bootstrapping.me/politik-kuenstliche-intelligenz-2017`. Abruf am 12.11.2018.

51. Siehe hierzu beispielsweise NGIN-MOBILITY (16.07.2018) oder HERGER (2017).

52. Siehe z.B. SPIRIG/WEDER (2015).

53. Siehe WEDER/KÄGI (2021); damit dies gelingt, müssten wohl Anstren-

gungen unternommen werden, mehr junge Leute in den sogenannten MINT-Fächern (Mathematik, Ingenieurswissenschaften, Naturwissenschaften und Technik) auszubilden. Dies gilt ganz speziell für junge Frauen. Siehe dazu NIGGLI/RUTZER (2021), `https://innoscape.ch/de/publikationen/gender`.

54. Siehe BORNER ET AL. (1991).

55. Gemeint ist zum Beispiel, dass auf diese Weise Frauen klassische Männerberufe anstreben und so traditionelle Geschlechterrollen aufbrechen.

Literaturverzeichnis

ABB GROUP (2020): Geschäftsbericht.

AMITI, M./KONINGS, J. (2007): Trade Liberalization, Intermediate Inputs, and Productivity: Evidence from Indonesia, in: The American Economic Review, 97(5), S. 1611–1638.

ANTRAS, P. (2014): Grossman–Hart (1986) Goes Global: Incomplete Contracts, Property Rights, and the International Organization of Production, in: Journal of Law, Economics, and Organization, 30(1), S. 118–175.

ANTRAS, P./HELPMAN, E. (2004): Global Sourcing, in: Journal of Political Economy, 112(3), S. 552–580.

ATZORI, L./IERA, A./MORABITO, G. (2010): The Internet of Things: A Survey, in: Computer networks, 54(15), S. 2787–2805.

AUTOR, D. H./DORN, D./HANSON, G. H. (2013): The China Syndrome: Local Labor Market Effects of Import Competition in the United States, in: American Economic Review, 103(6), S. 2121–68.

BALASSA, B. (1965): Trade Liberalization and 'Revealed' Comparative Advantage, in: Manchester School, 33, S. 99–123.

BALDWIN, R. (2006): Globalisation: the great unbundling (s), in: Economic Council of Finland, 20(3), S. 5–47.

BALDWIN, R. (2012): Global Value Chain: Why they emerged, why they matter, and where they are going, in: CEPR Discussion Papers.

© Der/die Herausgeber bzw. der/die Autor(en), exklusiv lizenziert durch
Springer Fachmedien Wiesbaden GmbH, ein Teil von Springer Nature 2021
C. Rutzer und R. Weder, *De-Industrialisierung der Schweiz?*
https://doi.org/10.1007/978-3-658-34377-4

BALDWIN, R. (2016): The Great Convergence, Harvard University Press.

BALDWIN, R. (2019): The Globotics Upheaval: Globalisation, Robotics and the Future of Work, Oxford University Press.

BALDWIN, R./WEDER DI MAURO, B. (Hrsg.) (2020): Economics in the Time of COVID-19, CEPR Press.

BALDWIN, R. E./EVENETT, S. J. (2015): Value Creation and Trade in 21st Century Manufacturing, in: Journal of Regional Science, 55(1), S. 31–50.

BARATTIERI, A. (2014): Comparative advantage, service trade, and global imbalances, in: Journal of International Economics, 92(1), S. 1–13.

BASU, S. R./DAS, M. (2011): Export structure and economic performance in developing countries: Evidence from nonparametric methodology.

BAUMOL, W. J. (1967): Macroeconomics of unbalanced growth: the anatomy of urban crisis, in: The American Economic Review, 57(3), S. 415–426.

BEERLI, A./RUFFNER, J./SIEGENTHALER, M./PERI, G. (2021): The Abolition of Immigration Restrictions and the Performance of Firms and Workers: Evidence from Switzerland, in: American Economic Review, 111(3), S. 976–1012.

BERNARD, A. B./JENSEN, J. B./REDDING, S. J./SCHOTT, P. K. (2007): Firms in International Trade, in: Journal of Economic Perspectives, 21(3), S. 105–130.

BERNARD, A. B./JENSEN, J. B./REDDING, S. J./SCHOTT, P. K. (2012): The Empirics of Firm Heterogeneity and International Trade, in: Annual Review of Economics, 4(1), S. 283–313.

BONIN, H./GREGORY, T./ZIERAHN, U. (2015): Übertragung der Studie von Frey/Osborne (2013) auf Deutschland, Techn. Ber., ZEW Kurzexpertise.

BORNER, S./ENRIGHT, M./PORTER, M./WEDER, R. (1991): Internationale Wettbewerbsvorteile: Ein strategisches Konzept für die Schweiz, Campus und NZZ-Verlag.

BRAND EINS (2018): Werden wir noch die sein, die wir sind?

BREIDING, J. (2013): Swiss Made. The untold story behind Switzerland's success, London: Profile Books.

BRENNAN, G./BUCHANAN, J. M. (1985): The Reason of Rules: Constitutional Political Economy, Cambridge University Press.

BREZIS, E./KRUGMAN, P./TSIDDON, D. (1993): Leapfrogging in International Competition: A Theory of Cycles in National Technological Leadership, in: American Economic Review, 83(5), S. 1211–1219.

BRYNJOLFSSON, E./MCAFEE, A. (2014): The Second Machine Age: Work, Progress, and Prosperity in a Time of Brilliant Technologies, W. W. Norton.

BUNDESAMT FÜR STATISTIK (2008): NOGA 2008: Allgemeine Systematik der Wirtschaftszweige–Erläuterungen, in: , S. 1–252.

BURHAN, M./SINGH, A./JAIN, S. (2017): Patents as proxy for measuring innovations: A case of changing patent filing behavior in Indian public funded research organizations, in: Technological Forecasting and Social Change, 123, S. 181–190.

BUSTOS, P. (2011): Trade Liberalization, Exports, and Technology Upgrading: Evidence on the Impact of Mercosur on Argentinian Firms, in: American Economic Review, 101(1), S. 304–40.

BUSTOS, P./SILVA, J. (2010): The quality of a firm's exports: Where you export to matters, in: Journal of International Economics, 82(2), S. 99–111.

CAPUS, A. (2019): Patriarchen. Über Bally, Lindt, Nestle und andere Pioniere, München: Carl Hauser Verlag.

CHATAGNY, F./KOETHENBUERGER, M./STIMMELMAYR, M. (2017): Introducing an IP license box in Switzerland: quantifying the effects, in: International Tax and Public Finance, 24(6), S. 927–961.

CIURIAK, D. (2018a): Digital trade: is data Treaty-Ready?, in: CIGI Paper, (162).

CIURIAK, D. (2018b): The Economics of Data: Implications for the Data-driven economy, in: SSRN Working Paper.

COAD, A./VEZZANI, A. (2017): Manufacturing the future: is the manufacturing sector a driver of R&D, exports and productivity growth?, in: EUR - Scientific and Technical Research Reports.

COMPUTERWOCHE (2019): Schrittweise zum neuen IoT-Geschäftsmodell (Abruf erfolgte am 26.7.2019), https://www.computerwoche.de/a/schritt weise-zum-neuen-iot-geschaeftsmodell.

CROZET, M./MILET, E. (2017): Should everybody be in services? The effect of servitization on manufacturing firm performance, in: Journal of Economics & Management Strategy.

DAUTH, W./FINDEISEN, S./SUEDEKUM, J. (2014): The rise of the east and the far east: German labor markets and trade integration, in: Journal of the European Economic Association, 12(6), S. 1643–1675.

DAUTH, W./FINDEISEN, S./SUEDEKUM, J. (2017): Trade and Manufacturing Jobs in Germany, in: American Economic Review, 107(5), S. 337–42.

DEDRICK, J./KRAEMER, K. L./LINDEN, G. (2010): Who profits from innovation in global value chains?: a study of the iPod and notebook PCs, in: Industrial and Corporate Change, 19(1), S. 81–116.

DENGLER, K./MATTHES, B. (2015): Folgen der Digitalisierung für die Arbeitswelt: Substituierbarkeitspotenziale von Berufen in Deutschland, Techn. Ber., IAB-Forschungsbericht.

DER BUNDESRAT (2017): Rasch wachsende Jungunternehmen in der Schweiz, in: Bericht des Bundesrates in Erfüllung des Postulates 13.4237 Derder vom 12. Dezember 2013.

DESMET, K./PARENTE, S. L. (2010): Bigger is Better: Market Size, Demand Elasticity, and Innovation, in: International Economic Review, 51(2), S. 319–333.

DIE VOLKSWIRTSCHAFT (2017): Schweizer Volkswirtschaft und der harte Franken, in: Die Volkswirtschaft, 90(11).

DINGEL, J. I. (2016): The Determinants of Quality Specialization, in: The Review of Economic Studies, 84(4), S. 1551–1582.

DORASZELSKI, U./JAUMANDREU, J. (2013): R&D and Productivity: Estimating Endogenous Productivity, in: Review of Economic Studies, 80(4), S. 1338–1383.

DORNBUSCH, R./FISCHER, S./SAMUELSON, P. A. (1977): Comparative Advantage, Trade, and Payments in a Ricardian Model with a Continuum of Goods, in: American Economic Review, 67(5), S. 823–39.

DORNER, M./HARHOFF, D. (2018): A novel technology-industry concordance table based on linked inventor-establishment data, in: Research Policy, 47(4), S. 768–781.

EATON, J./KORTUM, S. (2002): Technology, Geography, and Trade, in: Econometrica, 70(5), S. 1741–1779.

EBERLI, A./EMMENEGGER, M./GRASS, M./HELD, N./RUFER, R. (2015): Beitrag branchenspezifischer Effekte zum Wachstum der Schweizer Arbeitsproduktivität, in: Studie der BAK im Rahmen der Strukturberichterstattung des SECO.

ECONOMIST (01.03.2018): German cars have the most to lose from a changing auto industry.

ECONOMIST (17.11.2018): An age of Giants.

ECONOMIST (27.2.2021): Tech competition: The dust-up.

ENRIGHT, M. J./WEDER, R. (1995): Studies in Swiss Competitive Advantage, Bern: Peter Lang.

ERHARDT, T./RUTZER, C./WEDER, R. (2017): Frankenaufwertung und Exportstruktur, in: Studie im Rahmen der Strukturberichterstattung des SECO.

EUROSTAT (2020): Eurostat indicators on High-tech Industry and Knowledg-intensive Services, https://ec.europa.eu/eurostat/cache/metadata/en/htec_esms.htm.

FAUCEGLIA, D./SHINGAL, A./WERMELINGER, M. (2014): Natural Hedging of Exchange Rate Risk: The Role of Imported Input Prices, in: Swiss Journal of Economics and Statistics, 150(4), S. 261–296.

FAZ (4.4.2019): Software als Antrieb: Warum Autohersteller Computerspe-zialisten suchen, https://www.faz.net/aktuell/karriere-hochschule/buero-co/ingenieure/software-als-antrieb-warum-autohersteller-computerspezialisten-suchen-16113648.html.

FISCHER, K. (1991): Nach 700 Jahren endlich Marktwirtschaft, in: Bilanz, S. 95–101.

FLÜCKIGER, M./RUTZER, C./WEDER, R. (2016): Die Schweizer Wirtschaft zwischen Hammer und Amboss: Eine Analyse der Franken-Schocks 2010/11 und 2015, in: Aussenwirtschaft, 67(3).

FONDATION CH2048 (2018): Innovationsreport.

FREY, C. B./OSBORNE, M. A. (2017): The future of employment: how susceptible are jobs to computerisation?, in: Technological Forecasting and Social Change, 114, S. 254–280.

GALLIPOLI, G./MAKRIDIS, C. A. (2017): Structural Transformation and the Rise of Information Technology.

GANTENBEIN, P./HEROLD, N. (2014): Venture Capital Investments for Life Sciences Start-ups in Switzerland, in: CHIMIA International Journal for Chemistry, 68(12), S. 836–839.

GANTENBEIN, P./KIND, A./VOLONTÉ, C. (2019): Individualism and venture capital: A cross-country study, in: Management International Review, 59(5), S. 741–777.

GAWKOWSKI, P. (2020): Pharma Digital Revolution: Improving Product Lifecycle, https://solution4labs.com/en/blog/lims/pharma-digital-revolution-improving-product-lifecycle.

GRAETZ, G./MICHAELS, G. (2018): Robots at Work, in: The Review of Economics and Statistics, 100(5), S. 753–768.

GRAMKE, K./GLAUSER, C. (2017): Digitalisierungstechnologien in Patentaktivitäten, in: BAK Kurzstudie für das Schweizer Staatssekretariat für Bildung, Forschung und Innovation (SBFI).

GRILICHES, Z. (1998): Patent statistics as economic indicators: A survey, in: R&D and productivity: The econometric evidence, S. 287–343, University of Chicago Press.

GROSSMAN, G./ROSSI-HANSBERG, E. (2008): Trading tasks: a simple theory of offshoring, in: American Economic Review, 98(5), S. 1978–1997.

GROSSMAN, G. M./ROSSI-HANSBERG, E. (2012): Task Trade Between Similar Countries, in: Econometrica, 80(2), S. 593–629.

HAUSMANN, R./HWANG, J./RODRIK, D. (2007): What You Export Matters, in: Journal of Economic Growth, 12(1), S. 1–25.

HERGER, M. (2017): Der letzte Führerscheinneuling: ...ist bereits geboren. Wie Google, Tesla, Apple, Uber & Co unsere automobile Gesellschaft verändern und Arbeitsplätze vernichten. Und warum das gut so ist., Plassen Verlag.

INABA, T./SQUICCIARINI, M. (2017): ICT: A new taxonomy based on the international patent classification, in: OECD Working Paper.

JAEGER, F./TRÜTSCH, T. (2017): Volkswirtschaftliche Bedeutung und Problematiken der KMU der Schweizer Maschinenindustrie.

JÄGER, P./RUJIN, S./SCHMIDT, T./FÖLLMI, R. (2015): Der Zusammenhang zwischen dem technischen Fortschritt, der Investitionstätigkeit und der Produktivitätsentwicklung, in: Studie im Rahmen der Strukturberichterstattung des SECO.

JOHNSON, R. C. (2012): Trade and prices with heterogeneous firms, in: Journal of International Economics, 86(1), S. 43–56.

JONES, R./KIERZKOWSKI, H./ARNDT, S. (2001): A framework for fragmentation, in: Fragmentation: new production patterns in the world economy. Oxford University Press, USA, S. 17–34.

JONES, R. W. (2000): Globalization and the theory of input trade, Bd. 8, MIT Press.

JONES, R. W./WEDER, R. (Hrsg.) (2017): 200 Years of Ricardian trade theory: Challenges of globalization, Springer.

JORGENSON, D. W./HO, M. S./SAMUELS, J. D. (2011): Information technology and US productivity growth: evidence from a prototype industry production account, in: Journal of Productivity Analysis, 36(2), S. 159–175.

KARPATY, P./TINGVALL, P. G. (2015): Offshoring and Home Country R&D, in: The World Economy, 38(4), S. 655–676.

KELLER, W. (2004): International Technology Diffusion, in: Journal of Economic Literature, 42(3), S. 752–782.

KOHLI, U. (2004): Real GDP, real domestic income, and terms-of-trade changes, in: Journal of International Economics, 62(1), S. 83–106.

KRUGMAN, P. (1991): Increasing Returns and Economic Geography, in: Journal of Political Economy, 99(3), S. 483.

LAWRENCE, R. Z./EDWARDS, L. (2013): US Employment deindustrialization: insights from history and the international experience, in: Policy Brief, (13-27).

LEWRICK, U./MOHLER, L./WEDER, R. (2018): Productivity Growth from an International Trade Perspective, in: Review of International Economics, 26(2), S. 339–356.

LIGHTFOOT, H./BAINES, T./SMART, P. (2013): The servitization of manufacturing: A systematic literature review of interdependent trends, in: International Journal of Operations & Production Management, 33(11/12), S. 1408–1434.

LILEEVA, A./TREFLER, D. (2010): Improved Access to Foreign Markets Raises Plant-Level Productivity - For Some Plants, in: Quarterly Journal of Economics, 125(3), S. 1051–1099.

LINDER, S. B. (1961): An essay on trade and transformation, Almqvist & Wiksell Stockholm.

LOISON, B./BRENNER, S. (2018): Data Governance as part of a new Swiss eGovernment Strategy?, in: SocietyByte.

LUCAS, H. C./GOH, J. M. (2009): Disruptive technology: How Kodak missed the digital photography revolution, in: The Journal of Strategic Information Systems, 18(1), S. 46–55.

MANKIW, N./TAYLOR, M. (2014): Economics, Cengage Learning.

MARCHANT, J. (2020): Powerful antibiotics discovered using AI., in: Nature.

MELITZ, M./REDDING, S. (2014): Heterogeneous Firms and Trade, in: GOPINATH, G./HELPMAN, E./ROGOFF, K. (Hrsg.), Handbook of International Economics, Bd. 4, S. 1–54, Elsevier.

MELITZ, M./TREFLER, D. (2012): Gains from Trade when Firms Matter, in: Journal of Economic Perspectives, 26(2), S. 91–118.

MITZE, T./KREUTZER, F. (2017): Is there a Curse of Relocation? Analysing the Causal Link between Offshoring and the Innovation Performance of (small) Firms, in: Bulletin of Economic Research, 69(4), S. 330–354.

MÜLLER, A. (2016): Zürich lenkt im Steuerstreit mit Startups ein, in: NZZ.

MÜLLER, G. (2019): Wie ABB den Rückstand in der Digitalisierung wieder aufholen will, in: NZZ.

MOHLER, L./WEDER, R./WYSS, S. (2018): International trade and unemployment: towards an investigation of the Swiss case, in: Swiss Journal of Economics and Statistics, 154(1), S. 1–12.

NATURE MEDICINE (2019): Medicine in the digital age, in: Nature Medicine, 25(1).

NEELY, A. (2007): The servitization of manufacturing: an analysis of global trends, in: 14th European Operations Management Association Conference, S. 1–10.

NGIN-MOBILITY (16.07.2018): Wie die europäische Politik das autonome Fahren ausbremst, www.businessinsider.de/gruenderszene/automotive-mobility/politik-bremst-das-autonome-fahren-aus-drehmoment/.

NIGGLI, M./RUTZER, C. (2021): A Gender Gap to More Innovation in Switzerland, https://innoscape.ch/de/publikationen/gender.

NORDÅS, H. K./KIM, Y. (2015): The role of services for competitiveness in manufacturing, in: OECD Working Paper.

NZZ (22.8.2018): Die Schweiz braucht mehr Unternehmergeist.

NZZ (9.8.2017): Ab morgen wird Uber in Zürich teurer.

OECD (2017): Entrepreneurship at a Glance.

PORTER, M. (1990): The Competitive Advantage of Nations, in: Harvard Business Review, S. 1–17.

PORTER, M. E./HEPPELMANN, J. E. (2014): How Smart, Connected Products are Transforming Competition, in: Harvard Business Review, 92(11), S. 64–88.

RAUCH, J. E. (1999): Networks versus markets in international trade, in: Journal of International Economics, 48(1), S. 7–35.

RELECURA IP INTELLIGENCE (2017): IoT-Internet of Things: Technology Landscape and IP Commercialization Trends.

RICARDO, D. (1817): On the Principles of Political Economy, and Taxation, John Murray.

RODRIK, D. (2013): Unconditional Convergence in Manufacturing, in: The Quarterly Journal of Economics, 128(1), S. 165–204.

RODRIK, D. (2016): Premature deindustrialization, in: Journal of Economic Growth, 21(1), S. 1–33.

ROWTHORN, R./COUTTS, K. (2004): De-industrialisation and the balance of payments in advanced economies, in: Cambridge Journal of Economics, 28(5), S. 767–790.

ROWTHORN, R. E./RAMASWAMY, R. (1997): Deindustrialization: causes and implications, in: IMF Working Paper.

RUTZER, C. (2019): Stimmungsbarometer Arbeitgeberverband Basel Ergebnisse der Befragung 2019.

RUTZER, C./NIGGLI, M. (2020): Coronakrise und Homeoffice in der Schweiz, https://cieb.shinyapps.io/HomeOffice_CH/.

RUTZER, C./WEDER, R. (24.4.2020): Corona-Lockdown und Homeoffice in der Schweiz, in: NZZ.

SAX, C./WEDER, R. (2009): How to explain the high prices in Switzerland?, in: Swiss Journal of Economics and Statistics, 145(4), S. 463–483.

SCHWEIZER GESCHICHTE (2021): Die industrielle Revolution, http://technik.geschichte-schweiz.ch/industrialisierung-schweiz.html, Zugang am 21.1.2021.

SECO (2014): Eine Industriepolitik für die Schweiz, in: Bericht des Bundesrats vom 16.4.2014 in Erfüllung des Posutlats Bischof.

SOLOW, R. M. (1956): A Contribution to the Theory of Economic Growth, in: The Quarterly Journal of Economics, 70(1), S. 65–94.

SPIRIG, B./WEDER, R. (2015): Integratio Helvetica, in: Schweizer Monat, 95(1028), S. 26–29.

STIROH, K. J. (2002): Information Technology and the U.S. Productivity Revival: What Do the Industry Data Say?, in: American Economic Review, 92(5), S. 1559–1576.

STÖLLINGER, R. (2017): Tradability of output and the current account: an empirical investigation for Europe, in: OECD Report.

STOLPER, W./SAMUELSON, P. (1941): Protection and real wages, in: The Review of Economic Studies, 9(1), S. 58–73.

SYVERSON, C. (2011): What Determines Productivity?, in: Journal of Economic Literature, 49(2), S. 326–65.

THE NEW YORK TIMES (27.8.2016): G.E., the 124-Year-Old Software Start-Up.

TIMMER, M. P./ERUMBAN, A. A./LOS, B./STEHRER, R./DE VRIES, G. J. (2014): Slicing Up Global Value Chains, in: The Journal of Economic Perspectives, 28(2), S. 99–118.

ULBRICH, C./SCHÄRER, C. (2018): When the sleeping giant awakes...The disruptive impact of the Zero Cost of Control phenomenon on business and society, in: PWC White Paper.

VERHOOGEN, E. A. (2008): Trade, Quality Upgrading, and Wage Inequality in the Mexican Manufacturing Sector, in: The Quarterly Journal of Economics, 123(2), S. 489–530.

VERMEER, L./THOMAS, M. (2020): Pharmaceutical/high-tech alliances; transforming healthcare?, in: Strategic Direction, 36(12), S. 43–46.

WEDER, R. (1996a): How Domestic Demand Shapes the Pattern of International Trade, in: World Economy, 19(3), S. 273–286.

WEDER, R. (1996b): Relative Attraktivität von Standorten: Eine empirische Analyse der Schweiz, in: Swiss Journal of Economics and Statistics, 132(3), S. 441–456.

WEDER, R. (2020): Ricardos Handelstheorie im Jahr 2020, in: Die Volkswirtschaft, 7, S. 37–39.

WEDER, R./GRUBEL, H. (1993): The New Growth Theory and Coasean Economics: Institutions to Capture Externalities, in: Review of World Economics, 129(3), S. 488–513.

WEDER, R./KÄGI, W. (Hrsg.) (2021): Umbau der Schweiz in eine "Grüne Wirtschaft": Herausforderungen für den Arbeitsmarkt.

WEDER DI MAURO, B./WEDER, R. (2012): Development Success. Historical Accounts from More Advanced Countries, Kap. Switzerlands Rise to a Wealthy Nation: Competition and Contestability as Key Success Factors, S. 192–215, Oxford University Press.

WIRED (2016): How Partnering with Startups is Helping Incumbents Grow, `www.wired.com/brandlab/2018/07/partnering-startups-helping-incumbents-grow/`.

WORLD BANK (2019): World Development Report 2019: The Changing Nature of Work, Washington, DC: World Bank.

WORLD ECONOMIC FORUM (2017): The Global Competitiveness Report 2017-2018.

WORLD ECONOMIC FORUM (2018): The Global Competitiveness Report 2018.

ZENHÄUSERN, P./VATERLAUS, S. (2017): Digitalisierung und Arbeitsmarktfolgen, in: Studie von Polynomics im Auftrag der Fondation CH2048.

Anhang

Tabelle A1: Allgemeine Systematik der Schweizer Wirtschaftszweige (NOGA)

NOGA 2008 Branchenklassifikation	Technologie
Primärsektor	
01 - 03 Land-, Forstwirtschaft und Fischerei	—
01 - 09 Bergbau und Gewinnung von Erden und Steinen	—
Sekundärsektor **(Industriesektor=fett)**	
10-12 Nahrungsmittel und Tabakerzeugnisse	Low-Tech
13-15 Textilien und Bekleidung	Low-Tech
16-18 Holz, Papier und Druckerzeugnisse	Low-Tech
19 Mineralölverarbeitung	Mid-Tech
20 Chem. Erzeugnisse	Mid-Tech
21 Pharmazeutische Erzeugnisse	High-Tech
22-23 Gummi, Kunststoffe, Glas, Keramik	Mid-Tech
24-25 Metallerzeugung und -bearbeitung	Mid-Tech
26 Datenverarbeitungsgeräte und Uhren	High-Tech
27 Elektrische Ausrüstung	Mid-Tech
28 Maschinenbau	Mid-Tech
29 Herstellung von Autos	Mid-Tech
30 Sonstiger Fahrzeugbau	Mid-Tech
31-33 Möbel und sonstige Ware	Low-Tech
35 Energieversorgung	—
36-39 Wasserversorgung, Abfallwirtschaft	—
41-43 Baugewerbe	—
Tertiärsektor	
45 Handel und Reparatur Motorfahrzeuge	—
46 Grosshandel	—
47 Detailhandel	—
49-53 Verkehr und Lagerei	—
55 Beherbergung	—
56 Gastronomie	—
58-60 Medien und Entertainment	—
61 Telekommunikation	—
62-63 Informationstechnologie	—

64 Finanzdienstleistungen   —

65 Versicherungen   —

68 Grundstücke und Wohnungen   —

69-75 Wissenschaftliche und techn. Dienstl.   —

77-82 Erbringung von sonstigen Dienstleistungen   —

84 Öffentliche Verwaltung   —

85 Erziehung und Unterricht   —

86-88 Gesundheits- und Sozialwesen   —

90-93 Kunst   —

94-99 Sonstige Dienstleistungen   —

Die Technologie-Klassifikation von Branchen erfolgt anhand einer Kategorisierung von EU-ROSTAT (2020). Eurostat teilt Branchen des Industriesektors in High-Tech, Mid-High-Tech, Mid-Low-Tech und Low-Tech ein. Im zweiten Kapitel des Buches nehmen zudem auch eine Einteilung von Handelsdaten (HS-Systematik) anhand der Technologie-Klassifikation von BASU/DAS (2011) vor. Diese beinhalten jedoch nur die Technologieklassifikationen Low-, Mid- und High-Tech. Deshalb fassen wir die beiden Eurostat-Kategorien Mid-High-Tech und Mid-Low-Tech zu einer Kategorie Mid-Tech zusammen, um konsistent in der Bezeichnung zu bleiben.

Tabelle A2: Verteilung der Schweizer Beschäftigung auf wichtige Branchen des Primär-, Sekundär- und Tertiärsektors

	1888	1930	1960	1980
Primärsektor				
Landwirtschaft	0.36	0.20	0.10	0.05
Sekundärsektor				
Nahrungsmittel und Tabakerz.	0.03	0.04	0.04	0.03
Textilien und Bekleidung	0.20	0.12	0.07	0.03
Holzwaren, Papier und Druckerz.	0.04	0.05	0.05	0.05
Chemische Industrie	0.00	0.01	0.02	0.02
Kautschukindustrie	0.00	0.00	0.00	0.01
Metallindustrie	0.02	0.04	0.06	0.06
Uhren und Schmuck	0.04	0.03	0.03	0.02
Maschinenbau und elektrische Ausrüstungen	0.01	0.05	0.10	0.09
Baugewerbe	0.05	0.08	0.10	0.07
Tertiärsektor				
Handel	0.04	0.08	0.10	0.13
Verkehr	0.03	0.04	0.05	0.06
Gastgewerbe	0.02	0.05	0.05	0.05
Banken und Versicherungen	0.01	0.02	0.02	0.04
Unterricht und Wissenschaft	0.01	0.02	0.02	0.05
Sonstige Dienstleistungen	0.02	0.05	0.04	0.08
Gesundheit	0.01	0.02	0.03	0.05
Öffentliche Verwaltung	0.01	0.01	0.02	0.03
Hauswirtschaft	0.06	0.06	0.03	0.01

Quelle und Hinweise: Eigene Berechnung basierend auf Daten des Schweizer Bundesamtes für Statistik (BFS). Die Werte zeigen für wichtige Branchen des Primär-, Sekundär- und Tertiärsektors den Anteil an allen Schweizer Beschäftigten im Zeitverlauf. Daten bis 1960 enthalten nur Vollzeitstellen und ab 1960 auch Teilzeitstellen. Die Tabelle zeigt keine Vollzeitäquivalente, da diese für so weit zurückliegende Zeitpunkte nicht vorliegen.

Tabelle A3: Verteilung der Schweizer Beschäftigung auf wichtige Branchen des Sekundär- und Tertiärsektors

	1992	2000	2010	2016
Sekundärsektor				
Nahrungsmittel und Tabakerz.	0.02	0.02	0.02	0.02
Textilien und Bekleidung	0.01	0.01	0.00	0.00
Holzwaren, Papier und Druckerz.	0.03	0.02	0.02	0.02
Kokerei, Mineralölverarb. u. chemische Erz.	0.02	0.01	0.01	0.01
Pharmazeutische Erzeugnisse	0.01	0.01	0.01	0.01
Gummi- und Kunststoffwaren	0.01	0.01	0.01	0.01
Metallerzeugnisse	0.03	0.03	0.03	0.02
Datenverarbeitungsgeräte und Uhren	0.03	0.02	0.03	0.03
Elektrische Ausrüstungen	0.01	0.01	0.01	0.01
Maschinenbau	0.03	0.03	0.02	0.02
Baugewerbe	0.10	0.08	0.09	0.08
Tertiärsektor				
Handel, Reparatur von Kraftfahrzeugen	0.17	0.15	0.14	0.14
Verkehr und Lagerei	0.06	0.06	0.05	0.05
Gastgewerbe/Beherbergung und Gastronomie	0.07	0.07	0.06	0.05
Verlagswesen, audiovisuelle Medien und Rundfunk	0.01	0.01	0.01	0.01
Informationstechnologie (IT)	0.01	0.02	0.02	0.02
Banken und Versicherungen	0.06	0.06	0.06	0.06
Techn. und wissenschaftl. Dienst. (z.B. U.-Beratungen)	0.06	0.07	0.08	0.08
Sonstige Dienstleistungen (z.B. Sicherheit, Reinigung)	0.03	0.05	0.06	0.06
Öffentliche Verwaltung	0.04	0.04	0.04	0.04
Erziehung und Unterricht	0.04	0.05	0.05	0.06
Gesundheits- und Sozialwesen	0.08	0.10	0.11	0.12

Quelle und Hinweise: Eigene Berechnung basierend auf Daten des Schweizer Bundesamtes für Statistik (BFS). Die Werte zeigen für wichtige Branchen des Sekundär- und Tertiärsektors den Anteil an allen Beschäftigten des Sekundär- und Tertiärsektors im Zeitverlauf anhand von Vollzeitäquivalenten (VZÄ). Der Primärsektor wird hier nicht berücksichtigt, da für diesen keine VZÄ zur Verfügung stehen.

Tabelle A4: High-Tech Gütern weisen höhere Preiselastizität auf

	log(Preis)
Achsenabschnitt High-Tech	5.011***
	(0.104)
zusätz. Achsenabschnitt Mid-Tech	9.959***
	(0.154)
zusätz. Achsenabschnitt Low-Tech	2.273***
	(0.250)
High-Tech*log(Menge)	-0.381***
	(0.003)
Mid-Tech*log(Menge)	-0.730***
	(0.004)
Low-Tech*log(Menge)	-0.592***
	(0.006)

*, **, und *** bezeichnen signifikante Koeffizienten auf dem 10%-, 5%-, und 1%-Level. Standardfehler sind 'geclustert' und in Klammern ausgewiesen. Alle Schätzungen enthalten Zeit-, Land-, und HS-4-Güterkategorie Fixed-Effekte.

Abbildung A1: Beschäftigungsanteile des Industriesektors in Schwellenländern

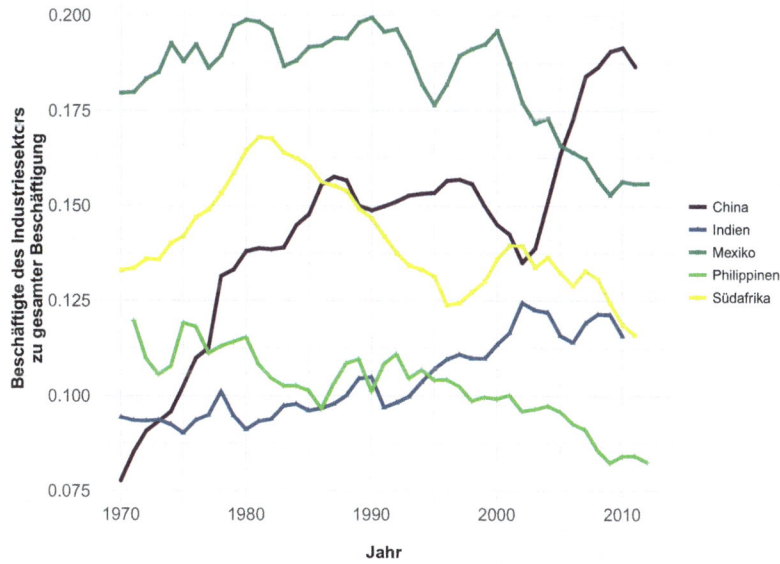

Quelle und Hinweise: Eigene Darstellung; Daten zur Beschäftigung stammen von der Groningen Growth and Development Datenbank (GGDD).

Abbildung A2: Die meisten Schweizer Industriebranchen profitieren als Zulieferer der High-Tech Branchen von deren Boom

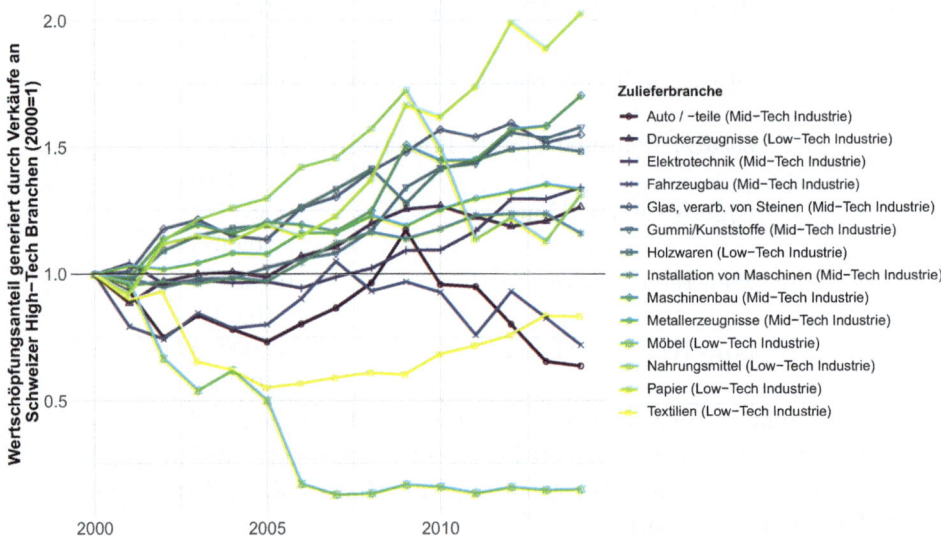

Quelle und Hinweise: Eigene Berechnungen anhand von Daten der World Input-Output Datenbank (WIOD).

Abbildung A3: Industrieunternehmen führend bei Patentanmeldungen im Bereich des „Internet of Things".

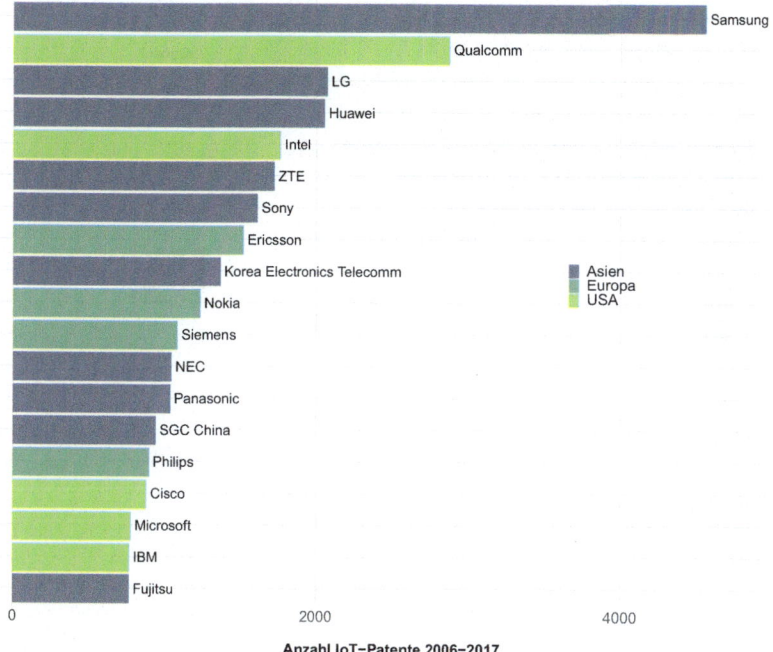

Anzahl IoT–Patente 2006–2017

Quelle und Hinweise: Daten stammen von RELECURA IP INTELLIGENCE *(2017) und zeigen die 19 Unternehmen mit den weltweit meisten IoT-Patentanmeldungen zwischen 2007 und 2017.*

Abbildung A4: Software-Unternehmen führend bei digitalen Plattformen

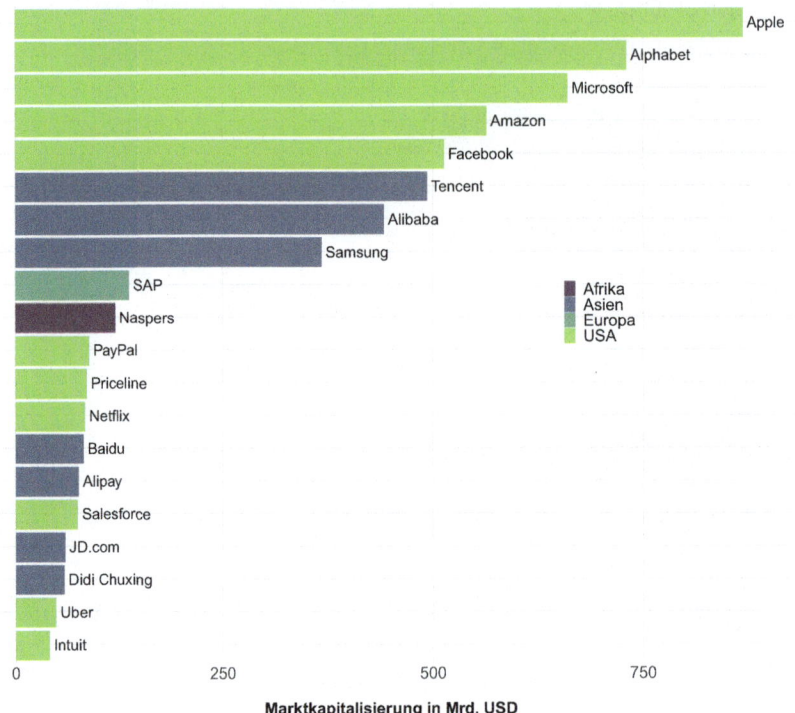

Marktkapitalisierung in Mrd. USD

Quelle und Hinweise: Daten stammen von netzoekonom.de. Abruf erfolgte am 2. August 2018. Die Daten zeigen die 20 grössten Unternehmen mit digitalen Plattformen anhand der Marktkapitalisierung in US-Dollar am 31. Dezember 2017.

The manufacturer's authorised representative in the EU is Springer
Nature Customer Service Centre GmbH, Europaplatz 3, 69115 Heidelberg,
Germany. If you have any concerns regarding our products, please
contact ProductSafety@springernature.com

Printed and bound by CPI Group (UK) Ltd, Croydon, CR0 4YY
24/04/2026
02096336-0007